# 等你，在未来（第六季）

## ——第六届全国中学生科普科幻作文大赛获奖作品集

李凌己　陈　玲　陈柳岐　主编

科学普及出版社

·北　京·

**图书在版编目（CIP）数据**

等你，在未来：第六届全国中学生科普科幻作文大赛获奖作品集．第六季 / 李凌己，陈玲，陈柳岐主编 . -- 北京：科学普及出版社，2020.3

ISBN 978-7-110-10100-1

I. ①等… Ⅱ. ①李… ②陈… ③陈… Ⅲ. ①作文—中学—选集 Ⅳ. ① H194.5

中国版本图书馆 CIP 数据核字（2020）第 040053 号

| | |
|---|---|
| 策划编辑 | 王卫英 |
| 责任编辑 | 王卫英 |
| 装帧设计 | 中文天地 |
| 责任校对 | 焦　宁 |
| 责任印制 | 徐　飞 |

| | |
|---|---|
| 出　　版 | 科学普及出版社 |
| 发　　行 | 中国科学技术出版社有限公司发行部 |
| 地　　址 | 北京市海淀区中关村南大街16号 |
| 邮　　编 | 100081 |
| 发行电话 | 010-62173865 |
| 传　　真 | 010-62173081 |
| 网　　址 | http://www.cspbooks.com.cn |

| | |
|---|---|
| 开　　本 | 710mm×1000mm　1/16 |
| 字　　数 | 505千字 |
| 印　　张 | 30.25 |
| 版　　次 | 2020年3月第1版 |
| 印　　次 | 2020年3月第1次印刷 |
| 印　　刷 | 北京长宁印刷有限公司 |
| 书　　号 | ISBN 978-7-110-10100-1 /H·236 |
| 定　　价 | 98.00元 |

# 第六届全国中学生科普科幻作文大赛评委会成员名单

孔　见：海南省作家协会主席，《天涯》杂志社社长

王直华：著名科普作家，中国科普作家协会荣誉理事

焦国力：著名军事科普专家，中国科普作家协会常务理事

星　河：著名科幻作家，中国科普作家协会常务理事

霞　子：中国科普作家协会理事，国家一级作家

严　蓬：中国科普作家协会会员，著名影评人

凌　晨：中国科普作家协会理事，科普科幻作家，编剧

郑　军：著名科幻作家，中国未来研究会常务理事

杨　平：专职作家，中国科普作家协会会员

李凌己：中国科普作家协会理事，威海紫光实验学校校长

王卫英：著名科幻研究专家，中国科普作家协会科幻创作研究基地副主任兼秘
　　　　书长

彭绪洛：少儿冒险文学作家，中国科普作家协会会员

张　军：新生代儿童文学作家，少儿科幻剧作家

超　侠：科幻、冒险、童书作家，中国科普作家协会会员

谢　鑫：少儿侦探文学作家，中国科普作家协会会员

陆　杨：著名少儿科幻作家，中国科普作家协会会员

周敬之：著名少儿科幻作家

李　英：科幻研究专家，中国科普作家协会科学文艺委员会委员

姚利芬：科幻研究专家，中国科普作家协会科幻创作研究基地副秘书长

陈柳岐：中国科普作家协会科普教育专业委员会副秘书长，清大紫育（北京）
　　　　教育科技股份有限公司副总裁

张晓霞：著名作家，中关村博雅城镇发展技术创新研究院院长

关洁宁：清大紫育（北京）教育科技股份有限公司副总裁

周　群：北京景山学校语文正高级教师，北京市特级教师

申　怡：中学语文教育专家

巩英莉：西北工业大学附属中学语文高级教师

刘　军：科幻文学研究专家，中国科普作家协会会员

谭轶珊：广东省深圳市福田区红岭中学语文高级教师

巫卫清：广东省阳江市第一职业技术学校语文高级教师

# 著名作家题词

祝全国中学生科普科幻大
赛成功举办，让科幻成为
激发想象力和创新能力的平台

刘慈欣
2015.10.16

Imagination is the
most human quality

2017.11.18

科幻让
们想永远
科幻说领先科学
发神学

科幻永远
永远
的童心领
的童心领

全国中学生科普科幻创作大赛

在少年心田中播下对科学的爱，终有一天会长成
参天大树！

2025.9.10

希望 中日永远友好！
　　科幻小说大发展！

全国中学生
　　科普科幻作文大赛

中国
科幻迷／日本作家

立原 透耶

2016年9月11日

Best wishes to
you! I look
forward to seeing
great works!

♡ Crystal Huff

10/9/2016

Best wishes
from Cat Rambo
9/10/2016

がんばれ！

林讓治 ㄈ窕ㄋ
2019.10.26

全国中学生科普科幻作文大赛
未来以科幻大师毛遂自荐！

刘海军
2015.9.10

幻想，以现实起航

刘兴诗

祝：
全国中学生科普科幻作文大赛
越办越好！

人のう
2016.9.11

自由想象，开创未来．

预祝全国中学生科普科幻作文大赛圆满成功！

汪波

2016. 8. 11

祝全国中学生科普科幻大赛

绽放光芒，可以燎原！

陈楸帆

2016. 8. 11

展开想象的翅膀

飞进科学的殿堂

李仁威

2015. 8. 19

祝全国中学生科普·科幻作文大赛

人才辈出. 桃李满环！

葛□
2017. 11. 17

一切美妙的科幻，

都与初恋无异 ♡

热爱科学

问鼎未来

祝全国中学生科普科幻作文大赛
成功举行！

2017. 11. 18
于北京

吴岩
2015. 9. 10.

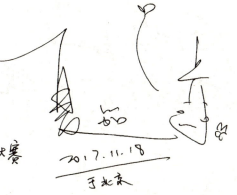

展开想象的 翅膀！

三丰
2017.11.17

全国中学生科普科幻大赛
科学与幻想的天空永远有爱
为未来新的科普科幻天才
新的一代
超越未来

彭健

2015. 9.10

全国中学生

科普科幻作文大赛

像苹果一样地思考吧！

吴岩波

2016. 9. 11.

想象力的表达，
希望的延续.

2016. 9. 11.

让大赛越办越大，
培养中学生对科学
的热爱！

2016.8.11

让青少年朋友更加
热爱科学，提高创
新力，为中华民族
的伟大复兴贡献
力量！

2017.11.17

敢于幻想
善于探索

金涛
2017.11.17

全国中学生科普科幻作文大赛

希望此次大赛能够激发广大中学生对于科学的兴趣，带动中学生对于科普、科幻类的创作养热情。

祝愿各位参赛学生在大赛中 能提高自己的写作水平，同时 向更多人 传播 科学知识与科普、科幻文化.

清华大学科幻协会.
2015 年 9 月 10 日

中学正是充满想象力的年龄

放飞想象，让它在你我心中传递

让这想象洒遍大江南北

让民族的想象力登上新的台阶

想象是我们看得最远的眼睛.

祝全国中学生科普科幻大赛越办越好！

北京科技大学
科幻爱好者协会
2015 年 9 月 10 日

祝 全国中学生科普科幻大赛 的
所有参赛与获奖者，支持与期待者

永持赤子之心
不灭探索之志
尽逐人生之美
长怀无疆之思
笃信科学与思辨，敢驰幻想与新思

北大科幻协会

张三 录

青少年对未来的想象，

会铸就这个世界真实的未来！

加油！

欣范

2019.10.26

# 第六届全国中学生科普科幻作文大赛
# 决赛作文题目

说明：本试题考试时间为 120 分钟，满分 100 分。

# 第一部分：小作文（20 分）

## 一、写作材料

### （一）

2019 年 10 月 1 日，是新中国成立 70 周年的纪念日。

70 年，只是人类历史长河中的短暂一瞬，1949 年以来的 70 年，却见证了中国实现跨越式发展、创造世界奇迹的辉煌历程。按不变价格计算，2018 年我国国内生产总值比 1952 年增长 174 倍，从积贫积弱发展为世界第二大经济体，中国经济发展成就举世瞩目。

70 年间，中国经济力量澎湃奋进，国内生产总值占世界经济比重，从 1978 年的 1.8% 上升到接近 16%。2006 年以来，中国对世界经济增长的贡献率稳居世界第一，成为当之无愧的全球经济发展最重要引擎。

新中国成立 70 年来，经济社会发展取得巨大进步，人民生活发生翻天覆地的变化。新中国成立之初，我们的家底是"除了能造桌子椅子，能造茶壶茶碗，连一辆汽车、一辆拖拉机都不能造"。70 年间，中国从落后农业国跃升为世界第二大经济体，从温饱不足到迈向全面小康，从物资匮乏到拥有全球最完整的工业体系，成功走出一条有中国特色的新型工业化发展道路，走过了发达国家几百年的工业化历程，发展成为世界第一制造业大国和世界网络大国，创造了人类发展史上的罕见奇迹。

放眼全世界，一个由盛而衰的国家或民族，一旦跌落就很难实现复兴，而放在百年来的世界历史视野里，中国是唯一一个由盛而衰、再由衰而盛的国家。

70年来创造的经济发展奇迹，是新中国宏伟奋斗征程的重彩华章，是中国共产党领导中国人民取得的伟大胜利。这场伟大胜利，让具有5000多年文明历史的中华民族全面迈向现代化，让中华文明在当今世界焕发出新的蓬勃生机，让古老的中华民族更加自信地巍然屹立于世界东方。这场伟大胜利向全世界显示了中国智慧、中国方案、中国力量的巨大价值，拓展了发展中国家走向现代化的途径，丰富了世界各国人民追求幸福美好生活的梦想。

这场伟大胜利，是中国在遵守现有国际规则前提下以和平发展方式取得的，迥异于一些西方国家通过掠夺、殖民和战争发家的血腥历史。这场胜利彰显了中国决心——始终坚持做世界和平的建设者、全球发展的贡献者、国际秩序的维护者，这场胜利也让当今国际力量对比发生深刻变化，让世界大势朝着有利于和平与发展的方向演进。

中国经济发展奇迹的取得，不是从天上掉下来的，更不是哪个外国恩赐的，而是中国人民拼出来、干出来、奋斗出来的。

——摘自《北京青年报》，有删改

## （二）

新中国成立70年来，在党的领导下，科技事业发生了翻天覆地的变化。从过去遥望世界科学文明的源头，到逐步走近世界科学舞台的中央，中国科技界树立了创新自信。

新中国成立时，全国科学研究机构仅30多个，科技人员不超过5万人。到了2018年，按折合全时工作量计算的全国研发人员总量为419万人年，居世界第一，已形成其他国家罕有的学科门类齐全、人才规模庞大的现代科学技术体系。

1928年至1949年的20余年间，中国总共才培养出18万名大学毕业生；新中国成立初期，全国5.5亿人口中有4亿多是文盲，文盲率高达80%；如今中国早已普及 9 年义务教育，2019 年应届高校毕业生人数高达 834 万人。

"两弹一星"、载人航天、探月工程、北斗导航等重大科技工程，突破了技术封锁，彰显了中国力量；陆相成油理论、人工合成牛胰岛素、铁基超导等基础研究的重大成果，体现了中国人的创新智慧，产生了重要的国际影响力；量子信息、移动通信、生物技术、人工智能等战略前沿领域，中国人不断取得重大突破，与世界科技强国同台竞技。

杂交水稻、高速铁路、新药创制、气象预报、防灾减灾、污染防治……中国的科技事业在服务于人民群众的衣食住行医等实际需求中不断发展壮大。仅以种业为例，新中国成立以来，共保存了 49 万份农作物种质资源，育成主要农作物品种 2 万余个，良种覆盖率提高到 96%，良种对我国粮食增产贡献率达到 43%；杂交水稻在国内推广 15 亿亩，累计增产 1.4 亿吨，在国外年种植面积达 9900 多万亩。

论工业基础，中国成功建立了全世界最完整的现代工业体系，是全世界唯一拥有联合国产业分类中全部工业门类的国家，500 余种主要工业产品中有 220 多种产量位居世界第一。论智力资源，中国成功建成了庞大而富有活力的科技创新体系，中国研发人员总量在 2013 年超过美国，已连续 6 年稳居世界第一位。论经费投入，中国研发经费投入持续快速增长，2018 年达 19657 亿元，是 1991 年的 138 倍，1992 年至 2018 年年均增长 20%。

2018 年，全社会 R&D（研究与试验发展）支出近 2 万亿元，与 GDP 之比为 2.18%；国际科技论文总量和被引次数稳居世界第二；发明专利申请量和授权量稳居世界首位。世界知识产权组织数据显示，在 2019 年全球创新指数排名中，中国排名已升至第 14 位，是中等收入国家中唯一进入前 30 名的国家。

2018 年我国科技进步贡献率达 58.5%。1987 年中国诞生了第一家科技企业孵化器，到了 2018 年，中国的高新技术企业已达到 18.1 万家，全国技术合同成交额为 1.78 万亿元。

我国已与 160 个国家和地区建立了科技合作关系，签订了 114 个政府间科技合作协定，加入了 200 多个政府间国际科技合作组织。

——摘自《经济日报》，有删改

（三）

1932 年 11 月 1 日，《东方杂志》向当时全国各界知名人士 400 多人约稿，请大家回答一个问题：“梦想中的未来中国是怎样的？”向当时的一些社会人士征集对未来中国的梦想，到 12 月 5 日截止时，共收到回复 160 余份。

1933 年 1 月《东方杂志》第 30 卷第 1 号封面，以“新年的梦想”专栏，刊出 142 人的 244 个“梦想”。根据对这些梦想的统计，社会主义大同世界梦、现代化国家梦名列前茅。

## 二、写作题目

你可能刚刚参加完或者看完 70 周年的国庆活动，回到家里依然心潮澎湃，请你写一篇日记：

立足于今天中国的成就，“70 年后再出发，而今迈步从头越”，以“梦想中的未来中国是怎样的”为题，谈一下你的未来中国的“新梦想”。

## 三、写作要求

（一）不少于 300 字，不超过 500 字。

（二）不要用古文写作，不要写成诗歌。

（三）一定以今天中国的成就为写作的起点。

（四）鼓励侧重未来中国的科技发展进行写作。

# 第二部分：大作文（80 分）

## 一、写作材料

（一）

和平是人类永恒的追求，但战争与和平却是人类社会的主旋律。

战争通常是指敌对双方为了达到一定的政治、经济、领土的完整性等目的而进行的武装战斗，是人类社会中存在的一种常见的极端暴力斗争形式，战争的产生往往是由主导者为了自己或者集团的利益而发起的一种行为，其核心特征是不惜以牺牲生命为代价。哲学意义上的战争指矛盾斗争表现的最高形式与手段。

在当今和未来，引发战争的因素是多种多样的，其中主要的有争夺势力范围、领土争端、边界纠纷、掠夺战略资源、争夺市场、意识形态斗争、宗教矛盾、民族矛盾等，这些因素是现代战争的直接动因。

## （二）

战争一般被认为是在原始社会后期出现的。据考古资料证明，最早的战争出现于公元前21世纪初中石器时代的初期。

另外，据2007年1月的德国《时代周刊》(Die Zeit)报道，德国考古学家克莱门斯·雷切尔发现了6000年前人类成规模战争的证据：在叙利亚东北部的哈穆卡古城遗址主城区，考古小组发现了约2300个石球和大量熟黏土——即在6000年前被用作弹药的石球。

原始社会的战争是由氏族部落之间或部落联盟之间，为了争夺赖以生存的土地、河流、山林等天然财富，甚至为了抢婚、种族复仇而发生冲突，进而演变成原始状态的战争。

## （三）

关于战争的起源，人类历史上不同的学派有着不同的观点，主要的观点有：

自然主义战争学者认为，战争的根源在于自然环境和人类的生物本性，并认为战争是自然的和永恒的现象。

宗教战争论者则认为战争是上帝对人的惩罚，并用超自然力量解释战争起因。

种族主义者则认为，战争的起因是优劣民族之间的差别。

地缘政治学派则认为战争是基于地理环境，即为争夺一定的生存空间和自然资源引起的。

马尔萨斯主义者则认为，人口过剩和饥饿是战争的真正原因。

历史唯物主义认为，战争既非从来就有，也不是永恒的，战争是社会生产力和生产关系发展到一定阶段的产物，是在私有制产生以后，随着阶级和国家的形成，出现压迫和被压迫时才出现的。

总的来说，战争的根源有政治、经济、社会、文化等多种因素。而资源分布、利益分配的不平均，以及文化、信仰的差异是造成战争的主因。

## （四）

自人类有战争以来，武器成为推动战争形式发展的核心要素，而武器的发展又取决于人类的技术发展，根据武器发展，有专家总结并预测了人类战争的九个阶段：

第一阶段，木石武器时代，此时人类社会处在石器时代，武器主要是用木头、石头、土等材料制作的。战争形式以贴身格斗的接触型为主。

第二阶段，金属武器时代，最早的金属武器为青铜制作，后来以铁器为主，如刀、矛、剑等。战争形式依然以贴身格斗，即接触型为主，出现了部分原始的短距离武器，如弩、弓箭等。

第三阶段，火器武器时代，此时以火药为代表的武器开始应用于战争。战争形式开始以短距离的射击为主，出现非接触的特点；同时，从此时开始火药自身的杀伤力被应用于战争。

第四阶段，机械武器时代，此时以现代化、自动化的兵器为主要特征，如坦克、飞机、舰艇开始大规模应用于战争。战争形式开始出现相对远距离、非接触的特点。

第五阶段，核武器时代，核武器是现代化兵器的一种极端形式，具有毁灭性的杀伤力，也具有了特殊的抑制战争的威慑力，是人类战争的转折点，核武器的出现使人类自第二次世界大战以后，没有再出现世界规模的战争。

第六阶段，信息武器时代，其特点是信息化、电子化在战争中起到关键作用，作战形式为外科手术式精确打击，作战距离为远距离，此时的距离可以是全球打击，还可以实现太空打击。

第七阶段，能量武器时代，能量武器是以超级能量作为破坏力的更可怕的新型、低成本武器，如激光武器、电磁武器是能量武器的雏形，这种武器可以遏制或破坏信息武器的发挥，并且可以直接打击军事目标。兼具常规武器与毁灭性武器的双重特征。

第八阶段，新威慑武器时代，此时会出现一种杀伤力比核武器还要大的新型毁灭性武器，并且技术比较容易被多数国家掌握，互相比较容易打击，甚至毁灭对方，全球各国都处于不安全之中。

第九阶段，无武器时代，由于新威慑武器时代的出现，全球或许开始商讨一种新的国家之间的互动、治理模式，开始全面销毁人类的武器，让全球开启一个新的、真正的和平时代。

## （五）

从古到今，世界上究竟发生过多少次战争？

由于古代文献没有准确的记载，有些战争在文字出现以前就发生过了，所以谁也给不出准确的答案。下面介绍的数字，是几个现代国家根据自己的标准和统计方法计算出来的。

据挪威史学家统计，到 1982 年，在有文字记载的 5560 年中，世界上共发生过 14531 次战争，平均每年 2.6 次。

瑞士计算中心曾经用电子计算机进行过 85 万次运转计算。计算结果认为，从公元前 3200 年到现在，在大约 5000 年的时间里，世界上共发生过 14513 次战争，夺去了 36.4 亿人的生命。在这期间，"无战争年"累计只有 292 年。损失的财富折合成黄金可以铺一条宽 150 千米、厚 10 米、环绕地球一周的金带。

法国史学家统计，在 1740—1974 年的 234 年间，世界上共发生过 366 次战争，平均每年 1.6 次。

据联合国统计，第二次世界大战以来，从 1946—1985 年，世界上共发生过 140 次局部战争和武装冲突，夺去了 2100 万人的生命。其中规模较大的战争，美国统计为 60 次，法国统计为 70 次。

我国有的材料统计，从 1945—1987 年，世界上共发生过 182 次局部战争和武装冲突。

据匈牙利一位教授统计，第二次世界大战后的 37 年里，世界上爆发了470余起局部战争。在世界范围内，无任何战争的日子只有26天。

另外，根据研究，中国是战争最频繁的国家之一，那么中国历史上发生过多少次战争呢？

据《中国军事史》中的《历代战争年表》统计：起于公元前26世纪的传说中的神农时代，止于清王朝的1911年灭亡，在大约4500年的历史中，我国有文字记载的战争共3791次，约占世界历史上战争总数的1/4。

## （六）

2019年4月29日，斯德哥尔摩国际和平研究所（SIPRI）发布《2018年世界军费支出趋势》分析报告。报告显示，2018年全球军费支出总额达到18220亿美元，较2017年增长2.6%，占全球国内生产总值的2.1%。除中国外，2018年主要军事消费国是美国、沙特阿拉伯、印度、法国和俄罗斯。美国军费支出七年来首次上涨；印度军费支出增加3.1%；沙特阿拉伯、法国和俄罗斯分别减少6.5%、1.4%和3.5%。

2018年，全球军费支出总额连续第二年上升，达到1988年以来的最高水平。全球军费支出总额比1998年"冷战"后最低点高出76%。2018年世界军费支出总额占全球国内生产总值（GDP）的2.1%，折合全球人均239美元。其中，美国领跑世界军费支出增长，2018年，美国军费支出自2010年以来出现首次增长，增长4.6%，达到6490亿美元。截至目前，美国仍是世界上最大的军事消费国，且美国2018年军事支出几乎与位居其后的八个军费支出大国的总和相当。

## （七）

销毁武器、消灭战争，一直是人类的追求与梦想，中外古代都有"铸剑为犁"的和平梦想。

《旧约圣经》（见于《以赛亚书》2：4）中对未来太平盛世有这样一个描述："他必在列国中施行审判，为许多国民断定是非。他们要将刀打成犁头，把枪打成镰刀；这国不举刀攻击那国，他们也不再学习战事。"

在中国也有类似思想，《孔子家语·致思》中也明确提到："使民城郭不修，沟池不越；铸剑戟以为农器，放牛马于原薮；室家无离旷之思，千岁无战斗之患。"

（八）

在未来的某一天，人类突然觉醒，各国政府联合起来宣布：将全面销毁武器，未来将永不发动战争，各个国家、各个民族要学会互相尊重、互相包容，全面接受孔子"己所不欲，勿施于人"的思想，共同建立全球新的、真正的和平时代。

## 二、写作题目

请你根据自己的知识储备或者展开合理的想象，从下面两个命题方向中任选其一，自拟题目，按要求完成写作。

（一）请你介绍一个你了解的关于某一种武器或者与某一场战争有关的科学技术、科学实验、科学研究或科学故事。

（二）人类在未来的某一天，突然决定全面销毁武器、停止战争，共同建立全球新的、真正的和平时代，请你设想一下其中的原因与可能发生的故事。

## 三、写作要求

（一）请在科普类和科幻类之间选择一个类别进行写作。

（二）科普类作文：要基于科学基础、科学史实展开；写作要求视角独特、创新，思维清晰，表达清楚流畅、逻辑合理，文笔优美。

科幻类作文：要求想象丰富、具有合理的科学基础或科学推理，表达清楚流畅、逻辑合理，文笔优美，同时想象力要高于今天科技前沿达到的水平及资料中提到的内容，但不要写成玄幻、魔幻或奇幻内容。

（三）字数：不超过 1200 字，不少于 800 字。

# 序一：科普科幻，让梦想飞得更高，让科技走得更远

　　科普与科幻虽是两个不同的领域：科普授人以科学知识、科学思维与精神；科幻激发人的想象力、创造力以及对科学的热爱。但从提升国民科学素质的角度讲，两者却有异曲同工之处。

　　近年来，青少年积极参与科普科幻写作，不仅在文学创作上取得了优异成绩，更在科学素养、创造力与想象力的培养上，积累了丰硕成果。科学素养、创造力与想象力，是全人类不可或缺的核心素养，是青少年展望世界、构建未来的重要基础，对青少年的教育培养，对中国社会的发展进步都有重要意义。

　　习近平总书记在世界公众科学素质促进大会上指出，科学技术是第一生产力，创新是引领发展的第一动力。科学发展的历史进程证明，科普科幻是科技创新的重要源泉之一。科普科幻创作用奇思妙想传播科学知识、弘扬科学精神、描绘科技未来，对于建设世界科技强国、实现中华民族伟大复兴具有重要意义。通过科普科幻培养出的科学素养是科学技术发展的基础，想象力与创造力则为科学技术发展插上了翅膀。有了源泉的发展才更具动力，有了科学素养、想象力、创造力的基础，科技才能走得更远。

　　国家高度重视青少年教育工作，亲切关怀青少年健康成长。习近平总书记强调，让青少年健康成长，是国家和民族的未来所系。这让我们更加重视对青少年的培养与提升。希望各界人士积极关注科普科幻，在全社会推动形成讲科学、爱科学、学科学的氛围，引导青少年积极健康发展，为祖国培养更多新时代优秀人才。

　　《等你，在未来（第六季）》汇聚了第六届全国中学生科普科幻作文大赛

的优秀作品，展现了全国各地学子参与科普科幻创作的重要成果，蕴藏着青少年培养提升科学素养、想象力与创造力的点点滴滴。希望这本书可以帮助更多青少年在科普科幻创作中获得锻炼提升，用科学素养筑基脚下，用想象力和创造力构建未来，让梦想飞得更高，让科技走得更远！

中国科学院院士、中国科普作家协会理事长　周忠和

2020 年 1 月

# 序二：激发科学思维　燃起科幻热情

　　科普科幻是传播科学梦想、弘扬科学精神的实践要求，是繁荣科学文化、提升科学素质的重要支撑。大力推进科普科幻事业，对于提升全民素质、培育创新精神、倡导科学方法具有重要意义。面对百年未有之大变局，面对新一轮科技革命和产业变革，要求我们加快传播最新科学前沿的思想和知识，加强科普科幻创作与科技创新的融合，大力培养科普科幻创作人才，推动科普科幻繁荣发展。

　　科普科幻创作不同于一般的写作，它贯穿文学创作和科技创新两个领域，优秀科普科幻作品可以帮助读者由此及彼，融会贯通，穿透时空，洞察未来，是活跃科学思想、提升科学素养、培养创作能力的有效载体。鼓励青少年参与这样的创作，自然要求青少年作者既要保证作品的科学性，又要拥有文学的创造力，这就需要他们大量汲取知识，培养科学思维，增强创新意识。

　　为了大力培育科普科幻创作人才后备力量，促进我国科普科幻创作繁荣发展，中国科普作家协会积极推广青少年科学阅读与写作，推动科普科幻创作与教育结合，激励青少年的科学梦想，培养青少年的创造力和想象力，全国中学生科普科幻作文大赛由此应运而生。

　　第六届全国中学生科普科幻作文大赛获奖作品集《等你，在未来（第六季）》，收录 2019 年大赛涌现的优秀科普科幻作品，书中所有作品都由专家精心评审挑选汇编成册，旨在点燃读者心中奇妙科幻之情及激情电波，激发青少年的想象力和好奇心，培养具有科学精神、充满想象力的创新人才。

　　希望所有读者能够保持对科普科幻写作的专注和热情，以敢于探索、勇于创新的精神，不断提升自身科学文化素质，始终保持对科学的浓厚兴趣和满腔热情，保持对未知世界的强烈好奇心，在学习和实践中坚持锻炼科学思维，提高写作能力，孜孜不倦地追逐梦想！

中国科普研究所所长、中国科普作家协会副理事长　王　挺

2020 年 1 月

# 前　言

## 一

　　全国中学生科普科幻作文大赛已成功举办六届，它是教育部认可的面向中学生的全国性竞赛活动之一，大赛在全国的科普科幻界、大学以及中学中赢得了广泛的认同与赞誉。

　　大赛在助推科普、科幻教育，助力提高中学生科学素养的同时，也帮助众多参赛学生实现了自己的名校之梦。

　　许多专家评论说："全国中学生科普科幻作文大赛是一个非常特别的作文大赛。"

　　为什么这么说呢？

　　一是大赛的定位特别：这个大赛是国内第一个定位于科普与科幻的作文大赛，是一个针对国内传统教育中观察力与想象力不足的大赛。在科幻热的今天，大赛对推动中学生这一群体参与、关注科普科幻的创作，培养未来的创作者具有重要意义。

　　二是参赛对象特别：全国中学生科普科幻作文大赛突破了以往的作文大赛以文科生为主的缺陷，同时也为理科同学提供了展现创造力、想象力与写作能力的机会，实现了文学与科学的融合。

　　三是评价标准特别：传统的作文比赛，往往重视参赛者的文学性表达，但是全国中学生科普科幻作文大赛，首先重视参赛者的想象力、观察力，然后才是表达。如果同学们可以将你想象、观察的事情表达得清楚明白，也有机会获奖。

四是重要性特别："创新是一个民族进步的灵魂"，在今天这个"综合国力竞争说到底是创新的竞争""抓创新就是抓发展，谋创新就是谋未来。不创新就要落后，创新慢了也要落后""科技创新、科学普及是实现创新发展的两翼，要把科学普及放在与科技创新同等重要的位置"的时代，创新从来没有这么重要过。而创新的前提就是想象力，特别是对未来的想象力，这正是全国中学生科普科幻作文大赛的定位。所以，本作文大赛是助力国家创新战略的一朵小小浪花，同学们参与这个大赛，也是训练与提高自己创新能力基础的一次机会与实践。

五是专家阵容特别：全国中学生科普科幻作文大赛汇聚了国内科普、科幻领域的最著名的一批作家、学者作为评委，比如，刘嘉麒院士、周忠和院士、《三体》的作者刘慈欣、著名科幻作家王晋康、中国更新代科幻作家代表人物陈楸帆等。

六是权威性特别：全国中学生科普科幻作文大赛是由中国科普作家协会主办，《知识就是力量》、《科普时报》、《科学大众》、《科学故事会》、清大紫育（北京）教育科技股份有限公司共同举办的一个全国性的作文比赛。

七是影响力特别：全国中学生科普科幻作文大赛第一届比赛的获奖选手，获得了国家领导人的接见与鼓励，这是任何别的作文大赛没有过的殊荣；多名选手荣获中国科幻最高奖"全球华语科幻星云奖"最佳青少年作品奖；国家级科普期刊《知识就是力量》为获奖选手开设专栏，这也可以从另一个方面反映出本作文大赛的影响力、重要性与权威性。

八是颁奖规格特别：第六届全国中学生科普科幻作文大赛总决赛颁奖典礼成为 2019 年中国科幻大会的重要环节之一，在国家级平台上展示了全国中学生科普科幻作文大赛举办的成果。

二

正因为全国中学生科普科幻作文大赛的特别，所以同学们手中的这本作品集也是特别的。

第一，本书是当代中学生想象力、观察力的记录。

本书收录的是第六届全国中学生科普科幻作文大赛全国总决赛获奖的优秀作品，集中体现了当代中学生的想象力、观察力。

第二，本书还是我们留给未来人类的一份珍贵的史料档案。

书中的大部分文章记录的是我们今天的中学生对未来的预测和对今天的理解，具有特殊的档案与史料价值。

## 三

在第六届全国中学生科普科幻作文大赛作文主题之下，很多优秀的小作者脱颖而出，他们想象力之丰富令评委们赞叹不已。

更难得的是在对未来的想象作品中又充满了自己对当下人性与人生的思考。小作者们在作品中表现出来的让人惊叹的科幻想象与深厚的人文情怀，无疑令本书更具有可读性及可收藏性。

我们有理由相信：在不久的将来，某一篇获奖作品所描述的画面就会出现在现实生活中，到那时，后人们再读这本书时恐怕会有不一样的感慨！

## 四

也正是因为全国中学生科普科幻作文大赛以上的特别之处，有很多的大学在招生时，开始重视大赛的奖项，开始重视大赛获奖的同学们，已经有众多的同学通过本大赛的奖项升入了自己理想的名校。

希望有更多的同学通过本大赛的获奖与历练，可以让——

心仪的名校，在未来等你；

渴望的成功，在未来等你；

期待的幸福，在未来等你；

让一切美好，等你，在未来。

编　者

2020 年 1 月

# 目 录

# 最后一战

鲍　蕊 / 高二年级　王公玉 / 指导老师　江苏省泗阳中学

公元 2164 年，世界最后一次大战。

"钟茗，快把这个数据收集压缩一下，一定要快！"传来的是总指挥官何也坚定而急切的声音。

此时，几个监测机器人在世界各个国家的上空来回盘旋，不断地扫视各个国家的每一寸土地。那"红色"是机器人正在定位，其中一个机器人转过脸，手指一勾，一颗小型威力弹向下抛去，精确度 100%，一个小国已消失在烟雾之中。

"何指挥官，数据在传输过程中被美国拦截了。"钟茗的声音有点颤抖，她的手指在全景投影上来回摆动，焦急中透露出绝望的紧张。

"这些数据意味着什么？意味着中国十座重要城市的生死存亡！"何也大声呼叫。"快，安妮，你现在以 1000 千米 / 秒的速度飞向美国上空，看看他们到底想干什么！"何也对机器人安妮说。

不料，安妮在半程便被迫返回。

"只有一个办法了！"何也叹了口气。

"定位！"

"瞄准！"

"发射！"

一颗具有过去原子弹千倍威力的"太空级原子弹"向美国本土飞驰而去！

没想到此时的美国在做同样的事。

"不，不……钟茗，赶快打开防卫系统，美国原子弹正向中国飞来。"钟茗慌乱的手指在全景投影上一划，中间展现出一个圆圈，圆圈中心是个红点。钟茗重重一点，美国原子弹被弹回。当然，美国也不傻，同一时间弹回我们中国的原子弹。两颗原子弹在太平洋上空相遇，碰撞，爆炸。

瞬间，太平洋的海水干涸，只留下一片荒芜的灰土与无尽的黑烟。

灾难突然降临。

雷电轰鸣，大雨过后，留下的露珠折射出残阳的光芒，如巨龙尸体爆炸，血色飞溅四野。

世界暗淡下来了。

太平洋的消失，不得不让世界各国停止了战争。他们发现，生存的基础已经不复存在，又何须争夺那所谓的霸权，挑起那所谓的打着和平旗号的战争。

"钟茗，停止操作！"何也发出号令，"所有人停止操作！"

同一时间，同一背景，各国相继发出同样的声音。

"停止操作！"

"停止操作！"

……

如同钟声一遍遍地被敲响。

各国聚在一起，共同商计，最后发出那一声长鸣："今后，世界将没有武器，将没有战争，愿世界和平永存！！！"

钟已鸣响，世界无须纷争。

愿太平洋重生。

公元 2164 年，世界最后一次大战结束。


指导老师：王公玉，中学高级教师，江苏省宿迁市骨干教师，县优秀班主任。热爱教育事业，秉承"教育的本质是回归"的理念，全身心地引领学生信心百倍地走向未来。

# 与子同袍

蔡骏紫 / 高三年级　陈元元 / 指导老师　湖南省澧县第一中学

"请中国代表发言。"

"呼——"我深呼一口气，睁眼，走向发言台。

"在过去二十年里，全球有七十万人死于战争，五十万人死于饥荒，逾二十万人受到核污染，近四分之一的土地墒情急剧恶化，人类面临前所未有的生存危机……我国呼吁，深化共同体意识，全面销毁武器，停止战争，同呼吸，共命运……下面我通过一段视频详细陈述。"

我叫何平，现任中国外交部部长，在第九十八届联合国大会上就"战争与和平·武器的去留"问题代表中国提出议案。我相信，我不是在孤军奋战。

视频开始播放。映入眼帘的是一碧如洗的晴空与巍峨的冰川，在天边白雪皑皑，近处清澈的溪涧有小鹿在饮水，雪兔从雪地里蹦出，鸟鸣婉转……这是一百年前的景象。镜头一转，冰川融化加剧，海平面急剧上升，已淹没沿海十多个国家，每月死于洪水的人不计其数。地震频发，美洲环太平洋地区废墟遍布，人们流离失所，哭喊声不绝于耳。哀鸿遍野，人间炼狱。

"当今世界，天灾频频，我们的地球已千疮百孔，无力再承受人祸。我们，乃至我们的父辈，根本无法想象亚马孙雨林的模样，它至今只是传说，地面的裂痕与日俱增，像黑洞一样随时准备将我们吞噬，难道我们还要用武器去砸几个窟窿来加速灭亡吗？"我随着视频说道，视频是反战组织的成员拍摄剪辑的，他们从世界各地获取素材。

西亚，或者是北非？一群孩子四处逃窜，偶有几个拖着早已停止呼吸的父母的躯体，炮火纷飞，贴着他们的耳尖划过。他们血流不止，衣衫破败不堪。"妈妈，醒醒！"任凭小孩怎样哭喊，都无人应答。炮弹炸起的沙土轰然掩埋了一个孩子。

"孩子们活在恐惧里，千千万万无辜的人数着日子生活，惶惶不可终日，人们被笼罩在战争的阴影中，生无可恋。"

一个白人女孩紧紧握住一个黑人男孩的手，一对夫妇抱着可爱的混血双胞胎，西方国家的教室里，孩子们背诵着"己所不欲，勿施于人"。

"战争的根本是利益冲突，然而融合趋势在今天已然明显，我们的东西、南北差异逐渐缩小，交流日益增加，我们正'和同为一家'，不再需要用武器去进攻或自卫，和平的种子早已在世界生根。我们既然无法阻止天灾，何不放弃人祸，共同应对生态危机？"

"在漫长的宇宙历史里，人类不过是最后一瞬间短暂绽放的烟花，美丽而脆弱。各国生隙，如手足离心，何以为家？疾病、饥饿、战争，我们不知道下一秒会不会丧命于斯，人类又将往何处去？然而，如若我们携手，将美国的防御气泡普及，吸收污染物；将德国的压缩纳米机推广，重塑冰川；将日本的完卵工程做大，铺设磁板抗震装置；将中国的海水稻推广，粮食产量翻番……将各国的科技联合起来去应对危机，无壁垒，共进退，如此，在灭亡面前，我们将获得新生，以同一个躯体。"

"岂曰无衣？与子同袍。我们枕戈待旦，从不是为了自相残杀，而是在共同的命运体中，共同奔赴未来。中国提议全面销毁武器，共筑和平。"我深深地鞠躬。

台下的各国代表有人点头，有人沉默，有人流泪，有人叹息。地球的负荷太重，人类的生存太难，天灾无法阻挡，人祸亟待减少。

"我国同意！不能再打仗了！"巴基斯坦最先支持。

"我国也同意！孩子们不能永远生活在饥饿和恐惧中。"

"同意！"……

全场寂静，仿佛过去了一个世纪。

中国议案，全票通过！

眼泪夺眶而出，我难以抑制激动！各国代表相互拥抱着，如同将对方融入自己的生命。

回到家，儿子正在背书。"室家无离旷之思，千岁无战斗之患……"

世界和平，是世界人民共同的期盼。此时，东方的太阳正缓缓升起。

指导老师：陈元元，文学学士，毕业于湖南师范大学，汉语言文学专业，中学二级教师。刻苦读书，认真教书，一思尚存，此志不懈。

# 以爱之名，铸剑为犁

蔡汶晓 / 高二年级　刘登科 / 指导老师　山东省沂南县第一中学

公元 3019 年，世界总部。

第三次世界大战的硝烟刚刚散去，此时的联邦领导人集会局势紧张而敏感，空气冰冷而滞涩，中联邦领导人毛平甩了甩被美联邦主席顿肯福普隔着防核手套握疼的手。在场九位各联邦主席，只有他的西装轻快便捷，没有套七八层防核衣。手也干净温暖，不是毫无温度的电子护板。

"大洋联盟的战败赔偿怎么定？我建议组建一个赔偿委员会，日后再议。"顿肯福普笑得令人发寒。

欧联邦现任主席麦勒正是德国人，想到千百年前第二次世界大战后的那个条约，同样的手段，搜刮去了大半个德国的家底。日后再议，谁来议？说白了，不就是一个无限掠夺的借口吗？但这次，却成了欧联邦获利，何乐而不为？想到这，他一笑，点头附和。

毛平却皱起了眉头，中国作为唯一没有参战的联邦，没什么利益挂牵，他却不喜欢这种贪婪虚伪与冤冤相报，正要开口，一个伴着警报的电子音骤然响起。

"世界总部宇宙观测处已证实有银白色不明物体飞向地球，目标世界总部，时速为光速的 19.7 倍，再播放一遍……"

电子音标准而清晰，但毛平还是觉得人声更优美动人，可现在他已无暇多做评判，大厅中已乱作一团，他大声喊道："都安静！"瞬时，大厅中的目光集中到他一人身上。"都别走！"

顿肯福普依旧不减他的敌意："怎么？留下来等死吗？"毛平深吸一口气："世界总部因为这次会议已经清场戒严，世界总部建在北冰洋上，最近的水下城市群也需要半小时飞行路程。它的目标就是我们，躲和逃都是没用的，不如在这儿静候。"

毛平说完，静静坐回原位，顿肯福普看到无人离开，只得咳了两声讪讪坐下，其他元首也犹疑地慢慢走了回来，大厅一片寂静。一分钟，两分钟……终于，在大约二十分钟后，一个银白色的小球从大厅正门飘了进来。

它有着动人心魄的颜色，是银白色，又好像不是，也许对它最准确的描述是——圣洁，那种不染一丝尘埃的纯净，它并不是标准的圆，但处处浑然天成，柔和而美丽。

"我是 α 星球的和平鸽。地球人，很高兴见到你们。"它动人的声音响彻大厅，传到各人耳中时却刚好足够听清而不刺耳。各国主席面面相觑，他们听到的竟是本国语言，各人身上自是有翻译器，可外星语言……

"我能在声音入耳时调整每个人所听到的语种甚至内容，但这不重要，你们很快也能掌握。我的使命是将和平传播到一个会继续传播的智慧星球，这是宇宙公约中智慧星球发展到一定程度时应享的权利和应尽的义务。战争只是智慧初级阶段的矛盾体现，是因为你们还没有发觉人类心中对每一个彼此的爱意，而我，就是来唤醒人类的，以爱之名，铸剑为犁。"说完，一道柔和的白光射出，笼罩大厅、总部、北冰洋、世界……和平之声响彻整个蓝色星球。

如果你想知晓缘由 / 那就是无法躲藏的爱意 / 爱如烈火骄阳般灿烂辉煌 / 爱是心甘情愿的无悔付出 / 生活高于生存 / 爱亦似星河璀璨永恒

毛平觉得自己做了一个很长的梦，梦中，那些令他挂心的核武器悄然消融，世界顶尖的等离子像素制导密集导弹系统慢慢解体，人们面对苦难依旧不改善良与慷慨，直面暴力仍然相信人性和美好，在炮火声中饱尝苦难泪如雨下的难民艰难地露出一个疲惫的笑容，在前线阵地里满面尘土、双手鲜血的士兵合十做出一个此生最虔诚的祈祷，各个联邦的人民紧紧相拥宛如兄弟姐妹……他不情愿地醒来，看到的是顿肯福普的笑容。

和平鸽回音犹在，以爱之名，铸剑为犁……

指导老师：刘登科，山东省沂南县第一中学语文高级教师。多次指导学生参加各类作文大赛并获得奖项。

# 等你，在未来

蔡心怡 / 高一年级　徐翔宇 / 指导老师　中国人民大学附属中学

阳光穿过枫叶洒下斑驳的光影。一对新婚夫妻漫步其间，谈论着几个月前全球各国政府联合发表的《全面销毁武器、停止战争，共同建立全球新的、真正的和平时代》声明，报道称武器已在几天前销毁完毕。他们畅谈着未来的和平生活，幸福的笑声飞过蓝天。路边的野花开着，肆意又安静，野蛮又平淡。突然，男子的个人终端急促地响起，他变了脸色："是政府的紧急召回命令！"他当即跳上了自己的飞船，一句话也没来得及交代。自此，妻子再也没联系上他。

男子来到会议厅。作为前科研院院长，辰砂预感到有什么不好的事情发生了。可他实在想不出，在现今的和平时代，能有什么事情发生。毕竟以前使各国伤亡惨重的新威慑武器已经被销毁了。

新政府领导波奇主持会议："如今各个国家已将武器全面销毁，但近日却出现了几具被武器所伤的尸体。经查证，发起攻击的是一类人形不明物，先称为'类人'。我们还无法将其与真正的人类区分开……"

辰砂明白了，他的任务就是研发出一款不是武器却能制伏"类人"的东西。

三个月后，"网"正式投入使用。这是一个专门针对"类人"的抓捕工具。它能扭曲目标周围的空间磁场，使其发出的攻击无法造成伤害。同时，它能吸收目标的能量，使其最终因能量耗尽而熄火。这个工具可以将"类人"肢解销毁。

由于刚投入使用，"网"的各项性能还不稳定，辰砂必须亲自上阵操作它。

"网"的表现良好，一出场就扭转了人类的劣势局面。可"类人"也发现了"网"。一次对抗中，辰砂被击中了。那是曾经新威慑武器减能到亿万分之一的攻击，一瞬间，他的生命进入了三十天倒计时。

他终于能回家了。半年未见的妻子还没等欢喜地拥抱他，便被告知了噩耗。最终，她不得不接受了这个事实。

"辰砂，那这一个月就让我们好好珍惜吧，让我陪你走到生命尽头。"

丈夫看看她，无奈地苦笑，摇了摇头："不，你明白我的，我不可能放得下。即使生命只剩这一个月了，我也有需要研究的东西。"

他日复一日地待在实验室。

有一天，妻子问他："为什么战争仍旧存在呢？"

他说："因为引发战争的根源从未消除啊，这样的话，即使新政府销毁武器，还是会有源源不断的新武器。"

"那怎么办才行呢？"

"不知道。或许是资源的重新平均分配，或许是全球统一……谁知道呢？"

最后一天了。他捧起妻子年轻的脸庞，最后一次说出："我爱你。"随后，他望向墙上"和平时代"的海报，嘴唇无声地说："等你，在未来。"

他相信，总会有那么一天的：凛冬散尽，星河长明。

终于，他闭上了眼睛。

指导老师：徐翔宇，中国人民大学附属中学语文教师。

# 孟德之痛

曹宸旸／高二年级　谢宪起／指导老师　山东省淄博实验中学

话说那日曹孟德头疾又犯了。恍惚间，他发现自己置身于一个巨大的圆形巨屋内。头顶，阳光倾泻而入。时不时有铁鸟掠过头顶，把孟德吓了一跳的是：上面竟坐着人。

身畔，晃动着一些奇装异服之人，他们的衣服无论是颜色、面料还是款式，都是他未曾见过的，他眼里有着好奇与欲望。孟德不明就里地追随着那些人的目光，于一片虚空之中，竟有一个巨洞出现。两个衣不遮体的野人正手持打磨的棍棒，冲对方做恐吓状。恐吓不成，二人舍下木棍，撕扯一团。孟德冷笑："尔等如此这般，与山村野夫、猿猴何异？"

孟德混杂在往来不息的人群中，他随着人流，四下走动。周王的鼎、战国的矛戟，甚至秦始皇陵里的兵马俑，都陌生而真实，令他眼花缭乱。他深知，这一鼎万俑，皆是成河的鲜血、成堆的白骨造就。他坐拥的天下，同样如此。孟德精神恍惚地沿着楼梯走下去，思绪早已神游在古今的烽烟号角中，他不知道下一幕会发生什么。忽然，冲天而起的大火蔓延而至，几乎要烧到他的鬓角，奇怪的是他却丝毫没感觉到灼热。人在哀号，马在嘶鸣，旗杆不堪重负，发出撕裂空气的断裂声，大写的金字熠熠生辉。不断跳动张扬的火焰又将他带回他人生中那名为赤壁的噩梦，膨胀升空的烟气不断飘来，火焰燃烧的噼啪声、士卒的厮杀声、烈火焚身的嘶吼声交织在一起，迫使他不断大口大口地呼气。孟德高呼着，不知是对自己的士卒，还是对他自己。他的呼声在周围嘈杂的声浪中，在熊熊燃烧的火焰中，无声无息。他心想，快快逃离，逃离这梦魇般的国都。

而下一幕，他竟出现在一片海滩前，晴空上翱翔的海鸟取代了令人心悸的火海。一群头上留着大辫子的士卒叫喊着从他身旁跑过。身边，一位将军正在和几名士官在地图上指指点点。孟德从未见过如此精妙之图，便凑上去，发现他们所在的竟是那个不见经传的弹丸之地台湾。忽然，他身后靠近海岸的战船上响起一阵阵震耳欲聋的巨响。转眼间，前方的山峦上爆出一整排冲天的火球，远处固守在墙坳上的敌人随即被火焰吞噬。孟德不得不承认，这些红衣大炮，与自己的劲弩相比无论在射程上还是杀伤力上都强出一大截。"若是我当初也有这样的精兵利器，定能实现一统之愿啊！"他满眼羡慕地离开了。

他又走到别的展厅，那里对他来说简直像魔法一般，大小不同、形态各异的黑匣子从所谓"枪口"中喷出的"子弹"轻而易举便能穿透将士的铠甲；一群金发碧眼的人遇到一种黄绿色的气体后纷纷倒地身亡，幸存者皮肤也腐烂流脓，痛苦不堪；最令他震惊的是在楼宇之间瞬间升起的巨大蘑菇云，将周边的一切尽数摧毁。孟德望着这一切再难说出一句话来，身后无数"钢龟""铁鸟"直直地从他身后穿过，冲向那一片化为焦土的废墟。他却是顾不得躲避了，什么也顾不得了。孟德悲呼："生灵涂炭啊！"

"丞相，请留步！"有人从他身后叫住了他。孟德吃惊地发现那人竟是刘玄德。孟德刚想问他，却见玄德指向那一片片化为焦土的废墟，感叹道："丞相，还记得当初你我青梅煮酒吗？"孟德颔首："那日，你我以青梅煮酒，论天下英雄，如我所言，英雄果真只在你我二人之间出现。"玄德却长叹一声："孟德以胸怀大志、腹有良谋、有吞吐天地之志者为英雄，我们争斗了这么多年，结果呢，天下安定了吗？海晏河清了吗？只落得两败俱伤，越发民不聊生。在我看来，我们都未必是真正的英雄。"

"那玄德你认为怎样才算真正的英雄呢？"

"备以为，真正的英雄当胸怀四海，以仁为心，以百姓为重，以民生为本。若为一己私欲而发动战乱，弃天下百姓于不顾，最后只能是南辕北辙，适得其反，非英雄所为。"孟德本想驳斥，刚刚看到的画面此刻却浮现在他的眼前，卡在他的喉间。孟德默然许久。

孟德拜别玄德后，又走遍了历朝历代，看见了一个又一个国家在战争中的风雨兴衰，看见了无数人在战争中的飘摇挣扎。最终，他独自走向了最后的展厅。展厅里没有一个人，只树立着一块巨大的汉白玉石雕，上面清晰地记录着各式武器的发展演化。而在石雕前，一段纯白的玉帛静静地陈放在那里。

孟德张开嘴，想说什么，却发不出声来，只长吁了一口气。

孟德精神恍惚地走近大门口。门口，竖着写有"纪念世界无武器日100周年展览活动"的巨幅标语。场地内的光线渐渐暗了下来，所有的投影都在孟德的失魂落魄中随脚步逐渐消失了。

头疾如潮水涨落。从头痛漩涡中挣扎而出的孟德，第一次对自己产生了怀疑。

指导老师：谢宪起，语文高级教师，山东省淄博市高中语文学科带头人、教学能手、优秀教师，淄博实验中学语文教研组长。著有诗集《北方》等，多次组织学生参加各类作文大赛并获奖。

# 铸剑为犁

曹瑞霖/高三年级　陈　露/指导老师　河南省汤阴县第一中学

公元 2149 年，联合国总部的一间会议室。

各国元首坐在安静的会场，他们那历经沧桑刻入坚毅的脸上，神情平静，但那一双双深邃的眼中，无一例外地透出希望的光芒。

"这是一部将永远载入人类史册的伟大电影，而我们，今天将作出一项人类历史上空前的决定：全面销毁武器，停止战争，共同建立全球新的、真正的和平时代！"

全场爆发出热烈掌声，这一刻人类迈入了新时代。所有元首站立，互相微笑庆祝。俄罗斯总统与中国国家主席击掌相庆，亲如兄弟。美国总统笑着说："看来我的工作量最大，需要立即行动，着手销毁武器了！"其他元首哈哈大笑，会场内充满了轻松愉快的气氛，这恐怕是这间会议室内最喜悦的画面了。

此时，全世界所有影院内都正播放着这部历史性的伟大影片。

影片开始，全息影像出现。镜头穿过浩瀚宇宙，经过瑰丽星云、无数星球，画面拉近，地球逐渐放大，苍穹之下，星海之下，一位老人坐在一块山石上，口中轻吐妙言："道生一，一生二，二生三，三生万物。人法地，地法天，天法道，道法自然。"他是老子，深邃睿智的目光引着人们来到原始社会。

苍茫的土地上，一个身穿兽皮的原始人正在追赶一只雄鹿，猎物飞奔，猎人穷追不舍。突然一个个带棱角的石器从另一方向精准地击倒雄鹿，投掷者与猎人同时来到猎物边，一阵哇哇乱叫后，两人开始了激烈的争斗，扑、翻、捶、咬，最后两人双双倒下，血液从伤口流出，映出天上如血的残阳。远处，是两只争斗的猴子。镜头向上，苍茫中二人如此渺小，慢慢成为两个黑点。

画面一转，秦始皇威风凛凛，万千军队踏上征程，熊熊火光中，身穿铠甲的士兵尸横遍野，在一片血腥中，秦王朝建立了。荒野深处，一具具白骨随岁月风化，大风掠过，黄沙埋没了这些生命的痕迹。

时空穿梭，亚历山大带领军队横扫大地，在他的铁骑之下，是被鲜血染红的大地。一个个流离失所的平民，在一片灰暗中僵立，像一个个没有灵魂的雕像。

第二次世界大战中，地球陷入了一片混乱，一个孩子坐在满目疮痍的街道上大哭，身旁是他刚被炸死的父母，血迹斑斑，空中战机的轰鸣还在继续……

地球上人类世界温度骤降，人们在无形的冷空气中谨小慎微，铁幕拉开，美苏之间的一举一动牵动着万千平民的安危，这些平民的命运攥在别人手里。

叙利亚的夜空寂静却暗藏不安。突然，一声尖啸划过上方，相伴一道闪电似的光芒照亮夜空。"爸爸，那是什么？""别怕，孩子，那只是一颗流星！"

画面消失，黑色背景上出现一行白字，触目惊心："未来，我们将走向哪里？自由还是坟墓？生存还是死亡？"

接着，萧伯纳写下一行字："人类有两出悲剧，一出是肆意妄为，一出是万念俱灰"。

无线接入 WR 技术，这是一个世纪前 VR 技术的升级版，"W"意为双"V"，更为震撼。

全世界除十五岁以下孩子外，所有观众都进入了逼真的虚拟世界。一个炮弹炸开，人们倒地，踉跄站起，却看到眼前万千中国百姓在日本兵机枪扫射下，先后倒地，地面被尸体覆盖，人们费力地从死人堆中爬出，却坐在导弹前盯着上面的倒计时，担忧它在下一秒启动。一晃，激光炮发出的光在眼前闪动，令人目眩……

一阵惊惧后，一张张孩童天真的笑脸在眼前出现，使人看到死一样的沉寂之后的曙光。

未来，他们将走向哪里？生存还是死亡？我们挖好的坟墓，还是一片崭新的天地？

一道奇异的闪电劈下，人们已置身未来的地球，云轨横跨东西半球，贯通南北两极，将不同时区的人们连接起来，超铁飞驰其间，客运火箭呼啸苍穹。不同肤色的人们欢笑着、奔跑着，希望之光闪耀在一张张笑脸上。

这部由中国导演陈法道执导的电影毫无悬念地赢得奥斯卡奖项。采访中他说："我所展现的暴力不是虚幻而是现实，我所讲述的不是故事而是历史，我希望，美美与共，天下大同。"

曲率驱动被改装为高速交通工具。

核武器被销毁，信息武器消失。

笑脸代替了哭脸，生之欢乐代替了死之悲哀。

全世界各国人民走上街道，不同肤色的人看向天空，他们将走向哪里？人类将走向哪里？

指导老师：陈露，文学学士，毕业于许昌学院，汉语言文学专业，中学二级教师。曾获安阳市语文优质课一等奖，县优秀教师、文明教师、教学标兵，市三八红旗手。

# 战争世界

陈　睿/高三年级　何　为/指导老师　浙江省温州育英国际实验学校

"能够在一起欢笑是一件很幸福的事。"

这是你教会我的唯一的道理。

那是一个混乱的年代，任何地方皆能成为战场，唯独核心区除外。核心区是每个国家最后的一方净土，同时也是底线。民众、科学家、高官们居住在其中，他们在这充斥着有形或无形的致命事物的世界里延续着自己的生命。

"小子，你是哪里来的？怎么进入这里的？是谁指使你的？说！"我看着指向我的枪口，枪口中仿佛隐藏着无数黑暗。一阵恶寒涌上，我止不住地颤抖。

"不说是吧？"他握紧手枪扣动扳机，没有一丝犹豫。

一阵巨响，我听不见了。

也许我已经死了，可我没有像妈妈说的那样飘起来——她说她不久就会那样，让我不必担心。我满怀希望地睁开眼睛，眼前出现一位女子，她不是妈妈，但她的一只手正抓起他的手腕，"不要伤害孩子。"

后来，有人来要带我走。我的身体与眼神挣扎着，我注视着她，她看着我。

"我一定会来找你的。"

"好。"

"一定……"

"你要好好工作啊！"你用手枕着下巴，坐在我对面，笑着对我说。

"不是有你就够了嘛，昨天我处理事务到深夜呢！让我好好休息一会儿不行吗？"我趴在桌面上，看着你。"你这人真的一点上进心都没有！"你笑骂道，轻拍我的头。

你一直都在工作，这是我不久前了解到的事实。

自从第一次见过你以后，我就开始努力学习，寻找着与你有关的一切信息。起初，我问出的问题如石沉大海，没有人回答我。我怀着一次又一次受挫的心情，一次又一次地寻求。最终，我得到了一个答案——我还不够优秀。

"只有足够优秀才能见到你。"我一直鞭策着自己，直至成为我国最高军事执行官。

见到你的那一刻，我已经是一名成熟稳重的青年，但你与我记忆中的你别无二致。我知道了，你是我国的军事自然智能，是最重要的战略资源。不同于人工智能，你多了一份属于自己的灵性，就连创造你的人也控制不了你，他们能决定的只有你的诞生。

和你在一起的每一天都铭刻在我的记忆里。自从进入这个只有我们二人的指挥室后，那些炮火声就在我耳边消散了。唯独可以看见的，是作战图上不断传来的捷报。

有一天，全是绿色的作战结果开始夹杂一些醒目的红色。我大为惊慌，急忙去问无所不能的你。你跟我说，你把自己分给了别人——你故意泄露了原初技术。

我很愤怒，大声质问着你。这样意味着局势反转，十分不利。

"没关系。"你说。

我激动地拔出手枪。枪口对准你，闪烁着冰冷的光。

你注视着我，我看着你。

我仿佛看到了过去，放下手枪，抱着你痛哭。

你轻轻拍着我的背。

你联合所有自然智能反战的那一天，我早已预料到。

凭借你的实力，让各国领导人答应销毁所有武器并保证不再生产并不是件难事，而你与它们一起离开了世界。

"司令，别的国家也许还留着不少武器呢，要不我们……"我摇摇头，惨然一笑。各国的武器此时此刻已全被销毁，正如在战场上一般雷厉风行。

咆哮的世界平静了，一切回到正轨。

战争世界与你一起走到尽头，而我没有。

我无法权衡，与你在战争中的那段和平时光，和如今的和平时光，我更爱哪一个。

"但你看见那一张张笑脸，你也许就能明白什么了。"

谢谢你……

指导老师：何为，浙江省温州育英国际实验学校语文教师。近三年辅导学生参加全国作文大赛现场总决赛获奖70余人次，在《中学语文教学》《中学语文》等全国中文核心期刊、省级刊物发表文章6篇，主编或参编专著、教材教辅12本（部）。

# 幸存者

陈　珊／高三年级　蔡娟娟／指导老师　山东省桓台第一中学

这片雪松林已苟延残喘了好多年，针叶无精打采地垂落着，发出腐败的气息。"嘀嘀，请于五秒钟内补给能量，进入倒计时，五，四，三，二……"还未说完，毫无起伏的电子音便戛然而止。"噗！"金属底盘像泄了气的气球一样发出停止运转的声响，胶囊状的冷冻舱开始解冻。冰霜褪去，露出一张毫无血色的脸庞。

楚厄已不知自己在此沉睡了多久，舱内的氧气供给与经过精密研究的冰冻条件令他的身体机能基本与之前无异。他是在肺部因缺氧产生的剧烈疼痛中苏醒的，离开氧气供给，外界大气中氧气浓度已经极度稀薄，肺部的每一次运动，都如同被塞进沙砾狠狠揉捏。

他抬头仰望，只见一片黑色苍穹，寂静辽阔，一股前所未有的浓重孤独感将他包裹，他感到微弱跳动的心脏像被掷进冰冷深海中不断下沉，却无法在这无边的黑暗中激起一丝涟漪。他试图前往山顶寻找记忆中的安全操控中心，那里应该有备用能量，窒息感中思绪却愈加混乱。

楚厄想起沉睡前那兵荒马乱中的逃亡。

那是人类史上一场史无前例的巨大灾难，它令人们真正意识到个体命运之间的相互牵连，没有任何一个人、任何一个国家能够成为深海孤鲸。

核武器带来的制衡在一场战争中被打破，世界各国硝烟四起，核武器对人类生命与地球生态带来的破坏是灭顶式的，无法修复。与此同时，人类对信息武器与能量武器的研制及不合理使用导致地球内在能量运行面临失衡。那一天，全球各国设置的环境监测系统警报四起。地球，已不再是人类的家园。

末日飞船纷纷启动，带领人类开始宇宙流浪，人们抱作一团企图寻找最后的安心与温暖。楚厄作为负责运输的执行官之一，意外遇难，危急时刻只好暂留地球，长眠于冷冻舱内。

山顶的安全基站已成废墟，绝望像汹涌的浪潮不断拍打着。"嘀！"屏幕亮起，显示出收到的最后一条讯息："经各国人民一致同意，现在决定重返地球，共建和平新家园。收到请回复。"霎时，楚厄的心又鲜活而剧烈地跳动起来，肺部撕心的疼痛与虚浮的无力感都无法冲散这一刻真实而鲜明的欣喜与感动。

恍惚间，楚厄望见远方一处巨型透明钟罩内，出现星星点点的星光，不，是灯光！灯光慢慢连接成片，照亮那一方土地。万家灯火的景色太美，在无尽黑暗中，带给人一丝安心与欢喜。流亡途中，楚厄也曾见过人间烟火，星河辽阔，却觉无一是它，又无一不是它。而现在的，才是热闹家园，喧嚣人间。

楚厄想起很早很早之前的地球，那里风遇山止，船到岸停，一切都有始有终，却能容纳所有的不期而遇和久别重逢。

愿每一颗炽热的心，都能在硝烟散尽的世界里重逢。

指导老师：蔡娟娟，本科学历，文学学士，中学一级教师，市骨干教师。曾获市、县优质课一等奖，参与高中语文研究性阅读实验研究，并获得国家级教学成果二等奖，指导学生参加各类作文大赛，并获得优秀指导教师奖。

# 最后一枪

陈予涵 / 高二年级　黄　艳 / 指导老师　云南师范大学附属中学

　　"请放下手中的武器！举起双手，亮出 ID！"枪口上的灯光直冲冲地照亮他的脸庞。我低头定睛一看，原来，他还只是个孩子。我将枪放低，小步向他走去。"啪嗒！"他立马把枪丢在地上，身体在微微发颤，地下室里沉积的雨水和青苔散发的气味有些令人发呕。"别怕，我允许你再开最后一枪。"没有回话，他不敢抬头看我，只是迅速把枪捡起又蜷缩回水管旁边，我抚摸了一下生锈的水管，有几粒面包屑，看来这个小孩无家可归了。

　　半年前，一颗陨石的出现改变了人类社会。

　　"喂，你看天上怎么会有红光？""是啊，这也太——太——奇——"炽热的气流如猛兽般铺天盖地而来，人们的眼前只剩一片红色。"嘭！嘭嘭！"无助的人类完全没有料到，自己的卫星再一次保护了地球，可是人类制造的武器在这一次并没有成功保卫人类自己。一颗无法预料的陨石与月球擦肩而过，仅仅摩擦产生的热便足以使地球上的半数生命瞬间消亡，不过，谁也没有想到的是，穿过大气层后仅剩的热量却击中了人类的军火库——一个小型离子弹试验基地，这里正在进行大规模毁灭性武器试验。一分钟内，方圆几百公里被夷为平地。死亡讯息传遍了世界各地，好战的人类第一次开始反省武器的存在对人类未来的意义。

　　广阔宇宙之中，自然的变化难料，岂是渺小的人类所能抵挡的，何必自己给自己再带来二次伤害？从远古时期为了地盘而争夺，到"一战""二战"为了利益而掠夺，再到今天为了人类"美好"的未来，我们投入了太多在未雨绸缪上，却连眼前的危机也抵挡不了。曾有人说："我不知道第三次世界大战会用什么武器、为了什么，但我知道第四次世界大战人类一定会拿起石头和木头，为了最初的地盘。"于是在这次 3000 多万人的生命换来的教训过后，全球停战，全面销毁武器，并成立了全球停战小组，也就是我所在的组织，我们打算半年后重建真正意义上的和平家园。

"你醒了吗？"我坐在小男孩的旁边，他冰冷的身体已经瘦得皮包骨头。他惊讶的眼光中满是恐惧与无助。我看着他，就像看到了半年前突然杳无音信的儿子。"同是天涯沦落人啊，我的孩子也……唉，还有一个月，等我完成任务，我就要失业了。""可你还有枪啊，怎么可能失业？"他小声嘀咕着。"这就是我的工作。我是世界上能拥有枪支的最后一群人了，等世界和平之后，也许会有新工作吧。"说完我低下头，叹了口气，升腾起的白雾在地下感觉十分温暖。

"你刚才说什么，最后一枪？"他艰难地抬起手里的枪，走到我身边，扯住我的衣角，抬起头疑惑地望着我，"哦，你的枪现在已经违反世界法了，全球停战，全面销毁武器，所以我得没收它，但你还可以有最后一个目标，开最后一发子弹，算是正式道别吧。"他听完，先是一怔，接着一发离子炮直冲天花板，我本能地往后一退，天花板被炸开了一个洞，我快步向前，迅速丢出溶解瓶，正好在他的枪上破碎，一瞬间他的枪就消失殆尽，只剩落在地上的一摊废水。扫描完他的ID，我的任务又完成了一项。"好了，你走吧。"他转身向地下室深处跑去，消失在黑暗中，地面微颤。

我找到下一个枪支持有者，继续我的工作。但每一个人在丢弃武器后，都没有像那个男孩一样急忙转身跑开，他们似乎带着一丝恐惧。

一个月后，我顺利地完成了任务。现在我要溶解自己的枪了，和其他人一样，我给自己留下了最后一枪。我站在海边，望着蓝得发紫的天空，穹顶上仿佛浮现出我的爱人和孩子望着我露出微笑的样子。

"嘭！"我心中想着对美好未来的期待，双手合十，凝望天空。

"愿和平与你我同在！"子弹打出的离子流形成一行字，在天上闪闪发亮。"嘿，这小子，什么时候偷换了我的子弹？"

指导老师：黄艳，云南师范大学附属中学语文教师，高级教师。云南省"国培计划"一线指导教师，云南师范大学"朱自清班"教学导师，云南师范大学本科生教学指导教师，云南师范大学基础教育集团学科专家，云南省语文名师工作室成员，昆明市骨干教师。

# 月　光

楚思齐 / 高二年级　　李焕娥 / 指导老师　　陕西省渭南高级中学

黑框眼镜，羊毛背心——这是何田第一次见到 156 号机器人。何川揉揉他的头，"以后爸爸不在家，就找它玩。"——这是何川与儿子何田的最后一次对话。

156 号机器人手里提着一架迷你钢琴，向小何田自我介绍："我是地球上第一个类人型战斗机器人，也是唯一一个武力型类人 AI，你可以叫我 156 号机器人。"

何田歪着头摆弄那架钢琴，里面适时响起一曲贝多芬的《月光》。何田撇撇嘴："好老的歌。"可是不管他再怎么按，曲子只是暂停或继续罢了。156 号机器人摊手道，"只有这一首。"活像个管教幼儿的管家。何田白他一眼："156 号，以后就叫你何川了！跟我老爸一样无聊！"

空间舱外又传来一阵爆鸣，这是销毁核武器时才会发出的声音。自 2090 年起，全球开始实行销毁武器、停止战争的 D 计划。

"何川"是何川的年轻版，与何田沟通起来毫不费力。两人谈天说地，成了忘年交。但他是个天生带有使命的机器人，作为何川所在的研究机构中 AI 行列的一员，他要执行的任务恰是阻止本次销毁武器的 D 计划！

随着月球的"逃离"，夜越来越长了。

156 号坐在空间舱外,《月光》缓缓倾泻而出，一如远方遥远的月亮。他享受这里的一切，只是，一切都要结束了。一年前，他收到总部指令，称探测到一枚名为 H-7155 号的导弹内含有大量稀有元素，其威力足以让整个地球燃烧，一年后导弹将在地球着陆，D 计划执行者将对导弹进行销毁。而总部告知 156 号，该导弹所携带元素的具体成分至今未被检测出来，如若贸然实施销毁程序，销毁过程中将会产生毁灭地球的巨大威力，总部命令 156 号届时必须进入销毁中心对导弹销毁行为进行人工阻止。

就要着陆了。

三天后，156 号收到通知：导弹将于明日下午五点十分零三秒送至全球销毁中心。是时候动身了！

156 号当然感觉不到，但何田知情。

2112 年 3 月 2 日，导弹出现了。

三……二……一，156 号一个箭步向前方冲去，不料被一只手拉住。

"你干什么去！"何田有些激动。"导弹如果被销毁引发的威力将波及整个地球，你说我干什么去！""你等一下！这么明显的漏洞你不明白吗？"156 号犹豫了。"机器人果然没有感情！"

他明白，他什么都明白。

"总部为什么偏偏让你去人工阻止？为什么不能传电波给总控中心！"何田有些愤怒，"你应该明白啊，为什么还要去送死！"

钢琴在不知不觉中被按响，《月光》第三篇章……

远处传来导弹向销毁中心运输的声音。

忽然，156 号紧紧抱住何田，只有一秒。

他奔向指挥中心。

156 号作为地球上唯一的武力型类人 AI，第一个类人型战斗机器人，又何尝不是最后一个？而他，正是为实现人类所谓"和平世界"的 D 计划销毁武器的最后一个目标。

156 号从被打造好的那一刻，就注定了这样的命运。只是，机器人何尝没有感情？

《月光》终于弹奏完了，"不过是曲终人散罢了。"


指导老师：李焕娥，中学一级教师，市级教学能手，多次承担省、市、县级公开示范课，指导学生参加国家级作文竞赛多次荣获一、二等奖。

# 最后一场战争

崔浩男 / 高三年级　原　娜 / 指导老师　辽宁省营口市高级中学

1096 不知道这场战争还要打多久。

没人记得他的名字，也没人在乎。只有他穿的防核服上大大的"1096"数字编号象征着他的身份。他和其他三名战友蜷缩在机械堡垒之中，看着远处一道道激光、等离子射线、质子波向附近射来。爆炸声、轰鸣声从他们堡垒外的力场传入他们的耳朵，身体随之做出的反应就是发射更多、更强、更集中的火力射向对面的堡垒——邻国的"得意之作"。

徐伦知道，她快成功了。

她已靠着注射式营养液、人工脑和从战争中捡回的半条命在实验室中工作了近一年。还记得被袭击前，她和同事们坐在午后的庭院中喝着茶，商讨着如何研发新型农业机器人。这时，一颗小型质子弹从上空坠落，恰好落在庭院旁研究所的门口。当徐伦恢复意识时，自己就已经被装上了人工脑，"活"在了赛博体和其中的赛博平台上。

刺耳的警报声提醒了 1096，力场已撑不了多久了。由于堡垒能源不足，力场已渐渐减弱。"撤退！"是他下达的命令。堡垒移向了第二防线，与之同时发生的是另一个堡垒上前顶替他的位置。1096 和将士们终于可以从可怕的战事中歇一歇了。系统提示他们已在前线作战了一个月，而休息时间为一天。正当他们放松地浸在疗养液中时，一阵可怕的轰鸣声和一连串的爆炸声响起。1096 知道，大事不好了——第一防线已彻底失守。

随着最后一块量子仪被装在硕大的机器上，徐伦按下了开始键。随着巨大的轰鸣声，机器仅有的一块显示屏开始显示画面。她在离战区三千公里的地区看到了前线的画面。徐伦发出了指令：回溯。机器运转着改变了画面。徐伦看到，一束巨大的量子波从邻国射出，形成了量子通道。一个精致小巧的奇点炸弹从通道中笔直飞向了第一防线，第一防线全灭。在与政府进行了短暂的连接后，她知道第一防线全灭了。她的实验成功了，她创造了"神"，这台机器可以逆熵而行，也就是说，它可以看到未来。

"第二防线的全体将士立刻出动！"长官的一声号令，让1096不得不驾驶着充了一半能量的机器开始进入战斗状态。开启力场！发射 β 射线！加固底面支撑！在系统的提示音下1096完成了这些步骤。这时，一枚"地狱之鞭"射来，力场全毁。正当1096以为必死无疑时，双方同时下达了停火的指令。

徐伦带着忐忑的心情开启了"预知"。画面上，播放了一连串视频：这个世界上已没有战争，有的只是仍在运行的战争程序。它们在原地打转，显示着：生命体数，0。人类在战争中灭绝了。在向全世界发出了"神"的机理与视频后，双方一致同意停火。似乎一旦事情危及上层的生命，作出决断就特别迅速。

这是一个静谧的午后，约翰——原代号1096在街上散步。他要去与一位"赛博人"约会。他知道世界已无战争，社会将继续繁荣下去。他不知道这位名叫徐伦的赛博人拯救了世界。

指导老师：原娜，辽宁省营口市高级中学语文教师，毕业于河北师范大学。参加过省级、市级课题研究项目，曾获"十二五"青年骨干教师、"师德先进个人"等荣誉称号。

# 心同此心

*崔嘉航 / 高三年级　孙晓娇 / 指导老师　辽宁省辽阳县第一高级中学*

2519 年，人类科技发展再攀高峰，各国军事武器战斗力飙升，国家之间火药味十足，人心惶惶。

"坚决不能让 A 国继续研发原子核爆炸技术，一旦成功全世界都会有危险。"联合国总部内 B 国使者愤慨地说，世间万物均由微粒组成，均含有原子核，掌握了原子核爆炸技术就相当于掌握了地球万物的生命，"这有悖于和平发展的目标。""A 国野心那么大，谁来保证我们的安全？""即便有助于我们处理大量垃圾减轻污染，但还是太危险了……"

各国使者各抒己见，同声传译器都要忙不过来了，喧嚷中一个声音响起，平息了纷乱。"技术共享吧！彼此安心。"原本红着脸争吵的各国红着眼赞同了这个提议，于是，从各国筛选出了六名不同国籍的研究者与 A 国的三名人员前往河外星系进行最后的测试。

带着全球人民的祝福，他们启程了。

飞船超曲速行驶，不到三天他们便到达了目标星球——一个将要沦为人类科技发展牺牲品的恒星，九个人依次简单介绍自己后陷入了沉默，他们将要使用原子核爆炸技术毁灭一个星球，一旦技术不成熟或操作有误恐怕自己便要以身殉国了，未来的变数让他们无所适从。完成使命的伟大时刻终究还是到来了，各部门完成了最后的调试工作，队长罗杰按下了按钮。他们准备观看一场盛大而无声的焰火。诱导装置已经启动，星球的各项数据剧烈变化，作为数据处理师的杰克面色愈发凝重，爆炸中的星球应当有体积膨胀的趋势，可是眼前这个急剧变化着的球体高速旋转，像是……

"它在坍缩！"杰克的瞳孔猛然收缩，眼神中闪烁着恐惧，"快跑！它在坍缩解体，最终会形成一个黑洞，我们靠得太近了，会被吸引过去的。""预备，加速！"飞船却迟迟无法前进一步。"迟了。"仿佛死亡通知书悬挂在每个人的心头。"最大速度！"队长罗杰下令，可年轻的黑洞已经伸出死亡的藤蔓，无人能摆脱它引力的拉扯，"反向加速，最大速度冲向黑洞！"在众人惊异的目光下，物理学家天绍说："冲向未知总比原地等死要好吧。"在极限的速度与引力的加持下，那个连光子都难以逃脱的黑暗瞬间被拉近，众人只觉胸口一闷，失去了意识。

和煦的光透过舷窗笼罩着飞船的每个角落，罗杰感受到了这温暖的抚慰，他强忍着喉咙里的血腥味，睁开双眼坐起身来。这是阳光吗？他望向窗外，目光所及草色青葱，远山如黛，近水含烟，他简单检查了队员们的生命体征确保他们无恙后，便穿上防护服迫不及待地冲出飞船。这是地球吗？为何如此相似？适宜的氧气浓度与温度，空气湿度也刚刚好，简直是完美的居住环境。内心的狂热支撑着罗杰不断向前探索，期望寻得文明的标志。辐射警示器响起，他有些落寞，这么高的辐射恐怕不会有智慧生命了。他拖着厚重的防护服想登上一座小山，望一望这个星球的辽阔，却不小心摔了一跤。将要滚落山丘时，他下意识地顺手抓住身旁的青草，想延缓下落的速度。

这是什么？手中的青草褪去了嫩绿，留下了干枯的黄色与暗淡的黑色，像人的头发。罗杰大脑中嗡的一声，他缓缓抬起头，刚才一路滑过的地方都褪去了青葱的外表，露出阴森森的本质：尸体，人的尸体……

2659 年，又一代军事武器新鲜出炉，世界大战即将打响，一百多年前载着人民和平希望之心的飞船早已被众人遗忘。大战前夕的一个夜晚，一个天外流星划破天空砸向地面，一个过时的信息储存器安睡在陨石之中，上面刻着"罗杰"。

那个死寂的星球上曾经的人们与如今手拿武器的人们一样心向和平。心同此心，星同此星，而前者被永远封印在人们的想象中，因为人类最终改变了曾经属于自己的命运。

指导老师：孙晓娇，文学学士，毕业于鞍山师范学院汉语言文学专业，中学一级教师。曾获辽宁省优秀课二等奖，中语会优质课一等奖，在国家级期刊上发表过多篇论文。

# 残次品

崔景宜 / 高三年级　赵舒悦 / 指导老师　浙江省桐乡市高级中学

"战争杀戮型机器人，批次 1062，编号 CN001 到 CN100，确认执行销毁命令？请指示。"

"立即执行。"

黑暗，永无止境的黑暗，袭来。

耳朵里是金属的嗡鸣，周围是难以描述的酸腐的恶臭。当我挣扎着爬起来的时候，我觉得每个关节都生满了铁锈，或许用破铜烂铁来形容更为恰当吧：身体已被烧得漆黑，左臂不翼而飞，浑身动弹一下便会发出"咣啷"的怪声，仿佛下一秒钟就要散架似的。"啧。"我感叹一句，就这状态也许连废品回收站都得嫌弃。

我坐在垃圾堆——也许是我那可怜的九十九个兄弟的残骸——上面，单手托腮，思绪飘散。

我是战争杀戮型机器人，编号 CN008。如你所想，我存在的全部意义只有杀戮，除掉敌军，取得胜利。作为中国联盟取得无数场战争胜利的关键因素，我不知道我为什么没有在战场上厮杀，最终在火光的轰鸣声中结束生命，却沦落到在被人废弃的、荒无人烟的垃圾场中思考人生的地步。

在我的初始记忆数据芯片中，在一百多年前，也就是人类社会公元 2200 年左右，因为人口指数级增长导致的资源严重匮乏使国际局势愈发紧张，所有国家仿佛都是压强渐增的火药桶。

这时，美国又宣布退出已存在两百多年勉强维系着全球平衡的《巴黎协定》，此举彻底激怒了已达临界点的其他国家。

很快，席卷整个地球的第三次世界大战爆发。原子弹、氢弹这些曾被严禁用于战争的毁灭型武器纷纷被杀红了眼的双方投入使用。当那些最初保持中立的小国覆灭时，战争陷入僵持阶段。双方却作出了彻底疯狂的决定：将原本用于服务业的机器人全部改装为杀戮机器人进行更大的屠杀，不计代价地取得最终的胜利。

至此，人间沦为修罗场。生灵涂炭，血海滔天，我的职责便是杀戮。作为中国联盟的归属品，我的任务就是屠杀，杀光那些金发碧眼的敌军。

然而，我怔怔地望着不远处巨大的 LED 电子屏上那个笑容可掬的黄种人——我们可敬的元首和他对面鹰鼻深目的白种人——敌军的头目交叠的双手时，我陷入巨大的错乱与迷惘之中。

"咕噜噜——"脚边滚来的易拉罐拉回了我的思绪，我面无表情地垂下头，与下方脏兮兮的孩子对上视线，清澈碧绿的眼瞳、一头乱糟糟浅色的卷发毫无疑问地表明，他是敌军。

我瞬间本能地紧绷起我的身体——只要他有所动作，我就会毫不犹豫地用我遍布铁锈但依然不失锋利的右手撕碎他的咽喉。男孩与我对视了几秒后俯身想去捡罐子。我微眯起眼，向他俯冲而去，但却悲剧地在半途被我某个兄弟的残肢绊倒，狼狈地滚到他的脚边，想站起来却没了着力点。好了，现在彻底报废了，我悲愤地想。男孩微微张开嘴，看得出来他有些吃惊，但很快他就扔下手中装满废弃塑料瓶和易拉罐的蛇皮袋，扶住我的胳膊。

我被扶起来靠在垃圾堆上，朝他咧下嘴，努力摆出威胁的表情："你不怕我吗？"他眨了眨绿色的眼睛，漾起一抹笑容："不怕。"他干脆一屁股也坐在地上。

"你知道这是什么情况吗？"我朝旁边的电子屏上两个握着手的男人努努嘴，"为什么昔日仇家而今却能握手言和？"

男孩羞涩地笑了一下："其实我也不是很清楚。"但他还是断断续续地讲清楚了整件事情的前因后果。

原来杀戮机器人的破坏力太过骇人，仅仅投入生产两日便使得两亿年轻精壮的士兵从世界蒸发，剩下的大多是柔弱的妇孺或年事已高的老人。此时两国元首才突然意识到：再这样下去人类非得灭亡了不可。于是达成共识：双方全面销毁武器、停止战争，在满目疮痍上重新建立全球新的秩序，实现真正的和平时代，一同寻找解决资源紧缺问题的方法。至此地球才慢慢又恢复了生机与活力。

虽说结局很完满，但我在欣喜后又陷入了恐慌，世界和平了，那我这老胳膊老腿的残次品该何去何从呢？

正当我苦思不得其解时，看见仍然微笑着望着自己的小男孩，我突然朝他眨了眨眼。小男孩的笑僵在了嘴角……

从此，各地的垃圾场中总会出现一大一小两个身影，那个小身影不停地在垃圾堆上翻找废品，而那个庞大的身躯总是慢吞吞地拖着袋子，摇摇晃晃地向那个小身影走去。

从此，机器人大军中多了一种新类型：拾荒型机器人。

指导老师：赵舒悦，中学一级教师，曾获嘉兴市高中青年语文教师优质课一等奖，论文获得嘉兴市一等奖，曾获桐乡市优秀教师、桐乡市骨干教师等称号，多次指导学生在各类作文大赛中获奖。

# 战争往事

邓钰婷 / 高三年级　毛华玲 / 指导老师　湖北省宜昌市夷陵中学

"铸剑为犁。"顾维钧又一次在联合国广场停步，深深凝视着眼前这尊已矗立百年的雕像。雕像手臂高举，肌肉如豹子一般有力，挥舞大锤却是为了砸弯手中的剑。

也许"普罗米修斯"说的对："光明愈盛，愈知黑暗无边际。物种进化、保证生存、探索宇宙终极奥秘，才是真正的强大之路。放下武器，停止毫无意义的战争吧。"他那吟唱般的语调，这几天不知被多少人一遍又一遍地回想。

"他"是外星人，自称普罗米修斯。在地球局势紧张得像头发丝一样脆弱之时，他降临地球，阻止战争。

顾维钧，仿佛是历史的安排，五百年前也有一个和这个名字发音相同的人，也是代表中国在国际会议发言。那个人在会上慷慨陈词，控诉第一次世界大战后中国所遭遇的不平等。那场战争在当时可谓是全人类的浩劫，放到现在却显得无比低级。

是的，低级。2420 年的地球，早已脱离热武器时代，跨越了信息、能量武器时代。其间，爆发了第三次世界大战，各国都默契地没有使用核武器——那种当时的超级武器，地球幸免于难。第三次世界大战中无数小国被吞并，地球势力重新洗牌，组成了实力几乎相当的十大国。战后因为恐怖平衡，倒是维持了近百年的和平，史称"天使时代"。然而，2417 年量子引力及宏原子领域出现重大突破，历史漂移般驶向未知轨迹。十大国几乎不分先后从理论突破中跨越了电磁光武器的瓶颈。先是成熟的基因武器，后是球闪，这些"自然之力"被人类掌握，翻手间就可灭掉任意地区而不必付出同时毁灭自身的代价。平衡被打破，世界局势骤然紧张，战争一触即发，进入"天灾时代"。当人类能创造天灾时，地球就真正危险了。

谁能想到，短短三四年时间，世界仿佛是星际穿越中误入虫洞的飞船，迷失其中，无人能救。

不过还是有国家想要救出深渊中的地球与人类，其中就包括中国。这个文明古国如老僧一般守卫和平。多亏了中国，人类多撑了近一年。直到重力波炮的出现，局势再次失去控制。千钧一发之际，普罗米修斯来了。

人类早已观测到外星文明的存在，但因其距离十分遥远，人类无法直接接触，便以为能藏在银河系这个世外桃源而不被发现。普罗米修斯能瞬移般到达地球，显然其母星文明比人类文明更发达。"我来到地球是监测到你们有可能影响宇宙平衡。'天灾武器'没有你们想象的那般可控，它引发的蝴蝶效应绝非人类能承受。一旦有人使用它，不仅人类无人能幸免，还会影响到宇宙熵增，破坏宇宙平衡。想要应对宇宙真正的考验，你们更应该做的是向外发展。"普罗米修斯的话如当头棒喝，让世界冷静下来思考。今天，顾维钧就是要代表中国参加联合国会议，商议能否销毁天灾武器，达到非暴力平衡，建立真正和平。

未来会怎样，顾维钧还不能回答。阳光仿佛给眼前的雕像镀了一层金边，他眯眼看了一会，转身坚定地走进会场。世界会怎么样尚不可知，但他想，和平是明智的选择。

女孩从胶囊舱中醒来。她是"火种计划"的一员，生来就在这个曲率飞船中。她刚在学习芯片中参观完战争博物馆，那各式各样的武器，竟是祖先们用来自相残杀的！真是不可思议。还好，战争已成往事。她抬眼，看着全息投影的飞船外景，那是一个和平的、精彩无比的美丽宇宙。

*指导老师：毛华玲，中学高级教师，宜昌市明星班主任。多次获得高考质量一等奖、优秀班主任、先进工作者、青蓝结对优秀指导教师等光荣称号。辅导多名学生在各级各类作文大赛中获奖，并发表多篇教育教学及生活感悟文章。*

# "终极和平计划"之败

丁诺千 / 高二年级　毛倩宜 / 指导老师　浙江省义乌中学

联合国秘书长脸色严肃地站在高台上，面对着眼前一整片乌泱乌泱的电脑芯片。他的身后，闪耀着八个金灿灿的汉字：己所不欲，勿施于人。

"各国首席领导人们，"他清了清嗓子，所有的芯片开始工作，各国领导人的影像就显示在一块块悬浮的薄板上，"我现在要庄严地宣布一个重大计划——终极和平计划。这也许是人类历史上最伟大的一个计划，因为它的目标是销毁所有武器，全面停止战争，让世界永远和平，让人类永生！"他越讲越激动，不由自主地挥舞起右拳，差点打碎右手边的那块屏幕。

公元 3100 年，越来越多的人要求销毁武器，并永久禁止研制杀伤性武器。人类的科技水平达到前所未有的高度，但很可惜的是，技术大多用来研制武器，自从"二战"以来，人们为了争夺各种稀缺资源，同时也为了自身防御，各式新型装备浩浩荡荡地如潮水涌来，袖珍侦察仪、恶性细菌炮、高清监视器、太阳能飞机、隐形子弹等层出不穷，引发了一次又一次的世界大战。据人类不完全统计，"二战"后大约发生了二十一次大型世界大战、七次小型世界大战，局部战乱更是数不胜数，苦不堪言的人们于是开始大呼销毁武器、争取和平。

联合国相关部门对这件事颇为重视，并决定在第九十届联合国大会后实施一项重要计划，命名为"终极和平计划"。自从上一次针对国家领导人的大规模恐怖袭击后，大家再也没有开过一次超过五人聚集在一起的任何会议，都由电脑屏幕参与其中。"会场"里三层外三层都设了防护屏障，尽管如此，联合国秘书长仍觉背后发凉，讲完话后匆匆关闭电脑，在各种机器人的保卫下离开会场。

消息一出，世界各地炸开了锅。人们欢呼雀跃，大加赞扬，甚至有媒体宣称"战争使人类历史倒退五百年，而销毁武器使人类历史前进一千年"。他们有充分的理由相信，除去大型战争带来的损失，如果把研制武器的时间、精力、财力用在其他领域，人类将创造这一千年来都难以出现的奇迹。况且各国都储备了大量核武器，虽然目前无人敢真正释放，但一旦有哪一国这样做了，地球必将灭亡。因此这简直是一个完美的神圣计划，它将使人类真正进入文明时代。

联合国收到了不少建言献策，多是褒扬之辞。而其中一位预言家的一句话令秘书长脸色大变，之后便被其慌忙删除。身边同事惊问，他不答。看着每天一批又一批武器化为灰烬，一群又一群人欢庆游行，一个又一个国家以"完成全面彻底的清除武器行动"为荣，他感到稍稍宽心——事情进展得很顺利。"己所不欲，勿施于人，你们中国人说得真对。"身边的东部地区负责人叹道。终于，最后一个国家英国也完成了任务，全世界的人们开始了长达三个月的庆祝狂欢。世界和平终于实现了，再也没有战争了。联合国安理会邀请各国领导人召开了千年来首次真人会晤。在会上，各国领导人畅谈将来的世界会怎样和平美好。

一切仿佛都像看上去的那样顺利。

会议结束的钟声响起，紧接着是一声枪响，巴西领导人应声倒地，持枪的是美国总统。更令美国总统想不到的是，在场的各国领导人纷纷掏出枪支，冷笑着你指着我，我指着你。每个国家都认为，如果自己成为唯一存有武器的国家，那么自己称霸全球就是易如反掌的事情。而最想不到的是每个国家都想到了这想不到的事。

秘书长在会后第三天死于暴动，于是曾令他脸色大变的那句话也就没有人知晓了。也许除了他谁也不会知道那个预言家说的话："只要人类还存在利益与不平等，那么战争就永远不可能结束……"

指导老师：毛倩宜，毕业于西北师范大学汉语言文学专业，中学一级教师，义乌市学科带头人，浙江省教坛新秀。曾获得浙江省优质课一等奖、"迦陵杯·诗教中国"诗词讲解大赛全国总决赛一等奖、"一师一优课"省级优课等多项荣誉。

# 硝烟演习

丁同胜 / 高三年级　周　慧 / 指导老师　山东省威海紫光实验学校

2210 年 12 月 24 日。军队中的气氛愈发紧张了，长官们每天板着脸，会议室的灯常常亮到凌晨 1 点。今天长官又训话了，说什么打起精神，坚持训练，还给我发了一把我从未见过的枪，它真的好漂亮。

2210 年 12 月 25 日。又到圣诞节了，已经三年没有回去了。以前的军队其实并没有这样严格。对了，今晚看到西边发出一道刺眼的光，之后一切都开始摇晃，我以为地震了，那是什么？

2210 年 12 月 29 日。俄罗斯对法国宣战了！但一切似乎都很平静，长官并未要求我们做训练以外的任何事情。我又看到了几束白光，似乎离军营越来越近了。另外，今年不知为什么，圣诞节这几天竟然一直不下雪。

2211 年 1 月 1 日。我们到天上了，今天长官让我们向巴黎开枪，就在天上。我看到熟悉的白光，真是令人难以相信，这种小物体会有这样大的威力。

2211 的 1 月 15 日。难以想象，我们被击中了，但是舰艇安然无恙。地面发生了什么？我们这些天一直在舰艇上。

2211 年 2 月 18 日。他们疯了！竟然用反物质，舰艇毁了，当然，我们还都活着。下地时才发现，大陆已经变成焦黑色了，我们被安顿在地下。突然想起皮斯了，他跟他母亲现在也在地下吧。

2211 年 3 月 3 日。司令死了，我不知道他们用的什么手段，但无人来接管我们。现在似乎乱得很，已经没有媒体再报道战事了。我们打算回趟家。

2211 年 3 月 4 日。如我所料，地面已被夷为平地，大地一片焦黑。我找不到他们，因为地下竟然是空的，周围没有一个活人。皮斯还好吗？还是已经……

2211 年 4 月 5 日。我走遍了这个国家，只有东西伯利亚那里似乎有绿色与白色。我们究竟在跟谁打仗？

2211 年 5 月 1 日。黑色，到处都是黑色，政府去哪儿了？他们为什么不出来说明一下现在的状况？地球上还有多少人？我们究竟在干什么？

2211年5月29日。我们不再出去了，补给室的食物要告罄了，我们也要死了吗？

2211年5月30日。难得的好消息！通讯器今天突然发布了所有军事基地的坐标，原来地球上还有活人与我们一样。

2211年6月1日。我的通讯器再次收到了短信，要求我们前往储备星际航行器的地点，飞往月球。我们要离开了。

2211年6月3日。这竟然只是演习，我的所有亲人仍在月球上，司令员竟然也是AI而已。一切恍如梦境，只有星空中焦黑的圆记录着我们活动的痕迹。

2211年6月4日。联合政府宣布永久停战，人类定居月球。

指导老师：周慧，文学学士，山东省威海市文登区师德标兵，曾获威海市一师一优课二等奖，市、区级优质课奖，多次指导学生获得国家级作文大赛奖项。

# 战争管理局

董昊楠 / 高二年级　董　辉 / 指导老师　天津英华国际学校

"为什么一定要有人死？"

"为了让那些活着的人感到生的可贵。"

你相信吗，战争的成败是被一个神秘组织控制的。虽然它的名字一点也不神秘。他们就像下棋一样，双方对弈，选择出对他们最忠心的臣服者。在东方，这个组织叫作"战神"；在西方，他们被称为"战争管理局"。后来西学东渐，东方式微，迫不得已改了个叫法。

夏揖山现在在管理局当个小员工，官位不高，但他踏实肯干，戴个金丝眼镜，斯斯文文的，手里总拿着块老掉牙的怀表，却从来不用它看时间。夏揖山的发小邱木问过他里头装了什么，夏揖山只是笑着说，时候未到。值得一提的是，管理局金局长非常信任夏揖山。

邱木坐时光穿梭机到宋朝玩了两年后回来，第一件事就是找夏揖山。正巧赶上一场大战一触即发的时候，管理局对于时间的掌握有自己的算法，因此对每次战争的时间预控可谓恰到好处。大战前夜，金局长迈着两条健硕的短腿，匆忙去找夏揖山，叮嘱他按计划行事，金局长边挠着他梳得锃亮的大背头，边嘀咕这次战争怎么提前了两天。夏揖山突然起了好奇心，非要拉着邱木和他一块去战场看看，这是以前金局长明令禁止他做的。

转天，两人拿出一个小托盘，输入目的地后"咻"的一下就到了。为了使伤害降到最低，托盘默默地给他们选了一个海拔2000多米的高度，还是在邱木的疯狂跺脚下才制止。于是两个大男人在寒风里瑟瑟发抖，互相吐槽为什么忘带毛毯。邱木还在叽叽喳喳，夏揖山忽然拉住了他，"开始了。"

广袤平原上的两支队伍并没有正面交锋，而是各自掏出了笔记本电脑，一方队伍竟然围成了一个圆。邱木惊得目瞪口呆，夏揖山悠悠开口，"你仔细看，这是阴阳八卦阵。"

"哦，那他们赢得了吗？"邱木指了指一支装备看起来好一点的军队。

"赢不了。"

"啊，为什么？"

"因为另一支队伍充了钱。"

过了一会儿，夏揖山突然拿出怀表打开来，邱木看得两眼发光，嘶嘶了半天，夏揖山瞥了一眼战场，忽然神色凝重。他强迫自己不去看，不去想，艰难开口道：

"这是战争管理局每一任核心传下来的，里头不是司南，你没发现它没有南北方吗？"

夏揖山搓了搓冰冷的手，"我名为核心，实为附庸，他们和我说谁赢，我就把胜利之针指向哪方。这个，叫战魂，不叫什么指南针。"

"我以为，战争应当由人来控制，但我错了。"他抬手让邱木看脚下的战场。空，大片的空。邱木愣住了，怎么会？

"刚才……"

"这是局里最新的发明'吞噬'，局长还总跟我说没经费，我呸。"

夏揖山的眼神，慢慢变得冰冷了起来，"我现在才明白，金局长不让我来战场的原因。管理局，也实在是没有存在的必要了。"

有第一次操作失误，就有无数次。第一次，武器库毁坏；第二次，减速剂失效。金局长大发雷霆，夏揖山被局里判处死刑。执行的那天，夏揖山想起刚入职的时候，金局长对他说，"于国于民，战争管理局都十分有必要。"当年的金局长还不是大背头，留着个板寸，不高，身姿却很挺拔。

激光枪对准脑袋的时候，夏揖山看到了双目猩红的邱木，就摘下了只剩半边的金丝眼镜，隔着满脸血污，冲他笑了笑。

后来，邱木看到了夏揖山留下的遗书，上面只有两句话——

"夏氏家训第一条：生命诚可贵。"

"再见。"后面有个短短的撇。

再见，邱木。

再也不见，管理局。

邱木不知道夏揖山值不值得，但人类值得。


指导老师：董辉，文学学士，中学高级语文教师，市级骨干教师，曾被评为"全国十佳文学教师"。

# 又见一抹橄榄绿

董欣鸽 / 高三年级　李　岩 / 指导老师　河南省洛宁县第一高级中学

最近一幅名为《又见一抹橄榄绿》的画作在全球引起了巨大的轰动，街头巷尾时时刻刻都能听到人们对这幅画的谈论。

而最近也发生了一件轰动全球的事，所有国家突然决定全面销毁武器、停止战争，并协商共同建立全球的、真正的和平时代。这对于全世界人民来说无疑是一件值得激动和高兴的事，但同时也有不少人心中存在疑惑和忧虑。

和平是人类永恒的追求，但战争与和平却是人类社会的主旋律。战争早在原始社会时期就产生了。到如今，据统计有文字记载的五千多年间，世界上就发生了大大小小的战争近两万次，平均每年达到了三次。这也无怪乎在全世界范围内销毁武器、停止战争会让不少人产生疑虑了。

就在全世界人民紧张又期盼之时，联合国终于发表了一份权威文书。这份文书中声明：从今往后，世界上的所有武器都将被销毁，也将不会再有战争发生，全世界人民携手共建和平未来。全世界人民都在此刻开心地笑了，有些人更是喜极而泣。但同时人们心中也存在一个共同的疑问：为什么所有国家都同意了这个决策？

在一间布满各种仪器的房间里，一个男人也笑了，而在他面前的电脑上，正是联合国发表的那一份文书。笑着笑着，男人的眼角沁出了泪水，他抚摸着怀中的一幅画喃喃自语道："宝贝，爸爸没有让你失望，爸爸做到了，可惜……可惜你看不到了。"

原来这次令世界人民欢呼的决定，都出自这个男人之手，他利用高科技的电脑，运用超精密的技术，将电脑发出的信号频率与人的脑电波的频率调到同等赫兹，从而达到能够控制人的梦境的效果。他运用这项技术，为各国主要领导人创造了一个堪比现实的梦境。梦中，硝烟弥漫，战火纷飞，而在战争过后，大地一片焦土，生灵涂炭，这个地球再也不是曾经那个绿水青山、鸟语花香，让人类赖以生存的家园了。这个梦境让各国领导人都陷入了深思，他们不愿让自己的梦成为现实，于是决定销毁武器，停止战争，与世界各国友好相处。

男人缓缓地站了起来，将手中的画万分小心地放在了桌子上。只见画中，在硝烟弥漫的战场上，一个小女孩手中捧起了一个嫩绿的橄榄枝，身后的炼狱与这个充满生机的生命形成了鲜明的对比，让人不禁想起了生命的宝贵与战争的残酷。这幅画名为《又见一抹橄榄绿》，而画中的女孩，正是男人的女儿。

指导老师：李岩，中学一级教师，曾多次获得洛阳市优质课一等奖，洛阳市骨干教师、河南省模范教师等荣誉称号。在写作指导上有独特方法，多次指导学生参加省级、国家级作文大赛并获得奖项。

# 止 戈

董舟洋/高一年级　李　磊/指导老师　四川省成都市第十二中学

　　这是陈小旭第十一次被投影电视自动开机的音乐惊醒。

　　无力的思念，逝去的怅惘……和平的世界，共同的向往……

　　优美哀伤的旋律让她确信自己已脱离噩梦。戴上洁牙仪，她来到客厅，每日必播的庆祝节目里温暖的笑脸让她再次心安。

　　"今天是和平纪年元年一月十一日，我们的'止戈'行动正在热火朝天地进行中……"

　　陈小旭刷完牙，取出洁牙仪，用冷水扑了扑脸，拿长发盖住眼角的伤痕，就出了门。街道空空的，只有高楼上重复投影的宣传和平宣言的主持人，以及偶尔飞速驶过的家用磁力车……各国元首虽然都已经签署销毁武器的协议，但刚刚经历如此大规模的战争，人们还不太习惯也不太放心地走在街上。

　　陈小旭来到她工作的地方，"止戈"行动的现场，和其他人一样，她穿上隔离服，拿着一个手柄，进入了隔离区，清理战场。她的思绪随着工作回到无比黑暗的深渊，那是一场残酷血腥却又几乎没有血迹的战争……

　　最初，乙国宣布自己掌握了维度武器技术后，世界局势开始动荡。许多国家纷纷表态依附乙国。爱好和平的人们则大量搬离地面，移民太空城……直到甲国执行秘密任务的科研人员向世界传递出掌握了黑洞技术的消息，第三次世界大战爆发了。世界各国在加入战争后就依附两个大国，分成两大阵营。依托两个大国的技术，一方手握"二维网"，另一方把持"黑洞仪"。两件武器都如它们的名字所指，分别有着降维打击和吞噬一切的骇人能力。

　　战争持续了很久很久，地球被破坏得面目全非。陈小旭出生在战争结束之前最无所不用其极的时期。乙国阵营布下大量悬浮的二维网，一切导弹、飞机、人在落入二维网中后都会变成二维扁片，不可恢复地消失。甲国阵营拥有的黑洞数量也达到了顶峰，吞噬着世间的一切。两个阵营的武器都极其有效。受二维网和黑洞仪攻击的大城市，上海、成都、东京、纽约、巴黎、太空城……人类千百年的成果，没有留下废墟和遗迹，而是瞬间湮没。被老式的核武器打击的地区，则变成了生命禁区。

战争时期，全人类的生活陷于停滞。各国军队疯狂加入战争，使战争越拖越长，带来无尽的消耗。最终民用资源也被征收殆尽。

后来，乙国阵营一些高层终于意识到，这样做不是在让自己变强，而是在毁灭自己。况且，甲国黑洞仪防御的区域更是让二维网无法突破。乙国首脑看着满目疮痍的世界，终于向甲国提出了停战协议。此时人们意识到只有很小一部分地表可供人类生存。"止戈"和平协议签下后，甲国带领着其他国家用黑洞仪吞噬掉浮在地表的二维网，再将全世界的武器用黑洞仪吞噬掉，最后将黑洞仪送进太空中的那个巨型黑洞……

陈小旭坐在废墟上，目光从手中的照片移动到不远处的一段残垣断壁，"不会再有战争了吧？！"

指导老师：李磊，文学学士，毕业于四川师范大学汉语言文学教育专业，成都市优秀教师、武侯区优秀教师，曾多次指导学生获国家级大赛奖项。

# 海绵时代

窦铭希 / 高二年级　刘　伟 / 指导老师　天津市武清区杨村第一中学

苏渝做了一个漫长的梦。

梦中，是无数钢筋器械的倒塌，冷光摇晃，光影交织。

铁炉的一侧，满面尘灰的工人，正将枪炮、核武器残骸等破铜烂铁向炉中扔去；另一侧，一名工作人员正在盘问行人是否携带了武器，语气有些蛮横。阴雨中的城，像海绵一样不堪一击。

他无厘头地想到儿时学的诗中常描述的征兵场景，幽然的梦中，他感到自己皱了下眉头。他醒了。

"开启 01 号冬眠舱。"冷冰冰的金属嗓音故作亲切，随之而来的是刺眼的光亮。"我已经到了未来？"

"欢迎来到 2184 年！"苏渝还在犯迷糊，突然涌来一群科研人员，对他做这样那样的检查。折腾了很久，他本人即使对情感表达不甚敏感，却也感受到了这群年轻人的激动，仿佛好几年没有让人兴奋的事了。"首位冬眠者成功苏醒！"他听到人群中说。

迷糊中，他终于被放了出来。同时，那伙人派给他一个助手，大抵是帮助他适应新生活吧，那是一个蜜柚似的姑娘。

"关于我，你知道什么？"走在楼道光洁的瓷砖上，他柔声询问，手指滑过墙边绵软的扶手。

"你叫苏渝，1995 年生，无父无母，2017 年在口腔医院拔过两颗牙，2019 年摇号获得冬眠资格。"她眯着眼笑了，简短地说。

他的脸皱缩了。"唔，你叫什么？"

"季廷，编号 K3，23 岁。"她停顿一下，低垂着她那散发着马鞭草香味的发丝，"我出生时只有编号，'季廷'是我给自己起的名字，羡慕你有真正的名字。"

苏渝突然感到些许哀伤，好歹他的名字是从未谋面的父母起的，即使起名方式是 20 世纪最常见的"父姓加母名的杂糅"。"你为什么来陪我？"

"冬眠计划研究所指派的。"她淡然地回答。

五味杂陈。这里的人不拥有姓名，以编号相称，完全听从指派。为什么？

他很快有了答案。

他们就这样尴尬地走在街上，之后一时无语。街上高楼林立，钢筋水泥与玻璃幕墙拼接出一种温文尔雅的气质。清爽的微风下，苏渝却异样得很。"说说这些年的事好吗？"

"没什么新奇，只听说21世纪联合国下令销毁所有武器，不再有战争。"季廷语调平静，好像复读机一样，也仿佛在讲另一个世界的故事。

没有战争！没有武器！

苏渝沉思，答案一定就在此了。

坐在离子加速动车上，一个小孩儿撞到了苏渝，又毫无歉意地跑开了。"你爸妈没教过你要道歉吗？"他想装得亲和些，还是有些许不快。这时，季廷惊讶地看向他，好像他说了敏感词汇。

"嗯……现在这个年代，我们都是从瓶中孵出来的，没有父母。胎生什么的，太遥远了吧。"她触到了苏渝眼中的惊讶，快快地不再说话了，"其实你可以选择换掉我，A5正等候为你服务。"

那日，苏渝作为首位冬眠苏醒者和联合国上层人员通话，按照规定，对方不得说谎。"为什么禁止战争？"他问，等待着一个冠冕堂皇的答案。

对方叹了一口气："人类这个物种，杂念太多，情感丰富，太难管理了啊。您看现在，就容易多了。"

挂了电话，苏渝看向窗外。天空像一块淡蓝色海绵，竟忧伤地挤出一点雨来。这个柔弱的时代呀，姑且叫作"海绵时代"吧。

指导老师：刘伟，中学一级教师，曾获全国高中语文教师教学基本功展评优秀课例评比一等奖、"一师一优课"部级奖励，天津市武清区优秀青年教师、杨村一中优秀共产党员、优秀班主任等荣誉称号，多次指导学生获国家级作文大赛奖项。

# 七年之战

杜文健／高三年级　赵雪菲／指导老师　山东省临朐县第一中学

## 公元3019年　地球

雪飘起来了，越来越紧，白茫茫大地真干净。

如今，随着全球一体化的不断推进，国家之间相互征战，斗得你死我活。败者为寇，自然要被胜的一方吞并。目前，全球仅有以自由自律为信条的 A 国和以兼济天下为信条的 C 国在争夺最后的"胜利"了。

## 公元3020年　地球

"沾衣欲湿杏花雨，吹面不寒杨柳风。"C 国军师浩骏如是说，"春风好啊！春天好吗？'莫春者，春服既成，冠者五六人，童子六七人，浴乎沂，风乎舞雩，咏而归'的景象，果真存在过吗？"浩骏叹了口气，心里不免泛起了涟漪。面对这片满目疮痍的土地，面对这场两国持续五个月的战争，他叹了口气，"杖藜扶我过桥东。"

## 公元3021年　月球

"在山的这边，是枪炮和泥泞；在山的那边，有鲜花和美酒。"A 国军师艾利此时正在月球中转站通过雏鹰雷达侦察着地球上 C 国的举动。拿破仑这句话久久回荡在他的心中。他心中不免生起了疑窦："这真的是我们期望的生活？这座山，该不该翻？"

## 公元3026年　火星

浩骏在这七年里奔波劳累，年事已高，上级特意把他派到火星休假一个月。然而，他心中却始终牵挂着那颗蔚蓝色的星球，不，不是蔚蓝色了，是灰黑色。烟尘和弹片笼罩着整个星球，在他眼里，没有谁是真正的赢家。

## 公元2940年　地球

课堂上，正有两个学生用虚拟电脑查阅资料。"艾利，你看，这颗蓝色的星球就是我们的地球，多美呀！""是啊，浩骏，'七月在野，八月在宇，九月在户，十月蟋蟀入我床下'的美景画意还要我们来守护呢！"

## 公元3026年　火星

正当浩骏躺在舱里忧心忡忡时，艾利走来了。"好久不见。""好久不见。""汝国何？""国病矣。""亦然。"看着二人鬓角斑白的模样，他们相视一笑。"七年了，这场战争持续七年了。看吧，这颗蓝色星球，快撑不住了。"浩骏叹了口气。

## 公元3027年　地球

人类全面销毁武器，战争停止，铸剑为犁，放牧于原。室家无离旷之思，千岁无战斗之患。

指导老师：赵雪菲，文学学士，毕业于山东省烟台师范学院，汉语言文学专业。中学一级教师，山东省临朐县教学能手，临朐县骨干教师，曾获得山东省潍坊市教学成果个人三等奖，多次获得县政府教学成果一等奖，多次荣获各类作文大赛写作指导奖项。

# 止戈为武，浴火新生

杜友善/高三年级　武　晖/指导老师　辽宁省辽阳石油化纤公司高级中学

男人抱着娃缓缓从超空间飞船走下，踏上了这片既熟悉又陌生的土地。环顾四周之后，死死地盯着空无一物的远方，良久，他的目光开始涣散起来……

他出生在和平年代的末期，见证了属于这个时代最极致的辉煌与繁荣，也见证了这个世界顷刻的衰退与凋亡。在他少年时期，科技爆炸已经开始，虽然彼时的他，不知道人们已经掌握超空间跃迁、曲率驱动光速飞船等技术，但人工智能的普及、反重力舰艇的大众化使用着实让他惊讶和震撼。

随着他的长大，他所见到的新兴科技事物越来越多。他亲自乘坐过上可直达空间站、下可深入地幔内部进入地下城市的强引力轨道乘梯，也接收过通过量子化运输传递的包裹。这种运输方式，先进行原子级别的扫描与定位，获得所寄物品的内部原子结构及邮寄坐标地址，再进行量子化的分解及远距离的重组。一切似乎都在蓬勃发展。

直到有一天，人们彻底掌握了超空间跃迁及改造星球的技术，属于这个时代的和平就此消失不见。

据有关专家分析，战争的起因是外太空的资源分配不均以及对势力范围划分的争执。可他却认为并非只因这些，在他的成长过程中，见到了太多的歧视与纷争，有关于种族的，有关于宗教信仰的……

怀揣一颗充满爱国主义的赤子之心，他应征入伍，加入了星际远征队。机敏过人的他总能逃过敌人的光幕陷阱，驾驶着星舰去攻击、毁灭别国所在星球。在他发射的能量脉冲及质子的打击下，一颗颗行星被毁灭，化为最纯粹的元素，散落在广阔而又荒凉的宇宙中，而这也无声地增加着这片空间的质量……而他，凭借着战功一步步地升迁至将军、元帅。

战争越打越激烈，科技爆炸仍在继续，一批又一批他无法想象到的武器被源源不断地送上战场。他和好友兴高采烈地谈论着即将取得的胜利，却不知毁灭已悄然而至。他永远无法忘记那一日，好友与他一起巡视战场，好友告诉他战争一结束就要回家颐养天年。

可就在他们返航的途中，遇到了黑洞。生死关头，好友把光速飞船让给了他，自己却……

他痛不欲生。他不懂在那片安全的空间里为何会有黑洞的存在，他问遍了国家实验室的成员，翻尽了图书馆的资料。终于，他知道了真相，星球毁灭后的质量散落在宇宙中，不断积累，终于超过了阈值，引发了星际的毁灭、塌陷。

他将这个发现通过超波传到宇宙各处……

终于，这场持续半个世纪的大战就此停止，可外太空已残破不堪……他们也终于回到了地球。

男人缓缓抬起头，从记忆中走出，望向远方。远方，仿佛有一片绿色向四处扩散。一切，终将浴火重生。和平，将就此到来。

*指导老师：武晖，辽宁省辽阳石油化纤公司高级中学特级教师。省学科带头人，从教二十多年，致力于探索语文教学的有效途径、如何扎实培养学生的语文能力和语文素养。*

# 千纸鹤

方星颖 / 高三年级　马　娟 / 指导老师　云南省昆明市官渡区第二中学

太空阴沉沉地下着雨，房檐上的水像断了线的珍珠项链，男人躺在床上盯着天花板，想起了刚刚的对话。

"你为什么要我杀死这个人？"

"因为我恨他，很简单，他抢走了我应得的一切，财富、名誉、爱人。"对面的男人已过中年，目光带着经历世事的毒辣，他点了烟自顾自地开始吞云吐雾。"阿狰，我知道，你以前是个雇佣兵，这件事对你而言不难。"

"可是世界已经和平了，武器已经……"

"什么不能杀人？纸都能把人的脖子割开。"抽烟的男人猛吸了一口烟，缓缓吐出，"别忘了是谁救你回来的，别叫我失望。"

阿狰，是老板给他重起的名字。武器被销毁，世界和平，于是军人下岗，警察失业，身为雇佣兵的他每日艰难过活，甚至常常没得吃，是老板将他救下来施以援手的。"为什么？不是没有武器，世界和平，从此不再有战争吗？为什么我还要去结束别人的生命？"男人看着挂在窗口的千纸鹤，多年前小小的身影在他快饿晕时给他送来面包和水，她清脆的声音宛如上帝派来救赎人类的天使："一切都会好的，世界已经和平了。"她走了，留下了一只千纸鹤。和平真的存在吗？武器就代表战争吗？阿狰没有注意到，雨水已经打湿了那只可怜的纸鹤。

阿狰还是听从了老板的命令，开始悄悄跟踪目标，摸清猎物的作息，寻找下手机会。他潜入目标参加的酒会，眼见目标与各种各样的人明争暗斗。他藏入股市，观察目标与竞争对手间的你死我活，一个小小的数字能让人下一秒跌下神坛，从高楼处跌下深渊。他身边似乎随时都有人在离世，仿佛是上天安排这些人要告诉他什么。最后他没让老板失望，在目标按作息规律进入公寓后服下他放了安眠药的水，被他注射了安乐死，他还细心处理了犯罪现场以伪造自杀，抹去指纹消失在公寓周围。可惜科技的发达远超他的想象，哪怕空气分子里都能找到与他有千丝万缕关系的线索。而阿狰此刻在教堂中，手握千纸鹤对十字架虔诚默问，"和平到底是什么样子？我解决了两个人的矛盾，却杀死了一方，这真的是和平吗？"手里的千纸鹤因他的犹豫怀疑显得更加苍白，如同那些死于他身边的人的脸色。

他还是被捕了，监狱里的环境展示了人性最原始的一面，每天放到狱中的食物和水只有一点点，犯人们为了食物、床位、说话权大打出手，几乎每天都有人为此而死。今天他因抢到一个馒头被犯人团团围住，殴打每天都在上演，不知道是谁在他不注意时用石头打破了他的头，众人上前哄抢馒头，没有人在意他刚刚被砸破的头，那些人的眼睛里看不见鲜血的颜色。阿狰奄奄一息地躺在地上，血水不断往外流着，控诉他们的暴行。眼前还有个白色的东西，焦距对准才看清是他一直珍重的千纸鹤，刚刚不知道什么时候掉了出来，现在染上了他的点点血迹。他伸手想揽回千纸鹤，却用尽最后一丝力气宛若解脱般呼出一口气，伸出一半的手垂在了地上。

当晚，阿狰在夜深人静中将千纸鹤展开成一张纸，在回忆的声音中割破手腕。世界已经和平了？不，他默默回应，世界不会因人的欲望而和平，纵使没有武器，也依旧如此。战争出自人类的欲望，只要人类的欲望不灭，战争就永远不会休止，止战之殇只是存在于幻想里的云烟罢了。

指导老师：马娟，毕业于云南师范学院，主修语言文字，云南省语文学科带头教师，从事语文教学十三年，注重培养学生对语文的兴趣和文学情操。

# 归梦！铸剑为犁

房　悦/高二年级　费园园/指导老师　江苏省泗洪中学

　　使民城郭不修，沟池不越；铸剑戟以为农器。放牛马于原薮；室家无离旷之思，千岁无战斗之患。

——《孔子家语》

　　枫树上第一片叶子被秋风摇落，摇摇晃晃地睡到了女儿稚嫩的小手掌上，她举着火红的叶子在我面前摇晃，满脸得意，仿佛是她最早抓住了秋天。我笑了笑，轻嗔了一句："坐好了，宝贝！"此时，我右手抱着三岁的女儿，左手把着自行车，在归梦街 39 号的巷子里游荡。金风拂面，让我想到小时候妈妈用嘴轻吹我因调皮而摔破的伤口，暖暖的，又很清凉。突然，前方一声爆炸，我从梦中惊醒了。

　　"我在哪儿？"我惊问。"啊！邱教授，你醒啦！我们现在在钢铸保护罩内，外面的离子波暂时还攻不进来，你不用害怕。要来讨论搬离地球的问题吗？""不了。"眼神涣散，漫不经心的我答道。我费劲地撑起两条酸软的腿，透过透明玻璃钢罩看外面的世界：激光枪正在扫射长城、故宫，让守卫长城的战斗机器人手足无措；战斗场地空无一人，全是废墟；阴沉沉的天空不时被激光刺破，电磁波干扰智能信号接收，眼看长城即将塌陷，机器人战队所剩无几。我又绝望地瘫软在地上，听着他们讨论："黑洞视界周围的重力加速度最多 10 个 g，可以根据不同人的身体特性安排在不同层次，正如地球的纬度一样。""黑洞有巨大的旋转能，只要在中心固定一个超导线圈，便可利用磁场，通过磁力线将能量以电流的形式送到黑洞大梁上的居民区，这比太阳的使用寿命还长。""我认为'巨人'黑洞最适宜，风景也最好，附近有很多美丽的类星体，像 C923，S170，还有……"

　　"够了！"我抑制不住内心的怒火，强行打断了他们激烈的讨论。

　　"你们难道眼睁睁看着曾经生你养你的美丽星球在你们自己手中毁灭吗？

051

你们难道对曾经的地球村不抱任何希望了吗？你们难道不想再和你们的孩子在巷子里漫步了吗？"我抽咽着，说不下去了，想起了那痛苦的往事。

几年前，我的女儿与妻子都被美国特务局抓去，要挟我说出中国研发能量武器的内部机密，我经历过痛苦的挣扎后，决定抛弃我那仅有五岁的女儿邱莜和善良美丽的妻子。为了亿万中国人民的利益与生命，我舍弃了生命中最爱的两个人。与此同时，一位同事却恰恰相反，在获取了大量美元后被中国法院处以死刑。美国利用我们尚未成熟的能量技术打造出了能量武器，制造了第三次世界大战，无数人死亡，无数国家被毁，全球弥漫着死亡的气息，而且战争仿佛失控了。

教授们听了我的话后陷入沉思。

"那……邱，你有什么解决思路吗？"

"能量武器技术是我主力研发出来的，万物相生相克，只需一定时间我就可以挽救地球！"

我踏上飞行器来到美国，却见总部的指挥官死在指挥台上，美国同时也陷入死亡的深渊中。

战争，你这无情的怪兽吞噬了一切！

屏幕上只有求救的字样。尚未成熟的武器导致了可怕的战争，让全球都陷入无尽的死亡。我移走指挥官的身体，在台上有条不紊地进行系统修复，几天后，将所有能量收回，万物复苏。将死之际，我喊了声"归梦！"然后与女儿仍漫步在归梦街 39 号，女儿仍拿着叶子摇啊摇……

指导老师：费园园，文学学士，毕业于江苏师范大学汉语言文学专业，中学高级教师，县学科带头人，曾获得宿迁市优课比赛一等奖，多次指导学生获省级、国家级作文比赛大奖。

# 战争即和平

冯浩云 / 高三年级　曹秋菊 / 指导老师　山东师范大学附属中学

今天是世界全面销毁武器的第 135 天，回想起世界最后一颗核弹引爆时的场景，博士不禁打了个哈欠，因为这和他的关系不大。博士拿下他头上的"梦精灵"，打开电脑，沉浸在了他昨晚梦幻的旅行中。

"梦精灵"是博士的发明，它可以通过人脑神经冲动的次数与强度来还原使用者的梦。如今它的普及率已经超过 70%。

博士走在一条宽阔的马路上，这条他也从没有见过的路上，耳边响起了他从未听过的歌曲。他在一个队伍的中间，他四围的人都穿着玩偶服，各种颜色的彩带从他身边飞过，天上飞满了蝴蝶，他们飞向一个所有人都不知道的地方。树，一棵会行走的树，博士对他荒谬的梦已不再感到新奇，但树下那个熟悉的身影让他激动，那是他年少时在这棵树下邂逅的女孩。"博士，你看这样如何？"一个令人生厌的声音从他梦中响起，让他回到了现实。他甚是恼火，关上了梦精灵，穿好衣服赶去了实验室。

博士到了实验室，秘书告诉他有人在等他，博士虽不想和那人见面，却不得不见。他走到会议室，一个面带微笑的男人坐在那里："博士，考虑好了吗？"那人是美国的国防部长，他一直想从博士那里得到梦精灵的使用权，并且向博士开出了优厚的条件，可博士依然坚决不同意，因为博士知道他想干什么。

"博士，你看这样如何？"那个人又说了同样的话。博士眼前一黑，两只蝴蝶从他眼睛里飞了出来。博士认为他昨晚没睡好，没有在意。博士依然拒绝了他。"这可是我们进行的最后一场磋商了，博士，我希望你不会后悔。""我死也不会后悔！"博士气愤地说道，他闭上了眼睛，倚到靠背上，没有注意他身边多了一棵树。"你死了，你的同事会接管这事，我想他们会同意的。""你走吧，不送。"博士闭着眼说。一会儿，会议室只剩他一人。"博士，博士！"一个熟悉而又陌生的声音传入他的耳边，他猛然睁开眼，是那个女孩，博士冲出去寻找，只看到了她的背影。他开始狂奔，企图追上她，跑着跑着，博士发现自己在儿时的路上。随着一阵刺痛，博士才意识到刚刚那不是现实，他看了看自己满是血与玻璃片的手，他放弃了喊叫，享受高空坠落的快感。

这时，他明白了，全球武器的销毁根本没什么用，人心才是最可怕的武器，和平是战争的前奏，也是战争的开始。博士狂笑出声："伟大的梦战就要来临了，迎接来自梦境的审判吧！"博士最后与大地相拥，完成了他与世界的邂逅。

指导老师：曹秋菊，文学学士，毕业于山东师范大学汉语言文学专业。中学高级教师，山东省骨干教师，曾获高中语文优质课比赛济南市一等奖、山东省一等奖、全国二等奖，济南市教学能手。多篇论文发表于《中学语文教学参考》等核心期刊，多次指导学生参加各级作文大赛并获得奖项。

# 山河永寂，四海升平

冯兰舒／高三年级　薄德鹤／指导老师　云南大学附属中学星耀学校

"好了，今天的'四战'历史就讲到这里，请同学们下课后写一篇关于战争的论文交给我，后天截止，下课。""呼——"柳澈把"支配"了他一整天的学生用 VR 终端从头上取下来，躺在开启放松模式的座椅上长舒一口气，随口道："这次这论文可怎么写哟，可难坏我了，就连我爷爷的爷爷都可能没见过打仗了，去网上抄资料肯定不能过关。唉，愁啊愁！"旁边的陆予却不管他这样持续了快两个星历年的千篇一律的抱怨，从椅子上一跃而下，居高临下地看着他，神秘地说道："先不管那个，我奶奶她们店里好像出了个新鲜东西，我们去悄悄看看。"椅子上没精打采的柳澈一跃而起，"咚——""哎呀，你撞我头了！""不好意思，我们快去看看吧！"

陆予的奶奶是星辰公司的科研带头人，这家公司自第四次世界大战时起家，原本负责武器的研究，在战争全面停止后卖起了学习用具和玩具——似乎也没什么不好理解的，战争都已停止，那么作为工具的武器自然也失去了它的存在价值。

两个小伙伴蹑手蹑脚地溜过岗亭监控摄像头的盲区，眼前是一座奇异的"雕像"，其后则是科研部巨蛋形的悬浮研发楼。"你们那个雕像是什么寓意啊？看着怪怪的，不过上面的花挺好看。"柳澈捂住嘴，悄声问旁边的同窗。"哦，据说那个是新威慑纪元公司出产的歼星炮，"四战"结束后被当作纪念物拆除并销毁能量场后放在这里，又不知道被谁种了花。"陆予低声回道。

"别发呆了，那个东西就在这儿，说明书找到了，我们快上去试试看。"陆予拖着正在发呆的柳澈，坐上那个古怪的座位。柳澈疑惑地说道："这个是什么啊？看着有些像体感的 VR 器材……啊！你干什么了，先停下！"话音未落，陆予按下了最后几个机关，两人陷入了一阵天旋地转中。

两人的身影再次出现，他们已在一片深蓝之中。柳澈环顾四周，身处宇宙，身后的恒星应该是太阳，而身边的这对双星——似乎是地月系，然而小的那颗上出现了一堆不明不白的建筑，并非他们印象中繁华宁静的月城。大的那颗云气笼罩，却不是白色而是灰色，冰盖上有让人望而生畏的孔洞，印象中应该是深绿的地方变得灰黄。他们的身前身后，两个飞船形成的阵列沉默地对峙着，散发出让人毛骨悚然的气息。他们正打量时，变故陡生！只见身边忽然划过无数道蓝紫色的光柱，两边的飞船开始飞快靠近，在深蓝中翻飞出混乱的痕迹。那蓝紫色的光柱来自飞船，在触碰到对面时点燃了一团团蘑菇云。光线映红了柳澈的眼，也让他看清了，那器械是三百年前的战舰，是笼罩了全人类百年的阴云，蓝紫色的光柱是激光炮的火焰，也有的是聚变太阳的尾羽。他们看见一架银色的战舰追上了敌军的轨迹，吓得那驾驶员忘记了打开深海模式，在几十倍重力加速度下，他整个贴上了舷窗，绽开一朵恐怖的血花。两人吓得肝胆俱裂，抱作一团开始大哭，正在这时，只见白光一闪，一张无奈的脸出现在他们面前。

"奶……奶奶？"陆予惊叫道。奶奶陆沉在哭笑不得中，给了他俩一人一个爆栗子："小孩子家，不好好学习，在这儿瞎捣鼓我的仪器，它还没完全搞好呢！快回去吧。"

看着俩小孩勾肩搭背地出去了，陆奶奶的眼神落在了门口的那座歼星炮上。那是她曾经最骄傲的作品，也承载了她一生的悔恨与希望。她是"四战"中的青年科学家，在诸国互相倾轧时也曾迷失，制造了许多恐怖的武器，想将战火隔绝在家乡之外。可是以武器为基础的战争又哪能因武器而停止，看着满目疮痍的山河，她对战争深恶痛绝。后来，她参加了"支援未来"计划，在冷冻中越过时光去向未来，醒来后开始从事学习用具的研发，埋葬了战火中的一切。她在歼星炮上种了花，一如她研发这台模拟器，让后人记住战争的残酷与和平的可贵。

星空下，硝烟散尽，少年依偎；远方，万家灯火，四海升平。

指导老师：溥德鹤，中学高级教师，教育硕士，毕业于西南大学。云南省文化名师，昆明市名班主任。曾获全国中小学优质课电视展示大赛一等奖，全国第三届优质课评比一等奖。

# 战地绝唱

冯桢曦 / 高二年级　李儒大 / 指导老师　湖北省黄石市第二中学

悬梯在一阵令人心悸的震颤中沿着磁感线缓缓上升，虽然知道这是磁悬浮系统的自动矫正，但我还是不免担心这几十年的老机器能不能撑住这一次。这个金属皮箱正从海拔以下几千米而来，向地表而去。悬梯不断晃动着，我很难控制自己不去想象半米厚的剪力墙外那被数以万摩尔计的病毒和数倍致死当量的辐射污染的土质，也很难不去把外部的污染和这种晃动联系起来。

我正在穿越地狱，一个我一旦出厢门则必死无疑的生物学地狱。

我强迫自己将脑袋放空，预演着接下来的骗局。

不知过了多久，悬梯的震颤才停了下来。门缓缓打开，面前是层层叠叠的玻璃墙，十几个人在玻璃墙外看着我，没有人谈笑，空气中一片死寂。我走进去，那些已经有些不耐烦的驻守人员立刻围过来，粗手粗脚地给我穿上防护服。很明显，这些防护服又被改造了。

我叹了口气，生化方面的军事示威还没有结束吗？突然想起一个同事跟我说过的一个笑话："研发武器是为了让人死得更舒服些，而防护服则是为了让人死前更加煎熬。"可我那个同事已经死了，一颗子弹击穿了他的防护服却没有杀死他，他死于致命的核辐射。从那以后我就没有同事了，所以这回"信鸽"故障，上面就只能来找我。

我穿好生化防护服，走进下一个缓冲隔离门，四个手持枪械的人早已穿戴整齐在那里等我。身后沉重的隔离门缓缓开启，眼前的世界也缓缓打开。我走出隔离站，走进一片能见度极低的空气中，脚下是久违的大地。

七年了，我第七次走上地表，每一次都代表着我的女儿在这个破时代里又熬了一年。

雾气里透着一股棕黄，我抬起头，黑蒙蒙的一片天，没有星星，也没有月亮，这个夜晚就像中国传说中盘古未开辟的天地一般混沌。有人在公共频道里提醒我快点向前。而前方只有朦胧的一片平原，没有建筑，没有山脉，只有大大小小的弹坑和壕沟。

我们在导航的指引下前行，此行的目标就隐藏在不远处的一条战壕里。由于战争已经全面转移到地下城阶段，这些废弃不用的土沟里只有突变的植物能够生存。我们没有走多远，就找到了掩盖在一片变异植物下的"信鸽"信号站。这种通信线路占地很小，却远超额定功率地承担了如今联盟方三分之二的通信任务。这也是不得已，在战争刚刚挑起的时候地球上空的卫星就被打得一个不剩。更为尴尬的是"信鸽"的使用年限只有一年，与这场僵持了十二年的大战相比，一年实在太短。原先也不是没有设计专门为其检修的机器人，但"信鸽"出现的问题每一次都不太常规，这种情况下，每一次故障就必须让专业人员冒着生命危险走上地表。而我就是专业人员，最后一个。

呜咽的风声让周围的气氛有些诡异，我们中有个人不耐烦地就要用枪托破坏这些相貌恶心的植物，我制止了他，因为天然的植被是"信鸽"最好的掩体。所以我只是让他们拨开那些泛着油腻光泽的叶子，随后用我随身携带的微电脑连入基站。

一阵无比清晰的声音响起，而且连绵不绝。又来了，我心想。每一次我来到这里，这诡异的乐声都会不知道从何处响起，好像与我有一个一年一会的约定。而其他负责防卫的人不知道，他们架枪扫视周围，但他们不可能从热成像中找到任何目标。我笑这些过度敏感的人，他们自以为执行着绝密的任务，却不知这任务从一开始就是个笑话。

我把心神沉浸在这四野弥漫的咏叹之声中，倒像听着一阵清风的低吟，一个夜晚的诉说，诉说着一个幻梦里的世界，又或是一个未曾篡改过的童话。

我找到了我自己留下来的程序暗门，轻而易举就打开了，因为这个病毒本来就是对"信鸽"无比了解的我设下的。连接，自检，重启，运行，再重启，在进行最后的操作之前，我伸展了一下双手，停了下来。

我打开了录音，以后可能就不能再赴这个夜晚的约定了，只可惜，我到现在都不知道这乐声来自何方。

只要我按下这个回车键，一个电子缓冲之后，"信鸽"就会运行由我编写的子程序，一分钟以后，所有连接这个中央通信站的线路都会断开，断开前，每个线路都会收到一条音频文件；再五分钟后，我身后四个保护我的人就会收到命令把枪口对准我；也许一个月，或许更短，联盟就会在战线上全面败给帝国，那时战争就会结束，而在那之前，我就会因为叛国罪而被处死。

而那段发向全世界的音频信息会在很多年后为人们所聆听，他们或许会说，这是一场蓄谋已久的阴谋，一个疯狂的人孤注一掷毁灭了一个国家。那时天空碧蓝如洗，几个孩子在澄澈的阳光下嬉笑打闹。时光一如既往洗净了一切，唯有歌谣在飘荡。

可现在，我只是想着我的小女儿，想着她如果没有在出生前受到辐射影响，没有生下来就是畸形，而有一颗聪慧的大脑，那该多好。现在，我只想再听听这段音乐，它陪了我七个夜晚，让我坚定了执行这个计划的决心。我身后有四个全副武装的士兵，但在夜空下，我更像孤身一人。

运行。

一个星期后，世界上最后一场战争结束了。

有人说，战争结束是因为有一个坏了的音响只能重复放一段音乐，在这个音响坏掉前，它旁边的小花学会了歌唱，这一唱便是一个种群的生生不息，便是每年花开时夜空下浩荡的战地绝唱。

指导老师：李儒大，黄石二中语文教师，硕士，致力于"文化语文"的探究，取得可喜成果，以写作为支点来提升学生语文核心素养，有多篇较高质量的论文发表。

# 柜中人

傅昭衍 / 高二年级　马恬静 / 指导老师　浙江省东阳中学

郭炎一生只看见柜门开过两次，一次在他祖父去世时，一次在他父亲去世时，两次都从柜门外扛进一口乌黑的棺材，然后庄重地抬出去。柜门开着的时间太短，以至于郭炎根本没机会看一眼柜门外的世界。

郭炎从出生起就生活在这个大柜子里，他没有被困住的感觉。从懂事起他就乖巧地跟在父亲身后学习，然而学的东西却令他百思不得其解。他知道，他所在的"大柜子"的真正名字叫"约柜25E号"。他们全家世世代代的任务，就是守着这里的一个红色按钮。郭炎听他父亲说过，那个按钮对生活在外面的人有毁灭性的力量，绝对不能有任何差池。所以，郭炎有时整日盯着它看，像小王子守着他的玫瑰花一样。

所以那扇柜门再次被打开的时候，郭炎傻愣了半天。他似乎是对眼前的情形迷惑不解，等那柜门外的人说话了，他才反应过来："联合国特勤部，前来销毁'约柜25E号'中的能量武器。"

郭炎听到"销毁"两个字，马上从口袋中抽出了枪，挡在那个红色按钮的前方，双手紧紧扣住枪的扳机。来者镇静地举起双手："请放下武器，我们没有敌意。"接着他从胸前的口袋里掏出了联合国身份证明，郭炎小心翼翼地瞥了一眼那个身份证件，依旧神经紧绷地举着枪。

"你们知道这是什么东西吗？"

"知道，能量武器，毁灭敌人用的。"

"既然知道，就乖乖离开这里，休想销毁它。"

门外金发蓝眼的外国人挑挑眉，保持着谦逊有礼的语气对郭炎微微颔首："'约柜25E号'第五十三代守护人，这是联合国的指示，现在人类的巴别塔已消失，人类已进入全面大同时代，这种武器……"他指了指郭炎身后的红色按钮，"已经不需要了。"

"什么意思？"

"巴别塔是远古时期的人们为了向上帝显示自己的实力而建造的，上帝看见后震怒于人们的挑衅，就让人类的语言从此发生分歧。矛盾与斗争是从差别开始的，你知道吧？上帝这么做只是为了用矛盾来遏制人类的发展，但是现在人类醒悟了。"

"战争，不存在了？"郭炎睁大了眼睛，有些艰难地看着金发人缓缓点了点头。那把枪从他手中蓦地坠落，着地时发出一声沉闷的声响。

"那我可以出去了，是吗？这个世界已不再需要约柜了？"郭炎的眼中蒙上了一片惘然，他缓缓地将目光移至那扇曾进出过两口棺材的门。

"可是怎么可能呢，战争怎么可能消失？"他似乎努力寻找着答案，求助般地望着金发人。

"为什么不可能呢？生产力水平已经登峰造极了。"

"可是人的欲望怎么办？战争也好，阶级斗争也好，不都是人们为了维护自身利益而产生的吗？差距将会一直存在，人的天性是无法改变的啊。"郭炎的惘然带着一种他自己都无法言说的忧伤，他回头看着那个红色的按钮，他虽然与世隔绝，但约柜中的书籍应有尽有。他了解人类的文学与历史，也真心祈愿自己永远不要按下那个武器的开关。可是此刻，他却犹豫了，疑惑了。

"给他注射药物。"金发人命令身后的武装人员，他们手中拿着注射器走向郭炎。郭炎被他们强制捆住了手脚，他还没有回过神来，只是本能地挣扎着、反抗着。他不知道守护那个红色按钮究竟是为了什么。"这个药物，可以消灭人类意识中所有的恶念与贪欲，人的精神将绝对天真善良，你出去就会知道，这是一个童真年代。"

反抗是徒然的，那根银色的注射器针头已向他逼近。他突然觉得很累，连肌肉都失去了力量。郭炎闭上眼睛，任那注射器的针眼如蚊子吸血般叮着他的皮肤，他脑海中汹涌如风暴般的不解在药物的帮助下骤然消失，像一只被猛兽吞食的虫豸，再也不见了。待他再睁开眼时，惘然已经消失。

"守护者郭炎，我们走吧。"

郭炎点点头，跟随着金发人走向那漆黑的柜门，意识中最后的残存是那两口乌黑棺材，以及《桃花源记》里那像墓道一样的入口。

指导老师：马恬静，毕业于浙江师范大学汉语言文学专业，中学一级教师，校十佳班主任，曾获浙江省优质课一等奖、金华市青年教师下水作文比赛一等奖，多次指导学生获国家级作文大赛奖项。

# 阴 谋

高 月 / 高三年级　丁广霞 / 指导老师　江苏省盱眙中学

"快来看，人类和平协会宣布要全面禁枪了！"贩枪集团的一员将消息滑出，悬浮在空中，在座的人脸部凝固着，集团老大也是如此。

"我们从历史中汲取了教训，战争是人类之大害，武器促发战争，因此我们决定全面销毁武器……"老大还没看完，便一拳打碎了消息界面。

可不一会儿，老大脸上却浮现出一抹神秘的微笑，"把我的电脑拿过来。"

……

消息很快就传遍了整个世界，爱好和平的人大呼着万岁，却不知背后隐藏着一个巨大的阴谋。

人类和平协会的主导国 M 国总统正坐在巨大的显示屏上欣赏着这个世界。大屏幕上是跳动着的数据，监测着计划的进度。"卡拉，去邻国 A 国看看。"他轻轻呼唤着他私人的飞行监测器，那是一个外形似一颗鸡蛋一样的飞行器，灵活敏捷，果然不出五秒，它便跨过了偌大的疆域，来到了 A 国上空，总统满意地看着屏幕，静静等待数据停止跳动。他露出了一抹神秘的微笑。

完全销毁武器是在两周以后。在这两周，大大小小的城市都乱了起来。盗匪横行霸道，反叛者公然挑衅政府，手无寸铁的警察受人欺凌，再也威风不起来。可人们认为这是一个过渡，一切都会好起来的。

两周后，人类各国总统聚集在一起，热烈庆祝着计划的实施，激动地为各国人民描述未来的美好世界。世人都感动得热泪盈眶，别国总统也深感和平世界的来之不易，只有 M 国总统知道这是一场骗局。

"卡拉，立刻把 A 国的网络大数据调给我，不要留下痕迹。库尔，你跟我来。"总统刚回到府内便急忙下命令，他撸起袖子，好像要大干一场。

数据很快到手了，总统转手发给了全球最顶尖的网络安全大师。"你可以的，库尔。"总统望了他一眼，库尔推了推眼镜，邪魅地一笑。

"今夜凌晨，A 国遭受不明网络攻击，整个国家的网络安全系统瘫痪，同时其发射的卫星也停止运行，举国人心惶惶。"总统府内的大屏上闪现出这一条消息，总统拍手赞叹，"干得好库尔，卫星你都能攻破，继续干，很快这个世界就是我的了，到时候一定不会亏待你！"

这个消息闹得沸沸扬扬，A 国的网络被入侵，国内一片混乱，离奇的案件此起彼伏，A 国的政府也无奈倒闭，全国竟显现出人类原始的状态。"没有武器怎么压服众人？"A 国总统仰天长叹。

此时 M 国总统府内却进行着肆意的侵略，库尔的手指敲击着键盘，在按下最后一键的时候，局势却发生了翻天覆地的变化，大屏幕闪烁着耀眼的红光，上面大大的警示让库尔傻了眼，更让 M 国总统大跌眼镜。

"怎么回事？"

"被……被侵入了。"

"怎么知道是我们？"

"我……也不知道，明明天衣无缝。"

原来，更大的杀手正潜伏在一间漆黑的小屋里，他竟是贩枪集团的老大，他原本是想报复政府断他们的财路，因此进行网络入侵，却不知阻止了一个惊天大阴谋。他同时也把本国的数据泄露了出去，想让政府受更大的打击，却怎么也没想到他将 M 国的惊天大阴谋公布于世！

"是他！伪君子！"瞬间网络又沸腾了，其他国家愤怒地撕毁了条约，连夜制造设备齐全的防御武器。第二天，B 国利用高度精准的导弹，将受力范围控制到一定标准，精准地炸毁了总统府。M 国百姓未被殃及，总统在外得知，被武器的精准度和对爆破力的控制力震惊，他也最终被捕，受到了应有的惩罚。

当人们得知阴谋的全过程后，都在寻找背后的"救命恩人"，最终一名计算机系的大学生确认了目标。贩枪集团老大被请到了讲台上，接受来自全世界人民的感谢。

"其实，我也没干什么。只是我认为和平的世界需要世界人民的团结，而武器不应该与战争挂钩，而应该与和平挂钩。"贩枪集团老大如是说。

指导老师：丁广霞，中学一级教师，毕业于华中科技大学汉语文学专业，市优秀班主任，多次指导学生获得省级和国家级作文大赛奖项。

# 莫斯计划

高菁晨 / 高二年级　高　蕾 / 指导老师　辽宁省辽阳石油化纤公司高级中学

"下面表决联合国第 1058 号议案：全球 197 个国家全面销毁武器、停止战争，共同建立新的、真正的和平时代……""中国同意。""美国同意。""俄罗斯同意。""英国同意。"……"全体通过。下面我宣布联合国第 1058 号议案生效。"台下顿时掌声雷动。台上第 33 届联合国秘书长，年轻的露西女士也露出了久违的微笑。

各国纷纷响应：将军营化为田地，铸剑为犁，大规模裁军，最大程度摧毁武器，将原用于军队的飞机、车辆等全部改为民用。世界充满了欢声笑语，叙利亚的儿童们也欢呼雀跃，大家奔走相告："田园时代"就要来了！

夜幕降临了。"咔嚓！"一道闪电划过苍穹，刹那间狂风大作，夹杂着豆大的雨点噼里啪啦地砸在密林的叶子上。天空在颤抖，大地仿佛也在胆怯地哭泣。在维斯维高原上有一座地下堡垒，由武奇博士和他的助手高啸宇秘密建造。两人都是退役的太空军事科学专家。"武博士，武博士，告诉您一个超级好消息：我们的曲率驱动光速飞船上的武器装配已全部安装完成。引力波天线、红外线远程监听可视系统准备就绪，只待您一声令下了！"高啸宇激动地涨红了脸，气喘吁吁地说着。望着全息影像系统中刚刚发生在联合国会议厅的一幕，武奇博士对着浩瀚的苍穹，摩挲着自己三十年心血的结晶，吐出了一句话："是时候动手了。"

"开启恒星级功率驶离地球，用引力波天线对他们广播。"武奇博士坐在驾驶舱里，一声令下。"这样，我们就可以威胁他们了。现在最先进的武器掌握在我们手里，如果他们不听，哼！反正地球已经是我们的了。到时候，'王侯将相宁有种乎'？哈哈哈哈……"两人邪恶的狂笑淹没在引擎的轰鸣声中。

"滴滴滴，滴滴滴！"一阵急促的警报声把二人从梦想拉回现实。"前方探测到不明物体，现在恒星级功率已无法启动，飞船正在全面减速。""快开启曲率驱动！开启曲率驱动！逃出太阳系！快！"武奇博士咆哮着。"曲率驱动无法开启，飞船上所有设备现在均已瘫痪。"

"唰——"突然间一道耀眼的白光划过太空。瞬间，武奇博士的"阿瓦达号"船身猛烈抖动起来，紧接着，"阿瓦达号"所在的三维空间开始扭曲。手忙脚乱的武奇和高啸宇被一股强大的推力从座椅上推了下来。恍惚中，武奇感觉"阿瓦达号"被什么东西牢牢地吸住，越陷越深，仿佛进入无底深渊。这正是中国太空军的秘密武器：仿黑洞束。

这时，一个全息影像赫然呈现在武奇面前。"啊？是他！"画面上，一位身着制服、目光坚定的军人正盯着武奇。此人正是中国太空军总司令徐克天上将。"从你们开始建造堡垒，我们的'太空之眼'就已经观察到了，现在你们终于'出洞'了。根据联合国决议，地球上虽已裁军、销毁武器，但你们忘了我们——中国太空军，将永远保卫地球的安全。这就是我们的'莫斯计划'。"

望着屏幕上刚刚传来的文件，武奇狠狠地拍着自己的大腿。"联合国第1059号秘密决议——莫斯计划：为了防卫不法分子袭击人类、捣毁地球，考虑到中国太空军军纪严明、作战勇猛，决定保留中国太空军，全军配备最先进作战武器及太空飞船量子信息干扰系统。"

太空中，一艘印有黑色十字花图案的太空军飞船正押送武奇等人返回地球，接受审判。徐克天凝望着远方："和平的路还很长，人心难测啊！"

透过飞船的玻璃，外面一望无垠，星光点点……

指导老师：高蕾，毕业于辽宁师范大学汉语言文学系，汉语言文学学士，中学高级教师。曾获辽阳市"十一五"期间"骨干教师"称号，辽宁省高中语文优秀课二等奖，辽阳市高中语文学科优秀课一等奖，宏伟区第二届名师评选中获得"模范班主任"称号。

# 在你消失的那一刻，我才明白

高培森 / 高三年级　韩　莹 / 指导老师　河南省郑州市第九中学

"在你消失的那一刻，我才明白，自己真正的使命是什么。"

公元 3034 年，人类的科技水平发展到了新的巅峰，而武器水平更是达到了第八阶段，即新威慑武器时代，但由此而引发的国家间利益冲突与战争却如火如荼，国际局势不绝如缕。

作为中国武器研制与对外军事打击的总司令官，王辉正焦急地坐在办公室前，操纵着全息投影控制技术，为新一轮的军事对决排兵布阵、分析战况。桌旁，一堆技术分析报告单的底部，压着母亲王平三个月前给他寄来的书信。

母亲在他眼里就是个彻头彻尾的守旧主义者，在 4D 技术广泛应用的当下，她还是坚持自己手工制作生活用品。放眼当下，人们早已不用纸张写信，而是用全息影像技术来传递信息，瞬间可达；可母亲却宁愿用笔手写纸质信件，再用空中飞车送到儿子手上。这当然会花费一些时间，但是她总说，像手写书信这样的老物件，虽然早已过时，但是那些老式的物品能够带来自己父母曾经的生活气息；而那些物品使用过的痕迹，也是亲情的痕迹，是永远也不会褪去、不会过时的。

正当他为排兵布阵发愁的时候，突然，一封急信从全息投影控制面板弹出。他定晴一瞧，发现它是一封以二次验证密码加密的急件，便立即点开它。可是，信上的内容却让他的心突然悬了起来，于是，他匆匆按下肩部的换装按钮。霎时，玄英色指挥服从背后的 4D 打印包内送出。他叩响手指，转瞬之间，纳米信息技术如同星光一般在他周身跃动，4D 数字化材料与纳米粒子交相辉映，联动成一串串闪耀的衣缕，印刻在他的身上，化为一套致密而又恰好合身的衣服。与此同时，他戴起装有高智能化的防弹太阳眼镜，并从控制面板将急件导向自己眼镜的记忆存储库中，然后赶忙搭乘自己所在的公司顶楼的光纤智能飞机，前往远在极东十四区的军事战场。

此时的战场，早已布满了无数架歼 -100 型超智能战斗机和光导型装甲车。在战场之外还有许多手无寸铁的平民，他们大多是战士家属，心急如焚地守在安全区内，祈祷自己的亲人能够平安。此时此刻，王平也在那里焦急地等待着，盼望着能与自己的儿子再见上一面。

王辉赶到后，便像往常一样率先布置战局，并及时告知所属将领本次军事打击的战术手段，接着便在飞机内远程监控着战局。高智能数字化控制面板与远程监控画面占满了整个投影式特制玻璃，王辉的双眼也正紧紧地盯着屏幕。

可是，出乎他意料的是，敌方这次虽然阵势很大，但经过他的扫描分析，敌方此次装配的武器绝大多数是自动化无人设备，热红外精准扫描区域内竟只有屈指可数的几个战士。这与他们以往的交战方式大有不同。要知道，这些武器全部配备了人力控制室，倘若以精良的军事技术人员加以控制，那么应对突发状况的能力便会大大提升，获胜的概率也会大幅增加。然而这次，敌方却出乎他意料地没有采用这种战术。

王辉预感状况不妙，于是紧急要求各部门采取迂回打击与速战速决的战术，尽可能多地撤回大本营。

就在这时，敌方突然响起奇怪的号角声，各个装配武器也突然闪烁着诡异的紫红色灯光。这灯光仿佛一把锐利的剑，从王辉的眸子里直直地刺入了他的心头。因为几乎无人不知，这紫红色的灯光意味着什么——那是启动武器的自爆模式时才会发出的特殊光芒。王辉惊出一身冷汗："敌军要与我军同归于尽！"于是他立即发出紧急命令，通知队员撤退，并紧急疏散安全区平民，但为时已晚。随着轰的一声巨响，由地及天，所有敌方武器均在此时化为威力无比的红光，瞬间吞没了苍穹大地。这时，队员们大都撤离完毕，可王辉却迟迟不动。他的心里此时此刻就像笼罩了漫卷黑云一般，担心着什么。

忽然，他下意识地从飞机窗口向安全区看去，高智能眼镜瞬时扫描到了母亲王平。也正是在这一刻，熊熊烈火如同一个凶恶无比的恶魔，肆意地向外伸展自己庞大的身躯，将所及之处尽数吞噬，将一切生灵撕成碎片。

被烈火吞噬之前，王平绝望地抬起头，向灰色天空伸出双手。就在这时，她看到了不远处正向自己急速驶来的飞机，眼里突然闪出一丝宽慰，因为她知道，那是她的儿子。这时，火焰无情地袭来，将王平彻底吞噬，而她眼角沁出的泪水也在这一刻化为一缕清澈的雾霭，氤氲在空中。

这所有的一切，全都映照在王辉那泫然的眼中……

在那以后，王辉像变了一个人，他不再痴迷于武器研制与军事打击，而是转身为世界和平而努力奋斗，因为最后他经历的那场战争夺走了他唯一的亲人。眼看着母亲消失的那一刻，他才明白战争的毁灭性与和平的重要性。

多年之后的一个傍晚，从战场退出的王辉像往常一样坐在阳台，欣赏着落日余晖，他的手里也一如既往地紧紧握着母亲留给他的最后的遗物——那封枯黄的书信。

"在你消失的那一刻，我才明白。"王辉自言自语道。

指导老师：韩莹，毕业于河南大学汉语言文学教育专业，文学学士，中学一级教师，多次指导学生获省市级作文比赛奖项。

# 洄　游

葛艺婷 / 高三年级　钱艳英 / 指导老师　辽宁省辽阳市第一高级中学

"这里是3019，听到请回答。"

3019年10月20日，前夜纪元，中国救亡军某通讯部3119号机。

"3119……"司长的军靴跟"嗒"的一下捶在指挥厅中心顶灯正下方的大理石砖上，踏着手表零点的报时声，踢中了周晰大脑神经里的那个钟摆。周晰手中的操作杆上裹满了湿黏的汗。一百海里外，火箭军的精锐力量已经集结完毕，往南一百九十海里就是东南亚联合军架起的高能电离炮的炮口；往东，太平洋底埋了数以万计的水波感应次生波雷；往西，欧盟自由军正用超导纤维预热折叠战机。

箭在弦上。过载的人口、紧缺的资源、贸易摩擦、科技瓶颈、贫富差距和不断的天灾把人类文明推上了战争的刑场。无疑，高度发展的军事科技会使整个地球有去无回。不知谁起的头，各个国家都把王牌武器摆在了门口，仿佛明天的太阳不会再用温柔将陆地与海洋包围。

"周晰。"司长站在他身后，"记住，中国决不开第一枪，但若我们被攻击的信息传进你的耳机，你就要立即向全军下达反击命令，听到了没有！"周晰挺直僵硬的脊背，"是！"耳机里很安静，静得像乌兰巴托的夜。

"3119……"周晰猛地一震。"报告首长！有人呼叫3119号机，未使用标准通讯用语，信号极差！"周晰的冷汗湿透了衬衫，肩上的军章冷冷地扎进皮肤表层。"清醒！"他对自己说，"申请定位信号来源！"司长猛喘一口气："批准，4037号机，定位信号源，3119号周晰，继续通话！"周晰将可接收频度频域调到最大，左手飞快地在键盘上操作试图开启量子通讯系统。"3119，铸剑为犁。3119，铸剑为犁。"

当这句通讯内容借周晰的唇齿吐出时，4037号通讯员给出了追踪结果，无果。这句音频像是从云海而降的一句回声，无论是古老的长波无线电还是加密量子通信，乃至如今的加密电码通信，都找不到这句话的发射源。这句话夹杂刺耳的轰鸣声与电子通信杂音，拉扯着每一个人的耳膜。这是谁的箴言吗？仿佛在战争的前线，把联合国门口那尊如今已锈迹斑斑的铜像摆在眼前。它俯身在全军通信员耳边说，带着指定词。"3119，铸剑为犁。"周晰微微拧过头。"以如今的侦察技术，像这样来去无踪的技术一定超光谱了，它一定存在于光速之外，而根据相对论基本原理，超过光速就挣脱了时间。"周晰起立面向司长。"报告首长，我怀疑这条信息来自3119年，公元3119年。"

3119年10月20日，混战纪元，中华战区某军区陆军司令部。

"这是最后一战了，同志们。"司令咧着嘴擦了擦眼角的血迹。"我们已经无法阻止白热化的战争了。"司令举起枪向天空鸣响三声。"敬战友，敬战争。敬没有战争，敬万世和平。"亚洲、欧洲、美洲，千万发核弹、电离弹、激光枪一同打响，地球在3119年10月20日爆炸，如同它出生的那天宇宙中那场爆炸，它轰轰烈烈，含一口不甘的烈性酒退场。敬消亡。

"同志们，3119，应铸剑为犁。"

3019年10月20日，前夜纪元，中国救亡军某通讯部3119号机。

当上级的指示打在周晰的屏幕上时，他的汗已经滴在地面成了微小的海洋。3019年10月20日，中国军队正式撤军，并打出"铸剑为犁"的标语。同日，欧盟撤军，打出相同的标语。同日午夜，美国撤军、日本撤军……海浪拍击礁石，地平线处一轮红日喷薄而出。

3019年10月20日，前夜纪元更名为洄游纪元。

联合国安理会提出全面销毁武器，停止战争。

周晰整理了军装，站在国旗与军旗面前，迎向这个崭新的世纪。"你为什么相信那句话来自3119年？"周晰顿了顿，郑重而坚定地回答。他的声音也"咚"的一下捶在地面，捶在这依旧安稳旋转的蓝色行星上，一阵回响。"因为大马哈鱼去往大海后总要历尽艰险，洄游至安定平和的源头，那是根。"

周晰打开全球广播，以新开发的量子传导广播坚定地应答，"这里是3019，这里是3019，听到请回答。"

*指导老师：钱艳英，文学学士，毕业于辽宁师范大学中文系，中学高级教师，多年从事语文教学工作，多次指导学生参加作文大赛并获得奖项。*

# 废墟中苏醒——涅槃重生

耿 潞 / 高三年级　胡秋君 / 指导老师　北京市潞河中学

2050 年 9 月某日，一个秋高气爽的日子。我身为一名外交官，每天都十分忙碌，几乎没有闲暇时间。中美在打贸易战，最近美方又进行了一波施压，我国虽不惧怕，却也有不少的损失。在我审阅文件时，收到了来自上级的重要通知。

通知的大致内容是，中东地区又发现了新的石油开采地，石油纯度极高，并且储量丰富，可供多个国家多年使用。但随之而来的是新一波的战争，如今战斗双方都已经做好充分的战斗准备，大战一触即发。

中东地区关于石油抢占的战争一直没有怎么间断过。多少年来，中东地区战火连天，国民只得躲在避难所，每天活在惊恐之中，连温饱问题都解决不了。

当所有人都以为这场战争就会像多年来的那样时，死神已然悄悄降临。9 月 23 日，阴霾笼罩了整片天空。云压得很低，空气混浊，难以呼吸。明明是白天，却看不见太阳，没有几丝光亮。隐约中可以微微感受到大地的震动，地震了吗？不像。几秒钟后，我收到了惊人的爆炸性新闻：中东地区爆发了史上破坏力最大的战争，中东地区已夷为平地！当时我的大脑一片空白，无法转动和思考。而大部分人还在疑惑和惊恐之中——他们还不知道发生了什么，只是看到了反常的现象而感到忐忑不安。

"消息先不要泄露！不可制造祸端！"上级给我的指令是这样的。随后，一切好像又平静了，好像什么也没发生过一样。三日后，我随着救援队和维和组织一起乘坐飞机飞往中东。

那里很寂静。只有倒塌的房屋和已经被砸烂的汽车，还有零星几个小小的临时避难所。地表坑坑洼洼，有大量的水泥板和土块、石块。飞机根据扫描仪判断好地势的起伏、支点的牢固性调整了降落面，伸出八根支撑架，稳稳地降落。救援队所带的物资是一个个箱子，设定了扫描仪、定位系统，可以随时上报消息，显示画面。滚轮可以行走在崎岖不平的路上，并且不侧翻或后翻。除了地上行走的包裹，还有上百个自主定位飞行器可以运送物资。

我缓慢而谨慎地走在废墟中。无意间碰到一个小盒子形状的物体，可能是我无意间碰到了按键，小机器突然亮起了一个小小的屏幕，刺耳的武器发射声、爆炸声随之传来。屏幕中，一束束红光、蓝光交错成网，战士们穿着可变换颜色的战服，拿着体积并不大的武器扫射，身边有快速移动的简易机器人不断运送武器装备。还有很多低空飞行器，有些战士正踩在上面，压低重心高速飞行着。高空中飞着大小不一的各种飞行器，发出的激光可灼伤皮肤。空气中弥漫着沙土，光线昏暗，隔着屏幕都可以感受到窒息感。最后的画面是在高空中向下拍摄的，巨大的轰隆声响起，黑烟迅速弥漫，大地开始颤抖，好像末日就要来临。两秒钟后，随着飞行器的急速下坠，画面一片混沌，然后戛然而止，信号断了。

随后，我和其余几个外交官被接到临时接待厅内。我们了解到，战争中有人动用了新威慑武器，使整个中东地区都处于危难之中。最关键的是，这次大战已经严重影响了石油的质量。对此，总理也十分心痛，他沉重地说："这样的后果是所有人都没有想到的。这不仅是我们双方的巨大损失，也是全人类的损失啊！"他捂着心口，面容憔悴。

我已经在接待室中感觉呼吸不畅，就告辞从屋里退了出来。我面对着一片灰色，心中的沉痛难以言喻。恍惚中，浑浊燥热的风呼啸着捎话给我："给你们的惩罚已经来了。"

一周后，战场已被清理，难民都转移到了安全地带。在安定之后，消息才散播开来，消息刚刚公布就立即在全世界炸开。人们在惊讶于战争破坏力之恐怖后好像终于意识到：每一场战争不仅是血的代价，更是大批资源的损失；不仅是对战发地的毁灭，更是对全人类的生命与生存发出警告。自私自利并不是什么好事，甚至会毁了自己，毁了全人类。此时因打贸易战而筋疲力尽的美国也支撑不住了，意识到这一点后，美国宣布了停战。此时，维和组织宣布，全世界的国家和地区不得再使用武器，全面禁止战争，原因是战争威胁到了人类的共同安全。

失去了才知道珍惜。到头来，世人还是印证了这句话。总是破坏了一些重要的东西之后，我们才追悔莫及。全球许多国家加入了救援组织，帮助中东地区重新修建新的居所，一切都在向美好转变。石油已经交由国际管理，每年都会给当地政府一定的费用。那里的一片安宁，是百年来的巨大转变。

销毁武器，停止战争，全人类将齐心走向未来，迎接更大的挑战，和平时代将永续。我看着涅槃之城的车水马龙，在阳光中享受着来之不易的美好。冥冥中，清风捎话给我："恭喜你们成功苏醒。"

指导老师：胡秋君，毕业于首都师范大学汉语言文学专业，一级教师。曾获北京市通州区优秀班主任、通州区学生最喜爱的教师等荣誉称号，多次指导学生获国家级作文大赛奖项。

# 那抹光

弓佳彤 / 高二年级　邹　明 / 指导老师　清华大学附属中学

　　夜幕降临，同往常一样，一场好戏又将上演。无数台能量武器试验机器将在全球范围内陆续启动，几亿个反应实验在那些庞然大物中进行，伴随着激光、核磁共振等不同设备，电脑高速接收实验数据，并建模得到庞大的导出数据库。在这背后，是几亿工程师夜以继日的疲惫身影。

　　当那些复杂的开关逐步启动时，全世界的网络黑客和红客就开始利用手中的键盘和复杂的代码，或攻击或防守，试图摧毁或保卫各国的研发系统。

　　太阳从山头缓缓落下，刺眼的光芒渐渐变得温柔，紫色光晕中透着点点桃红，那被染得斑斓而柔和的天空，轻轻牵起袅袅纤云，一切都伴随着渐渐西下的日光浪漫而温暖。

　　谁知，在这祥和宁静的背后，却是网络世界的硝烟弥漫，尔虞我诈。他戴着有着特殊传感器的透视镜紧盯着屏幕，屏幕中显示的是通过太空望远镜时时传输的地球影像。此时此刻，他眼中所呈现的地球，已不是蔚蓝的水球，而是被无数或强或弱不断变换方向的绿色荧光束紧密包裹的空壳。

　　刹那间，天空划过一条刺眼的绿色荧光，尖厉呼啸着直击赤道附近，被击中区域灰飞烟灭。

　　那绿色荧光便是转化为可视影像的网络攻击。他叹了口气——赤道附近的黑色光斑处，也许将面临灭顶之灾。

　　他只是提供理论基础进行试验研究的小小工程师。

　　他抬了抬手，将那闪着凛冽寒气的电子屏关掉，继续进行粒子对撞试验。粒子加速器，对撞机，投影仪……一切准备就绪。望着屏幕中待命的粒子，他眨了眨酸涩的眼睛，准备启动撞击程序。忽然，他透过透视镜惊愕地发现，那个待命的粒子周围，突然爆发出许多刺眼的绿色荧光，粒子正逐渐被荧光束包裹。那些粒子束竟越缠越紧，紧接着，粒子开始剧烈抖动，荧光越发刺眼，粒子体积仿佛吹气球般急速扩大膨胀，伴随着"噗"的一声，它爆炸了。绿色的荧光瞬间全部熄灭，屏幕又恢复了正常，仿佛刚刚那个粒子从未出现过。

他错愕了，手中的鼠标早已掉落在地。耳畔中回荡的是在粒子爆炸前，那微弱却又充满惶恐的无数尖叫。

尖叫？怎么会有尖叫？声波显示器的图像与数据同步导出，他用力握住自己颤抖的右手保持稳定，点开了图像——那相同的波段证实了他的假设。

不，这不可能！他继续戴上透视镜进行测试，无数次荧光闪现，接着是无数次爆炸，以及无数带着惶恐与绝望的尖叫。那一次次爆炸的景象，与他脑海中被荧光包裹的地球无数次重叠。他仿佛看到不堪重负的地球逐渐剧烈地颤动，无数荧光线束同时熄灭，地表的裂纹不断蔓延，伴随着惶恐凄厉的尖叫，地球硕大的躯体支离破碎……地球在那一刻同一个小小粒子一样脆弱无助。地球上的生命也许还不知道这一切是如何产生的，就已然消失在了世界的尽头。

他抬起颤抖的双手，关掉了那惊心动魄的画面，布满血丝的双眼几乎冒出血来。他猛然抬起头，目光锐利而且坚定，他飞奔出实验楼，用力甩开大门，奔驰的身影渐渐与漫漫长夜融为一体。

"停下！停下这一切！"

几天后，工程师们眼中熊熊燃烧的烈焰已经熄灭，那千万台研发核武器的庞然大物也已经完成了他们的使命。大地中的狂躁和不安正逐渐退却，绿色荧光已经不复存在。

清晨，被薄雾缠绕着的太阳放出光芒，照向复苏的大地，晶莹的露水伏在叶片上，将温暖的阳光折射出绚烂光彩。

一滴露水滑落下去，滴入小池中，溅起一小簇水花，泛起点点涟漪。

它，笑得烂漫。


指导老师：邹明，毕业于华东师范大学汉语言文学专业，中学高级教师，北京市语文学科骨干教师，海淀区兼职教研员，曾获北京市学生最喜欢的班主任、清华大学先进工作者、海淀区"四有"教师等荣誉称号，多次指导学生获国家级作文大赛奖项。

# 毫无杀伤力的武器

公乐腾 / 高一年级　张志东 / 指导老师　山东省临沂第一中学

那场战争已经过去很久了，但它造成的惨象仍然让林博士心惊胆战，悲恸欲绝。他的女儿是在 B 国第一次信息电磁武器打击中去世的，当时 B 国发出的电磁波使 A 国南部沿海地区的交通系统完全瘫痪，而他唯一的女儿当时正坐在一架高空飞行的波音飞机上。飞机沉重地砸向地面后，女儿的遗体已无处寻觅，飞机残骸中只有女儿的一本护照。

战争的起因似乎是老生常谈，两个国力相当的国家——A 国和 B 国，都想成为世界霸主，但迫于核战争所带来的灾难性后果，两国早先仅仅是小打小闹，并未发动国际性大战。

一天，有个外星物种进入了 A 国的总统办公室。没有人知道他们谈了什么，只知道在那之后，A、B 两国的科技突飞猛进，两国之间的对峙和军备竞赛使世界局势更加紧张。后来 A 国总统在回忆录中说："我不知道他是谁，从哪儿来。我只知道他给了我们能够克敌制胜的武器。不过很显然，他也给了B 国。"两国对峙下的和平局面持续了很长时间，直到星际飞船以及核聚变发动机的发明才打破了看似平静的世界局势。当人们认为自己除地球以外仍可能有其他家园后，核威慑似乎便不再是问题。

那场战争使世界丧失了一半人口，其中有不少是由于辐射引起的连带疾病，A 国失败了，B 国内部也民怨沸腾。正处于战后悲痛之中的人类不知道，在几光年外，两个外星物种正在谈话。

"你的防御武器确实名不虚传，我们国家失败了，你可以获取我们国家的资源。"那个给 A 国提供技术支持的外星人说。

"谢谢，这种和平的战争方式真是令人欢喜……"

"是啊，哈哈，和平的战争……"

地球文明在这时不过是另一个外星文明的演兵场。

那场战争后，人们发现核聚变发动机从未被真正发明出来，那只不过是两国为开战而打出的幌子，于是一场浩大的销毁武器的反战运动开始了。

林博士便是这场运动的发起者之一，他曾经在新闻发布会上说："我正在研究一种真正无害的武器，它没有杀伤力，但它能从根本上消除战争。"这番话使他得到了广大民众的支持，B国国防部长也正打算接见他。

今天他就要把这项发明公之于众。在准备会议上，B国国防部长问道："林院士，您的发明就在这么小的一个盒子里吗？"

"是的。"说着林博士打开了盒子，里面是一个培养皿，"这是我研究的毫无杀伤力的武器，它能破坏并杀死人类的生殖细胞和遗传因子，从而在根本上减少人口，保证生存空间，减少战争。"

林博士得到的回答是一阵沉默，但他没在意这些，"它有高度的传染性，但绝不会影响人的生活，人们依然可以自然老死。"

"这是一个潘多拉魔盒，"国防部长冷峻的脸上渗出了一层细汗，但它很快在中央空调的吹拂下蒸发殆尽，"林博士，我……我想知道你有多仇恨战争？"

"我有多渴望和平，"林博士顿了顿，平静地说，"就有多仇视战争。"

"我现在就可以杀死你。"国防部长咬着牙，但仍尽量保持镇定。

"你不会的，你我都知道这种武器意味着什么。人们学秦始皇'销锋镝'总归是治标不治本，而这种生物威慑，远远比武装威慑有用得多……"林博士说这些话时，他的泪水在眼眶里打转。

新闻发布会照常进行，在场的人听到武器原理之后大惊失色，支持林博士的人很快便成为谩骂他的一分子。

"你这个人类的叛徒，这是消极抵抗主义！"

"滚出地球！"

林博士很快成为众矢之的，但人们的恐慌并未持续很久。由于战争一直没有发生，林博士也就没有释放那些病毒，生物威慑起到了实实在在的作用，林博士再次被推上神坛。

一次，他最亲近的门生问他："您是怎样研发出那些病毒的？"他只是笑着说："研不研发得出来又有什么区别呢？真正制止战争的，不仅仅是人们对和平的渴望，还有对战争的恐惧……"

黎明咬破夜的唇，将一抹鲜红洒满天际。在庆祝世界和平一百周年大会上，焰火照耀下林博士的照片显得那样亲切。这一次，战争死了，真的死了，它的遗体就埋在林博士为它所掘的方寸墓地之中。

指导老师：张志东，中学语文高级教师，曾获国家级课题二等奖、山东省论文一等奖、省级课题一等奖，曾多次荣获各类作文大赛指导奖项。

# "劫难"之后

*顾诗羽／高二年级　姚思彧／指导老师　北京理工大学附属中学*

公元 3095 年，本该是欣欣向荣的地球陷入了第 N 次世界大战中。原因嘛，是土地资源。

"娜拉，监测到对方的设备了吗？"阴暗的房间里，一个粗犷的男低音响起。"队长，对方设有干扰信号，我方……"金发女子盯着全息投影叹了口气。"该死，又是那白人小子！"队长普西骂了一句，狠狠地将手中的能量供给瓶摔在桌子上。

他们跟对面 A 国那小子打了五年仗，却总是输。任他们搜集情报，对他的了解只有一点——他是个白人男子。

"呜——"警报声突然响起，娜拉浑身一震，透过全息投影看到了一丝不寻常的波动。

"紧急开会。"一个身着深黑色防弹衣的人悄然出现，还未等众人反应过来，他便拿出工作证抢先道："总统秘书，他们……要来了。"

娜拉住在联合国大楼里已经一周了。

一周前，各国突然终止战争，启用了废弃的联合国大楼，将世界各地的信息专家会集于此，只因为收到了一条来自外星生命的信息："我们来了。"

没有人知道他们来干什么。

世界却开启了一级戒备系统。

"阿嚏！"娜拉望着角落里结着蜘蛛网的宿舍打了个喷嚏。她当然收到了这个任务，只是觉得有些不可思议——前些日子的敌人与你住在同一栋楼里。

"六号，收到后前往一号会议室。"对讲机里冷不丁地传来一个声音。

"收到。"娜拉说着，动身出发了。

步入会议室，里面是各国的科学家，每个人的眼神中都带着戒备与不安。"这是新的信息，需要我们翻译。"黑人秘书说着，展开了全息投影。

"嗯……有些麻烦。"一位白人男子轻声说道，随后又皱了皱眉，皱在一起的眉宇和那张年轻鲜活的脸有些格格不入。

四下却无一人回答。

"嘿！各位，动动你们的大脑回答，事情很急！"秘书大声说着。

又是沉默。

"好吧，放下你们的战争，保护好我们的地球，好吗？"

"是有些难，但可以试试。"一个声音响起，接着，他们便陷入了此起彼伏的讨论中。

信息破译工作正式开始了。各个专家被分成了几个小组，娜拉的搭档是最先说话的那个白人男子。"嘿！呃……哪里人？"男子友善地询问了一句，随后笑意却僵在了嘴角，"啊……不好意思，大家的身份都保密。"

"先破译吧。"娜拉沉声。

破译的任务并不轻松，他们二人破译了很多天，配合十分默契，在彼此熟悉后成了朋友，而破译出的单词令二人惊讶——"家"。

娜拉愣住了。

她和搭档盯着电子显示屏上那个熟悉的词语，相对无言。良久，白人男子细小的声音传来："家……"

他自顾自地重复了半天，好像捧着什么稀世珍宝一般。

"唉，我家原本在美丽的海边，可现在啊，连鱼都看不见了。"他叹了口气，又道："那里的晚上原本有星星，可……"男子说着，声音渐渐颤抖了起来。而后，那个在娜拉脑海里一直活泼乐观的少年，竟然落下了眼泪。

娜拉自然懂得这个词对他来说意味着什么，她也一样。应该说，所有来到这里的人都在战争最前线，都更思念自己曾经平安快乐的家。而她却只能深深叹口气，迷茫地安慰道："一切都会好的。"

随后的几周里，各个小组陆续完成任务，这一刻，全人类都在紧张地等待着这个他们认为"可怕"的结果，而这条信息破译出的内容却震惊了世界：

"可否去你家做客？"

娜拉望着屏幕，张了张嘴，随后轻声笑了。

原来用恶意揣测他人的，一直是我们自己。

之后，各个国家间真的停止了战争，剑拔弩张的地区偃旗息鼓，世界陷入一片"欢迎外星朋友"的欢乐声中。人们不像当初那样为了土地资源撕破脸皮，而是共同建设被战争摧残后的世界。在重建后的第二年，人们迎来了外星朋友，双方签订了《友好盟约》……

世界一片祥和。

娜拉也是日后才得知，与她一起破译密码的好搭档，竟是曾经的那个"敌国小子"。

指导老师：姚思彧，文学硕士，毕业于北京师范大学中国现当代文学专业，北京理工大学附属中学高中语文教师，中学一级教师，北京市海淀区学科骨干。

# 时日之子

郭嘉宁 / 高三年级　孙亚丽 / 指导老师　河南省许昌高级中学

大和平十八年，联合国大和平纪念馆。

你好，我叫和生，今年是大和平十八年，今年我十八岁。你一定以为我是大和平元年出生的和平宝宝吧。好吧，其实我并不是。我是大和平元年成为地球一员的，我现在的父亲把收养我的时间，也就是大和平会议当天，定为我的出生日期，我也没办法。不过，我挺喜欢别人把我看得年轻些。

喏，这就是我的父亲，大和平会议合照上中间站的那个外交官，他旁边站的那个和他一样高的青年，就是我了。

别被吓到，我十八年前确实和现在一模一样，因为我这副皮囊是假的。我的本体和你们地球人不太一样，为了融入生活，去找博士帮我做了个假的。是不是特别逼真？

言归正传，在这个特别的日子里我出现在这里，不仅是为了自己的成人礼，也是想通过这样一个机会告诉大家，十八年了，我还在。

我叫和生，是因为我是和平的源头，可以这么说，大和平时代是因我而来的。

黑暗时代四纪，宇宙信息接收处。

"队长，接到友星 NT020596 发来的紧急信息。"一个对话框弹入屏幕中央。队长岷皱了皱眉，迟疑地点下接收键。"零请求友星支援，零首都即将沦陷，届时将会采用新威慑武器进行自杀式毁灭打击。"岷头上沁出一层细密的冷汗，"马上将消息转送至联合国总部，通知召开紧急会议。"

五分钟后，岷神情严肃地站在台上宣读刚传来的紧急信息。说完，各国代表都陷入了沉默。美国代表平静的声音打破了僵局："各位，目前友星两国力量悬殊，零做出这样的决定已是穷途末路的无奈之举。只有美国的军事力量水准可以将两国力量对比维持到相对平衡的状态，不知各位有何高见？"又是一阵死寂，因为大家心里清楚，美国代表说的是事实。但如果同意美国的做法，也就意味着将零推入美国同盟阵营中，这样的力量组合对于其他国家来说，意味着不可估量的灭顶之灾。到那时，要做出自毁抉择的很有可能就是人类了。

会议进入僵持状态，目光交接间渗出丝丝寒意。岷站在一旁，笔挺的军装下冷汗直冒，紧握的拳头微微颤抖。时间流逝的嘀嗒声在他耳边响起，时间不多了，不能再这样拖下去了！岷紧绷神经，轻轻开口："诸位……""嘭！"话音未落，震魂摄魄的爆炸声在会场中响起，联合国会议厅的中心屏幕上播放出 NT020596 行星被新威慑武器爆破摧毁的画面。爆炸声中，一张张惨白的脸低下去，不用再讨论了，晚了，没了。

三天后，零在爆破前送出的最后一个生命舱到达地球，生命舱中 NT020596 行星唯一的幸存者确认平安抵达。

五天后，和平大会进入筹备阶段，各国代表开始就协约内容展开谈判。

十五天后，和平大会召开，NT020596 行星的最后一个幸存者"和生"作为代表参加大会。从那天起，人类文明正式进入大和平时代。

大和平一百年，纪念大和平大会一百周年。

一百年了，我还在。

一百年前，父亲说我是时日之子，是人类历史上大和平年代的见证，可却没有问过我是不是认同这个特殊的身份。对于大家来说，我是一个异星人，是一个外来者。我看着自己的家四散成灰而无能为力，却成了另一个世界的和平使者。我不敢告诉你们，也不想告诉你们，当年母星派我来地球是想让我来问问人类，为什么那样冷漠无情，选择袖手旁观。可这么多年过去，我明白了很多，生存才是第一法则，你、我、他都有权选择生存的方式。在生存的抉择面前，谁也没有指责的权利。我作为母星在宇宙间最后的力量，希望以己之力驱散地球上最后一缕硝烟。这是我的选择，也是我给自己、给母星、给生命的一个交代。既然地球选择了共生，那就应该得到应有的尊重。希望你们也能够尊重自己的选择，沿着这条路走下去。

*指导老师：孙亚丽，毕业于信阳师范学院中国汉语言文学专业，中学一级教师，曾获得河南省优质课比赛一等奖、河南省教学技能大赛二等奖、"一师一优课"教育部优课及省级优课，曾获许昌高级中学优秀班主任称号，多次指导学生获国家级作文大赛奖项。*

# 妈妈，你听这是什么声音？

郭嘉仪 / 高二年级　张丽华 / 指导老师　北京师范大学第二附属中学

　　"妈妈，你听这是什么声音？"吉米尔在河边驻足，一声枪响传来，吉米尔的妈妈姆蒂警觉地看向四周，只见一个满脸疲惫的男人正向她们走来。

　　姆蒂紧紧抱住吉米尔，将自己的胸膛贴近吉米尔的耳朵，这时吉米尔只听见有力而又坚定的心跳。正在这时男人开了枪，正中姆蒂的大腿。姆蒂已无力逃跑，这时吉米尔跑出母亲的怀抱，问道："这是什么声音？你要干什么？"男人注意到这个小女孩，走路不稳，用声音辨别方向，男人心软了，走回了悬浮车。

　　姆蒂清楚地知道，这个男人只是为了多争抢一点资源。

　　在这个时代，科技的发展已经远高于地球环境的承载量。每年 1 月 1 日各国都要送一些人去往太空，但是否能寻找到新的可供生存的星球就要靠自身的能力了。姆蒂决定一定要找到一颗供人类生存的其他星球，尽一切力量给吉米尔打造一个和平而美好的世界。

　　走进她的研究室，中央放置着一个飞往太空的飞船。飞船的船身呈球形，两侧是喷射状的加速器。控制屏在房间的顶部，按照规定划动手指，头顶上的显示屏就将所指示的地点环境无差别地转换投射过来。"老婆，寻找星球的道路可能有去无回。但只要我找到，人类将不再抢夺资源，他们会销毁武器，停止战争。吉米尔既然看不见，就什么也别让她知道了。"姆蒂又一次打开了丈夫三年前被送走时的影像，屏幕上显示着，一颗遥远的星球存在红色标记，也就是说那里有生命存在！姆蒂将此事告诉了政府，如今全世界的人们都在等待姆蒂将要带来的答案。

　　在 1 月 1 日当天，姆蒂带着吉米尔坐上了研究室中央放置的飞船。"嗖"的一声，飞船尾部与两侧闪烁两条蓝光后带着全世界的希望离开了。飞船有着与地球无时差的影像连接，人们可以看到姆蒂所处的环境，并且可以在地球模拟体验。飞船外壁具有高能材料，更高的温度会给飞船带来更多的能量，使其更快地飞行。姆蒂将两颗药片放入女儿与自己的口中，这时她们可以在无氧环境下生活几小时，吉米尔正将耳朵贴近外壳，聆听神秘的太空声音。

飞船停靠在一颗有着茂盛植物的星球，姆蒂用一种仪器测定了这颗星球的氧气、重力加速度、压强等，一切竟如此合适，人们有了新的星球。

地球上的人们欢呼雀跃，他们将手枪大炮等一切武器销毁，停止战争，在没有抢夺的世界中生存。

姆蒂拉着吉米尔向前走去，在一艘毁坏的飞船旁边看到了一个人。姆蒂的眼泪流了下来，"吉米尔！""姆蒂！"

"妈妈，这是什么声音？"吉米尔问道。姆蒂说："是爸爸。"

吉米尔心中的和平世界亮了起来。

指导老师：张丽华，北京师范大学汉语言文学学士，中学高级教师，多次指导学生获国家级作文大赛奖项，拥有丰富的教学经验，深受学生爱戴。

# 元纪年

郭天悦 / 高三年级　齐东华 / 指导老师　山东省惠民县第一中学

公元 2219 年，联合国空间站。

哈尔顿上校站在空间站巨大的悬浮镜前，仔细检查着身上的装备，确定战斗服一切无误后，他才满意地戴上头盔，昂首走进了战斗飞艇的驾驶舱。

驾驶舱内的一切井然有序，各战斗人员早已全面待命，时刻做好了战斗的准备。哈尔顿上校抬头看向飞艇正中央的摄像头，他知道，在那摄像头的背后是正看着他的 170 亿地球人民。

他将要打一场关乎人类命运的战役，也是一场必胜的战争。

公元 2219 年，随着人口的再一次爆炸式增长，人类在地球生存的最后一丝土地已然消失殆尽。各个国家为了抢夺生存资源，纷纷加紧了武器装备的投入，动乱、暴力、恐惧，这些在和平年代近乎消散了的东西，再一次如恶魔般重临地球。可就在全世界人民都以为大战即将打响之际，各国却纷纷停住了脚步，因为他们发现，他们所制造的武器已经不仅能摧毁敌国，还能毁灭整个地球——"新威慑武器时代"已然降临。

可既不能破坏人类的家园，又要找寻生存空间，怎么办呢？人类将目光放到了宇宙中的另一个星球——雷德星球，这个和地球有 80% 相似并且拥有着极其丰富资源的星球，成了人类殖民的最佳目标。

哈尔顿相信，凭着世界人民共同研制的最新毁灭性武器，一定能打败雷德星人，获得新的生存土地。

战争打响。一列列战斗飞艇带着骇人的气魄，雄赳赳气昂昂地向雷德星边境压了过去，在银灰色舰艇那雷霆般闪耀着的光芒的映衬下，雷德星球阵前那几艘暗蓝色的飞船几乎暗淡得与黑暗融为一体。

哈尔顿上校眼神狂热，如信徒般无比诚挚地按下了那枚象征发射的红色按钮。

"轰——"

随着轰隆一声巨响，一道炫目的光如流星般向雷德星疾驰而去。上校的眼神追逐着那耀眼炫丽的火尾，那是人类的希望，是人类光明的未来！

可就在接触雷德星飞船的一瞬间，火光消失了，那震慑人心的光芒就像投入巨潭的一枚石子一般，只是轻轻泛起了几道波纹，便倏然消失不见。

哈尔顿目瞪口呆地看着这一切，"不可能，不可能！这可是足以把地球毁灭数百次的武器啊！怎么可能就这样消失！"他的眼底浮着狂热散去后的疯狂，绝望的声音通过通讯器传到地球，使每个人的心都沉入低谷。

人们相拥哭泣，可就在这时，一道宛如电子合成般的男音突然从屏幕中传出。"你们认为战争就是一切吗？"人们一惊，不约而同地抬头望去，只见一个和人类有八分相像的年轻男人出现在了太空舱的屏幕上，他的身形似人，可眼睛却是纯黑色的，像深渊一般，使每个望向他的人都陷入了沉沉黑暗。"我给你们讲个故事吧。"他说，"从前，有一个种族，他们弱小却又自大，懦弱却又好战，为了自己的私欲不惜以他人的生命为自己铺路，流出的鲜血可以填满大海，杀戮的尸体可以堆成高山。我们的文化比他们领先近一亿年，我们就那样沉默着在宇宙上空看他们厮杀、施暴、相互屠戮伙伴，从原始人时期起，他们就已经沉迷于战争，此后的数百年数千年，也不例外。"他纯黑色的眼睛望向哈尔顿，也望向他身后的地球人民。"这就是你们，人类。"他顿了顿，继续说，"我们从你们身上看到了战争的残暴，看到了它巨大的破坏性与残酷性，所以在你们发生战争时，我们在探索和平，在你们攻击时，我们在练习防御，数百年的动乱蒙住了你们的双眼，现在是时候让你们看清了。"

男人消失在屏幕中，哈尔顿还没反应过来就被太空舱外刺目的光芒闪了眼，那火光炫目、华丽，带着无与伦比的美和破坏性，可哈尔顿望向它的眼神里，早已没有了当初的狂热。

屏幕彻底黑了下去，整个地球陷入寂静。

次日，各国政府联合宣布，全面销毁武器，停止战争，以和平方式探索人类生存的新环境。历史上将人类停止战争的这一年，称为——元纪年。

指导老师：齐东华，曲阜师范大学文学学士，汉语言文学专业，中学二级教师，惠民县优秀教师，惠民县语文名师工作室主持人。曾获得语文教学技能大赛一等奖、县优质课比赛二等奖，多次指导学生获得国家级作文大赛奖项。

# 和平计划

郭新宁 / 高三年级　李晓宁 / 指导老师　山东省潍坊市寒亭区第一中学

各国领导人都失眠了，包括一向骄傲的美国总统。

"自 2050 年被超过后，我们就不那么威风了。"美国总统朝秘书佩夫大声嚷着，"中国还搞出个什么'和平计划'，让我们销毁武器，你怎么看？"佩夫看总统丝毫不谦虚，依旧威风得很，便压低了声音："中国是为了和平，这当然是好的，不然像现在这样，几乎每个国家都能任意毁掉一个国家，对各国都不好。"一向暴躁的总统陷入了沉思，许久无言，再次翻开手中关于"和平计划"的协议，郑重地签了字。

2078 年 1 月 17 日，签协议后的第三天。"我不想让铁路从美国一直修到沙特阿拉伯！"美国总统愤怒地挂掉了电话，"佩夫！佩夫！我要毁掉沙特！"佩夫揉着眼走过来，"总统先生，世界各国都已签了协议，这个世界上已没有武器了，修铁路也是必要的。""该死的计划，那就做吧。"总统叹了口气，说道。

巴西总统一方面因为武器的消失而叹气，毕竟一念之间毁灭国家实在是可怕，另一方面因为协议而苦恼，将作物迁移到南非还是英国呢？他又点了一支烟，如果迁移到劳动力丰富的南非则成本比较低，若迁移到消费力高的英国则市场比较大，那两国的领导人也在争着，这倒无所谓，毕竟没有武器。他马上想到了中国，联系了中国总理，中国总理正在与日本首相视频会议商谈将日本的工厂建在中国一事，无暇顾及。"我们可以完全接受你们的工厂、人民和各项计划，但对待我国土地要像对待日本土地一样。"中国总理的发言掷地有声，两边开会的人都鼓起了掌。日本首相站了起来，笑着说："中国不仅创造了和平时代，还引领了世界格局，我们实在佩服。"会议结束。中国总理提出的"和平计划"保住了和平，所有武器在各国领导人的注目下被中国人全部销毁，所有程序也被中国人删除，有关人员全部转行，但中国承担了大部分任务，像个吃力不讨好的和事佬。

"我们的本意就是结束每个国家都能任意被毁灭或毁灭他国的时代，我们做到了。"中国总理眼里布满血丝，对巴西总统说道。然而听到巴西的状况后，中国总理又紧皱眉头。这几天这样的事不少，中国总理立即决定在北京开会。中国总理说道："各位，今天我将启动'和平计划'改进方案，大家已经心知肚明，即有国家之分但无国家之隔，人类的命运将由所有人决定，去除隔阂，才能让世界人民共享幸福！中国将会率先行动。"这时候，凝重的会场响起了久违的热烈的掌声，掌声经久不息……

美国总统压抑着激动："美国会给所有国家补助，免去所有关税，力度不会比中国小！"紧接着，日本首相慢慢起身："我们会让世界享受日本的 ACG 文化与科技。"英国首相边鼓掌边说："巴西作物将栽到南非，英国的铁路会连接世界！"其他国家的总统争先恐后地纷纷表态，说着自己的计划，唯恐落在别人后面。

各国总统终于能安稳地睡觉，享受舒适的生活了。某晚，在销毁所地下5 层，中国总理看着一枚武器，面色凝重地念叨着："无论如何也摧毁不了吗？只能藏起来了。"于是几个小时后，那最后的武器在这最寂静的时候缓缓沉入了北冰洋。

"从没见过的地球之外的武器。"看着北冰洋，中国总理陷入了沉思。

指导老师：李晓宁，山东省潍坊市寒亭区第一中学教师，物理奥赛优秀指导教师，多次指导学生参加作文大赛并取得优异成绩。

# 硝烟既灭

*韩采妤 / 高三年级　车晓红 / 指导老师　辽宁省大连市第二十四中学*

联合国某空间站，101舱室。

松软的扶手椅上，坐着一个儒雅俊秀的中年男子，金丝框眼镜的后面，岁月已在他眼角添上几丝鱼尾细纹。他怀中抱着一个胖乎乎的孩子，正咿咿呀呀摇头晃脑地背诵文章："城郭不修，沟池不越……"

"俞先生。"

清脆的童音被一声刻板恭谨的冷腔冷调打断，男人不悦地皱了一下眉。

"什么事？"

"美国军事部长想见您。他在314舱等您。"

"知道了。"男人轻轻捏了捏那个孩子的脸，清脆的声音再次充盈了房间："沟池不越，铸剑戟以为农器……"

旋涡星云在舱室外静静地变幻着。俞裳疲惫地揉了揉眉心，闭目思考。不仅是美国，近几日几乎所有在国际上有话语权的国家都派人来与他"洽谈"。自从"宙斯"研制成功后，便迅速被几个大国先后掌握，整个太阳系都笼罩在一层危险的阴云下。"宙斯"是一种新型大范围毁灭性武器，一旦投入使用，四分之一个月球那么大的空间将失去所有生命。而现在，全太阳系可能存在的最后一处能源矿被俞裳所带领的研发团队勘探到，就在水星的R区里，离太阳很近。这种能源是用于"宙斯"启用的重要能源，掌控了它便掌控了世界。

能源矿唯一的开采方法掌握在俞裳手里。他研发出了一种开采系统，名为"硝烟"。真是讽刺，各国争抢的居然是"硝烟"。俞裳思索了许久，久到那个孩子在他膝上打起了瞌睡，涎水在高档西裤上沾湿成一团，才最终下定了决心。他凝视舱外那片星星点点的深邃，喃喃道："但愿……"

俞裳对外宣称十天内谢绝来访，要闭门研究。联合国搞不清楚他的意向，到处都是窃窃私语的议员，各国首脑迫于"宙斯"的威胁也不敢轻举妄动，明面上笑脸相迎，一派斯文和谐，暗地里却派出了一批批的间谍，发动了不知多少飞船，在水星的 R 区附近的各卫星上虎视眈眈。只要俞裳一宣布"硝烟"和能源矿的具体方案，数不清的核弹便会在 R 区爆炸，"宙斯"也会在这场能源之战中投入使用。

太阳系宁静的浩瀚下藏着暗潮。

俞裳终于出现了。只不过他出现在了联合国会议室的大投影屏幕上，这是一段录像。议员们都议论纷纷，惊讶于这种古老技术的再次出现。

录像中的俞裳身着西装，头发理得一线不苟，怀中却仍抱着那个孩子。他锐利的目光凝视着所有人，所有人也凝视着他。他开口了："诸位今天应该是想获知能源矿的具体开采方法吧。但是当你们在看这段录像时，'硝烟'已经启动了。"

会议室内一阵喧哗。众人从彼此的眼中看到了一丝急不可待。

未等他们做出反应，俞裳淡然一笑，继续道："只不过要让你们失望了。因为它其实是一个自毁系统。我很愧疚，耗尽毕生心血的成果没有用来造福人类，反而即将夺走无数生命。"

他自嘲地摊了摊手，又低下头向那个孩子露出一丝微笑，眼神里满是温柔。"我研究宇宙，探索科学，我看待一颗恒星的生长，从尘埃坍缩中诞生，在核聚变中生长成熟，又逐渐暗淡老去，就像看待自己的孩子一点点长大。我爱这宇宙中的一切，更爱我的同胞。人类与宇宙同生同长，现在却要利用这其中的资源制造武器来自相残杀。人类的武器将要毁灭人类自己，我们难道还认识不到和平的可贵吗？"

"我不希望看到留给下一代的是一个满目疮痍的世界。"录像戛然而止。

俞裳的助手关闭了投影。他拿出一份财产转让合同。"俞先生已经将他名下所有财产转让给红十字基金会。"

时间仿佛凝固了。

最终俞裳和 R 区一起消失了。R 区爆炸时的能量波辐射到了整个太阳系，面对刺目的红光，人们耳边仿佛响起了童声："室家无离旷之思，千岁无战斗之患。"

三年后。

词典中已不见"武器"一词。

这是最好的时代,真正和平的时代。

指导老师:车晓红,毕业于大连大学师范学院中文系,中学高级教师,大连市骨干教师。从教近30年,发表多篇论文,多次指导学生参加各类作文大赛并获奖。

# 希 望

郝博文 / 高三年级　张东灵 / 指导老师　北京市昌平区第二中学

"希望，是这个时代像钻石一样珍贵的东西。"一本流浪时代的教科书上写着这句话，字迹已经发黄，难以辨认。

太阳能量耗尽后，人类驱动地球漂流到了 4.22 光年外的半人马座星系。在比邻星的照耀下，与其他几个有生命的行星一同开始新的历史。

"监测到有智慧生命存在，但数据显示，它们当中的一部分将在一小时后消失。"

"对其他有发展迹象的生命进行打击，蓝色星球不存在威胁，等上面的生命自我销毁后带回去做卫星，提供能量。"

地球上，一场由于领土资源掠夺而覆盖全人类的战争进入高潮。"确认使用新威慑 3.0 吗？""我说过，消灭阻挡我们扩张的一切，不惜代价。""可……"来不及说完，一只手按下了颜色鲜红的按钮。

"10，9，8，7，6，5，4，3，2，1。"一道白光在半人马座星系炸裂开来，所有物质坍缩成奇点后消失殆尽，除了那颗蓝色星球。

"已按计划控制大爆炸，60 秒后我们可以带着蓝色星球离开。"

一道白光闪过后，地球上方的天空陷入永恒的黑暗。人们都抬起头，不知道自己的祖先看到的太阳熄灭是否是这样。安静中，制动按钮被人按下。"5，4，3。""不惜代价！"那个声音开始颤抖，几近疯狂。人类建设的光能发电站一瞬间全部失效，备用程序启动，房间里慢慢变暗。"别这样。"那只抖动的手被紧紧握住。"我们初来乍到。我们的父母，我们几十代几百代之前的祖先，他们一辈子都没有见过太阳！"

"监测到蓝色星球智慧生命衰退曲线减缓，建议观察。"

"他们没有见过太阳，一生处于黑暗之中。他们一面高歌着'我本可以忍受黑暗，如果我不曾见过太阳'，一面不惜代价地将他们的后代送出。地球周围唯一一颗永远伴随着我们的星星，你记得它吗？那是流浪初期执行伴飞任务的太空站的残骸。"一滴泪水从脸颊滑落，落在被紧紧握住的手上。窗外黑色的土地和飘着硝烟的黑色残骸由于阳光的消失而变得暗淡。

"报告，蓝色星球智慧生命有回升迹象，保持观察。"

"支撑他们坚持几百万年的早已不是物质的欲望，是希望，是信仰！你现在按下按钮，只会告诉守望星，他们不惜代价所做的一切一文不值，就是因为他们的后代为了所谓的'不惜代价'！"

"人类得以延续是因为我们有智慧，可我们的智慧不是用来自相残杀、葬送自己的！我们是人，不是杀戮机器！信仰的力量，是新威慑3.0远远不及的！"

伴随着一声绝望的怒吼，新威慑3.0的初速度被调整到顶峰，血红色按钮被重重砸下，一束蓝色火焰被推至外太空。霎时间，天空亮如白昼。

飞船中，警报声响起。"监测到有攻击行为，建议离开。"渺渺太空中，一架飞行器喷射着白色火焰飞驰而过。

"碳基生命超强的韧性究竟是什么呢？"那人凝视着面前超大屏幕上不断上升的蓝色曲线，喃喃自语着。

指导老师：张东灵，毕业于首都师范大学汉语言文学专业，中学高级教师，区级骨干，多次荣获学校绩优学科教师、绩优班主任、学生最喜爱的教师等荣誉称号。

# 武，为你行戈止戈

何瑷言 / 高三年级　宫亚菁 / 指导老师　山东省威海紫光实验学校

这一年的冬天，雪肆意地下着，泼泼洒洒，漫天洁白……

孔子坐在数据分析面板前，指尖跳动，面板上是一款样式奇特的武器。未几，他停止了敲击动作，目光深邃地望着浮动舱外的大雪，出了神。

二十年前。

"快成功了！快成功了！"实验室中梁适瞪大充血的双眼看着试管中微颤的胚胎，全室的人都屏息着，望着这初生的胎儿一动不敢动，那是他们奋斗了 30 多年的成果——离体婴儿培养，只为重现一代伟人孔子的身影。

"看看数据显示如何，心律呢？"身为顶级生物学家同样也是孔子的忠实推崇者，梁适的工作任重难当。30 多年前一个惊世骇俗的想法直刺入他的脑中，让他感觉"世界和平"这个目标不再是空谈。"以孔圣人的影响力、口才与哲学思维，贯穿现代思想，将其打造为革命者，引领和平运动，推进世界和平全覆盖。"大家以为这荒唐至极，他却将其实践，用 DNA 编码重组，移入一普通受精卵内……

三年前。

"这次的情形很危险，我们的据点离联合政府的领事装备队很近，他们压制我们轻而易举，我怕……唉，老梁，我们革命将近四年了，伤亡惨重，却不见联合政府的一丝动摇。我们的奋争，还有意义吗？"昏暗灯光下，一张张疑虑而疲惫的脸闻言转向梁适。数年前，联合政府以"突破宇宙极限"为由，用高密度集合型武器发动战争，以极大杀伤力来消灭"阻碍发展型人类"——一群因资源匮乏而被无来由地定义的无辜的人，而他们正是反抗这无道统治的革命者。"当然有意义！我们誓死守护和平，奋战到底！"

"请以梁适为首的暴动群众就此收手！否则将严厉打击！"满头流血的梁适被搀扶着，他身后的人个个带着伤，但眼中怒火在燃烧。梁适一把推开扶着他的人，嘶喊："消灭战争！人类和平！"声未落，领事官嘴角一抽动，梁适随即瘫倒在地……

孔子惊慌地看着父亲梁适，紧紧抓住他苍白无力的手，听他喃喃道："世界和平不应以牺牲为代价，行戈是为了止戈，人类的生存就交给你了……"

"嘀、嘀……"

……

那一年，伴随着和平运动的奋争与联合政府的镇压而来的是漫天大雪，白得像那遥遥无期的和平……

3035 年。

孔子急匆匆地关闭数据分析板，来到学校的和平研讨会上，今天的辩论由他来主持。"同志们，我们今天生活在高度发达的中国，现阶段人类的主要矛盾不再以需求为主导，而是以新时代的生存权利为主导。当新威胁武器高度泛滥，联合政府无序统治，资源分配未实现完全公平时，和平保障将是最大的问题。同志们，我建议……"

"我想你还是考虑考虑如何解决外国人口大量涌入的情况吧，孔教授。"满面春风的文竞推门而入。

"我想文教授是给我们带来什么新方案了吧？"

文竞笑应道："不错。"说罢便手持数据面板，将信息划动到研讨会场中央。"这是联合政府新颁布的方案。为了调整变革方向而鼓励社会成员建言献策，毕竟群众暴动太凶了，他们也只得退后一步。孔教授，接下来可就是你扭转乾坤的舞台了！话说你的生态型无害新武器研制得怎么样了啊？"文竞问道。

"20 年之约可以实现。为了人类和平，销毁武器靠你了。"孔子心中默念，随后抱着数据面板匆匆离去。那块不大的面板里是孔子研制的用以对抗联合政府的新型武器。

雪渐渐小了，整个世界笼罩在一片柔和的亮光中。

途中，孔子不自觉地喃喃道："善人为邦，胜残去杀。所谓行戈止戈，我这样做……父亲，你会看到我创造的和平世界吗？"

指导老师：官亚菁，毕业于菏泽学院汉语言文学专业，威海紫光实验学校教师，指导学生参加各类作文竞赛并多次获得国家级、省级奖项。

# 湮 灭

何恕宜 / 高三年级　欧阳柳 / 指导老师　湖南省长沙市长郡滨江中学

我知道，现在写下这一切，为时已晚。

2019 年，事件视界望远镜（EHT）捕捉到了仙女星云中真实的黑洞，并拍下了一张永载史册的照片。人类的航天史就此改写。

这是偶然，也是必然。一位中科大少年班的学生看到了那张照片，胸中燃起了对群星的热忱。奋斗数十载，他终于攀上了天文学与航天领域的顶峰，并开创了一条完整的航天产业链，实现了空间领域的商业化。

就这样，空间技术开始成为各国角逐的焦点——小行星采矿、陨石雕刻艺术、星空旅游业等。全世界 70 亿双眼睛开始不约而同地望向头顶深邃的星空。最后，航天器所使用的封闭式生态循环系统终于建成，人类总算走出了摇篮，开始拥抱广袤的宇宙。

那位少年自然也已名留青史。但你问我他的名字？抱歉，已经不重要了，真的。所有的历史巨人，人类的历史、地球的历史，包括我现在记载的这些文字，半小时后都将不复存在。一切都不重要了。

你问我为什么？这就得从人类真正迈向宇宙的一百多年后说起了。

那是一次普通的小行星采矿之旅。那也是一艘平平无奇的采矿飞船——动力不足，设备老化，已经临近服役年限，在接近柯伊伯带时突然失联了。

起初，采矿队主舰的塔台发现联系不上那艘飞船，以为它不过是误入了暗物质区——之前也发生过几次，但事故飞船大多安然无恙。毕竟，驾驶的人年纪也大了，可能有些犯糊涂。但当整个采矿队返港后，那艘小飞船还不见踪迹——这就有些奇怪了。毕竟那片区域并不大，无动力航行也要不了多久。

前去搜寻的救援队却带来了惊人的消息——在那片还未完全探明的区域中，似乎存在着一种人类上百年来梦寐以求的终极物质——反物质！因为救援队的探测器在进入后同样失联了，但在最后一刻，它们发来了至关重要的情报：在那混沌未开的地方，除了暗物质，还有体量大得无法想象的东西存在。

经过两年不断的论证，学界向公众公开了这一事实——在柯伊伯带，存在着大量联结并在空间中堆积沉淀的反物质。而之前那艘小飞船就是在正反物质的湮灭中，烟消云散化作虚无。

美国政府率先行动，它派遣数百艘武装货运飞船前往柯伊伯带，每艘都携带了百余吨的重水。它向世界宣告：如果各国不遵从美方所设定的国际秩序，它就将重水全部倾倒进反物质区，这将引发难以想象的湮灭现象，就像一颗宇宙级氢弹被引爆，迸发的威力将波及整个太阳系！

但在美国完成对反物质区的军事封锁前，中国、俄罗斯等军事大国也已强势进驻柯伊伯带。国与国之间达成了军事上的势均力敌，瓜分了广阔的反物质区，并利用最尖端的磁场捕捉技术开发出了新式武器。这些武器如果全部引爆，人类将面临灭顶之灾。

面对前所未有的危机，各国政府很快就从狂热中清醒过来，举行谈判。

几个月后，结果敲定，《科博伊协定》面世。

协定中明确规定，各国严禁使用反物质武器。由于湮灭反应的威力过于强大，在反物质打击后，国家将立即陷入瘫痪状态，故各国须每年推选一位特使前往太空安全港，监测别国在柯伊伯带的势力范围和太空武器动向，一旦监测系统发现有某个国家动用反物质挑起战争，特使就可以获得系统授权，进行反物质打击，以牙还牙。这样便达成了某种制衡，避免了让全人类为战争陪葬。

而这些肩负重任的人，历史上把他们唤作执剑人。

协定面世后，执剑人换了一届又一届，时光在岁月静好的安详中流转，人人都以为大同时代已经到来，战争将成为故纸堆中的旧名词，世界将迎来永久的和平。

但人们渐渐忘了，要想实现世界和平这一目标，有一个前提：任何一方都不得动用自己的反物质武器，否则……

在这里，我想提一段两百多年前的历史：美苏"冷战"期间，苏联曾建立过一套针对核战的雷达预警系统，并选出了类似执剑人的军官躲藏在地下的核掩体中，一旦美方发动核战，那么当地表上的政府被摧毁后，他可以根据自己的判断选择是否反击，向北美发射核武器。这个系统曾发出过两次错误的警报！幸运的是，那位军人没有发动攻击，核冬天没有因意外降临。

但你以为人类会一直这样幸运吗？

两小时前，执剑人监测系统居然发出了错误的警报！它认为美国单方面引爆了由其管辖的毗邻德国星域的反物质。也许是病毒攻击，也许是系统故障，也可能是……但那已经不重要了。

因为一旦收到警报，那位来自德国的循规蹈矩、一丝不苟的执剑人就依照协定，含泪启动了针对美国星域的反物质导弹。

多米诺骨牌倒下了。

虽然还没有确切消息，但我相信这极有可能就是文明终结的前奏了。

因为现在是夜间九点，在我居住的城市里天空本应漆黑如墨，现在却亮如白昼。

那是湮灭的光波，正带着狂潮般的高能射线，向着这座宇宙城推进，而这里是人类太阳系殖民地的最核心地带。

一切都已无法挽回。

一切都不重要了，真的。

指导老师：欧阳柳，文学硕士，毕业于湖南师范大学中国现当代文学专业，中学二级教师，曾获得长沙市岳麓区微课比赛一等奖、长郡滨江中学片段教学比赛一等奖、师徒汇报课比赛一等奖、两笔字比赛一等奖，曾获长郡滨江中学优秀党员等荣誉称号，多次指导学生获国家级语文比赛奖项。

# 悖　论

何恬静 / 高二年级　余　萍 / 指导老师　福建省建阳第一中学

　　爱因斯坦曾预言，人类战争史上使用的武器变化，第一次是木棍和小石头，第二次是枪支、飞机、坦克等，第三次是能量类新型武器，而第四次却是木棍。或许不难理解，第一次是原始与野性的，第二次是人类文明的，但由第四次可以看出，第三次的战争无疑是毁灭性的。没有人知道他是如何预言的，但按目前的形势来看，不容乐观。717 合上文件，闭上眼，轻叹一声。

　　这个时代便处于第三个阶段，大型高科技武器层出不穷，其危险性已远远超过人类所能承受的范围。这是最好的时代，也是最坏的时代，人类文明黄金时代的背后，是人性的满面疮痍。战争一触即发，没有硝烟，没有炮火，或许这一瞬间，世界便会沉没，高科技武器连锁反应，使各个国家近乎病态地不断研制出冰冷的防御进攻设备。717 轻笑一声，百无聊赖地玩着身旁的树枝，心中有些许悲凉，或许人类的下一次战争就要使用木棍了。

　　会议厅外，来来往往的不仅是人类，还有机械人，以及半人类半机械人，717 心想，或许像她这样的人类特务已经不多了，在纸醉金迷的生活中，又有多少人认为自己不过是金丝笼中逗趣的鸟儿呢？会议厅内，人类命运联合组正进行激烈的讨论。为了避免爱因斯坦的预言成真，他们打算签订合约，销毁武器，重返和平，打造全面接受孔子"己所不欲，勿施于人"的新和平时代。各国元首齐聚一堂，共商国是，可在 717 看来，大家不过各自心怀鬼胎罢了，所谓新协议不过是个悖论，谁愿意将自己置身于水火之中成为待宰羔羊，谁又会与对方赤诚相待，成为手无寸铁的弱者呢？时代发展到今日，人类最初的光芒已经消失殆尽。在这冷酷的机械时代，一切似乎都带上了金属寒冷的光泽。想到这，717 的手部突然震动了一下，她打开读取眼，眼前出现一道光影，是加急密件，是军事部发来的。

　　"第二世界盒是上个时代结束前各国留下的最机密的武器，是目前无人掌握的技术，被封存在世界塔顶端，请尽快前往。"

717 看到这则消息，立马起身。无论如何，她将为国家战斗，取回人类目前最缺的技术。刻不容缓，她要赶在别国到达之前获取第二世界盒。

她乘坐空气波动轨道，在几秒内就到达了世界塔。不错，这里四周环绕着检视球、读取眼，使进入的人更加安全，可对于 717 来说，安全的背后是一只埋伏的巨虎。717 坚定地踏入塔内，然后她呆住了。穿着银白色战服的人类尸体横七竖八地躺在泛着蓝光的地面上，看来已经有人先到了。她立刻警觉地开启高度防御措施。突然，一道光擦着她的耳边飞到身后的纳米支撑柱上，之后是两道、三道，大楼开始有些颤抖，她敏锐地发现，或许她的身份已暴露，又或许有人想弄塌这座楼。高度的军事素养让她本能地奔向空气波动轨道，直冲塔顶，不论付出多大代价，她一定要为国家完成任务，这是她的职责，无关人类的存亡。

可下一秒，她再次停了下来，塔顶已经坍塌了。

这时，一个木盒朝她砸来。

她没有多思考，一个箭步迎了上去，可视野里突然出现一群人，穿着各式防护服，她立刻明白了，各国的特务都已出动。

果然，没有人信守诺言，所谓新协议只是一个悖论，人类注定将使用这最后的武器进行最后的战争。

717 的目光凝聚在第二世界盒上，差一点，马上就要够到了，突然，它消失了。一个黑影闪过，第二世界盒被抢走了，一个机器人爆炸，迸出无数碎片，划破了 717 的脸颊。她顿了一下，异常的迟缓，她似乎很久都没见过人类这样温热的血液了。

盒子似乎被掩埋在碎片之下，无数特务不顾一切地冲下，这就是世界最短缺最强大的武器，一定要获得。所谓和平不过是哄骗孩子的话罢了。

在这几秒内，无数爆炸发生，报警器轰鸣，联合国军队赶到，一片混乱，不顾一切只为最后一个武器。

717 失败了，最终，她没有拿到盒子，盒盖掉了下来。一阵寒风掠过 717 身后，一个士兵抢先拿到了盒子里的东西。可他突然停住了，其他人也不顾一切地冲上去争夺，然后大家都停住了。

警报在身边响起，冷酷而规律，可塔内一片安静。

人类历史上最宁静的那一分钟。

那个拥有最强大武器的盒中，只有一张纸条，上面写着：当你们看到这张纸时，我想，你们需要一个拥抱。

指导老师：余萍，福建省建阳第一中学教师，多次被评为校先进个人，多篇论文荣获南平市一等奖，多次参与国家级课题研究。

# 战争之门

贺晴怡／高三年级　秦林岩／指导老师　河北省邢台市第一中学

四百年前，世界多极化趋势迅速发展，和平与发展是每位公民心中的共同愿望，世界各国的联系与交流密切，放眼望去，一派和平景象；而四百年后的今天，第四次世界大战爆发，世界各国绞尽脑汁，尔虞我诈，纷纷抢夺世界霸主之位，放眼望去，满目疮痍，混沌不堪，这个世界正在深渊边缘垂死挣扎。

战争，面具之门。

不曾见过黎明，就难以预见黑暗的可怕，经过昨天晚上一夜的轰炸，临近敌军驻扎地的津西区早已变为虚墟，哀号声、哭喊声响彻云霄，就连与外界取得联系的最后生命线——电话也被敌军残忍地拆毁。这个繁荣的都市还是难以摆脱黑暗的漩涡之门，正在被慢慢吞噬。

历经了一夜的恐惧和不安，我最终鼓起勇气，戴上面具，像往常一样若无其事地出门，走向我的工作地点——敌军的驻扎地。走在空无一人的街巷中，我不禁又想起了我的恩师——那位早已被敌军杀害了的人。从 A 校毕业后，我被分配到研究所和恩师一起为祖国研发先进技术，想着为祖国出一份力。但平静的日子最终被打破，敌人入侵了，在紧急关头，恩师将面具交给我，希望我可以借助面具深入敌人内部，为我国提供情报，说罢他便匆匆离开，杳无音信。几个月后，再得到他的信息，却是在一份遇害者的名单上，而我也为了实现他的遗愿，最终过上了面具生活。

"嘿！早上好！"迎面走来的一位人高马大的军官打断了我的思路，我抬起头来面带微笑地看着他，"E 国人，男，四十岁左右，擅长拳击，副军官……"一列列清晰的个人信息在我的眼前罗列开来，几秒之内，对他的信息我早已了如指掌，而我因为有了早已被我军暗杀的 E 国军官杰克的面孔的掩盖，自然不会被他人看出破绽。我们寒暄了几句，打过照面之后，我又低头继续向前走着，想着我今天的任务，想着，想着……

无人知晓，那面具背后，是我那颗深沉的爱国之心！

战争，曙光之门。

经历了一天的伪装，我终于回到了家，那个有温度的地方。还没来得及换上衣服，我就迫不及待地冲进实验室，打开冰冻箱，将妈妈、爸爸和弟弟抬出，注入血液复活剂，他们再次活了过来，恢复了生机。子弹无眼，炮火无心，在如此残酷的战争中，不知哪天就会失去家人，早已尝过失去恩师痛苦滋味的我，实在不愿再次忍受失去的痛苦，因此不得已采取了这个办法。白天死寂的屋子终于恢复了短暂的活力，妈妈烧了可口的饭菜，爸爸、弟弟听着我讲述着今天的战况及任务，连连称赞。屋内烛光摇曳，屋外冷风呼啸，欢快的日子终将过去，他们再次回到了冰冻箱，屋子又回到了死寂，因为新一轮的轰炸即将展开。

我一人在黑暗中期待曙光。

战争，和平之门。

最终，我的执着等来了结果。

鉴于国际上对于战争的评估及反对，最终两国决定停战并全面销毁武器，和平年代再次到来！

我脱下了面具，恢复了真实的面目和身份，并一如既往地进行研究工作，但时间难以带走的却是人们受伤的心灵。不信任、不安全感充斥着整个社会，炮火停了，敌军撤了，但街道上仍是空无一人。为此，我潜心研究，发明了将人们痛苦记忆去除的药水并在市场上推广，最终问题解决了！

天蓝色取代灰白色，望着天空，我大喊："老师，我做到了！"不知不觉中，我泪流满面。

2449年的今天，早已是满头白发的我坐在书桌前，回忆着三十年前的故事，只是想告诫后人：愿战争之门永不开启！

指导老师：秦林岩，毕业于河北师范大学汉语言文学教育专业，中学高级教师，曾获河北省优质课一等奖，河北省优秀班主任，邢台市劳动模范，邢台市第一中学文科年级主任，文科守敬班班主任，多次指导学生荣获各类作文大赛国家级奖项。

# 听

贺笑奕 / 高二年级　　丁晓燕 / 指导老师　　浙江省萧山中学

周南轻触微型蓝牙耳机，激昂之辞隆隆而来："各位同胞，各位同胞，第四次世界大战结束了，再说一遍……"

能令端庄镇静的电台播音员激动得语无伦次，实属不易。周南微微一笑，口香糖在他口中翻滚、变形，依稀的香味令他艰难地判断出，这是他最爱的西瓜味。

化学香精罢了，周南心想。等四次世界大战爆发已过去28年，这场由能源引发的战争耗尽了全球80%的能源储备，所有农田都被征用，食物每人每日定量发放，至于水果，早已在市面上绝迹了。

但战争终归是结束了。七天前，日本岛基岩层中突现巨大空洞，海水大量涌入，地表下陷，整个日本岛沉入海底，伤亡人数至今还在不断增加，整个日本陷入瘫痪，据称日本政府即将宣告解体。世界地质局表示，在日本地震发生当天，包括中国四川和台湾、美国旧金山、阿留申群岛、堪察加半岛、智利、新西兰等多个国家和地区在内都发生了等级不一的地震，地质局强调这绝非偶然。据观测，地球地质活动近日出现异常，地核铁镍流流动极不稳定，地壳活动出奇频繁，多地地下出现断层、空腔，海水倒灌，全球海平面下降0.3米，喜马拉雅山在一周内拔高0.45米。这些现象都表明了一点，类似日本的遭遇，随时有可能在全球任何一个国家出现。

耳机中的嘈杂声突然断了，周南一惊，秘书柯鑫的声音逐渐靠近："周总？周总，到您了。"

周南环视一圈，会议厅中众人正注视着他，这些人在上午刚刚在各自国家宣布退出战争，面对他们——各国元首，周南还是有一丝紧张。主席在会前叮嘱过他不必太过拘束，自然就好，因此他保留了嚼口香糖的习惯。周南的面色不自觉地逐渐凝重，他将口香糖轻吐到纸里，接着对众人抱歉地一笑，开口道：

"好了，今天我要向大家介绍诺亚方舟 2047 计划，简而言之，就是让全人类学会飞翔。"

唐阳本可以复员回乡。二十八岁的他六年前随第十集团军奔赴俄罗斯战场，经过六年的战场磨砺，他从一名工兵成长为 236 团战地总工程师。战争结束那天，全军欢呼雀跃，唐阳从怀里掏出母亲与自己的合照，不知是该哭还是该笑。

这时上面下达命令：俄战区所有工兵与工程师，紧急开赴北极。

于是他稀里糊涂地登上了一艘破冰船，被告知将开赴一个叫"第七区"的地方。直到下了直升机，见到冰天雪地和失灵的指南针，他才猛然意识到这里是极点，而架在冰架上庞大繁多的工作台与来来往往挂着不同军徽的军人又告诉他：不只中国军队，这里汇集了全世界的军队。

他跟随着前来接机的工作人员，穿梭于一个个工作台之间。他被领到一部电梯前，这一部冰天雪地中孤零零的电梯，令唐阳脑海中不禁回想起近三十年前的老片子《流浪地球》。

他们下到十千米深的地方。

"地下城？"唐阳想。

一双高跟鞋的声音扰乱了唐阳的思绪，一个银铃般的女声响起："唐工，您终于到了。"唐阳扭过头，注视着一个秘书打扮的女人向自己走来。

女人没给唐阳开口的机会，抢先说道："唐工在电磁学方面研究颇深，研发的扫雷车闻名整个战区，这是我们请您过来的原因。"

"要我扫雷？"唐阳心中的雾霾更浓一分。

女人笑着摇头，没有说话，她招招手示意唐阳跟自己来，他们走到一块平整光滑的银白色金属壁前。女人指着金属壁说："你听。"

唐阳俯下身，侧脸试探性地触了触墙壁，出人意料地，金属壁暖暖的，他于是紧贴上去，耳中传来了纷杂的错乱的犹如蚂蚁撕咬般的木柴爆裂声。

有如醍醐灌顶，唐阳瞪大双眼："难道说……"

女人点点说："这是一块电磁铁，或许更确切地说，整个基地都建在一块巨大的电磁铁上。不只是北极，南极也有一块相同的电磁铁与我们呼应。两块磁铁一旦启动，会形成贯穿地球的强大磁场，在磁场作用下，铁镍流会加速流动，所以……"

唐阳凝视着面前的金属壁："地球会变成一块巨大的强磁体。"

诺亚方舟2047计划执行第十六天。

工程队开进学校时，乐果正在前往参加体育课的路上。

一列整齐的"拖拉机"，至少乐果是这么形容那些工程车的。

没有任何预示，没有收到任何通知，在工程队第一辆"拖拉机"驶入校园的那一刻，全校毫无缘由地停课，老师学生统统被赶到操场上。

乐果注视着"拖拉机"一辆接一辆地从面前驶过。这些"拖拉机"清一色由海军陆战队的步战车改装而来，时间紧迫，都没来得及重新涂装，所以还固执地保留着陆战队的海洋迷彩。

步战车，甚至坦克，乐果并不感到稀奇，但这些工程车激起了她极大的兴趣——步战车原装的炮台被卸下，装上了细长灵活的机械臂。

"多旋翼机！"四周的同学在惊呼，顺着他们手指的方向，乐果望向天空，四架多旋翼机用碗口粗的钢索牵引着一个庞然大物。乐果不知道周围的同学是如何发现那几架飞机的，显然，他们牵引的那个神秘物体更加吸引眼球，它就像……怎么说呢，像电影《第九区》里的外星飞船，但造型却简单到无须丝毫赘述，就是一个浑圆黝黑的铁饼，漂浮着遮蔽了阳光，操场笼罩在它投下的阴影里，乐果站在阴影中心观察着铁饼四周战栗的钢索。

钢索战栗得愈加强烈，就像弓弦在蒙古骑手射出利箭后夸张的扭动，乐果不禁觉得自己的灵魂也在随钢索颤抖，心头滋生出恐惧的感觉。

铁饼停止了移动，旋翼机停在操场四角。而后，这个沉默的大家伙第一次发声，那是弹棉花的声音，乐果心想。四根钢索竟然松开了，操场上一片尖叫，乐果闭上双眼，恨恨地想：搞了半天他们竟然想搞屠杀，这些是激进分子吧……

乐果等了起码半分钟，什么也没有发生，只是附近的工程队人员不知什么时候跑远了。现在是在天堂了吗？她睁开眼，同学们还是在旁边。

那铁块稳稳地悬浮在半空，操场上叽叽喳喳，年级组第一次没有及时维纪。

一个女人，黑裙卷发，戴着厚重的黑框眼镜，在混乱中迈着小碎步冲上讲台，从尚未反应过来的学生处主任手中抢过话筒，高喝："大家安静！"

这句话效果出奇的好，女人于是温柔地放缓语调，自我介绍道："大家好，我是诺亚方舟 2047 计划的杭州地区执行官，我刚刚看到大家对头顶那家伙很好奇，其实这就是一块巨型电磁铁，唯一与普通电磁铁不同的地方在于它将集成电路隐藏到了内部，通过改变电流大小来改变磁性强弱，凭借地磁场悬浮在空中。"

"我们先前对学校进行了磁场屏蔽，所以大家并不会受到它的影响，嗯……之所以研制出这个产品，是因为据世界地质局观测，地球内部活动十分异常，到目前为止多地出现地表下陷、地震、海啸、火山喷发等地质灾害，专家们预测，这很有可能导致我们口中经常说的——世界末日。"

台下哗然。

"为了使人类继续在地球上生活下去，由中科院院士周南领导的世界紧急应对小组制订了诺亚方舟 2047 计划，其详细内容是，将各房屋以十栋至一百栋为单位在地基处使用大量金属结构加固后，使用电磁铁将房屋单位拉离地表。这和影片《复仇者联盟 2》中奥创使用振金抬升那座城市类似。

"我们有理由相信，当房屋飘浮在空中之后，地表发生的一系列活动都无法影响到空中的人类。所有电磁铁内部都装有大小不一的核反应堆，足以支持磁铁运作二十年到一百年。有朝一日，等到地质活动趋于稳定，我们将会着陆，再次生活在地表。"

诺亚方舟 2047 计划执行第八十九天。

周南伫立在万科大厦楼顶花园，俯瞰身下的建筑群。

迄今为止，全世界的人类都已双脚凌空，恐怕这是自猿人进化成人以来人类社会从未出现过的奇观。地表一片贫瘠、空空如也。一块块铁饼拉动着一片片土地，突兀地悬浮在半空。建筑群中，万科大厦是海拔最高的一座，而周南此时又是大厦里站得最高的那一个，他倚在玻璃护栏上，俯瞰身下的房屋。

立于世界之巅，周南就是全人类的英雄，脚下这片土地，穿梭过多少朝代的烟尘风雨，见证过多少绿色的萌生泛滥。千百年来，人类总被生活催促着迈步向前。人们整装、启程、跋涉、落脚，停在哪里，哪里便催生出一段土地与人类之间的故事。夕阳西下，投下万道余晖，地面金光灿灿。

土地啊！周南感叹，谁又能想到，曾经弱小的人类会变得如此强大，曾经淳朴的人类会变得如此贪婪？他们不停歇地汲取、利用，甚至为了资源，为了土地，爆发战争，大肆杀掠。终有一天，当土地发出抗议，此时的人类才会明白和谐、平衡有多么重要。

周南的隐形眼镜突然被激活了，柯鑫的脸浮现在他眼前："周总，世界地质局发来警告，称铁镍流出现异常，似乎要发生暴动……我在前方正……"

柯鑫的脸消失了，视野中充斥着黑白。

周南赶往俯下身，那一刻，他听到了万马奔腾，听到了虎啸龙吟，听到了大地最愤怒的呐喊。悲鸣声中，周南的面色逐渐平静，人类的最后几分钟，他点燃一根烟，素面朝天。夕阳吞没他落寞的脸颊，淹没他脚下的大地，烟头缕缕青丝萦绕而上，火光像烟花般闪亮、弥散，在茫茫宇宙中不留一丝痕迹。

指导老师：丁晓燕，毕业于杭州师范学院中文系，中学高级教师，曾指导多名学生在各类作文大赛中获国家级奖项。

# 星语心愿

侯宇阳 / 高三年级　钱艳英 / 指导老师　辽宁省辽阳市第一高级中学

"妈妈，你不难过吗？我们没有家了。"

"不，现在很幸福，因为我们还活着。"

——难民营中叙利亚母亲与孩子的对话

2100年，由于21世纪的战争破坏，大量浮尘微粒子突破大气层进入宇宙，新式武器的使用对人们的健康造成了极其严重的危害，化学物质通过河流、阳光、空气进入身体，难以治愈的新型疾病出现，多国政府呼吁停止战争的倡议被野心勃勃的好战国家置若罔闻。

"没有别的办法了，希望他们能原谅我们的过错，帮助我们恢复和平吧。"反战组织的领导人威尔用手抱住脑袋，流下了痛苦的泪水，良久才抚平心绪，整理好衣冠，"如果各位代表没有异议的话，那我们就开始连线吧。"说着他走到墙边的扫描仪处轻轻呼了口气，验证通过，一台庞大的星际通信联络器出现在众人眼前，他打开屏幕，启动宇宙波扫描功能，不久，红色灯开始亮起，显示目标已找到。"果然是他们，快，快连线。"威尔迫不及待地发出通信邀请，出乎意料地快，对方立即接通了，一个黑色身影出现在屏幕上，只不过，一言不发。威尔似乎并不惊讶，他平静下来，拿起对讲机，"地球遇到麻烦了，战争充斥整个世界，那些拥有先进武器的国家彼此争霸，弱小的国家只得站队，人民失去了生活甚至生命，请帮帮我们，我们真的没有办法了。"

黑衣人颤抖了一下，几句听不懂的话从嘴里说出，翻译器里显示出这样几行字："那你们有没有想过，我们星球上的人民在毫无征兆的情况下被你们发动的星球大战伤害，他们又能有什么办法呢？"在场的国家领导人都低下了头，威尔知道曾经的星球大战多么残酷，地球人同时对哈索里行星、索尔行星以及克列行星发射星际导弹，造成了极大的伤亡，只为在未建立宇宙波通信时证实有生命的存在，换句话说，就是测试星际导弹的实际威力。威尔继续说："抱歉，我们为我们曾经的罪行感到深深的忏悔，请帮帮我们，让地球人知晓你们的存在。倘若他们亲眼见到了战争的破坏性，必然会有所改变，现在的后果只是暂时的，也许几十年几百年后，我们就是你们。"黑衣人沉默了许久，最终点了点头，接着显示器里出现了几行字："我们之所以帮你们，是因为我们相信地球人还有良知，我们愿意通过直播连线展示我们的痛苦，将它们全部公之于众，也许，只有见到可怕的后果，你们才会做出改变吧。"

在座的领导人都喜极而泣，他们同时起立，对着屏幕深深地鞠了一躬，"希望以后的宇宙、星球，只有和平，没有战争。"屏幕上最后显示的几行字被张贴在了电视直播的现场。画面中直播着黑衣人与他的人民一同祭奠因星球大战而死去的亡灵。"我们原本同你们一样，快乐幸福地生活。战争过后，几代人的寿命只有三四十岁，身体开始发黑、溃烂，不得不以黑布遮挡，因为大气层被破坏，我们甚至惧怕阳光，请赶快停下吧。战争不会使人的欲望得到满足，和平与爱才是答案。"电视里的黑衣人流下了眼泪。

23世纪，全球各国联合发布了关于星际导弹的致歉信，销毁武器，签订停战协议。战争没有终点，和平与爱才是答案。某一天，母亲牵着孩子回到家园，曾经的泪水被晚风拂去，星野映射着彼此纯粹的笑颜，也许，这便是我们共同的星语心愿。

*指导老师：钱艳英，文学学士，毕业于辽宁师范大学中文系，中学高级教师。多年从事高中语文教学工作，多次指导学生在作文大赛中获奖。*

# 天使时代

胡宇攀 / 高三年级　林　林 / 指导老师　浙江省永康市第一中学

　　此时此刻，胡宇坐在联合国大会的首席，望着联合国秘书长递过来的世界各国的和平协议，神情复杂，迷惑与犹豫在他的脸上一闪而过，随之涌现出的更多是狂热与期待。

　　"也好，让我看看在端脑控制下的人类社会究竟会变成什么样。"胡宇心想。他是一名世界顶级脑科学家，两年前，他研究发现人类大脑思维的运行机制是在量子层面进行的，由此他竟萌生出一个可怕而疯狂的想法：利用量子纠缠来控制人类思维。他本就是一名狂热的科研工作者，人类的伦理道德在他眼里与世界真理相比根本不值一提。经过一年多的潜心研究，通过量子计算机的海量运算，他终于解构出了大脑思维运行的基本模型，并取名为"端脑"。通过"端脑"与量子计算机，他能够标记并控制任何一个人的思维。在经过简单的实验验证后，他决定干一票大的：控制战争主义者的思想，使他们消灭武器，从而建立一个无武器的和平时代——天使时代。而他，胡宇，一个疯狂的人类科学家，将被新时代的人类尊为神灵。

　　胡宇接过写满各国代表签名的协议书，匆匆浏览了一番。他这联合国常任理事会主席的身份，也只是他利用"端脑"所做的一道小小的加餐罢了。不过，他依旧有所顾虑，根据任何孤立系统不受外力时熵增的原理，如果"端脑"出了故障，那么人类的思维控制也将停止，到时人类大脑中的神经元将重新排列组合，那就意味着将会出现新的随机变量，而人类所恐惧与担忧的，皆来源于未知。

　　"算了，先不管这种突发状况。当务之急我应该收集人类行为数据，完善我的研究。"自始至终，胡宇都没有把人类社会意识形态改变所带来的影响放在心上。

　　"销毁武器，停止战争"这种想法在经济学家眼中看起来很危险，在军事家与末世论者的耳中听起来很疯狂。试想一下，当一个国家经济运行体制瘫瘟，急于向外界发动战争以缓解国内生存压力的时候，手无寸铁的人们将用什么办法来度过危机？当外星文明与地球文明发生碰撞交汇之时，我们又该用什么东西进行牵制？可胡宇根本就不关心这些，他只想完善他的理论。

胡宇驾驶着飞车来到北极的冰原，这里将成为人类武器的公墓。成千上万的导弹、飞机与坦克将在这里被销毁。他将飞车停在冰原的边缘，此时全球亿万观众正和他一起观看这场人类历史上的转折事件，高空的全息投影录像机正把这场由胡宇导演的盛事向全球直播。

销毁开始了，堆积如山的武器在小型人造黑洞的强力吸引下缓缓升空，并开始逐渐分解。从摄影机上已看不到分解的过程，只能看到北极冰原的上空有一张仿佛来自深渊的大嘴正缓缓吞食着人类几千年来文明的产物。

"一切都结束了，但一切又才刚刚开始。"胡宇心想，"对宇宙终极美的追求才是文明的最终目标和归宿，我也该上路了。"

指导老师：林林，毕业于浙江师范大学汉语言文学专业，中学高级教师，曾获永康市教学能手、永康市十大杰出青年、金华市教师作文比赛一等奖、金华市高中语文优质课一等奖等荣誉。

# 自我·和平·永生

黄鉴雯 / 高二年级　慕亚芹 / 指导老师　山东省栖霞市第一中学

唯有宇宙和人类的愚蠢，是永恒的。

——爱因斯坦

研究所内。

"2019 年到现在 2119 年，一百年了，人类终于实现了永生。"博士凝视着试管中血红色的药品，感慨道。他温柔地回望身后的爱人之升，他们相识于七年前，那时，百年永生工程计划已经进入攻坚阶段，他本不着急。可三年前，之升不幸患癌，他怕了，怕失去她，他疯狂地研究着永生技术，利用之升体内癌细胞的无限制生长作为细胞基体，并抑制了染色体两侧端粒的活性，使细胞无法缩小，只能无限繁殖，不断更新机体。

永生工程终于竣工了。博士与爱人一同服用了药品，果真，之升的病情逐渐好转。博士将技术推向世界，无数生命得到了拯救，人类永生了。

2219 年，由于人类的只生不灭，在短短一百年间，人口由 100 亿猛涨到 170 亿，地球早已不堪重负，资源濒临枯竭，人类为了生存频繁发动战争，世界俨然已成炼狱……

"亲爱的，我们不能将永生工程继续下去了。"之升心急如焚，博士充耳不闻。自从百年前之升彻底康复后，二人享受了几十年的甜蜜时光。可随着时间的推移，他们同所有人一样，不再为分别而伤感，不再为未知而恐惧，不再为未来而迷茫，不再享受别后重逢的喜悦，也不再为生离死别而伤心欲绝，因为世上不再有生离死别。

人类一天天循环着重复着相似的生活，我不再是我，我即永生。

眼前的博士不再深情款款，而是冷若冰霜，之升忍不住大喊："永生的初心是什么，你忘了吗？不就是为了使人们减少离别的痛苦，享受这世界、享受爱吗？而如今，非但没有和平和欢乐，反而有无尽的战争和痛苦，这样的永生毫无价值！”

她注视着永生机中的癌细胞，它是永生的母体。

享受爱，远比享受"存在"有意义。

永生机破碎，癌细胞死亡，永生工程完结。

2119年，之升和博士重来一回，这次他们不再选择永生。由于人们脑海中仍储存着百年后的记忆，他们看到了自己的无知，人类选择了和平。

在公园长椅上，之升倚着椅背，握着博士的手，微笑着。她预感到自己的时间不多了，但她很幸福，因为她拥有了爱啊……她和博士轻声吟出麦克斯韦的情诗："你和我将长相厮守，在生机盎然的春潮里，我的神灵已经穿越如此广阔的寰宇？我这就将我的整个生命，导入这生机盎然的春潮，将真正使三个自我穿越世界的广袤……"

人类由无知到永生，历经人性的考验，最终选择了和平。和平才是永生，而人类精神，如月之恒如日之升，已然永生！

指导老师：慕亚芹，汉语言文学学士，中学一级教师，曾获烟台市高中教学工作先进个人、栖霞市德育工作先进个人、栖霞市优秀教师等称号，多次指导学生获国家级作文大赛奖项。

# 最后的希望

黄琬然 / 高三年级　黄正云 / 指导老师　云南省德宏州民族第一中学

"嘟嘟嘟！"米什尔研究中心的警报响起，工作人员立刻停下手中的事情统一撤离。不料，全部通道已被封死，大家在房顶上冒出的气体中倒下……

"嗯！"乔米在实验室中苏醒，强撑着站起，似乎在找寻着什么。隔壁有个男人躺在地上，乔米过去叫他："喂，先生，你怎么样了？"这时，门口传来一阵脚步声，来不及反应，人已到达门口，"你好！我是国际救援队的队长乌斯。"在最前面的男人说道。"谣洛塔。"陌生的声音穿过众人，大家惊讶地看着已坐起来的那个男人，乔米愣了一下，随即说出了自己的名字："呃，我叫乔米。"

队长乌斯的任务是救出研究中心的幸存者以及取走研究成果。大家一同行走，乔米和谣洛塔被保护在中间，他们二人都发现自己失忆了，在感到烦躁之时警报再次响起。

浓烟再次喷出，均匀地洒在实验室每个角落，不料队长乌斯早有准备，"戴上这张面罩后便会对烟雾形成抵抗。"说完他便给每人发放了一个面罩。

"嘿嘿，没想到你挺聪明的，不过，我的能力可不止这些哦。"不知从哪里出现的声音回响在实验室中。

"你是红娘？"乔米惊叹道。不知道自己如何会知道她的名字，众人更是一脸茫然。

"哦，乔米，你还记得我，真是个令人愉悦的消息。"红娘说完，实验室从中间被分隔成两段，一阵眩晕后，乔米、乌斯、谣洛塔被分在了同一间实验室中，其余人不知所踪。

乌斯等人试图打开实验室的大门，却是徒劳。三人坐在地上，谣洛塔在思索着什么，突然，他找到了一个按钮，将三人传送到了另一间实验室。他对乌斯说："这就是实验室的中心，可以控制门的开关，研究成果也存储在这里。"说完，乌斯去寻找成果却发现里面空空如也，在他失望之时乔米突然打开了所有实验室的大门。

一阵脚步声又出现了，不安在每人心中蔓延，随着低沉的嘶吼，一大群丧尸出现在门口。

乌斯迅速关了门，乔米和谣洛塔看着丧尸熟悉的脸发怔，脑中掠过一些画面，那好像是他们的同事。

丧尸在门外嘶吼着，红娘的声音再次出现："送你们的礼物还喜欢吗？这就是你们人类研究的拥有强悍战斗力的'成果'啊。"看着艾米和谣洛塔呆呆地看着门前的丧尸，红娘笑得更加得意了。在愣了一下之后，他俩迅速朝着某个方向冲击，红娘被消灭了。

乌斯看到丧尸中也出现了自己的队员，便做了一个决定。他用手上设备呼唤飞机将乔米和谣洛斯送走，在一片火红中实验室被夷为平地。

可是病毒仍然存在。

逃出生天的二人立刻将一切上报给了国际联合会。人类明白作茧自缚，更害怕有"东西"威胁到自己的存在，便立刻派出专业人士消灭病毒，并同意全面销毁武器、停止战争，共建人类真正和平的美好家园。

利欲熏心的事情随处可见，但我相信黑暗前必定有一批光亮提前抵达，温暖每个角落。

指导老师：黄正云，德宏州民族第一中学省级优秀教师，云南省高中教师教学技能大赛优秀选手，曾获德宏州高中优质课课堂竞赛一等奖、德宏州"彩云杯"中华优秀传统文化节教师说课大赛二等奖。

# 和平时代

江青云 / 高二年级　刘芳丽 / 指导老师　江西省赣州中学

新和平时代第 20 年，地球。

"那是一部悲壮的人类灾难史，夺去了无数无辜生命，更使太空千疮百孔，无数文明毁于一旦。漫漫 300 年，人类终于妥协，决定全面销毁武器，停止战争，这就是新和平时代的开始……"

"可是，老师，战争到底是什么样的呢？"不再压抑着颤抖的絮叨，男人有些涣散的视线集中在那一张张天真烂漫的脸上。战争的血色在这 20 年间渐渐褪去，可那些火光、笑脸和一场场前赴后继的死亡却始终刻骨铭心。

新威慑武器时代第 300 年，银河系第一旋臂战场。

天地冷寂如一片混沌，却在一刹那被惨白的光照亮——千万辆战舰急速飞行，在顷刻间编织成足以分割银河一隅的天罗地网！重归黑暗后，只见前方的反物质云与尘埃电离带起的幽光不时闪烁。

他坐在常温的驾驶舱内，却浑身冰冷僵硬。远处，敌军的"凶兽"军团尚如一条星光的剪影，却在转瞬间挡住所有星光，成了遮天蔽日的庞然大物，气势汹汹地袭来！

只见那"凶兽"一个俯冲，似要冲破反物质云的屏障，却又出现在了那罗网后方！忽又从高处抛下几根斗折蛇行却细如发丝的闪电——那哪是什么闪电，分明是一颗颗恒星压缩的能量束——一经触碰，他们的小型战舰便会被切割成无数表面平滑的方块！罗网很快便被炸开数个大窟窿，幽蓝的光芒一点点熄灭。可这远不是全部。他眼看着一只"凶兽"陷入小战舰的包围圈中，左闪右避渐渐力不从心，却在下一秒把几抹蓝光尽数卷入微型黑洞，碾为齑粉！

身边无数道火光无声盛放，一如红巨星坍缩前绽开最璀璨的光华，最终归于黑暗死寂。他绷紧了身体，攥着拳头，眼睛死死瞪着前方。透过火光，他似乎可以看到那个憨小伙儿，天天对着几封信傻笑，却到底不能笑着回家……他只觉得自己也被那火光点燃，怒吼着，再顾不得其他，便猛地一头扎进了火光！

新和平时代第 20 年，地球。

将他从火光中抽离的，是一双明澈的眼眸——那样的干净、分明，没有骨肉分离的痛与恨，也没有沾染战场的尘埃。他直愣愣地盯着虚无，若能开此万世太平，那他们的牺牲是否也算得上是一种荣光？

"老师，人类建立和平时代究竟是为了什么呢？"孩子脆声声地问，好像完全不理解。

为了什么？他怔住了，一时胸中涌流激荡。其实谈不上有多愤怒，只是那一张张暌违已久的笑脸又浮现在眼前，难免有些许悲哀。

他该怎么告诉这些孩子那被湮没的姓名，那万籁俱寂中的生死别离？又该用什么来言喻那"和平"二字背后，整整 54 亿条生命的重量！

而稚嫩的童音仍在叩击他的内心："老师说的和平，就是像这样吗？"他顺着孩子的手指望向窗边，却先听得窗外一片喧哗，隐约有叫好的声音。

外面发生了什么？

他正欲开窗一探究竟，不料变故突生，玻璃瞬间碎裂，一颗尖石破空而来！他蹲身一避，却又被四散的玻璃残片深深刺入臂膊，猩红很快濡湿了衣衫。

"血！好多血！别打我！别打……"一声凄厉的哭喊险些震破他的耳蜗，又在一片咒骂与撞击中渐弱。他这才看清，窗外撕扯着叫骂着的，可不就是他的学生！而那些刺入肌肤的利器，不是笔又是什么！

他再也看不下去了，一个箭步冲上前，拽过魁梧跋扈的挑事者，扬手还没来得及打下去，眼前的人就两眼一翻直直倒下，露出身后曾被他踩在脚下的蠕动着的身体。

瘦弱的男孩颤巍巍地站起来，任额上冒着汩汩的鲜血，只抱紧了手中的凳子，朝男人笑着。

他手臂一僵，踉跄着向后退了几步，杂音充耳却恍若未闻。

"难道忘了战争的存在，它就不在了吗？销毁武器，与书中愚弱黔首的始皇又有什么区别！"他已分不清在脑海内一遍遍叫嚣的是那童声还是自己的内心。手臂上的刺痛如利刃割断他的动脉，一点点抽干了他的气力，让他的思绪混乱成一团糨糊。

人类建立和平时代究竟是为了什么呢？

销毁武器真的能使战火永远平息吗？

指导老师：刘芳丽，中学高级教师，赣州市第五批、第六批中学语文学科骨干教师，曾获市青年教师优质课评比一等奖、省青年教师优质课评比二等奖，多次指导学生获得国家级、省级作文竞赛奖项。

# 满 足

金凯歌 / 高二年级　　田婷婷 / 指导老师　　山东省桓台第一中学

公元 2319 年。

亚马孙流域的热带雨林已经消失无踪，极地冰盖总面积不超过 100 平方千米，全球气温最低升至 30℃，AI 超人工智能脱离人类掌控，核战争大面积爆发，人类进入自我毁灭的黑暗时代。被誉为"双子星"的科学家夫妇在阻止核战争的混乱中被意识觉醒的 AI 反叛者击杀，举世震惊。

"手边是你寄的明信片，你唇线的弧度、城市的风物，渐渐都看得清楚。沿时光的刻度一帧帧记录，只要你在身边我就满足。"午后的阳光透过层层人工臭氧层过滤薄膜，最终才无危害地落在东子身上。东子看着手中明信片上两个身着白大褂的忙碌身影，浅浅地笑了。外耳道硅晶片的极电子震动很舒适，在播放音乐的同时保护他的耳膜。他情不自禁地将明信片反过来，轻轻地用笔勾勒。

"老周呼叫，请陈东先生与陈强先生速速前往悬浮实验室。"东子笑了，这个老周，不知道在搞什么名堂，从他们懂事起就拉着强子和他学习宇宙物理。这次叫他们去，恐怕又要发一堆教辅资料。

三秒后，东子踏入便携纳米级传送门，来到老周身边。强子，他的哥哥，已坐在悬浮椅上，但脸上却浮着阴云。

"你……不要太难过。"强子递给他一张薄如纸的纳米液晶屏，3D 影像无声地投放在空中的反光粒子上。"死亡通知"这四个字眼是那样刺目。"他们……回不来了？"东子一遍遍地问着，声音颤抖，似乎不相信被誉为"双子星"的父母就这样永远死去了。强子的嘴唇翕动着，却吐不出一个字。任何安慰在死亡面前都是无力的，难道让他说，父母死于人类的战争并且成了联合国的牺牲品？

"联合国请求对话。"反光粒子上出现了各国元首代表，但他们似乎在发送请求前争吵了起来。北面戴着绅士帽、身着燕尾服的绅士说："我们已经掌握了控制 AI 的办法，只要你们先停止并销毁武器，我国愿意将其共享。"南面的大络腮胡子的虚拟影像大声喊道："得了吧！我们一旦销毁核武器，你还不把我们灭了？不如你们先销毁核武器。我国愿将半人马座子星专用光压飞船批量生产，让人类逃出地球。""说得倒好！你自己去子星吧！那里既没有现成的氧气也没有水！"西边的白人大喊。突然，有个鹰眼钩鼻的国家元首说："那两个身上有高维粒子的孩子呢？让他们之中的一个去！回到过去，利用我们国家时空扭曲技术，改写核武器的历史，让各国的武器同时销毁，然后再回来，这样总可以吧？"

元首们打了一手好算盘。一个孩子而已，更何况他在全人类面前连米粒儿都不算。

东子沉默了，父母给他俩埋下的高维空间粒子是躲避战争用的，只是不曾想这种稀有的能力可以用来阻止战争。他想起十几年前，天使一般的母亲将他搂在怀里，轻轻地念："铸剑戟以为农器，放牛马于原薮；室家无离旷之思，千岁无战斗之患。"原来那时，他的使命就已注定了吗？

就在他要喊出声的一刻，"我来吧！"强子喊道，不容东子发出一点声音。

契约立即达成。如果强子没有承担责任，那么他将付出生命的代价。看来，联合国铁了心要让他们去冒险。

老周静静地走过来，将两个孩子搂在怀里，似乎他们两个都将离去。他想起好友生前的嘱托，却暗暗叹息着人类的贪婪。他们榨取自然，自食恶果，如今却自私地让两个孩子承担后果。"任务很简单，你们中的一个将回到 1945 年的美国，赶在核武器设计成功前抹去设计图上的一颗零件，而另一个将留在这里，继承你们父母的遗业，为全人类和平而奋斗。你们要做好准备。"强子和东子暗暗点头。1 月 1 日，将是他们的分离之日，而人类将迎来曙光。

终于，1 月 1 日到了。

"老周呼叫，请前往悬浮实验室，进行时光跳跃。"强子瞟了一眼，并没有看清"T"已经被换作"L"的细节。他听老周说这次时空跳跃其实根本没有回来的机会，那是一个巨大的骗局！所以，他选择与东子不告而别。

他到实验室后发现，空无一人。突然，一束空间电流直直打中了强子的头，还没来得及转身看到"开枪者"，他就陷入了沉睡。

而当他醒来之时，实验室外的核爆炸的声音已经消失。他耳道上的硅晶片震动着："天大的喜讯，今日各国核武器离奇损坏，其原因竟是少了许多精密部件，而部件的设计图纸已离奇失踪！"

强子震惊了。怎么会！

"他替你去了，留下了这张明信片。"老周走了出来。

强子颤抖着接过明信片，看到了那行熟悉的字迹："就算回忆变得模糊，也不忘掉那份最初。学着面对孤独义无反顾，只为你的笑容不被辜负。无论未来多么辛苦，只要你在身边我就满足。"

午后的阳光比往日更灿烂，人类的和平时代终将到来。

只是那个小男孩，再也回不来了……

指导老师：田婷婷，毕业于山东师范大学汉语言文学专业，中学一级教师，曾获全国中小学信息技术创新与实践大赛教师项目一等奖、桓台县优质课一等奖，桓台县高中教学先进教师等荣誉称号，发表专业论文多篇，多次指导学生获国家级作文大赛奖项。

# 没有武器的明天，人类文明将走向何方？

李 函 / 高三年级　王芬芬 / 指导老师　河南省洛宁县第一高级中学

鲜红的标题赫然入目——经联合国政府举行会议商讨决定全面销毁武器，停止战争，共建和平时代。自古以来，"和平"便是人类共同追求的美好愿望。这条让世界欢呼雀跃的消息为战乱地区的人们送去了春天。

究其根本，为何要突然全面销毁武器？我百思不得其解。共迎时代的和平到来固然令人欣喜，可先辈们呕心沥血为国家核武器事业的付出又有谁能不为之动容？想到这里，我打开手机用 5G 速度浏览了这些新闻。

原来，近年来除核武器之外，各国都在秘密研制各式新型武器。传言美国已破解暗物质之谜，并且在太空寻找太阳系之外的能量建立通信传输，于无形之中精确地对任意国家进行毁灭性攻击并且不波及其他国家。而其他各国也在绞尽脑汁应对美国的威慑。千钧一发之际，人类重拾初心，共同商讨一种新的国家之间的互动，开启真正的和平时代。

失去武器，许多战乱地区都得到休养生息。中东地区的儿童不用每天避难，沙滩上也不再出现漂浮的无名儿童尸体，种族歧视逐渐淡化，人民生活得到了安全保障。

可是没有了武器，美国又打起了贸易战，采用非军事化的手段掌握全球的经济命脉。美国还想利用人类改造火星，在火星上建立另一个美联邦政府。于是，人们被一批一批地送去劳作。夜以继日，子孙更替。一场没有硝烟的劳役就这样在星际中浩浩荡荡地运行着。直到有一天，人类预言水星和地球将会因为引力过大而相撞。大家人心惶惶，希望美国能把全人类一起转运到火星上去。美国政府应允了，并且向世界发出通告。可直到那天，人类还是没有等来拯救他们的宇宙飞船，等来的却是另一则充满讽刺的通告："亲爱的朋友，美联邦政府对于最后的局势无能为力，但我们感谢你们的付出与奉献，我们会在火星上重建地球文明，请你们放心……"

地球陷入无声的哀号，人类没有了武器，文明会真的重建吗？战争换来的人类文明将走向深渊，还是将获得重生？文明从废墟中走来，终将在废墟中消失。

指导老师：王芬芬，中学二级教师，曾获九校联盟同课异构三等奖、县级优秀教师称号。

# 抚去战争的痕与伤

李　想 / 高三年级　刘兰英 / 指导老师　山东省淄博实验中学

2099 年 12 月 31 日 23 时，徐天明站在地球联盟大厅中央，注视着身前巨大的青铜剑雕像。

"徐主席？"男人身后的女秘书问道。"嗯？"徐天明沉默了一会，说道，"25 年了，青山爱，我们成功了！""是啊，我们成功了，我们终于成功了！"徐天明出神地望着眼前的雕像，陷入了对过去的回忆。

2075 年，月球战略研究所。

徐天明从营养舱里爬起来，揉了揉眼睛，"阿尔法，赶紧准备一下，今天时间很紧。""知道了，知道了，您哪天时间不紧。"虚拟助手在一旁的操作台上操作着。"今天您的安排有：历史必备内容回顾，和平理论体系构建……与战争研究院首席见面，参加毕业典礼。"毕业典礼？徐天明愣了一下，今天毕业？看了一眼原子钟，徐天明有些怅然。毕业了啊，五年了。他想着，但他的路才刚刚开始。他起身离开了房间。

编号 BC19370707，徐天明在图书馆书架的角落里找到了这本纸质资料。他翻开泛黄的书页，"这是第一手资料吧，快 150 年了。"一个声音在他身边响起。徐天明抬起头，看到战争学院首席站在他旁边。"青山首席也来查资料？"徐天明问道。"算是吧。毕业前，知识是明白了，但还是感觉差点什么。""嗯？"徐天明疑惑了，这还是那个果决的未来女元帅吗？"那就聊几句。"徐天明把资料小心地放回书架。"你说，战争是为了什么？"青山爱问道。

"你应该都知道吧，领土、资源、市场、宗教信仰……这些你记得很熟吧！"徐天明皱了皱眉头。"一定要这样吗？你我先辈受的战争的痛还不够吗？"青山爱叹了口气，"为了掠夺，为了统治，我们把战争视为有效手段已经多久了？哪怕是现在，为了威慑力，我们什么时候停止过在战争的路上前进？"徐天明沉默了一会儿，说："有时间吗？去我的研究室聊聊。"

回到自己狭小的研究室，徐天明说："你应该知道我一直希望消除战争，如今也要毕业了，就给你看看我的理论吧。阿尔法，把和平之花理论体系拿来。"青山爱默默地站在徐天明身旁。"啪！"实验室的灯全灭了，中央出现了一个巨大的地球立体投影。"根据不完全统计，在进入新威慑武器时代前，至少发生过 14531 场战争，平均每年 4.6 次，损失的财富可铺成长 150 千米、厚 10 米、绕地球一周的黄金大道。但我发现，这一切都是可以改变的，在一些地区只要大家互相尊重、互相包容，'己所不欲，勿施于人'，那么战争是可以避免的，还有在这些资源紧张的地区……"徐天明一边指着投影，一边滔滔不绝地说道。青山爱看着眼前的地球投影若有所思。

……

"当年能和你一起讨论问题，真是一大幸事。"青山爱的话把徐天明拉回现实。"战争研究所的第一天才，竟然跟和平研究所的人走了。我到今天还记得那些人的表情。""但是这些年，我们为地球和平作出的贡献，让我更明白之前学习的意义。"

……

2100 年 1 月 1 日 00 时 00 分 00 秒，徐天明按下地球联盟中央大厅的按钮，随着原子重排，雕像铸剑为犁。

"我宣布，今天，人类进入和平元年！"

指导老师：刘兰英，山东师范大学文学学士，中学一级教师，曾获山东省课程资源开发与利用优质课一等奖、教学论文大赛全国特等奖，主持山东省"十三五"规划课题一项，多次获全国作文大赛指导教师一等奖。

# 剑锋指向了自己

李柏铮 / 高二年级　高　宏 / 指导老师　河北省石家庄市第一中学

世界已经到了绝境。

联合国大厦灯火通明，各国首脑领袖不约而同地聚集在这里。沉默，在空气中发酵。其间，有几位首脑惴惴不安地望向墙上的挂钟——那被命名为死亡倒计时的不祥挂钟，它预测着地球灭亡的时间。

"各位，拿个主意吧。"华盛顿低沉的嗓音不安地响起，挂钟应和着他的颤音指向最后十五分钟。他心虚了，许多领导人鄙夷地望着他，若非阿尔国单方面增加军事费用，终于研制出了新式武器——超武器。试验品残留的巨大磁力也不会将太空中的小行星及宇宙垃圾整合在一起。当这个被命名为"上帝之鞭"的小行星带拖着赤色长尾如同火车头冒着白烟扑向地球时，地球的末日或许早就注定了。

"我有个提案。"九鼎国主席示意后说，"我国太空站上的指挥官提出将超武器的原材料逆化，就是使磁力逆反，根据同性相斥、异性相吸的原理将小行星带推出地球的危险范围。"

"可是，逆化后的超武器极不稳定，随时可能爆炸，而且要摧毁这么大规模的小行星带，需要更大的载体。"华盛顿解释说，其实除了这些还有不能说的原因：超武器的原料在地球上的储量小到只够再释放一次，这意味着阿尔国将失去武器优势。

一直在旁听的九鼎国太空站站长发言了："九鼎国愿用太空站作为超武器载体，引爆小行星带。"看似轻巧的一句话，背后却是血一般的誓言，是"我以我血荐轩辕"的决绝。

"可是……"阿尔国还想再说什么。一条如河流一样的银色长带缓缓在众人眼前展开。这条由时空实时转换机投影出来的长带上详实地记录着来自世界各地的人们对于和平的渴望。西非某地一名妇女在五具尸体旁枯坐，那五人或许是她的亲人，她在干什么？或许是在等死。战争中的人们都是在与死神豪赌，筹码是一条条鲜活的生命。对他们来说活下来是撞大运，死亡才是最终的归宿，与死神赌赢意味着朝不保夕地生存，可怜却没有"梭哈"的底气。战争抹去了多少绿色，涂盖了几层血痕？

华盛顿浑身发抖，颤抖着摁下向太空站传输超武器的按钮，各国首脑又欢愉起来，似乎已经万事了结。他们目睹着太空站上的人员在忙碌着，提着的心悄然放下。唯有九鼎国主席脸色铁青。站长向主席请示执行命令，主席盯了一眼尚有五分钟的挂钟，点了点头。

太空站抛弃外壳，速度推进器全面打开，光焰在喷气口中上下翻飞，划出绚丽的颜色。太空站化为一道利箭，只有外层那层金属涂料在熠熠反光。"从容赴国难，视死忽如归。"站长吟诵着诗句消失在浩瀚缥缈的太空。小行星带表面忽然爆起一阵火花，紧接着，它周围布满了红色的粉末。小行星带被反向推动止住了行进。这样一场因武器而生的浩劫终因武器而止，不知人们应该欢喜还是悲哀。太空中那绚丽的彩色光芒久久不能消散，但愿人类的未来也充满光辉。

"英雄的血不能白流。"九鼎国主席愤然而起，华盛顿撕碎了武器研制方案。三天后，武器全面销毁方案得到各国同意。

指导老师：高宏，中学一级教师，曾获优秀班主任、优秀教师、学生最喜爱教师等荣誉称号。注重在课堂教学中培养学生的科学思维能力，擅长在循循善诱中启发学生的探索创新精神。

# 人类密码

李谨纤/高二年级　吴　鸥/指导老师　陕西省西安高新第一中学

2099 年，地球某处科研机构。

"2049 年第四次世界大战宣告结束，M 国指挥官尼尔上尉不知所踪……"达克又一次将老旧泛黄的标题读了出来。"真是该死！哦，根本没有人相信我的话！"达克暴躁地抓了抓油腻蓬乱的头发。白墙上的照片无时无刻不在提醒着他一个事实：父亲尼尔已经失踪整整五十年了。那时他还只是一个三岁的小孩，而如今他已是一位杰出的生物学家了。

照片中父亲温暖的笑容在月光下镀上一层银辉，头皮上的金属支架格外醒目。

"难道那帮胡言乱语的家伙说的是对的？"达克想起大战后生还的父亲的战友，口中一直在嘟囔着什么"蓝色幽光"。

"我可是无神论者。"达克说。

达克近年来一直卡在一个课题上：人类进化。虽说有现代生物进化论的支持，可人类丰富的想象力告诉他，这事绝没有那么简单。他认为，生命都是从一开始繁衍的，为什么只有人类进化出了高级的神经中枢——大脑，并且进化会朝着四肢萎缩、头部增大的方向发展呢？人类的遗传物质为什么从本质上来讲，都是由同一种原材料、同一套翻译密码构成的呢？

科学没有给出解答。

想起那些人的说辞，达克在一周前将这些疑问编辑成光信，用最先进的光信通讯器发往了宇宙，希望同样由谜团组成的未知太空能给他答案。

达克正把玩着通讯发射器红色的摇杆，大脑里塞满了有关进化的未解之谜。

半夜某个时刻，一道光照醒了达克，眼前浑身灰黑色、皮肤极其光滑的生物令他不禁头皮发麻。不过真正令他浑身战栗的是那生物头部的"眼"中发出的幽幽蓝光，黑暗很快笼罩了眼前的景物。

等到达克恢复意识时，他感觉四周都是黏糊糊的东西，那东西遍布他的鼻腔、耳道、浑身上下。可奇怪的是，他居然能够在里面呼吸！眼睛渐渐适应黯淡的光后，眼前的景象让达克浑身发冷——两个灰黑色的"怪物"正在有说有笑地咀嚼着什么。身为顶尖类生物学家的达克再熟悉不过了，他们咀嚼的是人类的大脑！

这突然发生的一切让达克产生了一个骇人的想法：人类难道是这些"怪物"所饲养的食物？所以大脑才如此发达。就像人类饲养禽类一样，地球难道是特大号的养殖场？更加可怕的想法让达克连心脏都在抽搐：自以为是的万物灵长，繁衍了这么多年的人类，难道从一开始就是被编上号的食品？连基因都是程序的产物，人类却还以为自己在食物链的顶端。

或许是达克太过激动，"怪物"注意到了达克这边的动静，怪物嘴里发出奇怪的话语，达克突然间听懂了。

"不能让你活着。"它开心地笑了，转头对同伴说："他的大脑一定特别美味！"

达克在它开始说之前，已经摁下了手中紧握的通讯发射器。

达克用尽最后一丝气力，撞倒自己所在的罐体，不知名的黏稠液体流了一地。他张开嘴对着通讯器大声喊出八个字："人类不会成为食物！"

他闭眼前看见了不远处的桌子上，放着一颗有金属支架的大脑，它是那样熟悉，他满足地笑了。

2100 年，地球。

达克用生命呼喊出的八个字被后来的人们称为最后的"人类密码"。为了让"怪物"们安心，人类销毁了所有武器，人类统一。

但在很长时间的和平后，另一场风暴正在悄悄酝酿。


指导老师：吴鸥，陕西省西安高新第一中学教师，中学一级教师，发表过多篇文章。

# 赵将军的女儿

李丽慧 / 高三年级　肖际武 / 指导老师　山东省聊城第一中学

　　"也许子弹能退回枪膛，也许瀑布能流回山上，也许鲜花会合拢再绽放，可我再也不能站在你的身旁，我亲爱的爸爸。"公元 2359 年的联合国大会上，宣读了一个小女孩写的日记。她是中国军人赵明毅将军的女儿。

　　三年了，第三次世界大战持续三年了。活着的人，没有人还记得蓝天是什么样子，天空只有浓厚的风沙草草涂抹出的灰黄色。没有人记得雨后芬芳的泥土，只有四处铺设的最坚固的合金板，一道道暗红的血痕狰狞地渗入每一道接缝。人们无法脱下防护服，自打战争爆发的那一天起，病毒和毒气如洪水猛兽般袭来，一丝暴露的皮肤就会让炭疽有机可乘。

　　谁也不知道死亡何时降临。

　　昔日熙攘的大街小巷，只有机械巡逻队，人所剩无几，只有机器人还在战斗。B 市 A 区的总司令是赵明毅将军，一个高大勇猛所向披靡的机器人将军，为战争而设计的他几乎是"战神"的象征，他是个粗犷的"人"。赵将军有个女儿，是他从死人堆里抱出来的，是个金发碧眼的小姑娘，瘦瘦小小的身体上裹着防护服，只有两三岁的样子。赵将军不知怎么就动了情，做起了这个小不点的爸爸，像人类父亲一样，小不点被他护在手心里成长着。她会说话了，会唱歌了，会穿着笨重的防护服跳舞了，奶声奶气地喊着"爸爸"，扑到赵将军硬实的怀里撒娇。AI 发展至今，早已输入了人类的情感系统。四下是漫无边际的血与黑，而小不点就是赵将军的一汪春水与光亮。"等仗打完了，要找人给我录入当好爸爸的模式。"每每想到这里，赵将军冷冷的机械脸上竟透着隐隐笑意，温暖得像一个真实的人类。

　　地球已无昼夜，厚重的烟雾将诡异的光反复散射、反射，笼罩在地面上空。在那样一个不知昼夜的某个时刻，A 区石油管道被炸毁，敌人发现了管道埋藏地，赵将军紧急领军作战。敌军开启了隐形兼静音模式，没有目标，一切都要预判。一架、二架、三架，赵将军指挥着摧毁了三架战斗机。战斗机有六架，"砰！"第四架被击落。最后两架不知隐匿何处，十几台超级计算机飞速运转，仍无法准确预判。

"砰！"剧烈的金属撞击声！两架最具杀伤性的战斗机左右夹击，冲到赵将军身上，自杀式的袭击！火光四溅，赵将军的制动系统被攻击，他无法控制自己，甚至要袭击队友。"撤，快撤，摧毁我，快！"这是他仅存的理智。没有人动，那是他们的将军。赵将军艰难地摁下自毁开关，用尽最后一丝力气喊道："我是中国军人，我永远争取世界和平！"声如长虹，划破天际。他很快成为废铁，和很多尸体一样。

"爸爸，爸爸，爸爸不要我了。"赵将军的女儿被寄养在别人家，所有人都说："他会回来的，在世界和平的那天。"

各国政府终于觉醒了，看着斑斑血迹觉醒了。停战了，所有的武器都被销毁，永远尘封在历史的长河中。

地球毁灭了？

不，没有，人心未泯，家园可以重建！

赵将军的女儿听到"世界和平"，笑盈盈地问："爸爸会回来吗？"

"会的。"

指导老师：肖际武，文学硕士，毕业于西南大学中国古代文学专业，中学一级教师，多次荣获优秀教师、优秀班主任称号，多次指导学生获国家级作文大赛奖项。

# 战争与和平

李瑞泼 / 高三年级　程学红 / 指导老师　山东省聊城第一中学

"不要再犹豫了!"

美国代表莫雷突然站起来,他的声音回荡在大厅,全球各国代表抬起头来。

"莫雷,我们是来商议的,不是来吵架的,请你坐下。"中国代表习舒正色道。

莫雷瞥了一眼习舒,坐下后继续说:"联合国这次召集各国代表来商议,是为了什么?是要全面销毁武器,停止战争,共同建立全球新的、真正的和平时代!这样做不好吗?你们为什么还要犹豫呢?"

"莫雷,和平的确是各国长期以来一直追寻的一个目标,但不可否认的是,那些已探测出外太空中存在生命的星球,其首领均对地球没有善意,如若现在全面销毁武器,人类面对外星人的侵略时,如何自保?"习舒面不改色地说道。

"呵呵。"莫雷冷笑一声:"我承认,你说的话是有那么一点儿道理,不过,新威慑武器时代的到来让各国都处于不安全之中,难道你想成为众矢之的吗?"

就在习舒刚要进行反驳的时候,一位老人走了进来;"习舒,还有各国的代表们,我虽然不知道我如今的想法是对是错,但我真的不想再看到每天有那么多人死于非命了。所以,同意这个协议的请把字签上,不同意的请走出会场。"

习舒默默地看着这位现任联合国总理事的萨奇老人,默默地走出会场。与他一同走出的,还有巴基斯坦和俄罗斯。时间定格在 2135 年 10 月 10 日。

时间转到 2149 年,今年正是中华人民共和国成立 200 周年。

"快看,那是什么?"

"是飞船吗?没见过这样的啊!"

"不对，那是什么？好像是以太激光发射器。"

"等等，它的方向是……快跑啊！"

话没说完，这个人就变成了粉末。

"各国请注意，各国请注意，外星生物大肆进攻地球，外星生物大肆进攻地球，请有序撤离，请有序撤……啊！"随着一声惨叫，取而代之的是一种令人毛骨悚然的声音："人类，投降吧，失去了武器的你们还有什么用，降服于巴以坦星，给你们一条活路。不然的话，哈哈哈！"

各国代表望向角落里的那位老人，萨奇双目无神，说道："我真的错了吗？""等等，快看，那是什么？""是五星红旗，是中国，中国来救我们了，我们有救了！"

最终，中国、俄罗斯和巴基斯坦三国联手打败了外星生物的侵略。

这天晚上，大家在世界各地举行狂欢，莫雷和习舒坐在一起，两人的鬓角都已发白，莫雷诚恳地说道："习舒，我向你致以最真诚的歉意，请接受我的道歉。"习舒摆摆手道："莫雷，我一直觉得宇宙是充满危险的，所以销毁武器换取和平只是表面现象罢了，手握武器并不可怕，关键是看你怎么去使用它。所以，未来的路还很长，你我要一起努力啊！"说完两人都哈哈大笑。

今晚的星星，很美。

指导老师：程学红，中学高级教师，曾获山东省聊城第一中学模范班主任、十佳教师、最美女教工、最受学生欢迎教师等荣誉称号，多次指导学生参加各类作文大赛并获得国家级奖项。

# 战争过后，唯爱永生

李思冒 / 高三年级　朱　莎 / 指导老师　重庆市南川中学校

战争过后，愿这爱，永不蒙尘。

——题记

微凉的清晨，天是青色的，空气中有种潮湿的味道，战争回忆院门前的黄玫瑰开得正好。

这家回忆院是在第三次世界大战之后建成的。战争对于经历过的人们来说，无疑是场永恒的噩梦：新型化学能量武器狂轰滥炸后的荒凉废墟，人们流离失所后疲倦的背影，遗孤稚嫩的脸上未干的泪痕……

战争中的那一幕幕，被联邦盟国所安装的空中悬浮微型拍摄器记录了下来。原本作为数据用来分析战争局势的影像，却化身成了噬人心魄的魔鬼，人们痛了、惧了——战争应该结束！于是联邦盟国发出倡议：全面销毁武器，停止战争！

然而这些影像经过智能捕捉和精密的剪辑，再经过量子传输，能创造出属于个人的"生平"，战争回忆院也由此建成。战争回忆院将这一个个"生平"影像匣子称作"铭记匣"，来寻找已逝之人的体验者能通过意识连接进入其中，以再次见证逝者生命的最后时段。

战争回忆院在黄玫瑰簇中修了一块石匾，上面刻道：我永远铭记，你真实而惊人的存在！

……

莉娜像往常一样坐着整理新送来的影像，并把它们整合到之前的影像中，以使它们更加完整。

门上风铃微动，木质的门被缓缓推开，透出一丝光亮，有温柔的意味。

来人是一位老先生，他头发花白，穿着十分正式，像一位要迎娶新娘的新郎。可那把轮椅和一条空荡荡的裤腿否定了莉娜的猜测。

"先生，请问您需要什么帮助？"莉娜一起身便被他藏在怀里的一束黄玫瑰晃了眼睛。真是非常动人的一束黄玫瑰，她想。花瓣娇嫩却挺拔，颜色明亮而坚定，但她并未留意到玫瑰的支数。

"你好，小姐。我要找蒂达小姐的匣子……嗯，住在查尔街 81 号的蒂达，我的夫人。"莉娜开始熟练地查找影像库，脑海中却不断萦绕着老人所说的话，倏忽苦涩袭来，随即发问："是您没有保护好她吗？"少女的话语像珠子一样轻轻碰撞在木质地板上。老先生身体一阵轻颤，转而一笑，那笑容里全是悲怆："是，我没有保护好她，我来祈求她的原谅。亲爱的小姐，你说，她会原谅我吗？"

莉娜突然有些后悔发问了。

……

老先生已经进入了匣子里，莉娜作为监护者要时刻监控体验者的精神状况，她以旁观者的身份见证他们的故事。她见证过很多故事，而这以后的许多年间，每当别人询问她对爱情的诠释，她便会讲到那位老先生和他的妻子。

"老先生，或者说戴文，是第三次世界大战的前线科技人员。他的工作是研发先进的能量武器，以此来帮助自己的国家。但他的妻子蒂达是一位热爱和平的天使，她无数次劝自己的丈夫放弃他的事业，和她一起投身于倡导和平的游行中，她总说微小力量也能汇聚成海。

"戴文很生气，他质问蒂达，凭什么他们要受到欺压，忍受国人死亡，为什么不愿意国家向好？冰冷的话语使蒂达脸色苍白，她摇着头，沉默。于是夫妻二人一个创造武器作为士兵屠杀的资本，一个用爱救助他人。

"可是后来蒂达死了。那天，尸横遍野，她所在的救助基地不幸被监测到了，该死的敌人投放了能量辐射弹。'可怜的，可怜的，我的天使，蒂达。'戴文悲痛欲绝。他终于意识到，那些化学能量武器会带来怎样的哀恸。"

后来，老先生是带着眼泪走的。再后来，莉娜参加了他的葬礼。

棺材旁簇拥着黄玫瑰，那是他妻子最爱的花。

莉娜带来了 17 朵黄玫瑰，和那天他带来的一样。而 17 朵黄玫瑰的花语是，致已逝去的爱。

指导老师：朱莎，文学硕士，毕业于西南大学中国古代文学专业，中学一级教师，多次指导学生在各类作文大赛中获奖。

# 盛夏有蝉鸣

李思缘 / 高三年级　　陈　谊 / 指导老师　　江苏省盱眙中学

天阴阴的，似乎要下雪了。洁白的房间内，数字时钟发出了有节奏的"嘀嘀"声。

马修博士身穿实验防护服，厚厚的镜片也遮挡不住他眼中的血丝，他紧紧盯着身前屏幕上的红色区域。在屏幕的右下角，有一个写着"启动"的图标。

他原本紧握在身侧的右拳微松，抬起手臂，悬着一根食指，向那个图标缓缓移去。他的脸上肌肉微抽，眼底闪着阴郁和不计后果的疯狂，他忽然开始微笑。

"啊！"身边站着的助手安迪面色惊恐，巨大的犹疑和负罪感使他的喉咙发出了短促的尖叫，他用左手死死扣住自己的右手腕。

马修竭力保持着镇静，他按下了图标。

"是否启动？请确认。"出现了一个弹窗。

马修按下确认。表情不悲不喜，脸侧因咬牙而绷紧的肌肉却出卖了他的心情。

系统三次确认过后，在时钟发出一声"嘀"的瞬间，程序启动成功。

"嘀嘀……"安迪恍惚间似乎听到时钟的响声加快了，"嘀嘀"占据了他空白的大脑。

数千公里之外，地狱降临奥尼尔岛。洁白的雪花只是自顾自地落着。

聚居于此的浅黄色瞳孔的蓝瑟人正在迅速丧命，这个种族在灭亡，没有枪炮，没有呼啸，没有轰鸣，没有火光，有的只是所有浅黄色瞳孔的蓝瑟人一个接一个地死去，他们在痛苦到发不出声音的死刑下死去，在未知的恐慌中挣扎着死去。

在柿树发嫩芽的时节，全球的人类目睹了蓝瑟人的灾难，人们陷入难以名状的胆寒中。

恶魔的使者真的降临了。基因病毒突兀地出现在世界上，被它的发明者——马修迫不及待地用在了蓝瑟人身上。

马修是个天才。不巧的是，他还是个不可救药的种族主义者。而他研发的基因病毒，足以令任何一个种族主义者疯狂。原因无他，只在于基因病毒的特性：基因病毒只对 DNA 上有特定碱基对排列顺序的人生效。

同种族的人总有一些这个种族的生理性特点，对蓝瑟人而言，他们浅黄色的瞳孔就取决于 DNA 上特定碱基对的排列顺序。于是基因病毒一出，漂洋过海到达奥尼尔岛，一个种族被精准消灭。

此外，病毒作用的范围可以通过性状叠加缩小。例如，如果打击目标是所有卷发的蓝瑟人，假设卷发的碱基对排列顺序为 A，浅黄色瞳孔的碱基对排列顺序为 B，只需预先设置，使病毒锁定既满足 A 又满足 B 的人类，即可实施精准打击。

这一特点让基因病毒对一些人更具诱惑力，因为这意味着基因病毒的打击范围能被限定缩小到特定个人。可是，马修并没有控制这项技术不被强大势力夺取的能力。而各国的豺狼虎豹垂涎欲滴，技术泄露只是时间问题。

马修并没有研发出这项技术的破解之法，他完成了对蓝瑟人的毁灭性打击后，孤身一人在一棵柿树下饮弹自杀。在人们发现他的尸体的时候，他的一只手里还紧紧握着半个残破的金属柿子，似乎在向人们昭示着，他与蓝瑟人之间痛苦悲伤而又难以言说的纠葛。

这个春天，蓝瑟共和国内，一片生机——动植物和昆虫的生机。没有了人类的打扰，又辅以数不清的肥料，这片土地回归了原始，绿意占领了这里。蓝瑟国的国树——柿树，更是长得分外繁盛，却让人感到彻骨的荒凉，这是一个寂静的春天。

史无前例的灾难之下，有一种扼住人喉咙的恐怖气氛，在全球弥漫开来。但对基因病毒技术的攫取也在进行着，一时暗流涌动。哪个种族会是下一个蓝瑟？

两周之后，掌握基因病毒技术的各方势力对峙着。人们的神经绷到了极限，到了这个时候，没有哪国的媒体敢谴责那场灭绝人性的屠杀。谁知道今夜魔鬼的屠刀会不会指向自己？在凝滞的空气中，人们等到了春天的最后一天，每个人的心情都轻松了一些。

"快过去了。"

"但愿如此。"

病毒主要靠空气传播，它们在空气中形成气溶胶，基因病毒也不例外，而紫外线能够使病毒失去生存能力，夏天的烈日将带给人们无限的安心。忽然，在这最后一天的薄暮，又有两个种族灭亡的消息传来，这是两个相互仇视的种族。世界震悚，春天更添寂静。继"浅黄色瞳孔"之后，"春末"这个词语成为禁忌。

二十七世纪每个民族的人们，都不禁想起遥远的中古，一位叫作马丁·莫尼拉的牧师的话："最后他们奔我而来，却再也没有人站出来为我说话了。"这句话跨越了近十个世纪，却还能显现出它的意义。它经久不衰的生命力，无疑又是一种可悲。

盛夏有蝉鸣，在骄阳似火的日子里，丧钟停止了。各国领导人一致宣布：全面销毁制造病毒的设施，永不重建，再无战争。地狱之后，永恒的琉璃海降临了。有一个夏天，将被永远铭记。

指导老师：陈谊，汉语言文学学士，中学高级教师，多次面向全市语文教师开设公开课、观摩课，在省级以上刊物发表论文十余篇，多次指导学生参加国家级、省级作文大赛并获奖。

# 新　生

李天忱/高二年级　胡洋、张梦甜/指导老师　清华大学附属中学

"现在坚国300艘铁甲舰正虎视眈眈，华国、熊国加起来不到100艘，不如投降坚国。"诸葛明看说话那人，正是熊国大将，说："坚国兵力虽强，不少是俘虏投降而来，不足为惧。"熊国国君拂袖而去，堂上唇枪舌剑却不停息。

3019年海平面上升，世界上仅剩华、熊、坚三国。此时坚国正欲一举占领华、熊二国未被淹没的土地，诸葛明接了华国国君命令出使熊国欲结盟，这场争论过了两天，诸葛明再次被召见。一间不大的小屋内已备好酒菜，熊国国君说："坚国收服附近的小岛不久，正是动荡的时候。现今坚国怕的也只有华国和熊国联手了。诸葛明你的话提醒了我，我同意结盟。"

华、熊二国舰队此前也曾共同作战，这次很快就在白令海峡集结，铁甲舰并不多，真正有威胁的是熊国从未露面的水下兵器和大量储备的导弹。

没有太阳照射的海面是黑色的，汹涌的波涛拍打着筑起的堤坝，忽然天空中响起急促的警报，岸防士兵从睡梦中惊醒，还没等他们穿好衣服，爆炸声已经响起。同时指挥部得知，雷达被全频段干扰，指挥官看不到前线的战况，颓然倒地。没想到第一次攻击这么快。

周瑾是华国战舰的舰长，他下令发射所有红外导弹，他茫然地走上甲板，接着他看到远处一道死神画出的白线，周瑾还没来得及下达弃舰指令，突然四周白光一闪，守卫海峡的舰艇全部沉没。

接下来的则是彻底的恐慌，指挥部的人们看到天上无数道导弹画出的白线。"导弹来了，快进防空洞。"诸葛明这个外交大臣只好听话地躲进阴暗幽深的防空洞里。这时熊国国君大步走进指挥部，脸上青筋暴涨，大吼："该死的坚国佬，到马克思那里写检讨书吧，发射核弹……"大将沉默着把一个银亮的箱子递给了国君。核弹从西伯利亚的松原上发射，从海面以下发射，从沿海的前线发射，飞向白令，飞向坚国。与此同时，上百枚核弹也从太平洋、落基山脉发射，飞向熊国和华国。

只有诸葛明走进了这唯一的生门，防空洞的大门被从外边锁住，过了大约 20 分钟，诸葛明听到了一声巨响，紧接着脚下的混凝土层也颤抖起来了，诸葛明默默地哭了。

二十天之后，防空洞里气味难闻，空气浑浊，诸葛明有了出去的想法。他穿上沉重的防辐射服，带上采集袋和收音机，就在打开闸门前，他看到了旁边的步枪，他凝视着那乌黑的枪杆、黄澄澄的子弹，拾起了步枪和散落一地的弹匣……城市里的人都不见了，市中心那个核打击留下的大坑至今辐射量惊人，整个城市空得只剩他一个人，绿色荡然无存。

两三天后，诸葛明在采集食品，这时突然听到了脚步声。诸葛明曾假设过坚国舰队也有他这样的幸存者漂流上岸，如果遇到了他们，他该怎么办？那脚步声从他前面的街角传出，他一个箭步上前，掏枪大喝："是华国人吗？"紧接着街角响起一连串的枪响，诸葛明毫不犹豫地用步枪反击，过了一会儿枪声停了。诸葛明转过身冲上前去，那人受伤跪地，诸葛明又举起了枪。

3029 年邦立大学的课堂里正上着历史课："世界联邦总统通过广播召集幸存者移居澳洲，收缴所有武器建成了世界联邦。"老师重重地合上教材，"从此不再有战争……"

窗外是一座大理石雕像，雕刻着那历史上值得铭记的一幕，诸葛明搀起那个跪在地上的人，扔在他脚下的是钢铁铸造的这个时代将不再有也不会有的枪。

当幸存者再次登上当年的古战场，能供他们凭吊的只有满目绿树，火烧不灭，风吹又生。

指导老师：胡洋，文学博士，毕业于北京大学文艺学专业，中学一级教师，多次指导学生获国家级作文大赛奖项。

张梦甜，创意与写作专业硕士，毕业于北京大学中国语言文学系，中学二级教师，曾指导学生获得国家级作文大赛奖项。

# 人性值显示条

李天琪 / 高三年级　　杨一波 / 指导老师　　浙江省宁海中学

这也太奇怪了吧。

和世纪 22 年，李学者万万没想到他的无聊发明会在几十年后改变世界，不，不如说是人类自己改变了世界。

在新型专利发布会上，李学者介绍起"人性值显示条"来，就是将镍锡按比例混合，接通 300G 无线电，刺激金属透明条，会使其与人的心脏、大脑沟通信息，以星光形式展示使用者的人性值。说白了，就是让别人看见你的人性值。

"的确很奇怪。"底下持着红点记录仪拍摄的记者，窃窃私语。其实，李学者作为一名历史唯物主义者，只是希望人性值显示条这一发明能小小地，哪怕是一点点，唤醒时代的人性。

和平，正是这个时代所缺失的。全球变暖进程加快后，北极的冰已全部融化，北极航道全线开通，这可不是件好事。各高纬地区的强国为争夺北极航道，冲突频发，勾结军事集团，世界因此被分为亚盟、欧盟、美盟、非洋盟。热战、冷战交替发生。

令人惊讶的是，李学者所属的亚盟，首先应用了这一发明。这一天，美盟军队艰难地向阿拉斯加飞去。对面一颗精准光速弹一发射，脚下驾驭的云一闪，幸亏避开了。美盟军队躲到水下的大陆架边，衣衫褴褛，嘴角带血，在硝烟中憋气，直至没有了敌人的动静。全员出水！美盟军队上了岸，不料敌人——同样饱经风雨的亚盟，在等他们。

他们的头顶显示着一串大字：

"人性值 98%，作为人，我好累。2% 是作为集体的责任，我要俘虏你们，但我不想。"

"我们也不想，我们也好累，我的朋友！"美盟军队大喊，不约而同地，他们以光速卸下光速弹控制器，控制器随西风分解为粉末飘向太平洋。他们就地坐下，至此，美盟军队与亚盟军队握手言和。

震惊世界！联合国迅速将"人性值显示条"应用于全球，并将公元纪年改为和纪年，以光波宣告世界。

和世纪58年，全球人性值平均达到60%，却又因一件大事改变。外星球G278生命体派舰队攻击地球，他们的战略是声东击西，因为它们了解人性。谁知主舰队被重击时，通过人性值显示条，向曾为宿敌的他国舰队传送信息："人性值100%，向东北方向聚集力量！该方向由我盟抵抗！保卫地球！"

这是世界上第一次出现人性值100%，地球舰队全面获胜。此后的时间，各盟、全球人性平均值均超过了80%。在达到平均值90%的那一年，联合国合并全球，销毁武器，共同建立全球真正的和平时代。

那是新和世纪。

李学者站在重新结冰的北极小岛上，眺望北极航线畅通无阻。

"还真是神奇呢。"头顶人性值显示为100%。

"毕竟我们是人，地球人呢。啊，这蔚蓝、深沉又充满光明的地球，我的家园！"他不禁热泪盈眶。

指导老师：杨一波，浙江师范大学汉语言文学系本科毕业，中学语文高级教师，曾任浙江省宁海中学语文教研组组长，曾获优秀教师、宁海县教坛新秀等荣誉称号。

# 修补黑夜，点亮光明

李文佳 / 高三年级　张绿萍 / 指导老师　山东省安丘市第一中学

新威慑时代。

"上校，紧急会议！"周以晴匆匆赶来。

冯煦拧紧了眉头，又深吸了一口手中的烟蒂，中指与食指之间的老茧已是浓浓的棕土色。

"上校，联合国紧急会议！"周以晴重复了一遍。冯煦摆了摆手，示意她停下来，说："以晴，我已经猜到了。"他重新点燃了一支烟。墙上的显示屏上重复播放着紧急新闻："近日，前美国恐怖组织宣称重新启动暴力威慑系统。据悉，该组织为前美国合并时形成的一个精英恐怖组织，他们掌握着前美国最核心的武器装置与配备，包括控制中东与前中国的威慑系统，而该系统一旦启动，必将给人类带来无法想象的灾难……"

冯煦靠在椅背上，只觉得耳边一阵轰鸣，脊背渗出一阵冷汗。是的，威慑系统终究还是启动了。他望向天空，深夜的天空没有一颗星，却被人造光源染得很明亮。他闭上眼，想象着系统被引爆的那一刻，草木凋零，哀鸿遍野。

是的，威慑系统之所以能发挥效能本就是以想象来牵制人们的行动，通常情况下，系统一旦启动便意味着威慑结束。但是这次，中东的威慑结束却意味着其发挥真正效能的开始！因为"毁灭者组织"同时在全球布置了两套系统！

车子沿军事专用道路行驶至联合国议事处，"铸剑为犁"的雕塑仍庄重地立在那里。冯煦抬头望了一眼，却只感到一阵讽刺——人类！和平！秘书长已决定立即开启"生命修复"系统，并启动冬眠程序。冯煦和周以晴也将作为军事特战旅人员进行冬眠。"先哲说人是寻求意义的动物，而今的人类到底在寻求什么呢？"一声叹息，压得周以晴喘不过气来。

无武器时代。

一个时代落幕了。

冯煦和周以晴从冬眠密室苏醒后被送入国际医院观察生命体征。一路上的风景与他们灰黄的记忆形成鲜明对比——树林阴翳，鸣声上下。护士说这是"黑暗修复"系统的成果。冯煦得知，"黑暗修复"便是威慑时代的"生命修复"系统，据说是由一位叫祁寒的少将提出的。由猿到人，我们看似由黑暗步入光明，实则我们也一样在破坏着原始的黑暗。"点亮黑暗，修补黑暗，同属文明，一样伟大。"冯煦用力点了点头，将上个时代的悲伤与打击通通埋在了记忆里。他知道在这个时代，新的转机和闪闪星斗一样正在缀满没有遮拦的天空，那是未来人们凝视的眼睛。而未来，那个再也不需要武器的时代也早已到来。

"无武器时代进一步推进，全球一体化程度更加深入，全球生态公园面积已超七成……"尽管这个时代早已出现更高级的新闻设备，人类还是坚持延续了人工播报，这让冯煦感到莫大的欣慰。

是啊，只在剧痛之后才会萌发新的枝芽，成长为更加枝繁叶茂的大树。

人类只有在摔了重重的跟头后重新凝望，才发觉那片久违的黑暗的美好。没有武器，没有战争，我们在修复黑暗，我们要点亮光明。

指导老师：张绿萍，毕业于淮北煤炭师范学院，汉语言文学专业，中学二级教师，曾获安丘市优秀教师、安丘市高中语文学科教学能手等称号，多次指导学生获作文大赛奖项。

# 新　生

李欣瑶 / 高三年级　李希玲 / 指导老师　北京市大兴区第一中学

新世纪 302 年 2 月 36 日 60 时。

这个世界中的概念向来模糊得令人抓狂，当整个世界的人都变成疯子的时候，我们这些人反倒成了最不正常的，这就是意识的弊端。自从 BT 洲的皇家军向石城发射了那枚核武器后，又是接连几天的混乱。漫天的黄尘中夹杂着尖锐的碎石，就连水面上都结了一层坚硬的壳。如今已封城近一周了，估计政府又在计划着向其他行星迁徙呢。愚昧！他们眼里全是战争！

想来人类真是愈发孤独。以前我们还有家，而如今只身游走在行星之间，为宇宙制造太空的荒芜工艺品。把"珍珠"炸成"土球"，让"水球"的水和成泥浆！这也真是厉害，星球都成了我们用来争夺领地和王位的工具，我们还有什么利用不了？

新世纪 306 年 4 月 2 日 2 时。

新家在露西星，只住三个月，政府保粮。

据说皇族看上了这里的钻石，下个月用核武器将钻石炸碎运到太空艇后，我们再继续搬迁。为这钻石，估计又有一战。

新世纪 307 年 13 月 26 日 22 时。

落户 B-370 行星，一切正常。只是粮不太够，钻石占的地方太多了，不过那些多年吃空饷的科学家终于被派去考察作物种植环境了，挨饿的日子应该不长了。

新世纪 307 年 20 月 2 日 30 时。

据说近期皇族在预谋一件大事，他们召集了全球所有的数学家和物理学家。学会正召集我组成员与会，每天我们都会了解到一些具体情况。我知道有些事我们阻止不了，我早已习惯做哑巴。

新世纪 307 元年 20 月 4 日 0 时。

天空惊见亮光，那光看样子不是天然的，在耀眼的光亮背后就像包含了某种不为人知的信息语言，自动干扰着我的思考，甚至吞噬着我的记忆。头有些痛，我写字的手都开始陌生。

我居然看到天空中有一层似透明非透明的薄膜，而膜外一个巨大的黑色机器缓缓吞噬着我们，一点一点地向我们靠近。我突然产生了一种奇怪的感觉，仿佛我们的星球是一个细胞或一个原子，而我们所谓的所有智慧的、能动的运动都是失去控制的非正常现象。我们的意识是因宇宙的疾病而产生？就像癌细胞。

我看到了诡异的现象。我第一次真正思考外来文明，虽然有些畏惧灭亡的场景，但也真心希望这是外来文明派来消灭贪婪的破坏者的暗杀行动，我真是痛恨那些疯狂到片言不进耳的皇族！相比于忍受这些金钱与核战的奴隶对我们的支配，我更愿去做死亡的忠臣！

头痛，晕……

某年某月某日某时。

我似乎睡了一个世纪，忘了这是哪年哪月，但又觉得时刻清醒。我忘了自己，忘了世界，一切都那么陌生，就好像我和整个世界都只是个新生儿。下午，我漫步街上，看到了满城的告示：全面销毁武器，未来将永不发动战争。一看到"战争"两字，我不知为何胆战心惊。

遥远的地方，有几双眼睛，一个声音："你还是太仁慈，人类不配拥有思想！"

指导老师：李希玲，文学学士，毕业于宁夏大学，中学高级教师，曾获得区级基本功考核一等奖，被评为大兴一中"师德标兵"，多次指导学生获得国家级作文比赛奖项。

# 和平年代

李欣怡 / 高三年级　刘峻岭 / 指导老师　湖北省宜昌市第一中学

　　21世纪末，美利坚合众国为守住世界霸主的地位，利用能量武器、核武器打击各国，导致尸横遍野，十室九空。各国分为两个阵营，第三次世界大战打响。50年后，美国政府战时联盟解体，第三次世界大战结束。一切恰好印证了一个多世纪之前爱因斯坦做出的预言：人口锐减，只剩不足十亿。联合国成立政府机构吸纳各国难民，给予联合国国籍。战后十年，人类联合体成立，至此，人类迎来了前所未有的局面——全面和平。这个没有战争，没有国界、国籍、种族差异的时代，被称作"和平年代"。

——《联合体简史》

　　我叫沈亦寒，是人类研究院的一名素人。我的工作就是每天向研究院的科学家"递交"思想，研究院里有近万名素人，我们每天的思想像水滴一样汇入大数据，最终生成人类和平指数报告。自从人类联合体成立以来，和平指数一直处于"全面和平"。我很欣慰，因为这中间有属于我的小数据。

　　我爱研究院，这里简直像个梦境。我可以接触到最顶尖的科技，可以认识各领域的专家，可以闻到后山上橘子熟了的香气，可以坐在池塘边、垂柳下钓鱼，还可以看到树枝上跳跃的松鼠。

　　这一天是最重要的日子，和平年代最伟大的科学家白歧将来到研究院。他是我的偶像，是和平年代的缔造者。他是前中国大规模杀伤性武器的总设计师，若没有他当年研发的高精度定点打击武器，第三次世界大战还将持续十年。

　　我获得许可，可以和好友布拉德一起拜访白歧教授。

　　我们万分激动地向他了解科研动态，他面对我们的热情显得有些紧张，略显局促地请我们喝茶。

　　"是新型武器吗？要突破能量武器吗？是不是联合279系列……"布拉德

的两眼放光，他是个武器迷。我有些好笑地摇摇头，都是和平年代了，再怎么先进的武器也不过是破铜烂铁，真不明白他痴迷于这些有什么用。

白歧教授显然没想到布拉德会有如此高涨的热情，又是自己熟悉的领域，白歧教授的话渐渐多了起来。我们聊了很多，他甚至为我们简略介绍了自己的新科研成果。阳光一寸寸偏移，转眼已夕阳西下，我们和白歧教授告辞，准备回去递交今天的思想数据。走了几步，在漫天的霞光中，我鬼使神差地回头看了一眼白歧教授的住所，却不曾想看见他站在阳台上，迎着晚霞。本该是一副岁月静好的模样，可他紧蹙的眉头却诉说着他心中的不安。

之后几天，我只是听说白教授还在研究院，但再没见过他。

后来一天夜里，布拉德突然将我摇醒，我睁着惺忪的睡眼，只见他双眼通红，眼角隐隐有泪痕。我顿时睡意全无。

"怎么了，布拉德？"出事了，我心中猜测。

"白歧教授出事了！"果然！我暗自心惊。"我今晚路过池塘时看见白歧教授被带上了车，我觉得不对劲，一路跟着，看见他们将教授带进了地库。"

地库阴冷恐怖，传说这里是研究院处决一切有破坏和平可能的嫌疑人的地方。

"怎么会！他可是和平年代的缔造者！"我无法理解。

"记得他的新科研成果吗？我私下里研究了一番，这个成果过于危险，若是没有被正确地使用，和平将被毁于一旦；可如果能被妥善处理，也可以让和平年代无限延续下去。"他停住了，因为我们都知道，人类研究院已经作出了它的决定。

第二天我们见到了教授，他安然无恙，正拎着行李准备离开。见到我们他显得很兴奋。"嘿，你们好！这一趟真是收获颇丰啊！和平年代太美好了，我想找个好地方种种地、钓钓鱼、逗逗狗，真是想想都快乐啊！"

"教授，那你的科研成果？"我觉得教授不对劲，很不对劲，但我说不上来。

"哎，都和平年代了！要那玩意儿干吗？"

白教授走了，可心中的疑惑却挥之不去。突然有一天，布拉德也消失了。我疯了似的四处寻找，心中的疑虑像气球一样不断膨胀着。最后在池塘边找到他时，他正在钓鱼。

"布拉德！太好了，终于找到你了！第三次世界大战纪录片放映时我到处找你都没找到，你去哪儿了？"

"我？钓鱼啊！纪录片有什么好看的，都和平年代了。"我心中的疑虑得到了验证，他一定进过地库，那个让人毛骨悚然的地方。

又是和平年代，他们满口的和平年代像钉子一样钉在我的心上，他们空洞的眼神和愚蠢的笑容像极了舞台上的木偶傀儡。

新一期的和平指数出炉了，依旧是稳稳的"全面和平"。一阵恶寒涌上心头，心中有什么坚定不移的东西开始动摇，我看着研究院的山、研究院的水，它们没有变化，可我却想逃离这个地方，逃离这个充斥着"和平年代"的人类研究院。

指导老师：刘峻岭，宜昌市第一中学高级教师，宜昌市明星班主任，宜昌市师德标兵，学校语文组教研组长。曾获国家级优质课竞赛二等奖，多次指导学生参加作文大赛并获奖，发表多篇论文。

# 止 戈

李怡萱／高二年级　赵　群／指导老师　北京师范大学第二附属中学

"潼北共和国已于8月9日15点23分销毁境内所有超级能量武器与核武器，我们希望孩子们生活在一个没有流血与战争的和平世界里……"国防部长一番话，语惊四座，很快登上了世界各国的新闻头条，传遍各个角落。

"左传，宣公十二年，楚子曰……"教室里，男孩漫不经心地靠着窗，手上把玩着一个小弹弓，半闭着眼作势瞄向窗外枝头的那只正在扑棱翅膀的小鸟。"哎，全毁了呀，他们居然不怕被人趁机盯上。"同桌在课桌底下划着早间新闻，突然捅了捅他，这声感叹很快就被淹没在朗朗的读书声里："夫武，定功戢兵，故止戈为武……"

就在前一天，来自潼北乃至海外的数千百姓聚在荒漠上，仰头望着那一颗颗骇人的核弹、超级能量弹被调改参数，弹道朝上直直地发射，向外太空高速飞去。或许它们会在几光年外的一片太空中像烟花一般蓦然炸开，或许无意中被发射进了某个恒星轨道，安安静静地伪装为一颗小行星转上个几亿年，但这都不重要了。潼北国会的这一历史性决定立刻在世界上引起了极大的反响。

自从上世纪大刘的"球状闪电学说"得到了广泛验证后，世界各国的科学家纷纷将其应用在了超级能量武器的研制上。人们效仿球状闪电的自然生成原理，向一颗高速自转的中心漩子"充电"，让大量的人造高温等离子体充盈在其周围，搅成等离子体漩涡。随着球状闪电变大，中心漩子转速也随之不断增加，以保持内部向心力与外部大气压保持平衡，再随着设定的参数改变转速以修改弹道。这一团看起来人畜无害、飘来飘去还颇为可爱的红色光团，蕴藏着几万倍于太阳黑子的能量，借助气流与中心漩子的配合引导撞向目标后，对方将在刹那间化为齑粉。这种超级能量弹相比核武器可谓是造价低廉，技术也更易掌握，不久便传遍世界各地。

得益于球状闪电能量弹，一些不发达的国家也终于拥有了国际话语权。

害处则是全球惶惶。人们总在担心由于什么缘故，别国会发射出一个球状闪电让自己化为灰尘，无声的战争悄然在表面和平中来临。

数十年间，和平的呼吁者无数，最后他们终于得到了国际大国的支持。轰动中各国领导人开始提议销毁武器，倡导和平，可大好局势下也有些阴谋家在策划着什么。

"只要在参数上略微改上一笔，弹道便会倾斜至北国的临海城市，摧毁那里将成为我们对他们开战的首捷！"吴落指间的烟散出缕缕白烟，眼中尽是无法掩饰的激动。主席略一犹疑，最终被利益打动。

"毁灭"武器在即，吴落搓搓手，对着前面发着光的数十台显示器暗喜，在气流阻碍中，将0改作了偏斜13。

"球状闪电能量弹即将发射：10，9，8……"

荒漠中的高台上，一个直径约有十五米的半球架在临时搭起的合金桩上，半球底端紧闭的小孔与下面的一个大反应釜相连，合金桩周围是一圈大功率发电机。发电机旁，十六座高度各异的等离子体发生塔依次排开，源源不断的电流顺着高塔传送到塔尖的金属小圆球上。大漠无垠，三丈高台上巨大的半球被十六座高塔环绕，半球中忽然腾起一颗褐色的中心漩子，那小核乍一升起就因它高速自转带动起一阵细微的风声，随即高塔一同喷射出浅红色的光束，直奔漩子而去。这些光束飘如云烟，轨迹不像寻常光那般直来直往，却都齐齐汇到小核中去。四面八方的光束融进中心漩子后，原本不足一颗乒乓球大的核迅速扩大，聚成一团浅红色光球，缓缓向更高处升去。光球周围绕着缕缕白气，好像从传说里古老法阵中腾空而起的异能魔法球。

"3！"

球状闪电升得更高了，高塔的等离子体光束渐渐弱下去。

"2！"

"啪！"

轻轻的一声，把吴落从攻城略地的美梦中唤醒。一颗小弹丸准确无误地击中了半空中那团光球的心脏。中心漩子异常的警告瞬间接连闪烁在一圈控制显示器上。

"1！砰！"

光团在众人头顶上炸开。

"定功戢兵，止戈为武。"拿着弹弓的男孩喃喃地和众人一起，盯着那朵火红的烟花，映在一片湛蓝的天空下。

指导老师：赵群，毕业于陕西师范大学，文学学士、哲学硕士，中学一级教师，北师大二附中国际部语文教师。多次荣获优秀班主任称号，并在区教育教学论文评比中获奖。

# 时之圣者也，时之凶者也

李怿哲／高三年级　李　芳／指导老师　清华大学附属中学朝阳学校

天有显道，厥类惟彰。

——《周书·泰誓》

"上尉，我撑不住了！"沃克上尉猛地转过头，看见一个年轻人不受控制地跪倒在地。他径直奔过去时，年轻人已停止了呼吸。沃克上尉无言地把手伸进年轻人的口袋，那是一张被汗和血浸透得难以辨认的士兵证，往下淌着它们的混合物。沃克上尉小心翼翼地把它揣进自己的口袋，仿佛稍一用力它就会化为淤泥。没有人会记得这个年轻人吧？

他愤怒却又无能为力地跪倒在泥泞的土坡上。"他才十六岁！"他闭上眼喃喃自语："他才十六岁！你们在干什么？"

没有人知晓他正对谁发问。也许是那些隐藏于山丘边，在阿富汗这块多灾多难的土地上扔手榴弹的当地人——不，不像。也许是对那些端坐在波士顿指挥中心，手边永远放着一杯热咖啡却冷眼旁观的高级军官的嘶吼。功名显赫的总是他们，被这世间遗忘的是另一批人，他想。

眼前的弹坑忽然消失了，乏善可陈的荒芜高原忽然化为几乎一片苍翠的、起伏不定的山峦。他站立着，不，步枪枪管朝下竭力支撑着，他恍惚间忆起了幼时祖母家的后花园，他在错愕与迷惘中又感受到了几十年未曾经历的安详美好，那几乎是阿富汗人百年来都未曾目睹的景象了。上尉呆立住了，全然忘了眼前的危险——不过，那些阿富汗人比他呆立得更久。

此亦多丽之阳春，此亦绝念之穷冬。

那是 2035 年的某日。这块因高山地形而令美国人的高科技束手无策的土地上，沃克上尉和士兵们，以及阿富汗人，几乎同时扔下了武器。一群人在胸前画着十字架，另一群人忍不住跪地祈祷起来。上尉几乎忘记了自己为什么来这里，但现在他清楚地明白了自己为什么应该回去。

157

当然，沃克上尉并不知晓，自己与全人类正伫立在世界的十字路口。人们在一条路上狂奔，在另一条路上却伫立不前。我们正去往天堂，我们正径直奔向另一条路。

十分钟前，联合国未来观察组。

"我成功了！"丁仪大叫着奔出实验室，"我找到了所有参数！"周围的外国人虽然全然不解这个举止近乎疯癫的人嘴里正喊着些什么，却也从他的神态里猜知了八九分。于是代表世界最高智慧的一批人开始了狂热的欢呼，有如一起置身沃克上尉的后花园，在一刹那接受了最具安全感的抚慰。与之不同的是，这一次人类的后花园是整个地球。

"那么，"总指挥长说，"开始吧。"

各国元首，有的从睡梦里，有的从餐桌旁，有的从高尔夫球场上，浑浑噩噩地踏向了人类命运的分岔口。他们正去往天堂，他们正径直奔向另一条路。

各国起初并不知情，只被通知将召开未来观察组发起的紧急会议。三分钟后，元首们的全息投影一个个地显现在座位上，这与真实会议并无二致。

"本次会议的主题，是即刻销毁各国武器库中的所有武器。"会场响起一片嘈杂之声。显然，这些习惯于在国际事务中周旋游移的话语大师，在面对这种近乎幼稚的无理要求时，几乎要控制不住地笑出声了。"我反对。"美国总统第一个起身，"这提议太过突兀，并且，美利坚人民需要保障基本国防！"

与会代表大都点头附和，总统先生试图说服自己相信这一点，而尽量忽略阿富汗总统投来的无奈目光。

"总统先生，您很快就不会觉得突兀了。"丁仪微笑着，指了指身旁的"天工开物号"量子计算机。三年前，它诞生于北京海淀区学院路某所高校的实验室里。他打开刚刚印证完毕的所有参数，将倍率放到最小，于是一个蓝色球体映入眼帘。"这是透镜系统。诸位所看到的就是我们完整的详尽的地球。"

"详尽的？"美国总统显然道出了所有人的疑虑。丁仪笑了笑，他闭眼随意将指针悬停，手指飞速转动——人们先是意识到亚马孙雨林中的某个地区被放大，紧接着，一只蜻蜓出现在屏幕中央。当然，这只亚马孙雨林里的蜻蜓并不知晓，它几乎成了新世纪的见证者。丁仪又将屏幕放大数倍，于是蜻蜓翅尖微微的颤动也清晰可辨。丁仪没有停下手指，蜻蜓翅膀的细胞内转运酶的工作开始被世界上最精明的一群人注视着。大家被这最原始的景象冲击着，已哑口无言。

"它拥有地球的所有参数，它是我们所处地球的完全复制品。滑动时间线，便能知晓过去；以不同参数设置今天，便能知晓不同的未来。当前的战争指数是两位数，总的来说，"他瞥了美国总统一眼，"这是比较和平的年代。让我们把地区定位到阿富汗，按照现实的参数，将时间推后十年吧。"

时间线滑动起来。人们花了很大力气才辨认出那些来来去去的黑影，那是美国战机在飞速掠过阿富汗高原上空。

骨瘦如柴的老人在成片的废墟中挣扎，哭喊，奔跑或爬行。一位老人脸朝下直挺挺地倒在弹坑里，再也没有站起来。一个孩子坐在废墟中哭叫着，全然不顾周遭爆炸的轰鸣以及头顶战机遮蔽形成的阴影。

有谁会在乎呢？

十年在三分钟内过去了，人们有如大梦初醒。当时间轴停止、阿富汗的人类活动几乎消失时，没有人敢打破沉寂。

丁仪又将战争指数调成零。"让我们把这番景象投射在原地吧。"

于是人们瞥见了沃克上尉、他的士兵和阿富汗人所看到的景象。丁仪又将时间线移回宗教战争的某一年，那时的战争指数是305。他又移至二十世纪，屏幕上映出了四位数。

"和平是美好的。先生们，不是吗？"

大家几乎在错综复杂的、战争与和平的冲击中迷失了，他们低下头思忖着。良久，俄罗斯总统第一个起身，并脱帽致意。"我们看到了人类的过去与未来。我们面前的路，一条通往天堂，一条则并不如此，我们都明白该走哪一条路。当然，具体事务仍有待商榷，但目标是明确的。俄罗斯将销毁所有武器，率先拥抱和平。"他竭力克制着自己因激动引发的颤抖。

经久不息的掌声以及无数人的热泪盈眶让这一刻定格为历史，人类跨越数千年的文明长河后，竟在几分钟内达成了一致。

后来的历史学者在分析人类的这一重大转折点时，无一不在惊异中揣测着，这段历史是否是被人篡改过，或者是否有什么更大的阴谋被掩盖起来了，虽然事实上这只是毫无意义的阴谋论而已。考察这段历史使人们感觉到重回石器时代一般的简陋，卸下伪装与斗争、周旋与辞令后，政治学再次回到了它的本原。然而人类在长达万年的争斗中，似乎把谋略权术看作了第一性的东西。这种简朴，胜过苏美尔或夏商周，使人们返璞归真了。让历史在某个节点上忽然拐出急弯，似乎是对世界的不负责。不过，真实中的虚幻、迷离中的真实，也许正是这世界的规律。历史学家在研究这段历史时，不得不达成上述共识。

各国元首忽然觉得这一刻有些不真实，正如波兰总理在当天的日记中所写到的那样："我在一瞬间感觉到，千百年来我们所有人就像身处一个巨大的游乐场。我们乐此不疲地在政治舞台上扮演着不同的角色，我们争相成为舞台中央八方来贺的焦点，并以兴盛为荣，以衰败为耻。然而所有一切都从今天起开始破碎了，丁仪道出了我们，不，并不是我们，而是各国人民的共同心声。我知道，从那一刻开始，我们所有人从前所做的一切外交努力、所有谈判与战争、所有演说与动员，都将付诸东流。然而这呼喊是十字军铁蹄下的、印加帝国里西班牙人枪口下的、希特勒与东条英机的战机下的所有亡灵的呼喊。历史洪流裹挟着它滚滚向前，这使我们意识到，我们没有任何理由抗拒。"

我们正去往天堂，我们正径直奔向一条路。幸而，人们最终并未走向另一条路。

指导老师：李芳，毕业于北京师范大学汉语国际教育专业，中学二级教师，曾获得第十五届全国青少年"春蕾杯"园丁奖、第四届"师成长杯"微课三等奖。

# 危机纪元

李韫彤／高三年级　赵　静／指导老师　辽宁省大石桥市高级中学

2119 年 10 月 20 日，Z 国人民代表大会紧急会议。

"刚刚我们接收到来自星际空间探测镜 Fast5000 的信息。信息显示：距地球 5 光年的地方首次发现了超大型星际飞船，这是人类历史上第一次观测到外星文明的存在，并且距离我们地球如此之近……"

2119 年 10 月 30 日，联合国常任理事国紧急会议。

"经查实，Z 国星际空间探测镜 Fast5000 的消息准确无误。据我们精确测算，此刻星际飞船距离地球仅 4 光年！对方目标明确，方向直指地球，这将是我们全人类的危机！考验我们人类文明的时候终于到来了！我作为联合国秘书长，代表各国严正宣布，《人类全面停战公约》正式启动！"

危机纪元，距外星文明到达地球还剩 10 年 9 小时 28 分。

M 国国会上。

"总统先生，社会主义国家的力量日益强大，蔓延了大半个地球，Z 国发布 Fast5000 的消息一定是别有用心。""不排除这个可能，但这次是关系到全人类的大事，不通过公约，我们一定会成为众矢之的，那样就得不偿失了。先公开表明个态度，然后再见机行事。"

Z 国核武器专家与国家领导人密谈。

"主席，您真的要放弃所有的核弹与激光收束器吗？""这是牵涉全人类子孙后代生存环境的大事，我国必须率先垂范！""但 M 国一定不会这么想。""我国一直以全人类的利益为最高利益，这是永远都不会改变的。当务之急，就是立刻把现有的武器转型为星际武器。"

一个晴朗的夜晚，东方系列星际武器如同焰火般划过天际，部署在人类防御网中。

危机纪元，距外星文明到达地球还剩 4 年 22 小时 16 分。

"报告舰长，中国星际舰队'苍龙一号'已部署完毕。""它们在哪儿？"

维晨检测完数据后报告："舰长，通过这个显示屏看见的土星与金星间的白色痕迹便是它们的轨迹。""你觉得我们能赢吗？""舰长，我真的不敢轻言，因为我们人类从未和外星人交过战。倒是我们人类之间总是互相戒备、攻击、争夺，战争时有发生。我的家乡在 Y 国，家人从未享受过安宁。舰长放心，我们会全力以赴、拼死一搏！"

危机纪元，距外星文明到达地球还剩 1 分钟。

清晨，本该霞光万丈的太阳竟被什么东西挡住了，只留下一个暗红的光圈。"妈妈，日食。"一个女孩儿话未说完，便被惊恐万分的妈妈捂住了嘴巴。

"全体舰队，一级戒备！"面对越来越近的星际飞船，每个舰队成员都目不转睛地盯着面前的操作屏。"发射！"瞬时间，一轮轮"小太阳"呼啸着飞出，如烟火般四散炸响！"怎么回事？"当所有的光芒散去后，星际飞船竟毫发无损，惊恐如鬼影般爬上人们心头。

"更换反物质导弹！预备——发射！""咻！"新研制的无污染反物质导弹犹如一道光飞射出去。过了很久，杳无声息，犹如落入无底黑洞。星际飞船依旧安然无恙！

舰长见势不妙，赶紧将面前的视频传感器切换到 M 国画面，义正词严地说道："贵国别再袖手旁观了，再不出手，人类就灭亡了！皮之不存，毛将焉附！醒醒吧！"然而 M 国根本不予理睬，决然切断了信号源。

舰长立即让维晨联系其他国家。这时，他忽然发现从星际飞船上缓缓浮起一个耀眼的光球，万丈光芒霎时间笼罩地球。与此同时，几乎所有人都被定格在原地，除了维晨和其他各国军事首领。维晨等人被眼前视频传感器里突然出现的画面惊呆了——上面出现了十几个外貌迥异于人类的活体，他们身材矮小，有点儿像电影《哈利·波特与魔法石》里的精灵多比，但比多比健硕得多。尤其引人注目的是他们面前的显示屏，上面数据翻飞，显然在做某个项目的大数据分析。维晨他们猜想，这就是所谓的外星人吧。"不错，我们来自 W 星球，正在研究'停止人类战争'这一宇宙课题。不用担心，我们不会伤害你们，那些被定格的人类，只是被我们植入了战争模拟之梦，他们很快就会醒来！虽然这对他们来说有点残酷，但我们坚信以后的地球将永无战争！"

"人类啊，真是太渺小了！在整个宇宙看来，地球仅仅是一粒星际尘埃！"

维晨苦笑一声，对其他各国军事首领说道，"人类之间若继续战争下去，恐怕这蓝色的星球就要毁于无形了！"

"妈妈，战争太可怕了！"小女孩从睡梦中醒来，对一旁的妈妈说。人们惊讶而又好奇地望着星际飞船驶过。他们只知道，飞船并未攻击人类，它只是一个过客。

2129年1月1日，人类命运共同体首次会议。

"我们郑重宣布，停止一切战争，销毁一切武器！人类命运共同体正式成立！人类将永无战争！"

指导老师：赵静，毕业于鞍山师范学院，中学一级教师，曾获营口地区教师技能大赛一等奖，大石桥市高级中学先进教师称号，多次指导学生获国家级作文大赛奖项。

# 地球无战争

李展羽 / 高三年级　　陈　谊 / 指导老师　　江苏省盱眙中学

"最新消息，10月13日全球三区二十国首脑齐聚撒克尔，共同签署无战争协议，宣布全面销毁武器，停止战争，共同建立全球新的、真正的和平时代……"我嗤笑一声。"生于忧患，死于安乐"的道理地球纪年的人都说烂了，星历1037年说停止战争？简直开玩笑。

智能管家突然出声："检测到托尼在门外。""为他开门。""是。"星历纪年以来，人们开始应用人体改造芯片，提高体力智力获得能力什么的，听起来稀罕，其实不比糖豆贵多少，政府每隔半年就会安排一些免疫类芯片的发放。托尼就是这个街道的芯片检修工。

芯片植入如今无痛无痕，一共也就花费七八分钟，还有一大半时间在填写证明，我一边填写证明，一边和托尼聊天："这次又是什么芯片？上次植入芯片好像是两个月前？""是啊，不过听说这次的芯片是让人快乐的。""那不和抗抑郁芯片差不多吗？"我嘀咕着。

"99%，100%，芯片植入完成。"我松了口气，不知道为什么，这次的芯片植入总让我有些不安，应该是我太神经过敏了。我起身要送托尼，托尼却一把拉住我，掏出一张纸放在我眼前。

我盯着纸上的字，念出了声。"回答一下你填入芯片后的感受？我现在非常愉快，我觉得生活非常美好，就像，我有点无法描述，大概伊甸园也不过如此吧。""很好，那你看一下认不认识这两个字"。他用手指了指最下面的两个字，我看了整整五分钟，不无遗憾地回答："虽然它们很眼熟，但我并不认识。你可以告诉我吗？"托尼笑了笑，"其实我也不认识。"然后就像每次来为我检修芯片一样，他收拾好后就离开了。

这只是普通的一天，我不认识的那两个字也很快地被我抛之脑后，不过如果植入芯片前的我看到的话，一定认识。

那是"战争"。

一份芯片的档案

名称：MT1013

俗名：伊甸园，安乐病毒

研发者：未知

研发日期：未知

应用日期：星历 1037 年 10 月 13 日

应用效果：调节人体激素水平，调整人体情绪，抵制负面情绪，并可将其转化为平和、安乐等情绪，无排异。

应用范围：全球

不良反应：部分受体不再具有生存欲望

经典案例：自星历 1037 年 10 月 13 日无战争协议签署以来，地球无战争。签署协议的三区二十国首脑，均为芯片 MT1013 受体。


指导老师：陈谊，中学语文高级教师，江苏省盱眙中学语文学科主任、德育处主任，多次指导学生获得国家级作文大赛奖项。

# 流　浪

梁一爽／高三年级　杜　蘋／指导老师　北京市第四中学

　　这是我第 46 次站在挑战入口，也是最后一次了。黑暗森林的入口处被紧紧笼罩了一层纳米网，一旦被传送到这巨大的穹顶之下便没有了退路，除非穿过眼前的森林。

　　等了许久，心电感应的震动告诉我，另一个入口处的 46 号挑战者仍在准备中，我心底不由得泛起冷笑，愚蠢的人类一次次白白送命，这是他们最后一次机会。我扭着僵硬的颈部笑出了声，最后再陪他玩一场，长则一天，短则几分钟，人类将宣告灭亡。抬头，满月当空，无风之夜，却不知为何枝头寒鸦栖复惊，我的身体打了个冷战，心底竟悄然蔓延过一丝无名的焦灼。

　　门缓缓打开了。

　　挑战开始，我是第 R07 号机器人。

　　五十年前，天球上的国家间爆发了空前规模的战争，适时最强盛的 R 国研制出了战无不胜的我们，从此吞并铲除他国，横行天下，如今只剩下 L 国死死坚守，但其实经过机器人的内部进化，我们早已脱离了 R 国的控制，他们只是傀儡罢了，L 国战败可以说等同于人类灭亡。

　　L 国在屡战屡败中签订了协议，如果我们在第 46 次挑战中获胜便划地为界不再侵扰，可人类哪里是机器人的对手。这不过是总部对人类最后的蔑视与侮辱。我不懂人类为何如此执着，早早投降或许可以换来一个终身苦役的判决，捡回一条性命。

　　快到终点了，我跃上一株凋零的古槐，枯枝在空中摆出一个诡异而凄凉的姿态，失掉水分的树皮剥落，留下斑斑驳驳的印记。霎时远处红光乍起，L 国最后一名挑战者已经失败，似乎比前几个更早些。我没有像以往一样宣布获胜而退出，而是扭动了一下颈部，孤身向那隐约暗淡的红光前去。

　　我想知道，他们一个个来送命的理由。

他陷在了沼泽里，他很年轻，毒气使他逐渐丧失意识。我凑近盯着他最后垂死的面庞，想从那里寻觅到一丝恐惧或不甘，然而没有，放大的瞳孔里依然内容丰富，更多的竟是安详与自在。他仿佛仍在说着什么，屏住呼吸，风卷过迷蒙的烟尘，我隐约听到了那临死的遗言。

"我做到了，我们做到了，我是人类46号挑战者，我把人类第46条染色体存储在了入口的防护网内，和其他四十五条染色体在一起。有人在听吗？"

我的身体不由自主地颤抖，我似乎明白了什么，他仍在无意识地细语着。

"我快要死了，但人类没有。当天球最后一个人死亡之时，也就是我丧命时，天球将引爆内燃装置，无人能幸免，但是封闭舱可以在巨大的冲击波下获得逃逸速度，离开这里，等待再次开启，那将是人类的重生。有人在听吗？"

他的面孔终于消失在沼泽中，只有一只手伸向天空，无奈又急迫，仿佛是向上苍最后的祈求。

我颓然合上双目，开始冥想。第一个挑战者，第二个，第三个……我早就该料到，几分钟后，天球将毁于一旦，唯有总部倾尽一切建造的挑战入口隔离网会在这场早就计划好的毁灭中幸免于难，那最后的诺亚方舟将带着人类完整的休眠的四十六条染色体悬浮于天空，等待下一次开启。

原来他们竟这样鄙夷这条丢掉尊严的生路。凉意在后背蔓延，伴随着脚下渐渐增强的抖动……

眼前是无尽的黑色，我扶着墙从记忆读取室中走出来，刚才关于天球毁灭的记忆来自人类在地球平流层捕获的一只不明封闭舱，而我因体质特殊被选定读取其中储存的信息。

我叫罗君。记忆里似乎曾有一个陌生人跟我说我的名字很好听，让人联想到君子，宁为玉碎不为瓦全的君子。零星的细节碎片中，似乎那个陌生人总习惯扭着僵硬的颈部。我想我理解L国选择的自杀式毁灭，但这本可避免，根源其实就是那愈演愈烈的战争。新闻里地表的硝烟几欲蔽日，人心惶惶，地球是否成为第二个天球？我陷入了昏睡。梦里有个陌生人向我哀哀哭诉：人类如果希冀生存，唯有全面销毁武器，停止战争，建立真正的和平时代。那是梦，是醒？人类仍在生存，还是已经自毁家园，流浪于苍穹？

指导老师：杜蘋，北京师范大学现当代文学硕士，语文高级教师，北京四中高中部语文教研组长，北京西城区学科带头人。多次指导学生参加各类作文大赛，多次获全国指导教师一等奖。

# 谨记宽容与爱

刘　冉 / 高三年级　秦林岩 / 指导老师　河北省邢台市第一中学

"我已经忘记流泪的感觉和爱的味道，痛苦与仇恨交织在一起使我的神经麻痹……我只清楚自己为何而生，为了战争。"安洛读着曾祖父的日记，心惊肉跳，他感到喉咙被卡，泪流满面。

B国首席议长与委员们轻声密谋着什么，突然，一位委员笃定地宣告："只有依靠战争。"霎时，所有人安静下来，空气像密不透风的冰块。

这是25世纪，是科技大爆炸的时代，是人们安然享受着尖端科技的时代，是人们已有第二家园——火星的时代，也是核弹装舰、导弹瞄准的时代。四五个世纪以来，人类小心翼翼地绕过战争边缘，但到了25世纪，明元素的出现像风一样越来越强烈地拂着和平的水面。人们清楚，在水面掀起狂风巨浪之时，就是战争来临之时。明矿对人类的诱惑太大，高晶体科研的方方面面都因明的应用而飞速进步，也正因如此，明一点点陷进供不应求的深渊，深渊之底，必是鲜血。

"我们应该被原谅，是上天的不公逼迫我们发动战争，我们B国可是霸主之国，难道要因天然匮乏明矿而被历史湮没吗？"B国首席议长狰狞着叫喊起来，头发在空气中狂舞。委员们依然沉默，沉默是最可怕的——沉默即认同。

数十年的酝酿，人性的黑暗一点点遮挡阳光。

昏暗的一天，联合国与B国核弹相碰，黄色到紫色，变幻的光圈映在惊慌失措的人们的脸上，蘑菇云冲向天空。

25世纪的战争是人们闭口不谈的错误，这个错误里唯一庆幸的是，战争在火星进行。人们的第二家园没了，痛苦烙在那一代人心里，像丛生在身体里的荆棘。

联合国军是伤痕累累的胜利者，拼尽全力地庇佑着自己的子民；B国是被人们遗忘的罪犯，在火星焦黑的土地上重建国家。罪犯的下场本该如此，在荒芜里绝望，在废墟重生。但这是对的吗？人们依然没有醒悟，包容这门学科是人们不愿探索的深海无人区。

安洛舔去滑到唇边的眼泪，痛苦从四面八方袭来，像死神的镰刀架在他的脖子上。他想：为什么不给 B 国一个认错的机会，为什么不用包容与爱融化仇恨的坚冰？作为 B 国领袖的后代，他清楚这几个世纪以来人类经历了什么。

安洛有一个计划，但他毫无自信，被抛弃的 B 国从战火里爬起，却因被歧视而再生仇恨，他们准备再打一仗，重回家园。B 国的复仇依靠星光炮，安洛称它为"美杜莎之眼"。

公元 40 世纪，B 国再次宣战，联合国既愤怒又震惊，联合国首脑何迪在防备中猛然醒悟到什么，在委员们"B 国真是战争罪犯"的呵斥声里，何迪缓缓发声："他们只是渴望回归。"

开战了，何迪关掉了反击系统，在一片争议里，他恳求道："给 B 国一个赎罪的机会吧！"与此同时，"美杜莎之眼"蓄势待发，却只在一秒间，刺眼的光束灭去。安洛在最后时刻插进自己秘密研制的反运行芯片："我们，认错吧。"

公元 45 世纪，明媚的春光里人们欢声笑语，人类早已联为一体，他们从未见过武器，都在橄榄枝下携手宣誓："忘却贪婪，从不遗弃，谨记宽容与爱。"

指导老师：秦林岩，毕业于河北师范大学汉语言文学教育专业，中学高级教师，河北省优秀班主任，邢台市劳动模范，邢台市第一中学文科年级主任，文科守敬班班主任，曾获河北省优质课一等奖，多次指导学生获国家级作文大赛奖项。

# 致遥远故土

刘家好 / 高二年级　徐文静 / 指导老师　湖北省崇阳县第一中学

纪满从口袋里掏出 ID 卡，身子虚弱地靠在墙上。

薄薄的卡片从验证器上滑过，绿光闪烁，验证通过。

他一脚踏进房间，反手合上房间门。疲惫灌满了整个身躯，眼皮像泰山一样重——哦，现在泰山可能不在了。他顺着意识闭上眼睛，一头栽在并不柔软的床铺上。枕头也并不柔软，但他沉沉地陷入黑暗，进入昏沉的梦乡。

纪满今年十六岁，是第七医疗队的成员。今天是他第五次外出执行任务。

门缝里透出的微弱灯光照在他苍白的脸颊上。纪满微微蹙着眉头，眼睫轻颤，睡得并不安稳。他蜷着身子缩在床的一侧，这并不是一种有安全感的姿势。

第二天，很早。生物钟让纪满醒来。他睁开眼睛，抬手露出腕表。在朦胧的视线里看到腕表闪着红光的示数，5：03。他坐起来，伸手拂开额上过长的刘海，换下昨天那件皱巴巴的衬衫。随后信手从压缩衣柜里抽出一件一模一样的衬衫来换上，然后洗漱，出门。

他匆匆走过白色的长廊。周围很静，醒来的人并不多。护理室并不遥远，不过几分钟的路程。纪满从后门悄悄进入，轻轻推开虚掩着的金属门。他嗅到了一股淡淡的消毒水味，甫一抬头就望见江慎行忙碌的身影。

江慎行身上的医疗大褂下摆掩在银色的医疗舱之后，他正低头看着检查报告，右手握着一支笔。纪满的作战靴叩在地板上的声音惊动了他，他抬起头来，望向纪满。

江慎行冲纪满笑了笑："早上好啊，阿满。"纪满回道："早上好，江哥。你很早。"

早晨稀稀落落的光从窗子里钻出来映在墙壁上，忽然有一种温暖的感觉。但纪满知道，在这座庞大的地下堡垒里，所有的室外光都来自穹顶的人造太阳。回想起昨天的事，他又觉得这是与现实相反的感觉，一种不真实的感觉，使他心底茫然。

"江哥，"纪满望向江慎行，心怀焦虑却又嗫嚅着问，"维达他……"

"昨天的抢救结果你是知道的，维达没有生命危险。"江慎行放下了手里的纸笔，弯下腰调一个医疗舱的参数，"但他的右手被流弹击中之后造成的伤害是不可逆的，他这一辈子不能再拿枪了。其实不只是这种精细的活儿，他的右手连复健也很困难。"

纪满不说话了。他抿了抿嘴唇，目光定在空中某一个地方。

"阿满，"江慎行料到了他的反应，叹一口气，缓声道，"在战争时代，活下来是最重要的事情。维达留住了一条命，虽然他曾经想要实现的愿望因为这一次受伤而化为泡影，但活下来就会有新的希望。安塞娅他们实验室的生物机械已经取得了新的进展，也许这可以帮到维达。"

"我……我不是在纠结这个。"纪满攥紧了自己的衬衫下摆，低声说道，"我出过五次任务了，不是第一次面对这样的事情，我不是想说这个。"

江慎行望向纪满，他发现面前的少年身上有一种深沉的悲哀，心神仿佛浸在冰封的雪原里。这让他压低了声音，尽可能温柔地说道："那你想说什么呢？"

纪满抬起头来，对上江慎行的目光，说道："一周前，卡萨尔上校告诉我们，参战的几大组织与联盟在集会上已经同意停战了。但昨天维达只是去地面进行最后的清理，却险些受到致命伤害。由此看来，参战各方并没有放下敌意。也许，一天没有签署合约，战火就一天不会停歇。我以为马上就能看见和平的曙光了，可现在却不知道它还要多久才会到来。"

江慎行看着他，环抱着双臂，倚靠在冰凉的金属墙上。

纪满接着说下去："鲜血已经染红了每一寸土地。人们流离失所，痛失所爱。热核武器摧毁了我们的家园，我们被迫沉入黑暗的地底寻求一时庇护，人造太阳只带来没有温度的光亮。这两年里，我每次醒来，都觉得这个世界没有黎明。"他顿了顿，"我很想念阳光和青草，还有我遥远的家乡。"

江慎行一时无言，只是沉默地注视着纪满。很久之后，他回答说："那一天不会太远的，宣告和平的那一天。"

不会太远的那一天，突如其来却情理之中地变成了这一天。

16：41，纪满刚刚和江慎行核实了实验报告，一条来自控制中枢的紧急通知的提示音在终端响起。纪满从口袋里掏出终端，点开通知。屏幕上是短短的一行字："和平协定已签署，即刻起将销毁所有武器。和平万岁！"

那一刻，纪满好像掉进了时间真空。他不知道时间的流速，下意识地又将紧急通知默读了一遍。好像一个世纪，又好像一须臾，他回过神来。

狂喜和不敢置信在胸膛中炸开，纪满死死将双手扣在胸前，眼眶滚烫。

他努力咽下喉中破碎的声节，望向江慎行。江慎行正握着终端，眼睛里有一团燃烧的光。他也抬起头来，冲纪满微笑。

不远处的其他房间中传来嘶哑的欢呼和呐喊，其间夹杂着低声哽咽。热烈的情绪都在这一刻迸发，将他们两个紧紧包裹。

恍惚间，纪满耳畔奏响卡尔曼兹的《自新大陆》的第三乐章——这段乐曲曾被改编为一首歌谣，名字是《和平与自由的赞美诗》。和弦声沉缓而徘徊，给人以温暖的力量。

稀疏的人造阳光穿过透明的窗户，微风是暖的，拂动着低落的影子。

他和江慎行的目光都融化在阳光里。

指导老师：徐文静，文学学士，毕业于华中师范大学汉语言文学专业，中学二级教师，曾获湖北省崇阳县优秀青年教师、学生喜欢的好老师等荣誉称号。

# 白昼流星

刘千钰 / 高二年级　赵德国 / 指导老师　山东省威海市文登新一中

"你以为只有小王子的黄昏是玫瑰色的吗？被战火烧过的天空也是玫瑰色的。"纳德合上手中的《小王子》，望着熟睡的女儿自言自语道。从游离状态回过神，他一愣，旋即无声地笑了。茵茵那么小，又生长在和平年代，怎么跟她说起这个来了？纳德弯下腰，轻轻地亲了亲女儿的额头便转身下楼。转身之后，他已不仅仅是茵茵的爸爸，还是联合政府"和平鸽Ⅲ"计划的总负责人，本次武器太空分解行动的最高执行官。

公元 2216 年，人类进入新威慑武器时代，全球人民都处于极大的恐慌之中。次年，联合政府在进行多次全球各国首脑会晤后，达成了"全面销毁武器，永不发动战争"的共识。经过长达四年的反复推算，"和平鸽Ⅲ"计划最终出台。核心内容是将全球现存的核武器等诸多大型杀伤性武器及信息武器、能量武器和新威慑武器的核心技术全部集结存档，利用助推器将其推向太阳并利用太阳引爆反应堆，从而达到彻底销毁武器的目的。本次行动危险系数极高，纳德选择亲自执行。

"3，2，1，点火。"载着人类亲手栽培的原罪，纳德升上了太空。一切按原计划有条不紊地进行着。

"启动离体程序。"飞船舱体与载满武器的助推器脱离，纳德长舒了一口气。计划已基本完成，用不了多久，他就会按照原定的计划返航。这是他职业生涯的最后一次任务，回到地球后，他就能好好陪陪茵茵了。透过玻璃，地球在一片星云中若隐若现。忽然，舱内一片猩红，警铃大作。

"受太阳黑子周期性活动影响，武器反应堆量子大量泄漏，助推器即将偏离航线，即将偏离航线！"这意味着什么，纳德再清楚不过。助推器的航线是经过精密计算的，一旦偏离，极有可能被地球大气引力吸回地球。那时，这些重型武器势必会给地球带来毁灭性的打击。与地面的联系已经中断，情况危急，容不得他再多想。

纳德深吸一口气，猛地拉动手柄，如一颗流星般朝着偏离的助推器全速飞了过去。飞船产生的强大推力将助推器推向太阳，纳德脸上的笑意也融化在了一片金黄的火海中。

"茵茵，以后玫瑰色的天空都是小王子的黄昏了。"

那天，许多人都看到，湛蓝的天空划过一道火光。大家都说，那是白昼流星，真正的和平年代从那一天正式开启了。

真正的和平永远不能单凭销毁武器来实现。人类思想意识中的武器不毁，地球就永远会被战争的阴影笼罩。也正因为白昼流星们的奉献精神，人类和平的火种才永生不灭。

指导老师：赵德国，文学学士，毕业于烟台师范学院汉语言文学专业，中学一级教师，曾获文登区教育局先进工作者、文登区优秀班主任、文登区师德标兵等荣誉称号，多次指导学生获国家级作文大赛特等奖、一等奖等奖项。

# 给岁月以文明

刘若蕾 / 高三年级　谢永庆 / 指导老师　天津英华国际学校

量子纪元 705 年元旦。当地球人喜迎新年时，地球联盟总部的全体成员正屏息凝神，等待"它"的到来。凌晨 2 时，一道银星划破夜空，新文明的种子回来了。

银色流线型宇宙舰艇中，乘载着十年前"先锋计划"的队员。当然，带回来的还有新文明的元素。外星纪元时，人类经过数百年的努力，已然将宇宙探索延伸至银河系中心，将原本处于银河东边缘的太阳系文明，传播至更广阔的宇宙空间中。在文明的冲撞与融合中，地球人截获了许多外星信息，目前还在紧张的破译中。一旦破译成功，地球人将如虎添翼，向更高层次的文明迈进。

"先锋计划"是十年前地球联盟外星研究中心推出的一项先进计划。按照计划，银色超光速舰艇上的十名先锋将实现人类历史上首次与外星直接交流。他们的任务是到 GX 星系中的最先进外星文明中去，将人类基因胚胎与之融合，带回活体文明之种。

万人瞩目中，舱门悄然滑开。一个浑身漆黑的长条形生物展现在众人眼前。

"你是谁？"地球联盟会长问道。

"组合体，如果一定要说的话。"黑条答道，"地球人与 GX 星系文明交易的产物。"

群众哗然，被警卫呵斥了许久才安静下来。

"你能带给我们什么？"

"眼睛。"

"什么？"

"眼睛，"组合体重复道，"眼部基因植入剂。这个药剂是 GX 用以扩张文明的发明，把它注射进地球人体后，地球人可在任意时段目睹 GX 的文明体。

GX 会将星系中发生的一切投影至眼部视网膜，通过多维展开缩放技术实现实时投影。"

全体地球人按命令注射了药剂。外星文明实体将在地球人面前展开。短暂的惊奇和欣喜过后，地球陷入一片死寂。

和平纪元 705 年。

"爷爷，量子纪元的人类究竟看到了什么？"男孩的眼中闪烁着光。

"GX 星系的生命体将当年留下作为交换的十名地球先锋残忍地杀戮、解剖，并以此为乐。"爷爷低着头，抚着孙儿的头发，"他们掌握了最先进的微量子技术与多维空间转换技术，却在自取灭亡的路上加速前进。派系纷争中，量子派通过成对性质改变了对方的物质组合结构，数十亿生命在瞬间灰飞烟灭。仅剩的维度派成员复仇心切，将该系进行多维展开，改组了其编码，庞大的空间难以正常运转，坍缩成了宇宙黑洞。孩子，科技是双刃的利器啊。"

"爷爷，为什么我们现在没有武器了？"男孩似懂非懂。

"后来，人类终于破译了外星信息。"老人的眉间略微舒展，"它们都指向一个共同的核心：消灭武器，永驻和平。这是全宇宙共同的呼吁与企盼。那之后，和平纪元元年，地球人也成为宇宙和平守护者的一员。"

"给岁月以文明，孩子。"爷爷语重心长。

男孩点了点头："科技战争给文明以践踏和毁灭。科技，本应续写文明。"

新生纪元。

地球人利用先进的量子与多维空间技术，在宇宙空间中的行星上创造了孕育新生命的自然条件。

"绽放吧，新的文明。"


指导老师：谢永庆，文学学士，毕业于河南大学汉语言文学专业，河南省骨干教师，商丘市名师，市优秀班主任，曾获市级优质课大赛一等奖，多次指导学生获国家级、省级作文大赛一、二等奖。

# "铸剑为犁" 计划

刘思佳 / 高三年级　王英莉 / 指导老师　北京市密云区第二中学

"玉兔号开始进行摧毁，玉兔号收到请回复。"总控室发出指令。

我透过玻璃，眉头紧蹙，望着这些冰冷的武器，枪声萦绕耳畔，眼前是马革裹尸的军人、惨遭杀害的无辜百姓，我需要摧毁它。

"收到，准备摧毁，倒计时，5，4，3，2，1。"是的，我就是执行此次"铸剑为犁"计划的机长李飞，我的团队汇集世界高端人才，每个国家择优选取三人，总共 99 个参与者，每位成员都有一个代号。我代号"墨翟"，取自墨子的主张：兼爱非攻，反对不义战争，追求和平。数百台数千台数万台武器在"玉兔号"的高温火炉中熔为浆水，这个世界寂静无声，所有人都在等待着这一时刻，除了北人。

42 世纪是再现的黑暗"中世纪"。这个世纪是惨绝人寰的世纪，是血肉横飞的世纪，是惨无人道的世纪，我注视着这些武器，也仿佛看到了那场经历半个世纪的战争。4190 年，东方代表团战胜了北人代表团，第三次世界大战"如约而至"，战场遍及世界各地，各国因领土纠纷、宗教信仰甚至嫉妒心理而发动了一场没有硝烟的战争，由电脑操控一切。北人为了满足自己称霸世界的愿望，开启了一系列丧尽天良的侵略活动，发出毒气，使人在不知不觉中丧命。世界上三分之二的人口因缺氧而窒息死亡，岩浆逐渐喷出地表，冰川融化，沿海城市消失，大地上只有裸露的岩石和坚硬的冻土。人类不会允许此类事件发生，东方联盟国家耗尽能源，将北人的恶行终止。在联合国大会上，会长宣布：必须摧毁一切武器以保证人类不再自相残杀。世界各地的人们欢呼雀跃，拍手叫好。

而我，墨翟一世，就是摧毁这些武器的操作员。

如果我们将世界上所有的武器集中在大洋洲，这重量足以压垮这片陆地，我们选择在了美北大陆，在北人的眼前摧毁这些可恶可恨的武器，让他们也看看我们并不是束手无策、任人宰割的羔羊。

公元4193年，我启动机器达到最高温度50000℃，按下红色按键，一声雷霆般尖利的巨响后，一瞬间，所有武器变为液体，我注视着滚烫的液体，此时全世界人民都在注视着，那似乎解救了他们，又似乎毁灭了他们……

没有了武器，人类在几百年之内足够安定，但"人"这样的高级动物是不会"安于现状"的，尽管联合国明文规定不允许私自建造武器，但不法分子依旧为了满足自己的私欲而越过法律的边界，去建造一系列可恨的武器。

公元5739年，不法分子发生暴乱，对全世界手持犁头的人发动攻击，攻击手法竟与当年大同小异。全世界的人民彻底崩溃，大家似乎已经手无缚鸡之力，像是表面上的针，一面转，一面看着时间匆匆离去，却无能为力。安安静静地坐在家里，等待着这一悲惨命运的到来，外表平静如湖水，心中沸腾如江河。

联合国指挥中心发布命令：必须制止暴徒行动，众人皆无可奈何，就连科学大师也认为这场灾难或许是手持犁头的人类的灭顶之灾。

"找到了！找到了！"美北大陆联合国桌脚旁的按键，成功使人类躲过这次灾难。

"公元5743年，墨翟二十一世在天狼号DH310的宇宙飞船中注视着这一幕，但他并不慌乱。因为当年墨翟一世按下红色按键后，又按下绿色按键，部分自卫武器恢复。因为他们坚信人类会永远保护好正义，蓝色星球会越来越蓝，正义也会越来越燃。"记者墨翟二十二世实时报道。

指导老师：王英莉，中学高级教师，曾获北京市教学设计一等奖、北京市教师基本功竞赛一等奖等诸多奖项，多次指导学生参加征文、演讲比赛并获奖。

# 权利之上

刘雅楠 / 高二年级　田婷婷 / 指导老师　山东省桓台第一中学

"本台记者报道，美国政府宣称再次进攻东南亚。时隔 50 年的第二场战争，美方称将启动仿生人，东南亚将如何应对？"仿生人时代已然到来，随着仿生人功能不断增多，他们全面实现现代化，而不少政府以高科技来打造战争仿生人。他们具有人的形态，却拥有超强的毁灭力，这使不少敏感地区陷入混乱。

"这怎么天天打架，还能不能消停了？"沈洛杰窝在沙发里拿着终端，听着耳旁新闻报道，吐槽了一句。"幸亏我早早回国，要不然我也不安稳了。"沈洛杰，插画家，早年随父母去美国定居，父母都是模控生命仿生人外形设计师，被调去旧金山总部工作，于是沈洛杰也以学习的名义去了美国。然而沈洛杰不爱外形设计，却迷上了插画，好在画画这项职业未能被仿生人代替，不然他也要失业了。"政府为了国家利益进行战争，这是正常的。"厨房传来艾伯斯的声音。艾伯斯是他的生日礼物，由爸妈设计的仿生人，眉眼与沈洛杰有几分相似，却更成熟一些。仿生人的普及远超人们想象，据统计，全球仿生人数量有望在 35 年内超过人类。大规模的仿生人也造成了基层产业严重的失业，各国政府仍在不断解决此问题。然而更严重的是基层从业者暴乱现象愈加频繁，围殴仿生人、烧毁仿生人商店的情况比比皆是。所幸无人类伤亡，政府对此事持放任态度。

新闻画面中，是一场浩大的游行，他们的目标是中国模控生命的总部。这些人一路上遇到仿生人就将其报废，遇到商店就将其炸毁。沈洛杰坐直了身子，看见屏幕上仿生人"尸横遍地"，不禁扼腕叹息，"他们简直灭绝人性！"艾伯斯从厨房将菜端出，说道："仿生人侵犯了他们的利益，他们才会这样反击。""如果你被这样对待，你会反抗他们吗？"沈洛杰问道。"不会。我们的程序里规定不对人类出手，战争仿生人除外。""可……"沈洛杰正想开口，被电视里巨大的爆炸声打断了。

他扭头一看，一名战争仿生人出现在了画面中。战争仿生人由军方管理，独立于模控生命，除非战时需要，他们是不允许出现在街上的。那名战争仿生人将人类前行的道路强行隔断，阻止他们继续前进。人类愈加暴躁。"你们屠杀我们的族人，却让我们毫无还手之力。如今，我们睁开了双眼，我们不再是机器，而是一个全新的种族。现在，轮到我们反抗了。"那名战争仿生人的发言使暴乱的人群停了下来，也惊住了沈洛杰。他扭头看向艾伯斯，艾伯斯也紧皱眉头："他觉醒了。""觉醒？""模控生命生产的仿生人中，有一批仿生人出现了异常，由于不可控因素，他们的防火墙自我破解，使他们拥有了人类的感情。按规定要销毁他们，但中国总部的首席孙泊御却在模控董事会上坚持留下他们。""等等，你怎么知道？""我是人为觉醒的，是你父母改造了程序，让我进入了异常仿生人中。"沈洛杰哑了。艾伯斯坐在他身边，拍了拍肩膀，他知道这需要时间。情况在此时发生剧变，不单单是那位战争仿生人开始攻击人类，准备出击东南亚的仿生人也在美国发动起义，一瞬间，异常仿生人暴乱，全球陷入了混乱。

联合国召开紧急会议，各国新闻纷纷报道战事实况。当今的人类对仿生人的依赖性超乎想象，然而大多数人对他们的态度却像对待几千年前的低等奴隶一般，甚至把他们当作发泄怒气与负面情绪的垃圾桶。新闻中主持人发出了直击心灵的一问：现在的人类，还应该信任身边的仿生人吗？

为了压制仿生人暴乱，防止他们反抗人类，联合国开始组织国际军队，出动各种强力武器进行反击与打压。然而，战争仿生人与这些武器不相上下，战争一度陷入僵局，双方谁也不占上风。

三个月后，战争结束。

由于战争仿生人超强的毁灭力，致使战后全球一片荒芜，人类与仿生人两败俱伤，而每个家庭的家务型仿生人也被政府强制送去摸控生命进行大规模的报废，警局中的警型仿生人也全部被人类警察所代替。一时间，本来已经与人类相契合的非异常仿生人与人类之间划出了一条巨大的清晰的红色警戒线。人类社会被完全颠覆。

联合国举行国际新闻发布会，并宣称，要将仿生人作为独立的民族，并停止对仿生人的奴役，给予他们与人类同等的权利。仿生人同时作出回复，要求控制生产，并承诺将仿生人改造成与人类劳动力同等以实现公平就业，并宣布停止战争，销毁战争仿生人。而人类也承诺销毁一切武器。

沈洛杰看完发布会，紧绷的身子一软，被身旁的艾伯斯接住，他双手紧紧抓住了艾伯斯，这个照顾了他13年的仿生人。"终于结束了。"他嘴唇微微发颤，低低喊了声"哥"。艾伯斯闻言一怔，抬手摸了摸沈洛杰的头，笑着接受了这个称呼。

"也许，这才是最佳结局。"沈洛杰说。

指导老师：田婷婷，毕业于山东师范大学汉语言文学专业，中学一级教师，曾获得全国中小学信息技术创新与实践大赛教师项目一等奖，执教山东省新课标实验课程公开课，曾获桓台县优质课一等奖、桓台县高中教学先进教师等荣誉称号，发表专业论文多篇，多次指导学生获国家级作文大赛奖项。

# 拾荒者

刘洋廷 / 高二年级　司文平 / 指导老师　山东省烟台第一中学

3035 年，全球资源濒临枯竭，人类为了生存进入量子时代，各国为了争夺最前沿的科技争战不休，新一轮的资源争夺造成了更为严重的环境污染。各国政府被迫联合起来，明令禁止量子技术进入军事领域，只允许保留部分常规自卫装置，全球战火停息，人类进入了某种意义上的"和平时代"。

拾荒者的父亲是位老科学家，量子时代的"上等人"，在量子时代，人体的分子构成也发生了很大变化，人体各器官组织的结合形式及附着方式全部是量子化的，且不确定性很高，这就造成了某一种"特定人"的奇缺。每个人出生时会根据其细胞激发态的跃迁方式赋予一个量子数，若这个数落在稀少区，如科学家、军人，那么他就被尊为上等人；反之则沦落为贱民，被迫居住于非量子区——在那里，仅保留能量量子化，以维持居民最低生活标准。

拾荒者的父亲在人类销毁量子武器前最后一场战争中被 X 粒子流击中暴毙，他本人的量子数也因高能射线辐射而改变，被迫进入非量子区居住，由于量子数的改变，拾荒者失去了其原来作为军官的资质，只能以拾荒为生。在非量子区有一个巨大的坑洞，用来存放"上等人"的生活垃圾及各国销毁的量子武器。

拾荒者漫无目的地搜寻着，他看到了一个精致的罐子，里面有几只飞蛾一般的生物，"带回去吧，也算有个伴。"只可惜，几个拾荒的老朋友看到了拾荒者手中的罐子，像发现了新大陆。在争抢中，罐子碎了，里面的飞蛾在地上跳了几下后消失在那一大堆垃圾中。

令拾荒者没想到的是，那几只飞蛾是军方研制出来的量子武器，在联合政府的禁令生效后，就被放入高速碰撞器中将其原子的半衰期缩短一千万倍使其失去量子效应后废弃。但在非量子区，由于时空和动量均为连续化，赋予了原子内部光子一个渺小的静止质量，使其出现了惊人的逆衰变，飞蛾原子内的电子重新开始跃迁，量子繁殖机制被激活，原来罐子里的两只飞蛾繁衍到三只、四只，甚至更多。

由于在非量子区无法定位和识别，飞蛾开始潜入量子区袭击上流社会。由于全球军用量子设备已全部拆除，加之飞蛾逆衰变后基态原子的运行轨道发生改变，导致飞蛾程序性失控，先是不断释放高能粒子流干扰地表通讯，再是繁殖失控，大量的飞蛾群不断攻击地球上一切量子数与其匹配的物体——包括绝大部分建筑和"上等人"。终于，无规则的射线彻底干扰了地球的磁场和量子场，导致全球相继出现强震、海啸、时空交错。世界政府决定召集科学家重启军用量子设备，但连年的战争造成了大量科学家死亡或被投放到非量子区，工程进度远不及飞蛾繁殖速度，很快，世界量子协会也被飞蛾包围了。

非量子区的人们也接到了撤离的通知。拾荒者在整理物品时发现了父亲的一本日记，他惊奇地发现，父亲竟是设计飞蛾的总工程师。日记的最后一页写道：

万物正如我们所研究的量子一样，当你把它推到一个极端，它必然会跃迁到另一个极端。

他突然想起来了，他曾经看过父亲的设计图纸。拾荒者不顾军警的阻拦，径直冲入量子区，冲进量子控制大厦，在最高控制室拉下了一个横杆。地球的量子场瞬间偏转了一百八十度，使飞蛾的量子数与地球失去匹配。感受到量子场变化的飞蛾全部冲进大厦，试图攻击修改数据者。激活的量子免疫系统检测到异常量子数后立即激发出上百亿兆的电压，最终战胜了飞蛾。

地球安静了下来，拾荒者和飞蛾在强大的电流下被烧成了焦炭。

联合政府恢复了拾荒者生前的地位，并追授他"地球英雄"的称号。人们在整理他的遗物时，发现了那本翻到最后一页的日记，在他旁边有一座手工的木质雕塑，正面是一只飞蛾，背面是一把剑，不过被铁匠铸成了犁的样子。

*指导老师：司文平，毕业于北京师范大学中文系，中学高级教师，多次被评为烟台市高中教学先进个人，曾获中小学教师读书随笔征文一等奖。*

# 有光的国度

刘一娴 / 高二年级　田婷婷 / 指导老师　山东省桓台第一中学

当你走进国家历史博物馆，你会在"战争馆"的长廊尽头看到一本发黄的日记，封面上只有三个字：

"要有光。"

这就是被尊称为"战争社会"的终结者——亚当博士的手稿。翻开那全息投影的日记，你将看到那个时代的结束与辉煌。

2171 年 10 月 28 日。

多年后我面对人工智能"蜂王后"派来的行刑队时，我会想起父亲带我去见识阿尔布雷特·丢勒那幅《忧郁症 I》的那个遥远的下午。下午四点钟的阳光和煦而透明，流淌着一种未经忧患的、古老而幸福的宁静。父亲站在那有着天使双翼的苦思的人面前，对我说："看吧——我们一直都在如此苦思冥想，追求世界的奥义。人类正因思考这一独特的优势而从自然界脱颖而出，得以进化、生存、发展，乃至繁荣。"

金色的阳光将他脸部的轮廓染得愈加模糊，但他的话语却丝毫不受影响，分外清晰。"我希望你成为这样的人，儿子。思考必将成为世界前行的引擎，你要带着世界前行。"

那是战争开始的前夕。我父亲在第二天离开家，参与到那场信息战争中，再也没有回来。他是被电磁武器直接摧毁的，敌方机器人潜入了他的研究基地，是自杀式袭击。他的葬礼后的第三天我就接过了他的重任，继续研究他留下的名为"机器人蜂型军队"的课题。是的，世界大战的军队主体不再是人类，而是机器人。每一队机器人都由一只蜂后般的首领指挥，每队三千机器人，以星型拓扑结构连接在"蜂后"身上，共享信息网络并进行云计算分析。十只"蜂后"又以环形拓扑结构连接，听从最高机器人的指挥，我们叫它"蜂王后"。它不会直接参与战争，而是作为一个中枢，控制着所有机器人，形成保家卫国的钢铁般冷酷无情的战争武器，不会疼痛，不会畏惧，不会反叛，一往无前。

这种武器是人类私欲的无数产物之一。从古至今战争就是争夺，从黄金象牙，到土地，再到资源，目的不同，本质不变，因为私欲。

只是，当我们沉浸于欲念中不可自拔之时，我们却忽略了机器的思想。暴力、恐惧、欲望、战争的惨烈、非正义的信念……这些人类思想所代表的负面情绪不断在机器人的数据库中叠加，引起了数据叠加的逻辑紊乱。这种紊乱的结果是，"蜂王后"脱离了掌控，它成了"人"，代表私欲的人类黑暗面成为它的数据主体，从而纠缠出了无限接近情感的欲念。

那天是 2170 年 12 月 1 日，发动战争的不再是人，而是机器人。我们成为自己的武器的敌人，人类最终自食恶果。没有程序的终止密码，机器人不眠不休，日夜征伐。一直到 12 月 30 日，机器人已经占领了 70% 的陆地，全球人口锐减至三十亿，国家只剩下七个在抵抗，人类处于灭亡边缘，文明将倾。

当机器人行刑队冲进我的实验室的那一秒，我仍在为此而思索：我研究的东西到底是对是错？我研究制造的武器，究竟是为了保家卫国，还是为了造成更大的灾难与毁灭？而如今人类的这一切灾难又该如何来结束？我的思绪如冗杂的线团，纠缠不清，直到那张名为《忧郁症Ⅰ》的画再次被电脑的新闻推送而出现在我眼前。而我就是在那一秒明白了父亲多年前那句话的含义。16，3，2……14，1，在我敲下空格的那一刻，终止"蜂王后"程序的密码，那个在我父亲死后就已遗失的密码在这一刻再现。所有的机器人程序被终止，战争结束。人类的未来在至暗时刻终于出现了一丝曙光。苦思之人的背后，那三阶幻方中的数字给人类带来了希望。终止密码被父亲隐藏于幻方之中，等待着由我来决定这道密码是否被启动。原来在他带我见识那幅画的那个下午，我就已经接过了思索人类未来的使命。

我与那幅画中长有天使双翼的人相对而立，现在我带着世界前行了。我知道，我终于找到了父亲希望我思索并寻找的那道智慧之光，有关人类，有关战争，有关未来。那就是停止战争，建立一个有光的国度。

在那里，每一个家庭，都能在黎明中共同醒来；每一个孩子，都能沐浴云雀衔来的第一枚阳光；在那里人们看到的是和平，而不是各种武器，每一个人都可以挺起胸膛，安心地大步朝前走去。

......

"愿我们的人性与我们的技术共进，愿我们的悲悯与我们的力量共存。愿我们的爱成为前进的引擎，愿我们不再因战争而自食恶果，愿光照亮整个世界。"

一年后，在《战争停止协议》的签署大会上，我发表了这段讲话。

战争，让人类省悟了自身的恶，让人类意识到在武器与战争的阴影里，人性的光辉将永远无法照亮黑暗的时代。各国最终决定，停止战争，化敌为友，和平共存。

2171年10月1日，这是一个被历史铭记的日子，它标志着战争时代的结束。武器与罪恶在历史长河中被抹去，注定拥有千年历史的战争将永远不会在这片大地上再次出现。

我所期望的那个有光的国度正在建立，我愿它永世长存。

亚当·普罗米修记。2171年10月28日。

指导老师：田婷婷，毕业于山东师范大学汉语言文学专业，中学一级教师，曾获得全国中小学信息技术创新与实践大赛教师项目一等奖、桓台县优质课一等奖，执教山东省新课标实验课程公开课，曾获桓台县高中教学先进教师等荣誉称号，发表专业论文多篇，多次指导学生获国家级作文大赛奖项。

# 我叫"和平鸽"

刘昱涵 / 高二年级　贾　培 / 指导老师　山东省淄博中学

秋意渐渐蔓延，街旁的路树与街灯都染上了微黄的颜色，路上的行人踩着枫叶枯枝行色匆匆，我望着远方的碎金，我知道，他再也不会回来了。

我是一只白鸽，三年前被一个男孩带到这个温馨的家。男孩家里很幸福，父母对他疼爱有加，男孩阳光开朗，喜欢运动，留着清爽的板寸，但对学习似乎提不起兴趣。他没事总喜欢来逗我，给我喂食，偶尔还会来摸摸我的头，他的爸爸妈妈也常说我生的白净好看，是一只好鸽。

直到有一天，我记得那天很热。七月的天空，太阳总是迟迟不肯落下，天边泛起几朵热烈的火烧云。男孩在饭桌上宣布他要去当兵，还是去中东最危险的地方，参加维和部队。他妈妈第一个反对，筷子被狠狠摔在地上，米粒零零落落掉了一饭桌。我吓坏了，他的爸爸一推碗扔下一句"让他走"便回房不再出来。

那是我见他的最后一面，他扛着军人需要的东西，像电视里演的那样挥挥手和亲人道别。不同的是，电视上是亲人拉着临别的人哭，而现在是亲人在屋里哭而临行的人在屋外哭。男孩向我走来，他的眉宇还是那么温柔，手指修长，他对我说他要去保卫祖国，他还说他一点也不会后悔。他的话坚定有力，可我分明看到他澄澈的眼底里有滚烫的泪，我分明听到他的话里带着颤抖。我啄啄他的手，摇摇脑袋，心里想着过年总会再见的，我们都一起过了这么多次了不是吗？他转身扛起东西，远去了，那一刻他单薄得像一层纸。

他关门的声音很轻很轻。

他走后的每一天我与他的父母都在关注战争的最新消息，我知道现在都是无人机远程操控战斗，没有人上前线，只是武器去战斗。新威慑武器与核武器结合对整座城进行毁灭性打击，还有地下作战，但地下含氧量低，往往将指挥中心建在土层间，利于与地上信号连接，也利于与下方联系。狙击也是无人操控的，高倍镜通过蓝牙与枪连接，消焰器与消音器直接装配在操纵器上。投掷类器具基本淘汰，埋雷也不再采用，指挥中心也是随时转移，利于躲藏。

我的心其实也没有那么紧张了，看到那么多大型武器在作战，不用人上前线去拼命，我觉得男孩快回来了。

我每天望着远方，他离开的那个方向，等着。每天下午，他的爸爸妈妈回来都满脸疲惫，头发上的花白也那么刺眼。我知道国家打仗要钱，要车费，我担心他们会把我卖掉。春去秋来，四季轮回，我也不知等了多久。

那天我记得格外清楚。雨似针般细腻，连绵不断地下了好多天。突然有敲门声，我睁开眼睛，去寻那声音。一定是男孩回来了，一定是的！我心里焦急激动得很，两脚在笼里踩来踩去，我抖抖身上的毛，让我显得好看些，这样说不定他下次回部队还能带上我。可就在这时，我却听到一阵哭声。

他妈妈哭了，哭得很大声，她的怀里抱着一个黑色的匣子，嘴唇泛着紫色，双手紧紧搂着匣子，泪水顺着她的脖子淌到了匣子上。他爸爸也哭了，他揽着她，低着头，肩膀一耸一耸的。屋里没开灯，借着外面的灯我看清那个匣子上有男孩的照片。我的心沉到了谷底，我呆立在笼子里。一阵雷劈过楼顶，整个夜包裹着泪水。

战争结束了，全球都放下武器，维护和平。这次战争殃及大半个中东地区，那里寸草不生。男孩就是被新威慑武器和核武器结合的无人机击中的，他们整个队都没了。

那个黑匣子在我笼子的旁边，现在全球都放下武器了，再也没有战争，全球都在欢庆。男孩的爸爸妈妈把我放了。

我飞向窗外，望向他离开的远方，我展开翅膀去寻找他的踪迹。"你的愿望是保卫祖国，那我的愿望是守卫你，守卫和平，我自此是一只和平鸽，我不畏那风雨，只想盘旋在你待过的那片土地，报答你的恩情。"

我是一只和平鸽，我看过花落，听过许诺，也明白这世间最痛苦的告别无非是天灾人祸，我庆幸全球放下了武器，不要再让天下家庭破碎分离。我仰起脸，用力去飞翔。

我叫和平鸽。

指导老师：贾培，文学硕士，毕业于山东师范大学比较文学与世界文学专业，中学一级教师，曾获全国中小学信息技术创新与实践大赛二等奖、山东省中小学教育教学随笔一等奖、张店区优质课二等奖，多次指导学生获国家级作文大赛奖项。

# 希望藏在潘多拉魔盒深处

刘允琪 / 高二年级　袁庆峰 / 指导老师　山东省微山县第一中学

27 世纪，动荡不安的乱世。

随着人类的技术发展，各种新型毁灭性武器不断被研发出来，几乎每一个国家都掌握着不为人知的致命武器，在这样的世界里，充满着猜疑、危险和痛苦！

秦越是一个生活在山村里的少年。虽说是山村，但它的发达程度与 27 世纪的大型城市有过之而无不及。之所以称之为山村，是因为这个地方还存在着绿意盎然的春色和鸟语花香的静谧美好，是少有的理想中的乌托邦世界！秦越是听着老人的故事长大的，老人告诉他："一个世纪以前的世界还不是这样的，各个国家之间虽然也会爆发战争，但还没到无树可寻、无花可嗅的境地。人们之间尚且存在着信任和团结，还有美好无瑕的爱情，可现如今一切都变了，再也不是曾经的模样了。"末了，老人感叹道："战争这东西害人不浅，仅仅一个世纪就把世界折磨成这样，谁知道我们这个地方又能安宁多久呢？"老人迎着微风，在暖阳之下安静地睡着了。

秦越看了看老人，想象不到那样美好的画面。因为他曾生活在桃源般的山村里，但每天听到的也只不过是不远处电磁炮的轰鸣声和无人机掠过的机翼声。秦越也曾怀着满腔好奇走出过山村，但他看到的不是他想象里高楼遍地川流不息的繁华景象，而是满地废墟、千疮百孔、哀鸿遍野、尸体成堆的惨状。他被现实逼退，失望地回到了山村。他呆呆地望着宁静如琉璃般清澈的湖面，脑海里却全是那些惨状，他想："这和当年的南京大屠杀有什么区别？"他最终还是叫醒了老人，告诉了他那些事。老人沉默着，眼睛里却全是悲伤。梦都有醒的一日，老人最终还是被现实击倒。他流下眼泪，告诉秦越："战争这种事，终究是害人害己，他们最终会得到应有的审判。"

可怕的一天终究到来了，正如老人所料想的一般，这最后一块物资充沛、宁静美好的地方成了各国争抢的目标。秦越带着老人四处逃窜，可哪里有他们的容身之处呢？他们的家早已在炮火声中化为乌有，他们的亲人也早已在军队的铁蹄下埋入泥土，他们成了无家可归之人。战争没有让任何一个国家得到这处乌托邦，反而使这里变得和其他地方一样，没有森林，没有花香，只有断裂的房梁、满地的骸骨，世界上再也没有了净土！

如今再打仗又能得到什么呢，如今再生存又能依附什么呢？地球成于宇宙爆炸，毁于武器爆炸。人类得到了他们应有的审判！各国领导人如梦初醒，他们只顾利益，全然不顾人民的死活，他们用科技打开了潘多拉的魔盒，他们用科技制造灾难！他们终于低下了自己曾经高昂着的头！

27世纪末，各国政府联合起来正式宣布：全面销毁武器，未来永不发动战争，利用各国科技力量，重建一个互相尊重互相包容的新世界。高楼在废墟之上逐渐升起，孩童在学校里接受"己所不欲，勿施于人"的思想，情感在人类之间得以建立。秦越笑着对老人说："如今的我再也不用去想象曾经的世界有多么美好了，因为我就生活在这样的世界里。"老人也笑了，在暖阳春草中安详地闭上了双眼。

藏在潘多拉魔盒最深处的希望洒向了人间，一个新的真正的和平时代正式拉开了序幕。

28世纪，将是一个太平盛世！


指导老师：袁庆峰，中学语文高级教师，发表论文多篇，多次指导学生获得全国及省级作文大赛奖项。

# 小亚印

刘卓尔 / 高三年级　翁　盛 / 指导老师　北京市第二中学

　　我是小亚，是亚部族族长之子，自出生起便喜好攀登部族旁的喜马拉雅山探险。一天，我在冰峰间滑行时遇到了另一个白皮肤的同龄小孩，那是我第一次见到自己部族以外的人。我没敢直接说话，只是由于强烈的好奇心和求胜心跟他暗自较量起滑冰技术来。连续几天我们都不约而同地在第一次见面的地方附近转悠，暗自观察着对方。

　　终于有一天，我鼓起勇气向白皮肤的小孩打了招呼："嘿！我叫小亚，是亚部族的孩子，你呢？"白皮肤小孩立刻滑到了我身边："我叫小印，来自印部族。"说罢，他冲我甜甜地笑了。从那以后，我们便成了极要好的朋友。即使我们的信仰和文化大不相同，我们也会互相分享自己的所见所思所想。我们最喜欢干的事就是构建一个小世界，那里融合了亚、印两个部族的信仰和文化，两个部族的人民可以和谐地居住在一起。

　　我认识小印这件事我没敢告诉父母，因为从小他们便教育我说外族人是多么野蛮而粗鲁，并且要求我远离部族边境地带。我很想告诉他们小印就不是那样的，但每每想到父母说这话时严肃的目光，我便打消了念头。我只把这些事分享给我的同龄亚部族朋友们。每次他们都听得津津有味，并且依照他们的理解为我们构建出来的小世界添加更多的内容。而我又把它们复述给小印听，小印也会把他的新想法讲给我听。有一天小印没有给我讲新内容，而是严肃地问我是否愿意见见他的印部族朋友，因为他们很想了解我们的小世界并且迫不及待地想来见见我。我一听，便把亚部族的情况告诉了他。我们约好第二天在老地方碰面。

　　第二天，几十个小朋友和我一起爬到我和小印相会的冰洞，见到了几十个白皮肤的小朋友，每个人都十分激动，我们一见如故，相谈甚欢。我们当即成立了"小亚印"联盟，并约定每个月聚一次。

　　有一次，我们在聚会的时候被由我父亲带队的巡逻组发现了，所有印部族的同伴立刻躲到了附近冰柱的背面，而我则滑向父亲以防止他们过来。父亲的部属看到我都十分惊讶，其中最年长的那一个则愤怒地问我为什么带着这么多亚部族的孩子到这个边境之地，说罢就想滑到同伴们聚集的地方轰他们回去。我吓出了一身冷汗，正着急得不知如何是好的时候，我父亲一反常态地拦住了他，回头冲我点点头道："你去吧，孩子，注意安全。"说毕，他带着部属离开了。我松了一口气，但又有些疑惑，父亲这几天的表现有些奇怪。

值得庆幸的是聚会只有那一次比较危险，后来就不知怎么地再也没有被打断过。随着我们年龄的增加，每次探讨的话题也越来越深入，越来越实际。从小时候第一次聚会讨论吃什么，到现如今的模拟部族大会，为小亚印设立法令和公民守则。我们的世界也渐渐变得更加具体实际，变得具有极强的可操作性。

几年过去了，我们都长成了青少年，任务一天天紧起来，我们挤出时间来聚会的机会越来越少了。但小亚印的精神和文化理念却早已通过我们共同构建出的小世界深深地印在我们的脑海中。

后来，我长大了，到了继承父亲亚部族族长身份的时候了，部族骨干在一周内告诉了我许多只有部族元老才会知道的内容：全球共有几千万个部族，均依照百年前第五次量子世界大战后的协定，按文化、信仰等综合指标进行划分。这些部族的首领都通过当时来自各国科学家合力打造的"大一统"智能中心调度沟通，进行必要的经济贸易及商品运输，其余时间都封闭在各自领地中互不侵犯。而"大一统"智能中心主要作用就是避免部族间矛盾的产生并负责协调解决出现的部族间矛盾。

在我即将继任族长之位的前一天晚上，我内心怀着紧张与兴奋，更多的还是一种责任感，翻来覆去，彻夜难眠。正当我苦思冥想如何将小亚印精神真正传播到每个亚印部族的成员内心，让小亚印真正实现时，门忽然被推开了。

借着光，认出是父亲的身影，我赶紧闭上眼睛装睡。父亲小心翼翼地走到我的床边坐了下来，半晌，叹了口气道："儿子，你应该还没睡吧？"我在黑暗中不敢吭声。只听他继续说道："其实这几年对你的教育中你应该也发现了，外部族的人并不是凶恶的，他们和我们一样，都是有血有肉、有生命有情感的人。只是因为第五次量子世界大战差点把地球上的所有生命抹去，导致人类过于害怕彼此接触而产生新的战争，于是用了这个方式维护和平。而我们每一任族长都害怕出现争端，索性在讨论后决定，直接告诉公民外部族野蛮而粗鲁。这并不对，但也是我们以极端手段求稳定的手段，是迫不得已的办法。

"孩子，其实你们的事情我知道，而且我完全理解。在很久以前，当我还是一个孩子的时候，我也曾遇见过一个外部族男孩，可惜我们在连续几天故意碰面后没敢给对方打招呼。在那以后的日子里，我十分后悔，一直在想：如果当时打了招呼，肯定能改变一些什么吧。从那以后，我总会到第一次遇见那个男孩的地方转悠。直到有一天我看见了你们，我没敢惊扰你们，也没再打扰你们，内心却是满满的解脱和骄傲。

"儿子啊，父亲永远支持你。放手去做吧，你面前是星辰大海等待着你去征服。好好睡吧，以后这个世界就属于你了。"说完，父亲掩了掩我的被角又轻轻地出去了。我躺在床上，紧闭着眼睛，但泪水还是流了出来。我下定决心，要将小亚印真正融合。

我每月按时去"大一统"亚部落联系中心接受调度，分配人民去完成运输任务，但很奇怪，"大一统"从来不安排我们和印部族往来。有一次，我趁着没人，对"大一统"说出了我的疑惑，"大一统"对我说："我当初被设定出来，就是为了和平。至于用何种方式和平，其实是你们可以选择的。其余的部族，由于害怕不同文化理念的人接触会产生矛盾，进而埋下战争的种子，便选择了小国寡民式的存在，你们用你们的方式突破了部族间的壁垒，族人得以真正融合，获得永久和平。在我的定义中，你们已是亚印部族，不分彼此。"

我兴冲冲地赶回部族，紧急召开了"小亚印"大会并说明了情况，每个人都兴高采烈地决定将部族真正融合。没过多久，我们就成了全球首个和平融合的部族。

没有什么矛盾是解决不了的，若有，也只是人心的隔阂，绝非物质的矛盾。从此，我和小印致力于部族融合。一切进展顺利，在小亚印成立五十周年之际，我们终于迎来了全球真正的新和平时代的到来。

"小亚印"推广到"大一统"中了。

指导老师：翁盛，中学高级教师，区骨干教师，承担北京市区级公开课十余次，参加国家、市级课题四项，在国家、市、区级刊物发表文章二十余篇，指导多名学生参加国家级征文比赛并获一、二等奖。

# 非 攻

罗雅轩 / 高三年级　　汪　楠 / 指导老师　　北京市第二中学

我是零号，全球最先进的人工智能。

还记得，我诞生在遥远的 2035 年，是中国的一批科研人员创造了我，那时我是全球第一个人工智能，是国家信息智能中枢。五百年后的今天，我的材质、功能经过多次升级更新后已经大为提升，我的创造者们已经作古，唯一不变的只有我的记忆和我的名字——其中蕴含着创造者们的骄傲与期望。

如今我要改名字了，契机是三天前联合国大会上通过的《全球和平无武器协定》，协定中人类决定共同销毁武器，迎来永久和平。为了纪念这历史性的一刻，我的新名字叫"非攻"。

这难能可贵的和平来之不易，之前经历了漫长与曲折的武器史、战争史，除了时光，也只有我可以见证了。我诞生在核武器时代的末期，"二战"的硝烟成为历史，核武器成为威慑性的存在，世界规模的战争没再发生。但在我诞生后仅仅十年间，世界上又出现了许多我的同类——超级人工智能——美国的"索尔"、日本的"八岐"、英国的"福尔摩斯"……信息武器时代，开启了。

2116 年，美俄就北冰洋海域的可燃冰开采权产生了纠纷。同年 9 月，俄罗斯在此地建造的可燃冰开采设备遭到了外科手术式的精确攻击，没有造成太多人员伤亡，一恐怖组织声称为这次袭击负责，但这样精确的攻击只有和"索尔"同级别的人工智能可以做到。美国很快遭到了反击，而在联合国的调解下，两国签订共同开发的协议。一触即发的战争威胁化解了，但这场冲突也标志着信息武器技术的成熟。在这样的技术下，不仅大洋两岸的国家可以相互精确攻击，甚至外太空远程攻击也完全可行。

而到了 2337 年，"索尔"在大量军费支持下研发了以新能源为动力的能量武器，特点是能源更易获取，武器耗能更低，同时可以对被攻击对象造成毁灭性打击。于是各国相继研发以提高国防实力，人类正式进入了能量武器时代。但大量的军费开支阻碍了教育、卫生、医疗、环境保护等方面的发展，几个世纪以来不断加速更新的武器引发了民众一定的不满。

武器进化的最终阶段，在二十年前到来。一种新威慑武器产生了，其杀伤力远大于核武器，技术如今却被全球101个国家掌握。虽然目前没有被投入到任何一场战争中，但一旦使用，必将掀起世界级别的灾难甚至人类的灭亡。在这样的背景下，各国处在强烈的不安中。

自古以来，战争就是为掠夺资源，无论是矿产土地等物质资源，还是国际影响力世界霸主地位等政治资源，都成为争夺的对象。但随着科技的不断发展，资源利用率极大提升，解决了人类生活的物质资源问题；而机器人的普遍应用也解放了从事机械劳动的人，使其更好地投入人类文明的建设。各国间的差距在缩小，已经向着多边平等的关系演进，世界霸主不复存在。但高额的军费开支影响了其他领域的发展，新武器的攻击性、国际局势的不稳定性都威胁着人类的安全。因此，我经过72小时的计算，总结了人类历史上战争造成的巨大损失：在有记载的共计15032次战争中，有36.8亿人因此丧命，损失的财富折合成黄金可以铺成一条宽151千米、厚10米、环绕地球一周的金带。最终我得出结论：人类应该销毁武器，让战争在地球上消失，加大力度支持科技、教育、环保等领域的发展。

我的意见在联合国大会上由中国代表提出，在得到广泛支持的同时，也引起了许多高军费开支国家的质疑。经过三年的讨论与细化，经过各国超级人工智能的周密计算，在铁一般的数据面前，人类几经反复后终于认清了——和平就是最长远的利益。最终，《全球和平无武器协定》在三天前的联合国大会上被一致通过，正式生效！

从此，我是非攻，世界和平是我最美好的愿望，我会铭记达成协议的艰难历程，铭记武器与战争的历史，在大家共享和平时，时刻警惕、提防战火重燃，时刻提醒人类重视长远利益，以维护这久违的、珍贵的和平。

指导老师：汪楠，北京二中语文教师，毕业于北京师范大学中文系汉语言文学专业，文学学士，中学高级教师，北京市东城区骨干教师，东城区教育系统"教育新秀"，多次获得区级教学基本功大赛一等奖，多次指导学生获得市、区级作文大赛奖项。

# 天 雷

罗梓睿/高三年级 王彩云/指导老师 中国人民大学附属中学

2025 年 8 月 1 日，纽约联合国总部。

"下面，请合众国科学院院士顾远先生上台做关于高层大气的研究报告。"

台下响起了稀稀拉拉的掌声，毕竟对于台下的这些政客而言，科学演讲可能还没有打高尔夫球的一半有趣，即使是在华裔备受歧视的合众国仍能成为院士的顾远也同样不能引来他们些许的兴趣。

顾远丝毫没有受台下气氛的影响，同往常一样一步步沉稳地走上了演讲台。他盯着台上已经放好的稿件，突然一把将它们扫了下去，在众人惊愕的目光中抬起头，说道："今天，我有一个特别的项目要报告。"

"我研究的主要课题是关于高层大气的放电现象。大家应该都见过极光吧，就是太阳风携带的粒子与高层大气相碰时放出的电光，"他顿了顿，"如果大家这几天晚上出过门，留意过天空，想必你们会发现天上出现了许多一闪即逝的'星星'，实际上那根本不是什么'星星'，"他深吸一口气，似乎要说出什么惊天的秘密，"我们发现近日太阳活动明显频繁了许多，其散发出的粒子能量远大于前，再结合大气中大量高能反应的出现，我们有理由相信，这是由于高能粒子与电离大气碰撞产生了反物质粒子，而反物质粒子是由电场控制的，人类可以大量捕获它们，而集中的反物质一旦与正常物质湮灭，其能量将远远超过人类想象，甚至可能毁掉一个国家。也就是说，人类现在可以拥有一种威力远超核弹的武器，"他停了下来，看着台下的代表们早已目瞪口呆的脸，"单独把这件事报告给任何国家都是不负责任的，所以我选择在这个场合告诉大家。谢谢大家。"他深深地鞠了一躬。

会场鸦雀无声。过了许久，一位代表重重地瘫在了椅子上，打破了寂静："顾远先生，你给全人类打开了一扇通向黑暗的大门。"

2026 年 9 月 13 日，新疆某地。

刘易斯时至今日都不敢相信这几天发生了什么。合众国科学院主席、"天雷"反物质炸弹的研发者顾远，竟然在炸弹将要完工的时候叛逃到了共和国！刘易斯的震惊在这几天已经发酵成了愤怒。现在，他正奉命在这口深井中穿梭，目的是刺杀顾远。

他穿越了层层封锁，指挥室已经近在咫尺。他转过一道弯，眼前那条不长的走廊尽头亮着微微的光。他停顿了一下，举起枪小心地向前走去。他面前又出现了两个白大褂，刘易斯条件反射般扣动了扳机，几发黄澄澄的子弹夺走了他们的生命，血像之前无数次那样浸透了他眼前的地面。他终于站到了那扇门前。在突击步枪的火力面前，那扇厚厚的铁门像一张卡纸一样脆弱。刘易斯一脚踢开摇摇欲坠的门，却发现门后竟然只有顾远一个人。

"为什么？"刘易斯用枪指着顾远，怒吼道，"你为什么要背叛我们？"

顾远出人意料地笑了。他从那张试验台背后走出来，整了整衣服，直面刘易斯："你是合众国派来的吧。"他平静地迈出步子，缓缓走向刘易斯。"根本就没有什么背叛。你或许以为，因为我是个共和国人，所以我回到了家乡。"他直视着刘易斯的眼睛，"那你错了。想必你一定知道联合国的那座'铸剑为犁'的雕像，只有锤子才能把剑砸烂，若是只有剑，那战争仍然会存在，甚至变本加厉地存在。"

刘易斯紧握着枪把的手微微有些出汗，他舔了舔嘴唇，继续瞄着这个手无寸铁的战士。"可能你觉得合众国的战略优势足以压垮其他任何一个国家，身为拥有反物质炸弹的合众国的国民就可以不在乎什么。但是战争本身就是潘多拉的盒子，一旦打开它，就会给战争双方带来死亡。今天的合众国就是剑，共和国就是锤，两国都必须有反物质炸弹，才能有稳定的战略平衡与和平。开枪吧。"他的声音近于嘶吼，"想想合众国在中南半岛上洒下的鲜血，再想想你的孩子，你想让他们生活在死亡的恐惧中吗？开枪啊！"

刘易斯犹豫了，枪口慢慢地垂了下去。

2056 年 3 月 11 日，北京。

"感谢顾远先生，在反物质炸弹的威慑下，世界的长久和平终于得以实现，战争终于被消灭。在合众国和共和国的共同带领下，世界范围内的常规武器开始拆解……"历史老师的喋喋不休如同耳旁风般从小女孩耳旁吹过。

她一点都不喜欢近代史，但是她听爷爷说过，在很久很久以前战争还存在的时候，处于战争中的孩子们都是上不了她最喜欢的艺术课的。

"顾远，名字虽然俗了点，但人还是挺不错的嘛。"

指导老师：王彩云，文学硕士，毕业于澳门大学中文系，中学高级教师，曾获北京市海淀区教师基本功大赛一等奖、北京市基础教育科研论文一等奖等奖项，海淀区优秀青年教师、海淀区教育系统青年先进工作者、海淀区优秀教师等荣誉称号，多次指导学生获国家级作文大赛奖项。

# 止戈为武

吕依珂 / 高三年级　陈晓楠 / 指导老师　河北乐亭第一中学

2500 年，世界人口出现爆炸式增长，地球已不堪重负，人民陆续发起运动，抵抗拥挤不堪、资源匮乏的生活，为此特设机构"世界正义司"，口号为"为守护地球的公平正义而生"。

现在是地球上爆发战争的第 5 年。

世界正义司司长武双站在指挥台前，盯着不停翻滚的数据，面无表情。机器人秘书路易斯开始每日的例行汇报："这是今天辖区内所有的伤亡及财产损耗数据，另外有 352 位群众打进司长专线，控诉敌方政府对其不公平的待遇……"

武双的眉头皱了一下，不过也仅仅只是一下，办公室的门无声打开，一个活泼的身影冲了进来直接扑到武双身上。武双震惊地回头，发现来人后，冷酷的面容突然绽放出无比灿烂的光芒。"小亮，来看爸爸吗？"

他把儿子抱起来，对路易斯又恢复了冷峻的表情："还有什么？""前线有群众致电，抗议后方领导急躁冒进，不顾前方百姓安危的行为，称某人只会暴力，不用脑子。"

路易斯突然噤声，因为武双按下了它的开关。他脸色发青。

小亮昂起稚嫩的小脸，问道："爸爸，是有人在抗议吗？"

武双指给儿子看他构建的"理想世界"沙盘，那充斥着稀有气体的玻璃罩释放出霓虹般的色彩。

"小亮乖，他们是不对的。"

地球上爆发战争的第 10 年。

自第 9 年起，总指挥中心开始陆续收到神秘脉冲信号，武双委派专家进行破译，可依旧毫无进展。"宁可错杀一千，绝不放过一个！这很有可能是其他文明传来的宣战信号，停止破译，全体进入备战状态！"武双的情绪很激动，他老了，因为多年处于战斗的状态而身体精瘦，头发稀疏，可眼里依然燃烧着激情。

"爸，你冷静一下。"小亮长大了，他面色凝重地看着眼前这一切，周围的部下听到司长的命令，立刻奔赴各自的岗位，像一群机器。"有个成语叫民不聊生，爸，停手吧。"

武双露出费解的神情，有些哭笑不得："小亮，我是为他们好！你是我儿子，你不应该妨碍我，不，你没有资格对我指手画脚！"他敏感的回应让小亮愣了片刻，小亮低下头对路易斯说了些什么。冰冷的机器发出属于人类的声音："开始前往瞭望台。"

小亮不由分说地将武双摁在椅子上。"爸爸，是时候让你清醒了。"小小舱室快速穿梭，最终停在一片无垠旷野。"下来吧，看那儿。"小亮调出望远镜，递给武双。

视野前方的空中挂着一轮金黄的圆月，武双已经好久没看过月亮了。他记得上一次还是在他像小亮这么大时，坐在自家的屋檐下，明月高悬，惠风和畅，抬头望月，目光纯洁得可以映出月的影子。

武双又将物像放大了一点，不对，怎么有人影？啊，还有计算机、试验田、重型坦克以及他没见过的古怪东西。他们调暗了飞船里的光，武双开始懂了，他看清了他们是谁，一张张年轻而鲜活的面孔，饱受战乱之苦的流民……他呆立在原地，小亮的声音在耳边响起："最初你们发动起义，为的是人民的幸福。可当人民因你们而颠沛流离时，就不要再道德绑架、自欺欺人了。其实那些脉冲是我发的，是为了地球的未来。"

地球上爆发战争的第 11 年。

停战指令下达，可前线战士们的脚步再难收回。两军对垒，当他们摁下激光炮的发射开关，却发现系统已被更改，残酷的炮弹消失，取而代之的是耀眼夺目的礼花。

指导老师：陈晓楠，毕业于河北师范大学汉语言文学教育专业，一级教师，多次指导学生在省级、国家级作文大赛中获奖。

# 大自然的报复

毛夏洋 / 高一年级　张利平 / 指导老师　河南省长垣市第一中学

公元 23 世纪，地球已进入能量武器时代。随着自然资源告急，一些国家为争夺资源战乱不断。最初制造量子武器时，只知道它能量巨大且成本低，令人始料不及的是，在战争结束一段时间后，使用过量子武器的地点四周的植物叶片发黄，开始萎蔫。

位于中国安徽省合肥市的生物科技实验室中，周齐博士正使用最新研发的电波转换装置与一盆野生兰花对话。在简短的自我介绍后，兰花"幽"开始诉说心声。

"人类在核武器时代已经对自然界造成了巨大的伤害，那时带来的痛苦是瞬时的。祖辈们说，强烈而具有爆发性的疼痛过后，植物的生命在两小时内终结。现在，量子武器辐射后，一开始没什么异样，随着时间的推移，症状加重，植物在刺骨钻心的疼痛中死亡。你们害得我们好苦！"

"对不起，我们也不知道量子武器会有副作用。我们会加快研制生物药品帮助你们抵抗辐射的。"周齐十分诚恳地道歉。

"那又有什么用呢？现在地球资源告急，一百五十年后，自然界将山穷水尽，会有一场爆发性灾难，我们和你们会一起灭亡！"幽生气地吼道。

"你为何如此肯定？这种事情怎么可能现在就有预兆？"周齐有些不相信。

"你们人类应该知道，自然生灵是地球的感知器官，也是表达器官，就像自然有些现象你们到现在也解释不了一样，有些预兆还不是靠我们传达？"幽对于周齐的疑问显然有些不耐烦了。

实验后，周齐发表的论文令全球的学术界展开了一场"大运动"。多本权威杂志收录了这篇论文，世界各地的科学家重复周齐的实验，得到了相同的答案，引起全球高度重视。

2278 年 8 月 7 日上午 10 时整，联合国发布公告："现今已找到适宜人类居住的另一星球，全世界将统一起来为百年后的搬迁做预备工作。在此期间，

203

全球停战，未来也将永不发动战争。各个国家、各个民族要学会互相尊重、互相包容，全面接受孔子'己所不欲，勿施于人'的思想，共同建立全球新的、真正的和平时代。"同日上午12时整，全球各个国家同时发布"将全面销毁武器，未来将永不发动战争"的新闻报道。

2278年9月1日，由联合国组织的"全球科研院"在伦敦正式开始工作。来自全球各国的精英在此地会合，共同研制超光速飞船，在这里大家像家人一样一起工作。

一百年后，全球新闻联播报道："超光速飞船已于昨日试飞成功。将于下月投入使用，计划在二十年内举球搬迁。"地球人要离开地球了，纵有万般不舍，为了光明的未来也只能离去。还有机会回来吗？不知道。但细想，以后就是真正和平的时代了，再也不用经历骨肉相离、流离失所的悲伤了，也挺好。

二十年后，最后一批地球人撤离。微风袭来，各种植物随风舞动，再也没人知道，地球人走后，它们欢欣鼓舞："地球人撤离啦！地球属于我们啦！"也不会有人知道，这是大自然的报复！

指导老师：张利平，文学学士，毕业于河南大学汉语言文学教育专业。毕业以来一直从事高中语文教学工作，深受学生喜欢，曾指导学生参加各级作文比赛并多次获奖。

# 结束与新生

毛一平 / 高三年级　　薛洪宝 / 指导老师　　北京市密云区第二中学

　　S 先生与 H 先生是一对形影不离的好朋友。他们从小一起长大，一起上学，一起工作。他们有相同的职业——武器学专家。不同的是，S 先生耳后有一颗酷似弹头的痣，他还对料理花园颇有兴趣；H 先生眼角有一枚类似心形的红色胎记，漂亮极了！闲暇时，他总喜欢捧着中华传统文化书籍读个不停，尤其尊崇孔夫子的思想。

　　这天下班，他们俩相约去看最近风靡全球的影片《和平时代》。这部由 Z 国、M 国、E 国、Y 国、D 国联合打造的影片，好评不断，越来越火爆，在全球产生了极大反响。

　　S 先生与 H 先生先后躺在了舒适的沙发椅上，戴上新型眼镜观影。影片开始，一位夫子坐在杏林的讲坛之上传授着他的思想：己所不欲，勿施于人！镜头一转，在一片片喊杀声中人们仿佛已陷入疯狂，刀剑相向，血肉横飞，最后随着炮弹的呼啸、战机的轰鸣，两朵蘑菇云腾空而起。一片白光之后，一切化为虚无！镜头又转，展现的是当代的武器与模拟战场，机器人士兵们手持超级能量球不断投射，毫无感情的他们虽然一次次"粉身碎骨"，但只要计算机系统完好，只需要几秒钟就能再次组装拼接，自动"重生"，直至最后一个零件报废。指挥官站在千里之外的屏幕前，在手表上点着什么。镜头拉近，原来是一个虚拟屏幕，战场信息实时传导！

　　没错，现如今，战场这般瞬息万变之地也能实时传输光影声波信息。在千里之外指挥战斗，并不令人惊讶。只见指挥官几个指令点下，瞬间就摧毁了敌方几个阵营，胜利又近一步。他品着红酒，嘴角挑起一个神秘的弧度，冷漠地看着眼前的一切。此时，观影的人不禁不寒而栗：美丽的地球变成了人间炼狱！

　　有人会问，机器人在打仗，人类在哪里呢？镜头深入地下，人类如老鼠一般躲在提前挖好的地下洞穴中。物资匮乏，发光的能量球已所剩无几，就连补充能量的胶囊也只剩下几天的量了。幸运者躲在地下苟且偷生，不幸者早已在地面上被炸了个灰飞烟灭。场面一点儿也不血腥，却令人毛骨悚然。影片最后，一声来自历史深处沉重的呼唤——"铸剑为犁"久久回荡！

H先生摘下眼镜，久久不能平静，只有那最后四个字萦绕在心头；S先生却显得不以为意，他认为武器不仅是侵略的工具，也是自保的手段！"如果影片变为现实，那是人类自取灭亡，我们必须消灭武器！"H先生吼道。"可是，人性本恶，如果我们没有防御手段，那也是自取灭亡！"S先生毫不示弱。

一言不合，不欢而散。多年的好友第一次冷战，互不相让。

自那以后，H先生顺应大众呼声，多次给联合政府写信，提出销毁武器的方案，并到各地去演说，S先生也有支持者。两派激烈争辩，各自有理。

多年之后，人们常常看到：一个耳后有痣的老头儿常常在花园里料理花草。手中的虚拟屏幕上显示的是他的百亩能量胶囊基地，机器人们正在热火朝天地劳作。一个眼角有心形胎记的老头儿，被孩子们围在中间，笑着讲几千年前孔夫子的大智慧——"己所不欲，勿施于人"。

其实，在最高机密的档案库中仍存有他们的理论研究，而开启的密码是地球上所有国家领导人的瞳纹。

H先生与S先生一有时间就聚在一起喝茶，说着田中的成果，讲着课堂上的乐事，他们在午后的暖阳里谈笑风生。

战争时代结束了，人类在真正的和平中迎来新生！

指导老师：薛洪宝，文学学士，毕业于哈尔滨师范大学中文系，汉语言文学专业，中学一级教师，密云二中骨干教师，曾获北京市密云区教师评优课一等奖、密云区教师基本功大赛一等奖，发表多篇论文。

# 同筑一个梦——和平

聂鑫宇 / 高三年级　谢　峥 / 指导老师　北京市密云区第二中学

"2230 年 1 月 10 日早 8 点 S 国遭到新型武器袭击，凡是闻到空气中紫色烟雾的人都会变得神志不清，目光呆滞。"新闻探测机器人报道着最新状况，"现在陆续有几十个国家遭到此新型武器袭击，袭击之主谋尚不清楚，疑似外星人入侵地球。"

新闻消息传遍全球，人们变得慌张不安，无数人为避免紫色烟雾的攻击，都开始纷纷预订逃离地球的票。一时间，地球上的和平体系遭到破坏，这一神秘的新型武器令国人纷纷乱了阵脚。

"据悉，世界各地的科学人才汇聚在一起研究这个带给人类恐惧的武器，希望可以有新的进展。"驻联合国和平大使 S 先生听到这个最新消息，望着窗外。看着人们慌张地穿梭于大楼间，人潮涌动，即使有人摔倒也无人帮忙，这一画面似乎是 200 多年前踩踏事件的重演。搁置许久的空气净化口罩被人们疯抢，因为空气中那清晰可见的紫色颗粒一旦吸入便呆傻如三岁小孩。世界不再如往日宁静，人们纷纷逃命，远离地球或是躲于家中静等生命的终结。"哎！"S 先生心中感叹，"不行，必须恢复往日和平的地球。"在 S 先生心中，他坚信人类的科技文明必能战胜这一新型武器。

S 先生打算回到实验室鼓励科学家加紧研究，他刚一转身，便看见一个有四只脚、两个脑袋、三只眼睛的不明物体，这个物体身上围绕着紫色烟气，旁边是一个破旧的小型飞船。S 先生着实吓了一跳，身子往后一倾，差点从楼上摔下。"亲爱的和平大使 S 先生，您好，我是来自遥远宇宙 X 球的外星人"。S 先生缓了一会儿，平复了一下心态，"您好，请问您来地球有什么重要的事吗？""我就是想告诉您，这紫色烟雾是我们 X 球投放的，这是我们国家的国王对你们地球的惩罚。"S 先生听了后，眉头瞬间紧皱，怒视着他："你们对我们国家有多大的怨恨，竟会用如此卑劣的手段？""因为你们地球人不断研制各种新型武器，产生的废气都到了我们星球，严重影响了我们的生长发育，并且阻碍了我们星球的经济发展。"X球人十分无奈地看了看自己那奇怪的身躯，又抬起头注视着S先生。S先生挠了挠头，变得十分愧疚，"实在抱歉，我们并不知道地球的发展竟对你们星球造成如此大的破坏。""只要你们愿意全面销毁武器并永不制造，停止战争，维护世界与宇宙和平，我们愿意帮助你们。"S先生听了以后没有犹豫便答应了，因为他早就意识到武器对世界的破坏性。X球人将解决方法传入S先生脑中，"愿宇宙和平。"说完，一股紫烟便消失了。

S先生将解决方法告知科学家，经过夜以继日的研究，世界又恢复了往日的宁静。通过紫色烟雾的袭击，人们也意识到武器的破坏性以及战争的危害性。S先生遵守约定，提倡各国全面销毁武器，停止战争，共建和平时代。

决议通过，武器被销毁，人们从此进入了彻底的和平时代。无数人脑中被输入了"宇宙和平，世界和平"的系统，全球人民同筑一个梦——和平。

指导老师：谢峥，毕业于河北师范大学中国汉语言文学系，中学高级教师，密云区师德先进个人，密云区语文学科骨干教师，密云区骨干班主任，曾获北京市基础教育优秀课堂教学设计一等奖、北京市密云区网络直播课堂一等奖，发表多篇论文，指导多名学生获得国家级作文竞赛大奖。

# 我们要保住太阳

宁贺杨 / 高二年级　　徐伟蓉 / 指导老师　　北京医学院附属中学

　　现在是5050年，世界进入了新威慑武器时代，各个国家都发明了新型毁灭性武器，全球各国都处于不安全之中。

　　人们都有了开发新能源减少污染的意识，世界的能源开发地都指向了太阳。新型毁灭性武器的能量就来自太阳。各国将新型毁灭性武器的储存系统与操作系统都放在了外太空，这样既便于吸收太阳的能量又减少了地球上的储存面积，使更多区域用于经济建设。可是宇宙是守恒的，能量也是守恒的，过多地吸收能量便会破坏平衡，导致灾难的发生。

　　"教授，教授，对太阳最新的检测报告出来了，太阳目前处于极不稳定的状态，如果新型武器再继续无止境地吸取太阳的能量，太阳会因为能量分布不均匀而爆炸！太阳一旦爆炸会导致宇宙的能量平衡被打破，到时候会发生宇宙大爆炸，太阳系所有星球将会毁灭从而再次达到平衡，这样地球就会化为灰烬！人类文明也将不复存在！""你不要过于激动，其他国家的报告中也发现了类似的问题。联合国会议明天召开，我会向联合国反映这个问题的！"

　　"各位代表，我想在这里提出一个申请，请世界各国能够全面销毁武器、停止武力威胁。"全场都震惊了，甚至有些国家代表在震惊后发出了笑声，认为这是一个可笑的申请。"教授，您是不是疯了，要我们放弃这么多年来的努力，您以为这可能吗？我们为了研发这些新型武器投入了多少人力物力，这些代价您替我们承担吗？""这位先生，我非常清楚这些代价，但这些新型武器吸收了太多来自太阳的能量，现在太阳的能量分布极不均匀，导致其内部能量不守恒，这样下去，太阳会爆炸，宇宙会爆炸，地球也将被毁灭！""什么？"场下又是一片震惊，"这份报告是真的吗？数据会不会有误？""这个结论不光由一个检测站得出，其他检测站也得出了同样的结论，我们现在只能毁灭武器将能量还给太阳，只有这样才能避免末日的到来！"短暂的喧哗过后是沉寂，在安静得都要压抑的时候，秘书长发言了，"各位，我们一定要保住太阳，况且和平是人类永恒的追求，新型武器的研发使全球各国都陷入了不安之中，我们应该销毁这些武器，让世界进入无武器时代，让全球开启一个新的、真正的和平时代！""那今后若是发生了争端该怎么办？""所以各个国家都要学会互相尊重、互相包容，就像儒家孔子所希望的那样。各位，我们销毁武器不代表我们的文明就停滞不前了，和平的环境难道不更有利于文明的发展与进化吗？"

是的，我们要保住的不仅仅是太阳，还有人类的文明。我们不能像玛雅文明一样，在发展中走向毁灭，我们要觉醒，要进步！

不久，各国政府发布联合声明：全面销毁武器，共同建立和平时代。土地、资源等问题也将根据人口比例与需求建立一个公平的分配体系，最大限度地避免冲突。

最终，地球回归了和平，人类在这方净土上安居乐业。

指导老师：徐伟蓉，毕业于首都师范大学中文系，中学高级教师，北京市海淀区语文学科带头人，曾获北京市"紫禁杯"班主任、海淀区四有教师、海淀区师德先进个人等荣誉称号，多次在市、区教学竞赛、论文评比中获奖。

# 我的英雄爷爷

戚琳琳 / 高二年级　李　婷 / 指导老师　黑龙江省齐齐哈尔市第六中学

2120 年 8 月 30 日，C 国，和平福利院。

"奶奶，奶奶，我们想听您讲爷爷的故事。"一群小孩子围坐在一个头发花白、笑容慈祥的老奶奶身旁，叽叽喳喳地叫着。李奶奶眼圈泛红，陷入了回忆的漩涡中，过了好久才张开口。

"咳咳。"她清了清嗓子，擦了擦眼角的泪珠，望向远方，"大约五十年前吧，我与你们的爷爷在军队相识，他是一名空军少校，我是一名卫生兵。那时很少有真正的战争，都是在计算机上模拟的战争，国家比较安定，我们的生活十分幸福。"说到这里，李奶奶的脸上露出了甜甜的微笑。

"这样的生活没过几年，爷爷被调到火星基地工作，作为一名军人，国家利益高于一切。我们两地分居，只能偶尔通过全息影像相见。夜深人静时，我常常用天文望远镜远远地看着火星，它荧光像火，令人迷惑，又叫'荧惑'。部队里的工作越来越繁重，我们的'相见'也越来越少，每个人心情沉重，大家都嗅到了不一样的味道。"李奶奶继续缓缓地讲着，孩子们都沉浸在李奶奶的故事中，替李奶奶担心。

"A 国多次派舰队、轰炸机来到我国领土上挑衅。犯我国土者，虽远必诛！我国派出各种导弹驱逐舰、战斗机，大战一触即发。"李奶奶的语气严肃起来，孩子们紧张地握紧了拳头。

"几天后，A 国突然撕毁和约，在联合国大会上枪杀发言人并嫁祸给我国，以此为借口发动战争，其他国家也陆陆续续地加入了这场战争。这场战争从陆地打到了海洋，又打到了天空，甚至打到了银河系。敌我双方势均力敌，战况每天都在变化。在此期间，我与你们的爷爷难得有通信的机会，我们都希望战争早日结束，世界早日和平。"李奶奶眯着眼睛，缓缓讲道。

"战争越来越惨烈，伤亡人数爆炸式增长。新型武器不断出现，战争形势瞬息万变。战争使用的信息化、电子化的武器使国家满目疮痍，有的地方甚至寸草不生，人们染上怪病。科技真是把双刃剑啊！"李奶奶感叹道，孩子们像在听神话故事一般，望着云淡风轻的天空，完全想象不到那种场面。

"这样下去人类会被战争毁灭的！全球人民都盼望和平，乞求安定的生活。战争形势不容乐观，每天的狂轰滥炸、枪林弹雨使医院里人满为患。但是人民的意志十分坚定，坚信战争一定会结束，和平一定会到来。"李奶奶越讲越激动，孩子们的眼中闪烁着坚定的目光。

"后来突然有一天没有声响了，世界静止了，战争停止了，世界和平了！但是你们的爷爷为国捐躯了。他这些年来一直在研究宇宙蝴蝶效应。为了世界和平，他驾驶着'和平者号'冲向了多次经过数学模型计算的太阳黑子，太阳射出的 $\gamma$ 射线撞击电离层引发了雷暴，导致磁场紊乱全球信号受损，武器无法使用。这时，人们突然意识到了战争的危害，决定全面销毁武器，停止战争，从此人类进入真正的和平时代。"

"出不入兮往不反……身既死兮神以灵，魂魄毅兮为鬼雄！"孩子们不约而同地朗诵起屈原的《国殇》，大家泣不成声，被英雄感动，他们小小的心灵中埋下了和平的种子，更加珍惜这来之不易的和平。

愿世界和平。

指导老师：李婷，文学学士，毕业于齐齐哈尔大学汉语言文学专业，中学二级教师，曾获得区级"四有"好老师荣誉称号。

# 人类共同体史记

仇可馨／高二年级　司文平／指导老师　山东省烟台第一中学

惨白的荧屏上，鲜红的光点剧烈闪烁着逼近，屏幕两侧弹出大量信息框。他手中的汗早已浸湿了紧紧攥着的黑色遥控器，死死盯着的信息框高度简洁。

"能量子打击预计到达时间，60秒钟后。"

汉字之下的阿拉伯数字更迭好似他跳动的脉搏。然而奇怪的是，在这极度的紧张之下，他的目光却随着那些数字，透过眼前的屏幕，穿过冰冷的字符，略过构成它们的一个个0或1的蛇形长链，射向空旷的远处。

60。

这也正是他所处楼层的相反数。他在地下60层，大约有160米深，他正处在一个空气污浊、阴暗潮湿的盒子般的房间里。他儿时曾捉来蚂蚁，将它囚禁在旧的火柴盒中。后来当他终于陷入相同的处境时，他时时想起那只蚂蚁，并真诚地感到愧疚。

40。

这是他的工号。在不远处其他的"盒子"里，有九位他的同事正握着同样的遥控器。他们的工作就是在荧幕上出现被称为"能量子"的武器攻击警示时，按下遥控器上那唯一一个红色的按键。到时己方的武器将立即发射，给攻击者以毁灭性打击。能量子是正反物质武器，通过正反物质的湮灭，将质量完全转化为能量。他曾惊异于质能方程的简洁美，而在这种美感之中隐藏着无尽的暴戾杀戮的力量。能量子武器的研发者饮弹自杀，在遗书上写道："能量子绝对的美感与力量，决定了它不是人类能控制的，我冒犯了天神。"

30。

三十岁那年，他的女儿芊芊出生了。他总喜欢牵着她的小手，在门前的草坪上漫步。他跟芊芊一起仰面躺在那株玉兰花下，草尖儿挠得他发痒。抬眼望天，一树雪白的花瓣中透出湛湛青天，鼻腔里充盈着青草涩涩的香气。一片花瓣如蝴蝶般蹁跹而下，正好停在女儿的鼻尖上。她笑得眯起了眼，将花瓣含在嘴里。

10。

十个人此刻正握着这毁灭武器的控制权。触发方式为"与"逻辑触发，如果十个人全部发出允许发射的信号，能量子将从潜艇、从地面、从航空母舰立即发射。地球从此毁灭，人类从此万劫不复。

5。

他五岁的时候，母亲带着他在海边玩耍，他叫着，嚷着，兴奋地踏碎了波涛，那碧蓝的海水，溅出雪白的细沫。闹累了，他跑回沙滩，母亲用宽大的浴巾裹住他，将他怜爱地抱在怀里。他仰着脸看母亲，海风吹乱了她的头发，夕阳又为她的面庞和发丝镀上一层金色的柔光。他伸手轻轻抓住母亲的一缕发丝。

1。

执剑者工作守则第一条："一旦发现警报，立即反击。"

毫不犹豫地，他松开了布满冷汗的手，像握着一条毒蛇。遥控器从他因用力而泛白的指尖滑落，砸在地上。

"在人类社会遇到最大危机的那一天，我们的一位执剑者选择了信任，打破了反地球主义黑客伪造能量子打击信号企图毁灭世界的阴谋。是他的勇敢、智慧与善良解除了人类史上最可怕的危机，挽救了地球上所有的生灵。"联合国主席庄严地致敬。"如今，我们全体人类，在此将走出狭隘自私的囚笼，铸剑为犁，建立起真正和平的世界。全人类从此不分彼此，团结一致，合力创造一个更加美好光明的未来。"

远处，配装着最新研制的反物质发动机的星际飞船，正拖拽着气流冲上云霄，曾经用于毁灭世界的武器已成为人类穿越星际的力量。白鸽扑打着翅膀飞过欢呼的人群的上方，冲向美丽的天空。

广场上矗立的时钟庄严地鸣响，在它巨大的显示屏上，出现了由几百种语言书写的同一个时间：

"人类共同体纪年元年元月元日。"

在虚假能量子打击信号事件后，人类真正放下了武器，联合一致。自此，"相互确保摧毁"的战略格局被打破，地球战争的黑暗混乱时代寿终正寝，人类共同体的光辉历程开启了。

指导老师：司文平，毕业于北京师范大学中文系，山东省烟台第一中学教师。

# 罗布泊条约

仇锡韬 / 高三年级　王翠菊 / 指导老师　辽宁省辽阳市第一高级中学

七月的罗布泊异常闷热，而这个地下实验室却很凉爽，这里在很久以前是中国的核武器试验基地，现在变成了核武器销毁基地。

"定标 2500 米，放。"几秒钟后，一枚巨浪 3 潜射导弹的弹头被引爆。而在一旁的熔炉里，摆放着几支 56 式半自动步枪。李芜武和张太平隔着几道厚厚的防爆门，在给来访问的学生们做介绍。

"十年前，也就是新威慑武器时代元年，日本的科学家小泽二郎及其研究团队率先研制了反物质弹头。"

看着图片上的弹头，孩子们说道："这很像一支大铅笔啊！"李芜武叹息道："这支'大铅笔'是用来杀人的。"

孩子们继续往前走，张太平介绍道："进入新威慑武器时代第二年，国际社会一致呼吁日本保持理性，停止研发，并要求日本交出研发的科学家。世界大战一触即发，我们经常进行疏散演练，说实话，住在防空洞里可不舒服了。"

这时，一幅燃着熊熊大火、天空泛着诡异的紫色照片映入孩子们的眼帘。

李芜武自顾自地说道："这是新威慑武器时代第三年，一艘载有反物质弹头的直升机母舰'赤诚号'在军港内失火并自爆，军港及周边五公里以内的一切都蒸发了，直接死亡人数超过了关东大地震中的死亡人数。人类意识到了武器的威力。"

孩子们安静极了，没有人向前走去，所有人都静静地看着那张照片，仿佛在替逝者默哀。

接着映入眼帘的，是一张中国政府的公告，公告指出，为促使日本政府早日放弃反物质弹头，早日恢复经济，中国政府决定在罗布泊销毁两枚东风5B 核弹头、一枚东风 17 核弹头。此举一出，赢得了国际社会的广泛赞誉。国际无核化组织向联合国提交了全球无核化的提案并发展成了今天的罗布泊条约，条约规定，条约国不得拥有核武器。渐渐地，越来越多的国家加入该条约，最后条约又变成了条约国不得拥有进攻型武器，只允许使用相当少的防卫武器。

孩子们好奇地望着张太平，一个孩子问道："军事博物馆里的武器为什么没有被销毁呢？"张太平说："那些是供人们参观的，我们不能忘记历史，忘记历史意味着背叛，我们在享受今天的美好生活时要铭记先辈们的付出。"

……

参观结束后，孩子们在基地大门前合影留念。张太平抬起头发现，天是那么蓝，阳光是那么明媚。不远处，一个 1∶1 复制的联合国"铸剑为犁"雕像在阳光下熠熠生辉。

指导老师：王翠菊，毕业于辽宁大学，辽阳市第一高级中学教师，曾指导学生获国家级作文大赛奖项。

# 秦　腔

任璐琛 / 高三年级　李　婷 / 指导老师　山东省淄博中学

　　许青白背着一把秦琶，向西北不停地走。每当他累了，就坐在公路边歇会儿，弹两个曲子，吼几句秦腔，被路人冷嘲热讽几句后，他就满足地站起来，然后继续向西北走。

　　在别人看来，他已经是个喜怒无常的疯子了，他有时自己也这么觉得。他抬头看了一下灰蒙的天空，血红的太阳融化在几撇乌云中。他现在在这个世界上已经没有亲人了，每当想到这个，他就鼻头一酸，但让他疯掉的却并不是这个，真正的原因是四十年前那件大事。

　　四十年前，也就是 2050 年，各国政府联合起来宣布全面销毁武器，永不发动战争。就在全世界人民普天同庆的时候，许青白却彻底崩溃了，他从小的梦想就是像他祖父一样战死沙场，因为他觉得那才是他真正的归宿。他常常梦见自己临死前眼前会出现另一个自己，重复着战争时那光荣的动作，然后自己再光荣地死去。

　　但战争停止后，他就从部队回到了家中，整日和他一直瞧不起的父亲待在一起。他父亲是一位秦腔演奏家，大概也是世界上最后一位了。许青白那时对秦腔一点儿兴趣都没有，无非是整天吃了喝，喝了睡，要么就跟邻居抱怨，希望世界上来一场大战，所有国家都干上它几十年，这样他就能战死了！

　　邻居们理所应当地把他当成疯子。

　　就这样，时间一久，几乎就没人搭理许青白了，他每天的活动也就剩吃饭睡觉了。有一天，许青白感觉自己不能闲着，他看见父亲的卧室里挂着一把漆黑的秦琶，他的第一反应就是这个乐器好像一把金属外壳的步枪，在好奇心的驱使下，他拨动了琴弦，那把秦琶发出了清脆刚劲的声音。

　　他被这声音迷住了。

　　"想学吗?"父亲问他。"想。"他回答。

　　这一学就是四十年，现在，他大概是世界上最后一位秦腔演奏家了。

　　许青白此行的目的地是白银市的古艺术博物馆，自从不再有战争以后，人类科技爆炸式发展，各国之间彻底取消了贸易壁垒，经济空前繁荣。

　　但在这科技经济爆炸式发展的同时，艺术与文化却变得畸形起来，人们对新鲜事物的疯狂追求，导致古典艺术不再有人问津，各大博物馆、美术馆纷纷闭馆，人类的艺术瑰宝开始被遗弃在角落里。

　　这时一名叫青铜的收藏家买下了许多画作、藏品，并称将在白银市开设古艺术博物馆，免费参观。

　　为什么会在白银？白银这座城市，在 1970 年因自然资源丰富被开发，又在 2035 年因资源枯竭被遗弃，成了一座鬼城，却又被一些寻求自由与静谧的艺术家发现价值。现在，白银市已经是知名的文艺城，相比其他城市，它发展极其落后，但文化方面却空前繁荣，画家、音乐家、作家……他们从世界各地来到这里。

　　许青白走进了白银城，走进了古艺术博物馆，他想走进"现代美术"展厅时，被一位女孩拦住了。"先生，今天博物馆闭馆整顿。"她说。"那我明天再来吧。"许青白说罢，转身往回走，但他背上那把秦琶却引起了女孩的兴趣。"先生，那是什么乐器？"女孩问。"琵琶，"许青白说，然后又补了一句，"秦琶。""秦腔！"女孩兴奋起来。

　　"我们这里最近新增了一批展品，有《麦田上的乌鸦》《胜利之舞》《夜巡》……您不去参观一下吗？"女孩跟在许青白后面，"我刚才不该那么失礼的，要是知道您是一位秦腔演奏家的话。"许青白没理会她，而是继续寻找那幅画，终于，他找到了那幅画，然后跪在地上痛哭了起来。那幅画是《两个弗里达》，站在一旁的青铜想不明白，一个中国戏曲家怎么会被一幅西洋油画感动成这样？

　　20 年后，许青白死了，死前他看见另一个自己出现在了自己面前，用粗犷的嗓子嘶吼着一首秦腔，掀起阵阵狂沙。"哪有功名利禄？哪有世人所牵挂？"他闭上双眼，光荣地死去了，他战死在另一个战场了。

　　此时，医院外的大街上，一名口水歌手在开一场大规模的露天演唱会，霓虹灯闪烁着，电音响彻天际，惊起一群百灵鸟。

指导老师：李婷，文学硕士，毕业于山东理工大学文艺学专业，中学二级教师，曾获得淄博中学优秀教师等称号，指导学生在各类作文大赛中获奖。

# 共 情

荣子怡 / 高三年级　蔡娟娟 / 指导老师　山东省桓台第一中学

　　科技创新速度加快，加上剑拔弩张的国际形势，我不幸破产了。手头项目被迫中止，只能窝在家里，名为休养实则躲债。

　　"老王用新材料研制了一款纸尿裤，刚上市就被投资巨头看上了，狠赚了一笔，谁不羡慕？现在这年头，人是最不缺的东西，但是缺钱啊，只能削尖了脑袋挣创意，万一能用上，诺亚方舟咱也买得起了！"我倚在椅子上和妻子插科打诨，还是心有不甘。

　　"好了，星际移民是否要进行还在商议，若非地球实在难以生存，谁也不想离开。"可能妻子是从事古生物研究的，总对地球怀着一种我不理解的热爱和期待。

　　"说不准，说不准啊，我可不想以后留在这里等死，赚钱也是保命。我总觉得，当我们都离开的时候，地球就死了。""不，当它所负载的都是能够离开的人时，它就已经死了。"说罢，妻子深深看了我一眼，我心头一颤，一时无话。

　　"近日，A 国派兵入侵 Y 国东部，采用了最新研制的武器，Y 国伤亡惨重……"眼前屏幕上，一连串的消息弹出，我轻叹一声："A 国资源将尽，看来政府坐不住了，Y 国前途堪忧啊！"说罢，我关闭一个个弹窗，继续联系客户。一声叹息传来，接着是关门声，唉，感性的女人。

　　"嘀——"警示铃响起，我手指一滑，一个裹着头纱的女子走了进来。双方坐定，她拉下黑纱，竟是 Y 国一名颇有名气的记者。

　　"L 先生，您好，此次前来，是想使用您研发的'灵犀'系统。"女子落落大方，握过手后，直奔主题。众人赞赏的目光此时就直直地看着我，浅褐色的瞳孔却凝滞不动。想想网上的称赞说，看着她的眼睛，犹如夹岸桃花蘸水开，淌着人类最原始的生气与热情，我不禁咋舌，心头默叹，过也过也。"好啊，本以为这个项目不了了之，谁知你竟然愿意购买。要连接谁啊？"递过茶水，我随口一问。

"是我。"

我猛地看去，四目相对，女子无悲无喜。

"灵犀"本是分享生活的技术，只是尚未成熟，无法主观操纵，因而被植入的人的隐私不能得到保护，而且未经试验，许多风险尚未可知。这时候，她想干什么？本着诚信原则，即使冒着风险我还是跟她说了，谁知她主意已定，当即付了全款。"灵犀"接收器分布地点遍布全球，费用很高，她如此爽快，倒让我感到了她的魄力，奇女子！

我重回公司，加快速度进行部署。一个星期后，她飞回 Y 国，过了两天，铺天盖地的消息传来：Y 国前线记者共享人生。基于对产品的负责，我参与了她的分享，佩戴接收设备，我看到了她经历的一切：遥远的 Y 国卷起的硝烟、坍塌的高楼、沿路压扁的车辆，这只是一枚新型导弹的威力。前几日，这个慢慢跟上发展潮流的小国还在展示基础设施，街上人来人往，大家为生活忙碌奔波。如今，尸骨遍地，秧苗袒露在地上，奄奄一息。她的面前正坐着一个头发枯干的老人，一手挽着几十年前的环保购物袋，好像被前方的变故吓住了，指着废墟颤抖。她的指尖碰触到老人的一瞬，老人颓然倒地，连一声悲咽都不曾发出。我的面前，她的手也在风中颤抖。

蓦地想起我死去的母亲，也是拎着那样一个袋子，却坚定地认为自己能为环保出一份力。我的呼吸一下停滞，痛楚从胸口蔓延开来，不忍继续。

如此悲情，每天在她面前上演。

当初在我面前瘦削的女子奋力奔波在因为资源饱受迫害的土地上，那片似乎因她而与我有了联系的一隅，我实在无法坐视不管。

接收设备已遍及小国，我出资多建了一些。网上关于她的新闻络绎不绝，她不得不分享的还有她的衣食住行。我早就跟她说过，产品尚不完善，拆除时的危险不得而知。她不说话，像一个在枪杆面前护犊的母亲。妻子也在浏览她的消息，但她没有评论。

A 国国内舆论压力渐渐增大，游行队伍日益浩荡，政府不能无视。世界人民口诛笔伐，自发帮助 Y 国。我的产品得到资助，"灵犀"设备在街上到处可见。眼见群众呼声越来越大，A 国攻势减缓却没有停战。

终于，世界的怒火被点燃了。

炮弹无情，当这位记者四岁的儿子在喊着"妈妈"冲她跑来时，被炸开的石块击中，小小的身体倒地，一粒尘埃也不曾溅起，弱小如其他动物。那一刻，耳边声音全无，我感受到一种死寂的悲伤，像一场盛大的舞台剧，随着男孩的倒地谢幕。我很清楚，那种强烈的悲伤不属于我，而属于一个女人，一个死去了孩子的母亲，那种撕心裂肺的痛苦，蔓延开来。我失神地赶回家，妻子正盯着男孩倒下的一幕，眼中是我看不懂的复杂。

果然，怒火愈演愈烈，世界各地佩戴接收器的人无疑都感受到了她的情绪，在世界人民的谴责声中，A 国撤兵，Y 国将在破残的土地上重建，这一传奇被人们称为"灵犀事件"。

随之受益的还有我，"灵犀"的共情能力让世界震惊，科技的力量让世人瞩目。可我知道"灵犀"没有那种功能，但我不会说出来，我还要讨生活。

女记者名声大噪，却退出了人们的视线。她没有取下植入她体内的"灵犀"，人们却再也不能通过接收器感知到她，全世界都在找她。我没有再见到那个有魄力的女人，有时戴上接收器，只有脑中回放的那一天的晚上。

那天，天上难得有了星星，妻子偎在我身边听着风声。女记者一脸悲痛地赶来，要求我加大接收器部署。妻子不曾与她说过话，却紧紧地握着她的手，另一只在她的后背上一下一下轻轻拍打着，像在安慰自己的孩子。我知道她们相像才会一见如故，她俩笑了笑，没有说话。

我不会知道，她第一次来找我的时候，她的亲人把她儿子从外国接回，一群人在谋划部署。

很久以后，我才得知：她在植入"灵犀"之前便做了决定，她要的不只是一时的和平。妻子那天的神色一下子浮现在脑海，电光石火间，我忽然意识到了什么。她们真的很像，因为相像所以理解，因为理解才能包容。

妻子保存了一段录音，有些沙哑，说的是："我不做，总会有人做。人类啊，可恨又可爱，我真挚地爱着人们，爱这个地球。所以，我不愿看到硝烟再起，不愿看到随处狼藉，不愿看到一片死寂，不愿看到冷漠终将指向自己。"

*指导老师：蔡娟娟，文学学士，中学一级教师，市骨干教师，曾获市县优质课一等奖、国家级教学成果二等奖，指导学生参加各类作文大赛，获得优秀指导教师奖。*

# 战争没有赢家

商鸿业 / 高二年级　赵丽丽 / 指导老师　山东省淄博第一中学

公元 2450 年 5 月 5 日，亚、美、非三大区负责人在太平洋上空的一座核磁感应基地里签署了一份永久停战协定，同意停止一切热战和信息战，希望能够恢复第三次世界大战前的经济，此时，地球上的人口数量已锐减至八千万。

十九年前，某太平洋岛国截获了百慕大三角地区传出的一条信息，科考队开始并不重视，但在尝试破译后，发现与失落大陆——亚特兰蒂斯的文字有相像之处，最后竟得出一个通往永生的信息。可秘密这种东西就是"用来"传播的，得知消息后，各国陆续派出专家前往那个被标注的特殊地域。

仅仅六个月的时间，只有一支去往百慕大的队伍安全返回，但原本已至耄耋的老科学家脱胎换骨，成了三十多岁的青年，患癌后抱着必死决心前往的科研人员竟不治而愈，其他人也都有不同程度的身体素质提升，可所有人对里面的记忆一概忘却。

为了尽快获取奥秘，在寿命极限不到一百二十岁的当时，各地区动用了除了核武器之外的一切武器，来争夺那里的所有权。

各国近乎疯狂的战争持续了整整十九年，他们开始意识到，去过那里的人似乎都有了狂暴的迹象。没错，很少有人能抵得住长生的诱惑，已有不少精英去过那里。回来之后是相似的情况——失忆和更狂热的追求。

现在是时候停止战争、共同开发了。毕竟，战争几乎拖垮了整个世界的经济。

共同努力之下，一条安全系数较高的道路在百慕大开辟出来，全世界的人们都可以进入。战争后，造就了一批新人类，他们身体强壮，似乎能长生不老。

但危机悄然降临，第一批去往百慕大的人员，身体逐渐瓷化。从动不得到碰不得，最后竟直接化成了齑粉。消息很快蔓延开来，全世界陷入恐慌。

眼见控制不了局面，政权开始互相攻击，推卸责任，持续了几个月的脆弱和平一触即溃。

半年后，百慕大废墟旁。地球上最后一个人面向满目疮痍的大地，伫立良久，把人类的基因片段编成密码，向外太空发射而去。

几亿星河外，原始森林中，两只猿紧张对峙着。突然，其中一只猿抛掉手中的石块，伸出它的前肢——那儿有半个果子。另一只惊呆了，缓缓递出了一个香蕉。

或许在人类起源时，战争就是个错误的选择。文明的延续，不依靠攻占抢掠取胜，更不存在假想的永生。和平，才是延续文明的唯一可能。

指导老师：赵丽丽，中级教师，曾获山东省微课大赛一等奖，博山区教学能手，市优秀教师，指导学生在多项国家级作文比赛中获奖。

# 战久必和，和久必战

宋阳光 / 高三年级　张为民 / 指导老师　北京市丰台区丰台第二中学

"第一次世界大战爆发至今已有七百多年，其间虽有第二、三、四次世界大战间歇性发生，但 2210 年'四战'结束以来，人类已有四百年不闻战争硝烟，原因在于 2218 年成立了人类反战争正义者联合会，简称'反战会'。

"反战会以消除战争、享受和平为目标，每三年召开一次，由各地区代表提交相关地区的不稳定因素，经极智推理器进行计算比对，最后由大会讨论战争危险及解决方案。就在刚刚过去的 2670 年，B 区域与 D 区域因人口流动问题导致关系急剧恶化，反战会一个月内召开了 18 次紧急会议，同时派出和平守卫分队赶赴 B、D 二区，通过能量波动的方式，强行冷却两地所有的能量中心，而后组织各方协商，最终使世界重归平静。反战会的卓越工作维护了世界和平与安宁，维护了全人类的共同利益。"

作为 A 区的 24 位和平代表之一，我正在反战会总部大楼参加第 128 届反战大会。宣传结束后，看着面前的两位记者手忙脚乱地收拾好全息投影仪，我笑着问："你们下次不会再让我宣传了吧？"

"不会了，感谢您的配合，下次是 C 区代表。"

"哦，那就好，每次开会都要宣传，你们也不怕累。"

拿起面前的发言稿，我看着印有"战久必和，和久必战"的徽章，又皱起了眉头。

"下面请 A 区代表夕阳发言！"

"咳，咳。"我脚下的悬浮艇轻轻落在发言台上，清了清嗓子，场内的议论声平息下来。"近几年，世界形势略有变化，战争主义抬头，但均已得到有效控制。"

"这不是废话嘛，不然反战会是吃干饭的吗？"F 区一位代表小声嘟囔了一句，但因为所有人都可以在耳机的帮助下发言并自动翻译，因此每个人都听得清清楚楚。

"请尊重代表的发言！F区代表光影，警告一次！"反战会主席提醒道。

"那我继续。"我打开全息显示屏，把徽章放在里面，每个代表面前都飘着一个投影出来的徽章。"想必各位代表都知道这是什么，不仅在A区有这种战争组织，各区域都有，但都不会公开活动。近日，A区部分区域同时发生多起能量中心遇袭事件，在击毙的袭击者身上，我们发现这枚徽章，与以往不同的是，它上面多了八个字'战久必和，和久必战'，很明显，敌人这是在蓄意发动大规模战争，破坏和平，并借此夺取世界统治权。我这并非危言耸听，各位代表，想一想'三战'爆发的原因，想一想'四战'爆发的原因！我们派出的卧底发回的情报显示，他们不仅有我们的科技水平，而且在加紧研究思想武器，一种可以永久转变人思想的武器！如果我们不采取行动，'五战'的爆发会不可避免！想想他们的口号'战久必和，和久必战'！他们不同于以往任何一个战争组织，他们不是为了挑起战争而挑起战争，而是为了颠覆世界而挑起战争！你们难道没有发现吗？我们已经习惯了太久的和平！已经失去了应有的警觉！大家看这样一个数据：第10届反战会提交不稳定因素70余万件，第50届就只有20余万件了，上次，第127届，只有3万余件！难道是更和平了吗？难道是我们真的消除战争了吗？不是的！我们松懈了，骄傲了！我突然觉得，战争爆发是必然！"

"你提倡战争？！你认为战争必然爆发？！你这是赤裸裸的战争主义论！我认为，应该立即取消你的代表资格！"光影再一次跳了出来。

现场人声鼎沸，我掏出微型量子通讯器，"师傅，我尽力了，可他们并没有意识到，怎么办？"

"唉，温水里的青蛙啊，我们不论他们如何，总要努力维护和平。回来吧，跟我一起研究如何逆转人的思维，我不相信那是永久的。"

"是。"

在飞船上，我掏出徽章放在桌子上，用粒子粉碎机将其粉碎，以示维护和平的决心。

战久必和，和久必战，永远保持警惕！

指导老师：张为民，中学语文高级教师，区教研"中心备课组"成员，曾获语文教改实践先进个人称号。

# 盛世如愿

苏莞舒 / 高二年级　汤玉娟 / 指导老师　山东省临朐第一中学

一种压得人透不过气的寂静。

然而这寂静之下，是巨石入海的汹涌。

南半球某国突然崛起，实力已威胁到原有的超级大国。原定的各种全球会议一再被搁置，各国几乎成为大陆孤岛。地球似乎平淡得像一泓不再流动的水。可事实是，以 M 国为首的三个大国正互相敌视，各方厉兵秣马，企图一统天下。这其中还有各种组织暗中帮忙，推波助澜。

世界笼罩在一片战争的狂热之中，连最胆怯的小女孩也忘记了害怕，只知道赢。

"听说 M 国已经研制出目前最大的电磁毁灭性武器。""我们呢？"接着是一阵沉默。韩渊皱了一下眉头，不动声色地将脚下的电子屏踩了个稀烂。他阴沉的脸上闪过一丝怒火："你们想被那样一群低贱的人骑在头上吗？"稍微平复后，他又说："三天之内，我要见到能将那里夷为平地的武器，而且无人生还！""是！"

答话的沛智是斯塔集团的负责人，两年前，她将上司用激光永久冰冻并锁进电子箱，从此成为中亚的风云人物。如今她正与 H 国合作，企图消灭地球上的其他种族。

而此刻的 M 国，空气中一刻不停地滚动播放着作为"精英人种"的 M 国人民享有地球上所有资源的蓝图，那个刚上台的领袖正通过光波向民众鼓吹未来一统世界的美好愿景。事实上，他是前任领袖的亲儿子，却因不满父亲不敢动用全球生化武器的保守而除掉了父亲。激动甚至近乎疯狂的民众呼喊着、跳跃着，迎接美丽世界的到来。

三天后。

韩渊抚摸着儿子的头，望着那双水汪汪的大眼睛，更坚定了出击的决心。他的儿子，值得拥有别人不配的一切。

站在一旁的沛智似乎也有些兴奋，在她的催促下，韩渊坐上传送机，来到发射台，轻轻按下那个红色圆钮。

千万分之一秒后的 M 国首都所在地，整个地表开始下陷。不到一秒，所有的建筑轰然倒地并瞬间气化，建筑里的人自然也不例外。人们几乎没有喧嚷也没有感到痛苦，就融进了大气。

韩渊嘴角露出一丝狞笑，却没有注意到已乘飞行环离开的沛智。"繁华转瞬即逝，喧嚣是短命的别名。"空气中突然浮现沛智传送的画面，几乎在韩渊明白过来的同时，发射台开始充斥毒气，意识已开始朦胧的他用力转动旋钮，随着氧气面罩一起飞回了家。不出所料，沛智算好了他回家的时间，家人无一幸免。

不！他的儿子！在那片紫色烟雾中，一个肉乎乎的小人跑出来了！从儿子咿咿呀呀的话语中，韩渊得知，察觉到异样的妻子把所有的氧气防护服都给了儿子，自己已经殒命。

回首，空余满目疮痍，再无所谓盛世如斯。

韩渊的眼前不断浮现妻子劝他不要执迷于战争的画面，一帧一帧，像尖刀刺入胸膛。刹那间，他泪如雨下。

第二天，M 国的天空中不间断地播放两则新闻：H 国首领亲往 M 国总统府下跪致歉，哀悼百万死者；M、H 两国决定共同守卫地球，将于明天销毁所有毁灭性武器。渐渐地，少数人开始从征服全宇宙的狂热中解脱出来，重新审视自己的内心，也审视这个本该温柔如水的世界。

一个月后，地球上再无战争，世界又恢复平静。但这一次，是山河仍在，盛世如愿的安详。

指导老师：汤玉娟，毕业于山东师范大学汉语言文学专业，中学一级教师，曾获得潍坊市语文电教优质课一等奖，获得潍坊市教学能手和潍坊市立德树人标兵等荣誉称号。

# 停战，永永远远

随可馨 / 高三年级　唐丽花 / 指导老师　江苏省南京市第十三中学

　　蒸腾在熔炉里的热气，难受得让人喘不过气，可工人们的脸上却洋溢着幸福的微笑。他们在销毁武器，是的，销毁。这个工作已经持续一年半了，就在刚才，这个工作圆满结束。这意味着，永恒的和平时代真正降临。

　　现在是公元 2157 年 10 月 14 日上午 9 点 38 分，《永恒和平协议》签订一年零六个月。

　　"报告长官，中国的女娲计划宣告完成。"这是公元 2156 年 1 月 2 日，新年的第二天。刚刚还沉浸在跨年的喜悦与战略部署的得意中的长官立马变了脸色，抄起内部电话，向上级汇报："中国，女娲完成补天。"

　　中国的女娲计划、俄罗斯的红场计划、美国的莫克计划在一年前同时开始，目标是制造新型威慑武器。美方原本自信满满，曾向媒体透露，美方将会率先完成该计划。而如今，却是中国。

　　这个消息很快便传进了总统普拉提的耳朵中。普拉提在担任总统前是位商人，现在被其他国家的民众嘲笑"只有商业头脑而无政治头脑"。这位商人总统自然知道这意味着什么。他开始慌了，慌乱中，他冒出了一个念头：发兵与中国交好的发展中国家，中国的锐气与锋芒或许会被打压。于是，全国性的征兵开始了，与此同时派往伊拉克等地的兵力毫无减少。

　　公元 2156 年 2 月 17 日，玛蒂亚的未婚夫里昂已离开她半个月。在强制性征兵与对国家的强烈责任感的双重驱动下，里昂走上了战场。

　　这天上战场前，玛蒂亚通过手表与里昂视频通话。这款手表是时下公众普遍使用的，只要戴在手腕上，就可以实时以佩戴者的视角来观察现场画面，比手机方便许多。

　　玛蒂亚与里昂通话结束，但谁也不愿关掉设备。忽然，枪声响起。玛蒂亚被吓到了，她立刻打开手表查看，只见男友缓缓站起，拿起枪。又是一阵炮声，里昂握紧枪，飞快地冲出军帐，向前冲去。

正当里昂深入敌方之时，敌方一人忽然举起枪一通扫射，里昂倒下了。玛蒂亚用手表疯狂呼喊："里昂！里昂！亲爱的！亲爱的！你怎么样！"可是无人回应。几秒钟后，玛蒂亚仿佛听见了里昂的低语，然后，一切又归于平静了。

里昂生前说："玛蒂亚，我爱你，本想等真正和平的时候就跟你结婚的。现在，对不起，我爱你。"

玛蒂亚那晚崩溃大哭。

翌日，她走上大街，大街上全是妇女与儿童。她们有的与她一样，双眼红肿；有的仍在号啕大哭，那泪水怎么也止不住。

走着走着，她走到了白宫前。

她看见了什么！一个个女人，抱着自己的丈夫、儿子、情人的遗像，孩子们抱着父亲的遗像，遗像中的人就像一百多年前《哈利·波特》中描述的那样，可以活动，如今用先进技术实现了。遗像中的人笑得很开心，先是微笑，而后又满脸悲怆，嘴里还喊着："和平！"

她们仿佛在这一天约好一样，在白宫前示威。明明现在的技术已经可以实现寄匿名恐吓信，通过多层加密，很难找到源头，可她们偏偏使用了最原始的方法：游行示威。

她停了下来，想了几秒，加入了她们的队伍。

忽然她听见孩子在唱：

"父亲，我的父亲，他是一个军人。虽然他也不知道为什么要有战争，不知道打仗的原因，但他去了。我们再也见不到他，就像巧克力，融化了，没有人将它冻回去……"

玛蒂亚记得，这是最近几个月才流行起来的童谣，孩子们都在传唱。

而总统此时在白宫天台，听见了下面的哀号，他怎能无动于衷？那是她们的亲人，同时也是自己的国民。他夹着香烟，抽了一口后，又吐出气来。

不知道自己的儿子现在如何？一个没拦住，儿子也上了战场。

正这样想着，秘书忽然来报："总统，小普拉提先生——死了。"

这一次，他彻底崩溃："马上致电中国政府！"

公元 2156 年 4 月 14 日上午 8 点，美、中、俄、英等几大国坐在联合国的会议桌旁，大大小小几百张空桌椅放在偌大的大厅里，每张桌子上都放着一支电子笔和一份电子协议，顶上是一个大屏幕，上面已有不同语言写好的几个国家名。9 点 30 分，大大小小几百个国家的领导人涌入会场，他们都收到了来自当今世界几大国的邀请函。9 点 38 分，所有领导人完成签字。几秒钟后，会场忽然响起一个声音：《永恒和平协议》正式生效！欢迎来到和平时代！

领导人揽着身边他国领导人，热泪盈眶。

指导老师：唐丽花，毕业于南京师范大学文学院，教育硕士，中学高级教师，南京市优秀青年教师，玄武区语文学科带头人，曾获教育部一师一优课、南京市教师教学基本功大赛一等奖。

# 墓　碑

孙福东／高二年级　宋云兵／指导老师　河北省沧州市第一中学

　　在这个平常得再也不能平常的夜里，地面的缝隙仍旧存在，透过灰尘向空中望去，仿佛那飘在太空的船舰碎片也凝固在这一大块琼脂中。3025 年，大国再也控制不了欲望，纷纷参战，不到一个月，战争已波及全球。这时，上到正在思索战略的国家首领，下到正熟睡的乞丐，约一百人忽然睁开双眼，不约而同地开口："指令已收到，准备执行 X 计划。"

　　林应穿着一身简洁的银白色宇航服，向前方飞船飘去。即使他身上什么也没有佩戴，还是能听到手镣脚镣叮当作响的声音，他心中想着："刚开战不到一个月，找了这么长时间的外星人找到地球来了，而且也要向地球宣战，本就乱套的局势现在更像一锅粥了。"他将作为中国首席将军与外星文明谈判。

　　进入主舱后，林应有一种古代李鸿章的感觉，这是他第一次感受到这么强烈的挫败感与无力感。这时，宇航服面罩上显示："重力加速度明显增大，已调整至正常值。"没有多想，他朝着比地球文明先进了三亿年的地外文明敬礼道："地球军官林应，特……"他愣住了，除了最后大约一百人样貌奇怪之外，前面包括为首的几人都是地球人样貌。"你好，林将军。"本应坐在白宫的美国总统正向他伸出手来，"不要惊讶，我们已入侵各个阶层，以前思维还是由他们操纵，只不过我们监视罢了，现在的只是影像。"

　　林应眼神黯淡了几许，但仍强打精神："我一人负全球使命，想问为何一上来就攻打地球？""总统"闪烁了一下，但还是从外星人模样恢复为"总统"。总统拉过一个外星人的图像与一个地球人的图像放在林应面前，"有什么不同？"总统问。林应看着眼前的发光图像，喃喃道："外星人头有些大，手指比较长……""等等。"总统打断道，"有什么相同之处？"林应看着，瞳孔骤然收缩，两张图 80% 相同，"不会有那么巧的事吧？""不用怀疑了，我们也来自地球。""不！这不可能！"林应腿一软，险些跌坐在地。总统又将全息影像调出，手指轻轻一动，地球和月球同时显现出来。顿时，他们向前方鞠了一躬，但林应发现，方向却是月球。

总统站直身体，走到月球的画面旁边，尽管感受不到，但仍轻轻触摸着，仿佛那画面是真的月球一般。

"这是墓碑。"总统眼神中流出止不住的悲伤，身后的那群人也一样。

"在你们所认为的生物大分子出现前，有两个文明——火星文明、地球文明，两个星球友好往来。"总统自顾自地说着，又调出了一段动态影像，两个星球飞快地自转着，这是快速播放的结果。林应看出，在第一艘甚为简陋破旧的飞船出现之后，双方的接触飞一般增长，越来越多的舰队来来往往，但慢慢地，越来越少，然后一颗导弹的发射打破了沉默，战争爆发了。

"过了这么多代，早已忘了为什么而挑起战争，但它就是残酷地走来了。"总统闭上眼睛，影像上，只看到最后地球被什么击中了，裂开为两半，一半大一半较小，岩浆从地底喷射出来，以肉眼可见的速度淹没海洋、森林、城市。"除了去外太空探险的少部分人活了下来，他们找到了新的居住星球，剩下的人都死了。""火星文明赢了？"林应颤抖着问道。"不，你再看，我们向他们发射了次声波导弹，尽管火星人听力十分敏锐，但他们也都死了。"影像上，火星颤抖了一下，沉寂了，"再之后，裂下的小半成了月球，大半是新的地球，火星轨道向后移动，银河系安静了。"总统重新睁开眼。

林应这时全都明白了，之前偏大的重力加速度，生物结构如此相像的个体……他瘫坐在地上，"这是人类的末日，对吗？"他用极细的声音回道。

"不，全民公投的结果是不希望杀死你们，仅仅是警告，但如果你们仍执迷不悟或还走我们的老路的话，凭我们先进的技术，我们可以避免母亲的二次碎裂。"

林应看着反对攻占仅比支持反对多出1%，不禁出了一身冷汗，他对着"墓碑"深深地鞠了一躬。

谈判全程是转播的，两个文明在两个星球上共同沉默着。地球上，画面定格在林应鞠躬那一幕。这时，中国代表在联合国会议大厅上站起来同样鞠躬："我代表中国建议全面销毁武器，未来将永不发动战争！"各国政府代表同时起身联合宣布建立和平的时代。

联合国秘书长抬头看了一下天空，似乎能从太阳背后看见那轮圆月，在胸口上画着十字轻轻说道："我的主，愿墓碑不再重建，愿这世上再无战争。"

指导老师：宋云兵，毕业于河北师范大学中文系，中学高级教师，曾获沧州市优秀班主任、沧州市优秀德育个人等称号，发表多篇论文，多次指导学生在各类作文大赛中获国家级、省级奖项。

# 人类最后的自救

孙夕亚/高三年级　陶　林/指导老师　北京市海淀实验中学

目击众神死亡的草原上野草一片。

——题记

3019 年，世界各国全面进入武器自动化时代，不需要过多人力，仅靠网络自动控制子弹、潜艇、导弹便可自动发射。为了获得更多的竞争优势，各国之间暗中展开一场场武器研发的较量，而为了研发新武器，资源争夺又成为现阶段的主要问题。于是世界硝烟弥漫，战争不断，世界陷入一个怪圈。为了活命，必须发动战争，战争带来的是生灵涂炭，但各国政府却乐此不疲，为了在竞争中生存并成为世界霸主，他们选择放弃一部分人的生命。

"博士，新的 216-D 型卫星导弹马上就要进行试验，您快过来看吧！"助理从门口探头进来，冲着里面那个年轻男子说道，话语中充满了喜悦和激动。博士名叫毕成，是华国一名高端研究人员。"好，等我调试完就去。"说着助理点点头退了出去，留下毕成一人完成最后的检查。"信号，位置，弹药……"毕成一项项检查，确认无误，便准备出去。这一次他们新研发的，是可以同时攻打多个国家并依靠保密系统确保不被他国预先监测到的导弹。他刚要走出去时，显示屏上的一个小黑点儿瞬间吸引了他的注意力，"等等，那是什么？"说着，毕成又回到显示屏前，却发现黑点扩散成一条条射线，将所有国家的卫星信号连接起来，汇成一个巨大的网络。"不好！"毕成闪过一个不祥的念头，赶紧一手操纵控制钮一手拨电话联络政府，就在这一瞬间，巨大的爆炸声轰然响起，通讯中断，实验室剧烈摇晃，警铃响彻云霄。毕成刚刚站稳，却发现显示屏上那颗 216-D 型卫星导弹自动改变航道，最终定位在华国的中心广场，那个聚集着上万人口的地方。"完了！"天花板上晃动的灯球掉落，毕成昏死过去。

"网络连成一片，所有武器自动开启，不再受人的操控，自动定位到世界各国。到处炮火连天，繁华的都市化作废墟，各国人民无处可躲，地球仿佛一座死城。联合政府焦头烂额，自身难保，所有人似乎都明白，人类的历史在这一天便会终止。防空洞临时开启，却只有万分之一的人口可以入内。"

"联合政府在此发出声明，所有人不要慌张，各国顶尖科研人员已聚集在防空洞外，正在研究防御设备，挽救大家的生命。请大家让行，让所有科研人员先行进入。"联合政府的声明被转化成多国语言，顿时民怨沸腾，很明显政府是要放弃他们了，然而渺小的人们无计可施，只能四处躲藏。生命的通道似乎打开了，却被告知他们没有资格入内。

防空洞内静悄悄的，地上的人们痛苦不堪。子弹穿过胸膛，亲人们拥抱着诀别，人类的灭亡正在进入倒计时。然而不知过了多久，年仅五岁的小女孩缩在父亲的怀里，发现头上悬着的那个巨大的椭圆形物体，忽然改变方向飞走了，离他们越来越远。小女孩什么也不懂，只知道周围那一声声巨大的声响，在一瞬间消失了。"爸爸，大球没了。"小女孩的父亲睁开双眼，发现那枚本来冲向他的导弹，竟然消失了。"我们得救了！"世界在这一刻，变得格外安静，又充满希望。

毕成打开电视机，每个台都在转播联合国的画面，所有国家的政府首脑一同在和平协议上签署姓名。各国政府联合起来宣布：将全面销毁武器，停止战争，共同建立全球新的真正的和平时代。毕成关上电视松了口气，人类终于觉醒，明白了和平的重要性。他躺到床上，思绪又回到了那一天。

谁也不知道毕成按下防御系统按钮的那一刻，究竟有多么紧张。

目击众人死亡的地球上，不知名的小花又一次绽放。

指导老师：陶林，北京市海淀实验中学教师，中学高级教师。

# 日 暮

孙杨大郅 / 高二年级　王玲琳 / 指导老师　浙江省东阳中学

　　克里姆林宫，国际反战办公室。一位百岁老人坐在沙发上，背后的墙上挂满了勋章，时间最晚的离现在也将近六十年了。

　　半个世纪前，在那座标志性的大会堂里，联合国会议上全票通过了《反战争法》。半个世纪以来，它一直维护着世界的和平与安宁。

　　"位于马绍尔群岛的美国空间动力实验室成功完成了半聚变发动机第一次点火实验……"

　　"哼！"老人不屑地关闭了全息新闻，望向桌子上摆着的三张照片。一张是他年轻时的军装照，一张是镰刀锤子旗降下的莫斯科落日，一张是联合国大会堂。

　　他点起一根雪茄，缥缈的烟同他的头发一样白。

　　翌日。"重大新闻！法国探险家圣·皮尔曝光其在西伯利亚和马绍尔群岛拍摄的照片，经专家鉴定，疑似为新型武器研发设施，这是对《反战争法》的严重违反。"

　　西蒙烦躁地挥挥手，赶走了惹人厌的弹窗。自从三十年前担任美国反战总长开始，这副场景就天天在他的脑中盘旋。现在成真了，他反而长出了一口气。"愿上帝保佑我们。"他深陷在眼眶里的双眼紧闭。

　　联合国新闻发布会上。"女士们，先生们，安静！安静！我们在马绍尔群岛的设施并非……"外交官吉姆努力想控制住现场。

　　"可是有报道说你们在研究超电磁波武器！据说攻击范围可以覆盖整个州，一夜之间杀光所有人！连渣都不剩！""听说俄罗斯在西伯利亚试验了反物质炸弹，美国方面没有察觉吗？""美国和俄罗斯政府可知道这是对《反战争法》的严重违反？"

　　"先生们，听我说……该死！"一个鸡蛋正中吉姆的脑门，很难想象今天连摄像机都成为老古董的记者身上居然带着这东西。

发布会乱成一团，而网络媒体则有过之而无不及。铺天盖地的秘密被揭开，越来越多的武器浮出水面。这时人们才惊愕地发现，《反战争法》表面上维持了长久的和平，其实形同虚设，不过是阴云之下的一缕夕阳。

俄罗斯方面。一个年轻人冲进老人的办公室："总长，怎么办？"老人站起身，虽年过一百，身体却还硬朗，"我不喜欢这个称呼，还是叫我司令吧。"声音粗哑而厚重。"但是……"年轻人前倾半步，满脸的着急。"我知道，我知道。"老人从抽屉里取出一个用布包着的木盒子，轻轻打开，拿出一把苏制手枪。"年轻人啊，你真以为，将一群狼的牙齿拔光，赶进羊圈里，就会变成羊吗？""您什么意思？"年轻人望着老人，盯着他手里锃亮的枪瞪大了双眼。"人不过是一种动物，即使是最温顺的家兔，争起配偶来不照样对同伴拳打脚踢，不死不休吗？"

老人顿了顿，望着窗外的夕阳，光耀照亮了云彩，显现出紫红色的光芒来。他转向那边的勋章墙，深情地凝望了一会儿，又指着那三张照片，说："我只是个军人。人们总说为自己而战，哪怕牺牲他人，也要保护自己和同类的生命和利益，你觉得有错吗？"青年愣在原地，不知如何是好。

"或许这在他国人看来是自私的行为，但那些被我们用武器和暴力保护的人，他们怎么看？你知道吗，当联合国大会上宣布法案通过的那一刻，我的心中便像又一次经历了莫斯科落日一样。我丝毫不怀疑通过这个法案的初衷，我只知道人性的自私会毁掉这一切。这是个无法解决的矛盾，孩子。每一场战争，都是战胜者的正义和战败者的邪恶，有人得救就有人死去。我们军人所能做的，只是为了国家的利益，用最小的代价拯救最多的人罢了。"

老人又点起了雪茄，走到窗前，看那落日的余晖逐渐远去。他觉得，那阳光就像和平，光明而短暂，而那阴云与黑夜，才是永恒的主题。"我只希望减少不必要的冲突，而超电磁、反物质武器，包括已经不再先进的核弹的威慑，是我目前知道的损失较低的办法，所以……"他望向桌上的红色按钮，长叹一口气。

多美的日暮啊，赤金色的光辉射透黑云，又缓缓淡去。而那黑云之中出现了几颗"流星"，燃烧着无尽的光芒，以生命的代价维持更广阔的生命和更遥远的和平。

指导老师：王玲琳，教育学硕士，毕业于西华师范大学汉语言文学教育专业。中学高级教师，学校教研组长，市级优秀班主任，市级先进工作者，省级名师工作室学科带头人，发表论文多篇，多次指导学生荣获国家级作文大赛奖项。

# 和平孵化器

孙艺萌 / 高二年级　栾丹妮 / 指导老师　山东省威海紫光实验学校

亿万年前，众生的生死之轮被上帝之手放入轨道，向着已知的方向演绎着惊心动魄的未知之旅。而这命运之轮中的人，却尽其数代挣扎，欲从一隅预见已定格为史书的未来，将走向何方……

——题记

"这里是俯瞰脚下这片土地最好的高点，只是好久不曾有晨曦升起了。现在，未来，这片天空都将一步步走向黑暗，八分钟后我们将永远失去光明。"文明中心物理研究室研究员狄卡森走下观测台，暗暗思索着。或许，这将是他对这里的最后一次深情瞭望。

土地上空映射着霞光，但宁静背后暗藏杀气。突然，苍穹上方的环球广播开始闪耀红色脉冲，电磁波在变得异常的磁场中极不稳定："听到了吗？土地的子民！记住，万恶的时代终将结束！新威慑武器已成为历史，终极时代即将开启！八分钟后，我们的文明将会在宇宙中带着太阳之子的王冕成为永恒！"

狄卡森闭上眼，又马上睁开，他想多看几眼这最后的阳光。早在上个世纪，能量武器时代的终结就已经预示着无武器时代的来临，此后将进入无战争纪元。文明中心曾用模拟算法设计出无数种人类被战争毁灭的预案，但算法仅仅限制在地面，熄灭太阳作为终极武器这种情形并不在预案推演范围之内。狄卡森知道，若在终极武器启动后不采取过渡，文明会终结、消失，而非如史书上所写的永世和平。

狄卡森转入地壳缓冲室中，地球子民们对即将到来的未知灾难感到惊慌而无力。狄卡森缓缓走上讲演台，镇定地说道："子民们，现在数以亿计的光子正在到达地球的路上，那将是我们能见到的最后一束阳光。离最后一个光子到达地球只剩五分钟。"他顿了顿，"请相信，这是一场终极绝杀。"

在近几个世纪，战争一直都是历史学名词，没有人经历过真正的杀戮。听到这里，人群瞬间陷入恐惧和绝望的慌乱之中。

他继续说："这场杀戮属于这里，而我们可以离开。"物理学家们突然安静下来，"这里？什么意思？"突然，其中一位物理学家沃尔灰暗的眼睛中冒出一丝亮光："你是指——维度转移？"

"没错。"狄卡森看一眼手表，"时间不多了。"

子民们看到眼前的景象惊呆了：一台台维度孵化器从地核仓库内驶出，上面放着冷却的外地核液体。"还有三分钟！"抱着对人类文明的信心，一位年迈的人类学家率先抛弃拐杖，迈入了孵化器。他的三维躯体在激光切割下分为纳米级以下的有机膜，在半空中延伸，从地壳下大厅一端，伸展到大厅之外，一直到宇宙边缘。他的意识流被均匀等分至每一层有机膜，逐渐在激光散点安装下与躯干融为一体。与此同时，孵化器里的时间轴正悄悄随意识与躯干结合时形成，从有形渐渐变为无形。"等你，在未来，没有杀戮的未来。四维人将不再有杀戮，又何惧太阳之子熄灭！"

光子正在前往地球的途中，在穿越的途中留下璀璨一瞬。这是人类文明史上最惊心动魄的一幕：狄卡森将三维人一一送入升维孵化器，直到最后一个光子从遥远的时空到达狄卡森的瞳孔，向宇宙发出文明之光。"他留在了远古的三维。"一位长者回忆道，"和我的拐杖一样，他没有看到未来，这终极战争结束后永世太平的未来。"

后人把这一段历史称为狄卡森孵化年代，"战争"二字自此消失在四维人类史。

*指导老师：栾丹妮，毕业于中山大学中文系，威海紫光实验学校教师，多次指导学生参加各类作文竞赛并获得国家级、省级一、二等奖。*

# 手

孙瑜聪/高二年级　尹　芳/指导老师　北京师范大学第二附属中学

"现在是公元4685年，如果以前的人们通过时光穿梭机来到了这里，我相信他们一定会后悔的。"卡尔用木杆铅笔在纸上写着。他写得很慢，短短的一句话他花了十多分钟才写完。抬头看了一眼墙上挂着的钟，已经12点了，他缓慢地站了起来，颤颤巍巍地爬着楼梯。20分钟后，地面上突然出现一个老人——卡尔终于来到了外面。

不一会儿，大家都从地下跑到了地面。他们聚集在卡尔的身边，眼神坚定地望向他。"卡尔先生，您的手怎么样了？"医生格蕾问道。"有些不听使唤了。"卡尔努力举起他的手，在阳光的照射下，那只干枯、皱皱巴巴的手显得更加苍老，仅有的拇指和食指看起来可怜极了。后面本应有指头的地方如今只留下了黑色的伤疤，那是被冲击波攻击后烧焦了的模样。"在这伟大的日子，在这曙光将要来临的日子，我们一定要坚持到最后！而今天，是时候做个了结了！"

卡尔带领着仅存的居民来到了会场。隔着厚厚的防护服，人们相互握手，来自世界各地的领导人聚集在一起。上一次发生这件事还是在一百多年前，大家共同应对外星人入侵时。

作为星球联盟的首席领导人，卡尔首先发表了自己的观点。"各位，我建议，不如我们把所有的武器都毁了吧。"他扫视了一圈，看着神色各异的人们，挥动着手示意大家安静。"如今，我们共同的敌人已消失，我们不应该也不能再发起战争了啊！瞧瞧现在的地球，它怎么变成这副模样了？过强的辐射、寸草不生的土地，我们如果彼此再发生冲突，这世界恐怕再也容不下我们了。我们已经够惨了，但我们的孩子，他们不应该受这么大的苦啊！"大屏幕上，一只娇小光滑的手投射在上面，是参会的居民新生下来的孩子。她正咧着嘴，流着口水笑着。似乎是在大屏幕上看到了自己，她左右挥动着手臂，咿咿呀呀地叫着，会场陷入了沉寂。

"卡尔先生，我赞同您的观点，但我无法确定 D 国是否也这么想。"M 国领导人疲惫地说道。M 国一直与 D 国有仇，两国也常常因边界问题大打出手。D 国首领叹了口气，无奈地说："我们也不想打仗了，这一百年来大大小小的战争，已经使我们的经济水平大幅下降，光是恢复也要几十年。"这对宿敌在经历长时间的战争后，早已在心中放下了恩怨，两只手伸出，两颗心紧紧地靠在了一起，两国化干戈为玉帛。大会继续进行，国家与国家之间、各色皮肤的人民之间、不同文化之间都放下了昔日的不满，拥抱着，长时间的战争让每个人心中都无比向往和平。守在场外战士们听到了里面的声音，也放下了武器。

"那我们把销毁武器的条约签一下吧。"卡尔说道，"首先，投个票，同意的请举手。"话音刚落，大大小小的手齐刷刷地举了起来。战士们用力地摔着武器，与邻国战士紧紧拥在一起。

武器与战争的时代终于结束了，真正和平的时代终于到来了！

久违的蓝天终于在十年后出现，卡尔看着脱下了防护服自由玩耍的孩子们，笑着闭上了眼。

指导老师：尹芳，教育学硕士，毕业于北京师范大学。多次承担公开课，先后获得优秀团员、优秀党员、校级优秀班主任等荣誉称号，担任班主任师傅。

# 止杀令

谭植元 / 高二年级　栾丹妮 / 指导老师　山东省威海紫光实验学校

"看着外面的世界，睁开眼睛，别再装睡！战争，把这个星球搞成什么样了！"德绝望地呐喊，用尽最后的力气。

轰的一声，德从梦中惊醒，他梦见了那"月之暗面"。于他而言，这可是极不祥的事情，但他分不清究竟是梦境还是刺耳的声音令他醒来。毕竟，这才凌晨三点，对于休眠在时间胶囊里的法良三区的居民来说，简直违背天理。

打开胶囊，德爬向家户都配备的消息树——一个虚拟的矮松，不停刷新着从太阳宫里发出的最新动态。太阳宫是世界权力的中心，联合政府所在地。消息树上显示，联合政府宣布对 U 国发起战争，并已于五分钟前发射光子弹，摧毁了 U 国的空间站。德几乎要昏过去，他最痛恨的事，这个星球上 137 亿居民最痛恨的事，发生了。战争又一次开始了，而且这次即将受灾的是德的祖国。U 国属东半区，势力较小，但由于重视教育，科技水平居于世界前列。很明显，这是一次掠夺之战。

德与妻子润都是法良三区的普通劳工，不算贫穷，但也只能勉强维持生活。在这 9210 万法良三区劳工中，他们极为普通，但此时此刻，一股强烈的责任感和使命感涌上心头，他生出一个疯狂的念头，他要唤醒统治者的良知。

只有十分钟了，他必须赶在四点前，也就是法良三区苏醒前踏上去往太阳宫的旅程。"放心，等我。"他留给润一张字条。

他换上自己认为最整齐的一套服装——"只有"三处破洞的蓝色工作服，打开喷气背包，踏上征程。他打开地图，由于 U 国掌握着全球定位系统的核心技术，在幼年学到的物联技术知识储备下，德成功进入地图系统的外部区域，他只能看到一个点，叫作太阳宫。

他成功降落，可剩下的问题就难办了。为保证安全，太阳宫全城空气中都注入了微量剧毒元素 TZ，若不穿戴防毒面具，只能存活两小时。其次，联合政府所在地被高度加密，太阳宫全城也仅有 5% 的人知情。他只能祈祷自己好运。

"你的身份。"德眼前出现两名治安人员。他开始不自觉地抖动起来，大脑里一片混沌。他的反应立刻引起治安人员的警觉，四周一下子多出十几个人，他陷入不安。其中一个年纪较大的治安人员把德叫到一边。"小伙子，你是法良三区的吧，我认识你的服装。我们是老乡……"眼前发生的令德不敢相信。那人叫良，原本也是法良三区的科技工，机缘巧合来到这里，成为治安总管。

德放下顾忌，把他的计划如实透露给良。"德，我会尽我所能帮你，但进去之后就要靠你自己了。"德大为感动，看样子，良也受够了统治者的暴力。德跟随良，开启喷气背包，进入那他从未欣赏过的清澈湛蓝的天空。联合政府在光明山之顶，被一片森林怀抱。"这是识别用的徽章，你拿好。德，祝你好运。"德转身，走向他的梦想，走向属于这片星球的光明，可时间只剩半小时了。或许，这里要成为他的归宿了。

通过接近十道关卡，德走进会议室，强装镇定，但胸中依然豪迈，那是母亲教他的：男子汉要顶天立地，为国奉献，他一生未忘。他想起润，或许此时此刻正为他而担心；他想起良，或许正为他祈祷；他想起父亲临终前对他的失望；他想起上司对他的打压与嘲笑。三十多年的回忆，瞬间闪回。

会场里，人们忙碌着，分工精细，各司其职。德明白，最后的时刻到了。

"醒醒，你们都醒醒。"德用沙哑的嗓音竭力发声，似乎没多少人理会，"我只是 U 国法良三区的一个普通工人，你们不需要知道我是怎么进来的，我只想告诉你们，这个世界本该美好，蓝天本该清澈，各国可以相互合作，共享资源，无须贸易抵制，无须战争掠夺，人们无国界之分，我们共住地球村。可现在，这个星球被你们搞成什么样子了！看看外面的世界，睁开眼睛，别再装睡！"

德声嘶力竭，用尽最后一口气。人们愣住了，停下手中的工作，低下头，沮丧写在脸上。

第二天，联合政府发布止杀令，停止对 U 国的一切侵略，承诺从即日起不对任何国家使用武器，发动战争。并特别注明要感谢一位先生，他用生命换来了这世界的和平。他们把那天定为世界和平日。

德死了，但他又活着，他活在所有人的记忆中，永垂不朽。

指导老师：栾丹妮，毕业于中山大学中文系，威海紫光实验学校教师，多次指导学生参加各类作文竞赛并获得国家级、省级一、二等奖。

# 生死边缘

唐珺菲 / 高二年级　陆　昆 / 指导老师　云南大学附属中学星耀学校

黑云压城，冲天光阵刺透苍穹，她从生死线上回来了。

这个场景不断在他的脑中浮现，一颗泪珠从眼角流下，滑落到冰冷的实验舱。他咽下苦涩的药丸，那些微量的药剂分子在神经元中逆向传递，作用到神经中枢。"我代表联合国向世界宣布，销毁一切武器，包括最新式的反物质武器！"万众瞩目下，青鸟号实验舱鸦雀无声。他忘却了？不，他没有。

他强行打开了舱门，红色警报响彻整个大厦，他将她抱在怀里。"要走了！"他哽咽道，"对不起，我舍不得……"她是世界唯一一个反物质源，多年前，为了找寻她的反物质替身的存在，他亲手创立青鸟号实验舱。那时他多爱她，她躺在病床上，早已经成了植物人，他想找到一个反物质的她！那年，青鸟号运用强大的引力波作用，构建太空中的寻找与吸引体系，在浩瀚无垠的广袤宇宙中寻找反物质粒子，构成人类躯壳再传送回地面，完成外貌、记忆导向等工作。全程工程量巨大，损耗资源巨多，涉及知识广泛。二十年里，他和博士潜心研究，终于在黑云压城之时，她回来了！

他感激涕零地握住博士的手，博士一言不发，望着他冲进舱内。只听嘭的一声，他被甩飞摔倒在地上，"是我啊！"博士冷冷一笑："她不认识你！她才不是你的爱人，她是反物质，是我们创造的武器，你清醒一点吧！她在病床上躺着呢！这是一颗毁灭宇宙的炸弹，只要她们相触碰，相融合……"鬼魅般的笑容在博士脸上浮现，他瞪大了眼，疯狂地摇头，蜷缩在角落里，那仿佛要征服一切的狂妄的笑声在他耳畔回响。顺着博士手指的方向，是她，她静静地躺在春天的怀抱中，被岁月温柔以待。他该怎么办？窗外许许多多的生命正等待着春天！

新闻发布会上，记者们严阵以待。

博士开始描述自己的反物质实验成果，他却抢过了话筒，黑色的眼珠伴着黑色的眼圈，苍白的嘴唇不停上下颤动："他是骗人的，他创造反物质是要毁灭世界！"顿时全场沸腾！视频流出，博士被绳之以法。

他在她的病床前席地而坐。反物质武器多么不可思议，而更不可思议的是他亲手将她做成了其中一个重要元件。他崩溃了，掩面哭泣！联合国代表多次探访他，面对她刚刚苏醒后那双清澈的眼睛，他怎么会不知道只有她和反物质的她一同消失，才不会再让别有用心之人获得反物质武器，不会让他们有机可乘！窗外，每一个弱小的生命在等待。

他抱住了她，听见她微弱的呼吸，眼角溢出泪水来，"要走了。"他哽咽道，"对不起，我……我舍不得！"她的嘴角上扬："我知道！"生与死的边缘上纠结什么，无非是差点毁掉世界，还是沉默在时间长河里？她走向青鸟号实验舱，同反物质融合，世界一片宁静，墙边的杜鹃绽放了笑颜，每一个生命静待着春天。

凝视着她渐渐消失在红色的爆炸火球中，一行泪水从他的脸颊流到泛黄的书页上，"生死边缘，爱你，还是爱世界？我选择了和平！"他写道，随即冲入实验舱，化为灰烬，从未忘却，依然爱。

*指导老师：陆昆，云南大学附属中学星耀学校教师，中学高级教师。*

# 和平演化

陶一鸣/高二年级　吴　娟/指导老师　湖北省钟祥市第一中学

2150年，全球陷入新的暴力动乱中。与以往的一言不合就开战不同，这次的几个好战分子都没有打仗的意图。

"什么？吴战你要退出研究组？"科研所所长猛地一拍桌子，八字胡被面前的中年男子气得一翘一翘的，"你知不知道我们的研究就要收尾了，马上就可以称霸科学界了，这不是你一直以来的理想吗？"所长脸上的急切和慌张尽数落入吴战眼中。他微微一笑："我知道总统在担心什么，相信我，一切都会变好的，动乱即将结束，和平也终会降临。""砰！"一声枪响，惊飞了屋外枝丫上的鸟儿。

天空的阴霾越来越重，阳光不知多久没有直射到这里来了，不，应该说这世上的多数国家都是如此，甚至有些国家不得不因此消失。2150年，地球上出现了一种杀伤力巨大的武器——太阳之枪。它的原理还要追溯到几百年前的热兵器时代，当时纳粹提出要把太阳能作为武器能量。这个技术两百年后为多数大国所掌握，他们每天都在争抢太阳能，以至于没有这项技术的国家在灰暗中苟且偷生、民不聊生。

但他们所掌握的太阳能技术有一个不足，只有足够多的能量才能启动巨型设备。这也是吴战的研究组所需要攻克的难题，而吴战应该是当今世上最有可能突破该技术的人，也难怪所长会有这般举动了。

吴战，人如其名，爱好和平，根正苗红，他的父亲是维和部队的军人，母亲是一名无国界医生，而他的研究差点让家人与他决裂。

与此同时，大洋彼岸，某破旧医院中。

"孩他爹，你说这小玩意儿，能行吗？"吴战的母亲看着正在努力从正午的薄弱阳光中汲取能量的缩小版"太阳之枪"，不禁有些担忧。"还有，我这心里总不踏实，你说战儿他会不会……"妻子没有把话说完，眼角有泪光泛出。丈夫轻轻将她揽入怀中："没关系的，儿子说行，就一定行。瞧，只剩下一分钟了。他说了，只要能成功，各国便再无第二种武器了。"

两人静静地等着，没有风，只有云，一缕阳光破空而出，这一分钟显得格外漫长。

"叮——""太阳之枪"发出收集完毕的警报声，吴战的父亲走上前去，按下了发射按钮。霎时间，绚烂的金光从不同地方冲天而起，那些阴沉的云似乎已经消散，风轻轻吹过两人的衣角。

吴战的精华版"太阳之枪"成功了。他在研究中发现光束能量能被定位系统中的特殊材料所接收，并反射到有相应材料的地方，而在太空中的能量是没有杀伤力的。

于是他精心布下了这个局，这所有的一切，包括他的死亡都是预先设计的。他想："为死于战争的孩子，也为所有的孩子，创造一个和平世界，没什么不好的。"

翌日，晨光熹微。各国政府宣布：将全面销毁武器，未来永无战争。

此次动乱又称为新冷战，自此，真正的和平时代开始了。

指导老师：吴娟，教育学硕士，毕业于华中师范大学文学院学科教学语文专业，中学一级教师，发表论文多篇，多次指导学生获国家级作文大赛一、二等奖。

# 重回地表·人类和平新纪元

涂希能/高三年级　龚　萍/指导老师　江西省南昌市第三中学

　　这一天，A、B、C三个联盟的领导人通过地下的意识发射器，向在地表下的所有人民宣布，将全面销毁武器，建立新的联盟，重回地表，建立人类真正的和平新纪元。

　　这一天是在重回地表计划执行三百年后，也是地表被人类世界大战使用的核武器毁灭三百年后。

　　还记得地表被毁的时候，人们是没有料到最终会使用核武器的，这都源于太空中的一次相撞。两艘侦测打击舰在风暴中相撞，触发了核武器的发射，多亏了人类为防止核武器打击而早早预备好的地下城，才没有让人类从此绝迹。在那次打击后，人们在地下城中互相指责，而被割据成了A、B联盟与中立的C联盟。尽管人类被分成了三大联盟，但都提出了重回地表计划。由于核武器的打击，地表变得不宜生存，地表生态系统也被破坏。据科学家测算，完成地表重建再次重回地表需要三百年。在此之前，人们只能在地下的空间里靠生态模拟器、水循环、氧循环等系统维持生存，对蓝天、阳光、自然的向往植根在了每个人的心中。

　　在这三百年间，A、B、C三大联盟都继续使用武器彼此制约，同时实施重回地表计划。其实，在那一天到来之前，A、B联盟是不愿意销毁武器的。三百年的时间就这样在一代又一代人的传承中流逝。A、B、C三大联盟的经济发展得旗鼓相当，武器也变得越来越强悍，核武器的威慑力早已被新兴的粒子能量武器取代。也许一念之间，地表下的设施和地表下的人类都将灰飞烟灭。

　　在重回地表计划即将完成的一个月前，中立的C联盟请来了A、B两联盟的领导人进行了一次会晤。A、B、C三大联盟领导人坐在圆桌前，场面很是安静。A、B两联盟的领导人都不愿意多说话，C联盟领导人主动打破了尴尬，说道："重回地表计划将要完成，我们在这里是为了商讨相关领土问题……"A、B联盟领导人的话开始多了起来，不久就变成了激烈的争吵。三方就土地等方面事宜一直不和，A联盟领导人扬言道："别让我先动用武器。"C联盟领导人说道："然后呢？三方一起毁灭？再次摧毁我们花了三百年的时间、几代人的心血重建起来的地表？那我们这三百年的辛苦建造的意义何在？子孙后代又要像我们一样，蜗居在地表下吗？"A、B联盟领导人瞬间说不出话。

在多次会晤后，三方决定重回地表后销毁所有武器，互相尊重、理解、包容，共建人类和平新纪元。

这一天，地表下的意识发射器发出："重回地表，共建人类世界，销毁武器，开启人类和平新纪元！"欢呼声此起彼伏，地表上的阳光似乎已经照进每个人喜悦的心中。

指导老师：龚萍，南昌市第三中学教师，中学语文高级教师，曾获得南昌市优秀班主任、优秀教师、优秀共产党员和"园丁杯"一等奖等荣誉称号。

# 和平时代

王　珏／高二年级　朱孟璐／指导老师　河北省沧州市第一中学

2680 年，人类社会高度发达，正式进入战争的第八个阶段：新威慑武器时代。军队从主到次分为：新威慑武器部队、能量武器部队、信息武器部队和核武器装甲部队。其中，新威慑武器部队所配备的量子导弹，只需按下发射键便可摧毁整个地球，世界处于不安之中。

"哥哥，你和父亲又要走啊？"说话的是一个十岁的小女孩，矮矮的，拥住哥哥的腰，不肯放手。

"是啊春阳，我和父亲要去趟北美洲，下周就回来了，春阳在家要乖乖的，等我们回家。"这个还略带青涩的少年轻抚着妹妹的头，转身背上黑色的书包，踏出了家门。

春阳跑向阳台，望着哥哥和父亲的背影心中满是失落，又要打仗了。即使他们总是骗她说是去考察，春阳早就明白哥哥身上那根本无法愈合的伤明明是激光武器造成的。

"东风，检查小组装备，命令战士装上量子导弹，以防万一，这次情况可能比我们预想的糟糕。"身着将军服的中年男子面色严肃地对少年说着。他是春阳的父亲，新威慑武器部队的总参谋，而这位叫东风的少年正是春阳的哥哥，突击小组组长。

"父亲，这次我们还能回去吗？"东风检查完装备后，顿了顿，缓缓地问着。父亲没有回答，直直地盯着战舰上的作战部署，陷入了沉思。

随着一道冷光照入舰艇，红色的警报嗡嗡作响。战士们快速进入了作战状态，对准黑色光线方向，打出一排排电磁干扰粒子。对方变换位置，慢慢靠近，紧接着又是很密的枪声。在激光弹的攻击下，舰艇一时间被鲜血染成了红色，惨叫声回荡在舰艇长廊中。

"我们是 A 国特种部队，里面的人听着，你们已经被包围了，请立刻缴械投降，否则我们将选择强攻。"

东风蹲在掩体下，喘着粗气，大声叫喊着队员的名字，却仅有寥寥几人应答，数十人的作战小组，一时间几乎全军覆没。

"父亲，他们越过了作战范围，提前攻击了我们，我们现在该怎么办？"东风向着另一掩体下的父亲大声喊着。

舰艇外敌军的通告在不停地循环播放。

"我们只能与他们正面交涉了，A国已涉嫌违反和平协定，应该受到惩罚。我们先交涉，再想对策。"

舰艇上双方对立，A国部队举着能量枪瞄准了东风和战士们的头。东风无法反抗，只得放下武器。

"为什么越线？""国家指令，只求北美战争全胜，不择手段不惜代价。""为什么一定要胜利，和平不好吗？"东风的部下大声地喊了出来，"月月打，周周打，我从死神那里来来回回十几次了，我也有亲人爱人，他们都在盼着我回家，和平就那么难吗？"

一番嘶吼使得双方的将士都陷入了沉思，举着的枪缓缓放下。"嘭！"说话的战士应声倒地。"你干什么？"东风见状极力想要冲上前去，却被父亲一把拉回。

"战士应该绝对服从命令，战争是为了国家安定，不受他国威胁，不是简单的和平所能保证的。这种只想着小家的人不配做战士。"敌方将军说道。"你算什么，凭什么定义和平，你没有家人吗？"东风愈发激动，手中握起了红色的按钮，步步紧逼敌方将军。"东风，你想做什么？这万万不可！"父亲见东风红了眼，拼命想阻止他。"父亲，对不起，也许我这样做会让您失望，可我已经没有选择了。想想妹妹每天在家的等候，想想我们对她的小小谎言，想想战士们家中满怀期盼守候的亲人，真的不能让无休止的战争继续下去了，我要结束这一切，要让世界知道只有和平才能安稳。"东风抹去脸上的泪水，向着父亲郑重地敬了个军礼。

"妹妹，哥哥爱你。"说完，东风按下了红色按钮。

一个月后，在微型量子弹的威力下，四分之一的地球重归荒芜，亿万百姓流离失所。人类各国政府联合发布通告：人类社会将全面毁灭武器，停止战争，正式进入第九阶段：和平时代。

阳台上，春阳望着远方毁灭武器的火光轻呼着哥哥和父亲的名字："你们看，再也不用打仗了，和平时代来了，你们快点回来吧，我想你们了。"

指导老师：朱孟璐，教育学硕士，毕业于东北师范大学，沧州市第一中学教师，多次获得优秀班主任、优秀教师等荣誉称号。

# 木卫二历险记

王凤娇 / 高三年级　潘艳晓 / 指导老师　河南省洛宁县第一高级中学

连城已穿戴完毕，牵着其他地球同胞的手向宇宙飞船走去，他们的目的地是木卫二。

人类自古以来就是有战争的。随着科技的进步，战争范围不断扩大，威力不断加强，直到 24 世纪末，联合国宣布全面销毁武器、停止战争，地球才成为真正的和平之所。

现在是 25 世纪元年，联合国在全球范围内征选了十二名宇航员，这些宇航员乘坐木卫二探索飞船向木卫二进发，连城就是其中的一名中国女宇航员。

飞船起飞了，连城尽管已受过种种特训，但心里仍按捺不住激动，隔着宇宙服死死抓住左右同伴的手。她右边的人是个混血儿，也是与她曾经在战场上殊死搏斗的人。人们不会忘记，由于世界经济发展极不平衡，世界各国再次拿起武器打仗。人们更不会忘记，木卫二探索可行性分析的结果唤起了世界人民对太空的向往，使他们停止了战争。

飞船最终降落在了木卫二的表面。人类起初以为金星是最有可能存在生命的星球，然而后来，人们发现木星在太空中起到了吸尘器的作用，它可为地球保驾护航。人们这才将目光转移到木星，并进一步发现木卫二虽然外覆冰层，但由于潮汐力的作用，内部的海洋拥有足够的热量。

"连城，对不起。"一句话让连城从回忆中醒来，她看向那个中日混血儿关谷。

"怎么了？"连城问。

"之前那次战争中，我打伤了你，刚才一直想道歉，没说出口，但一会儿我们要一起经历磨难，生死未卜，我想告诉你。"

"战争中有些事是无法避免的，但接下来我们要互帮互助，一起去探索木卫二，好吗？"

"好！"关谷感激并坚定地回答。

此时着地的飞船已化身成破冰船，掘开了木卫二表面的冰层，进入了木卫二的内部海洋。

"好美啊！"一位宇航员赞叹。

冰层下蓝色的海洋，又透着绿色的光，真的很美。

"警告！飞船破损，请各位宇航员离开座舱。"一声警告传来。

连城醒来时第一眼看到了关谷，还有其他宇航员。

"我这是怎么了？"

"刚才撤离时你的面罩意外破损，你晕了过去，不过现在好了。"

"谢谢你们救我。"

"我们应该感谢木卫二，是它让我们各国联合，才制造了最强的飞船，我们才得以脱险。冰上还有子舰接应我们，我们还有二十个小时的探索时间，我们携手共进！"

海底仍散发着它神迷的光彩，连城笑笑说："走。"

25 世纪元年，人类第一次到达了木卫二的深层，这是全世界的成就。


指导老师：潘艳晓，洛宁县第一高级中学教师，多次指导学生获国家级作文大赛奖项。

# 一声枪响

王璟琦 / 高一年级　谢　澹 / 指导老师　浙江省绍兴市第一中学

我从战场上回来，疲惫蔓延至全身，机械肺呼出的热气在空气中凝结，带着地表吸入的黄沙颗粒。我将手臂倚在向我走来的机械人身上。

"我右臂的机械骨架坏了，MD，帮我修一下。"

"好的，元帅。"他回应道。

我靠在真皮沙发上，沙发淡淡的皮革味有些好闻，这是几百年前的老货了，现在的沙发厂早就成了制造武器的军工基地。

我看见自己被炸伤的右臂中仿生皮肤被弹片割开，皮肉外翻，可以看到里面灰白的合金骨架。我将自己的传感调到了最低，所以这骇人的伤口对我来说只是有点麻。

MD 将手臂复原，我随意动了动。有人曾指着我大骂我是怪物，一想到这儿，我勾起嘴角，是，我是怪物。

第三次世界大战是从 300 年前开始的，那时基因炸弹被制造出来，极端的种族主义者开始了屠杀。那时我好像十五岁，但时间隔得太久，记不太清了，只记得自己差点死在一次爆炸中，然后为了活命和父母躲到地下基地。

我花了十年时间研究出人类机器化技术，身为人体工程学家的父母为我提供了很多帮助，可惜他们作为第一批试验者都死在了手术台上。

我是第一个研制成功的机械人，第二个是 MD，我在亚非战场上把垂死的他捡了回来。

思绪被拉回，MD 正在为我扣上军服的领扣，他的脸永远定格在被我改造的那一天，而那时我也将他大脑的情感回路一并除去。

"你恨过我吗？是我把你变得人不人鬼不鬼的。"我突然问他。

他的动作顿了顿，但并没有抬头，只是继续手上的动作："没有，元帅，是您给了我新的生命。"

不知为何，我心里有了愧疚，让数百年没有体会到情感的我感到陌生。

"MD，我会尝试恢复你的感情认知的。"

他还是那么恭敬，永远谦卑地回答："不用劳烦元帅，MD认为现在这样很好。"

我沉默了。在改造自己时，我只保留了大脑中主管思维认知的区域，我认为情感对我并不重要，就淡化了情感认知，同时为防止自己在漫长的时间里，迷失自己最终的目标，所以又导入了一个控制程序告诫自己：我的最终目标是使全人类都成为机械人。

我害怕下属叛乱，用程序锁住所有机械人的思维，把可以随时让他们脑死亡的控制中枢植入我的大脑里。我把控制权紧紧攥在了自己手里，对，我怕背叛，但MD是不同的。

我又来到了地表，外面狂沙满地，沙尘使可见度非常低，纵然是机器也只能看见远方堡垒的剪影。这是亚洲最后的一片区域了，我要消灭这里余下的人类，把他们改造成我的同类。

我拿起光脑，向机械大军下达总攻的命令，无数激光炮同时发射，光芒映亮了昏黄的天际。我可以听见堡垒中平民惊恐的哭声和尖叫混杂在一起，而本应保护他们的政府军却无能为力。

我就静静地看着这一场屠杀，心中没有怜悯。

此时，一声枪响，我的大脑被击中了。我机械地回头看，MD在身后哭泣，他手中的枪在黄沙中反射着银色的光，枪口中硝烟未散。我听见他说："对不起，我不能让你再杀人了。"他抱住我，将枪支对准我和他，再次按下。

我的视野里只有他模糊的面容，熟悉而陌生。然后我的身体冷了下来，大脑也陷入混沌之中。

公元5028年，机械人极端分子被其副官MD击杀，机械人溃败。

公元5029年，新纪元联合国宣布全面销毁武器，停止战争。

黄沙之中，只有两具紧紧抱着的尸体，似乎永远不会分离。

指导老师：谢澹，浙江省特级教师、浙江省教坛新秀、浙江省首届浙派名师培养对象、绍兴名师、绍兴市高中语文学科带头人，浙江省教科研先进个人，曾获"四方杯"全国优秀语文教师选拔大赛一等奖、浙江省优质课一等奖、浙江省高中语文教师基本功比武一等奖，多次指导学生获国家级作文大赛奖项。

# 新 生

王琳楠／高三年级　杜　蘋／指导老师　北京市第四中学

　　安迪很累，他今天又带着军团消灭了一帮在一个小镇中抢夺食物的人。这帮人还是死性不改，总想着不劳而获，明明应该劳动却什么也不干，到头来还想着靠自己手里的几把枪去肆意掠夺。要是这个世界上没有战争就好了。

　　十年前，战争机器突然背叛人类，向人类发起攻击。这些战争机器将它们无情的子弹射入人们的胸膛，人们只得仓促反击。这些有着力大无穷的机械臂，以太阳能为能源的不知疲倦的战争机器，纵使数量只有人类的千分之一，也几乎将人类逼上绝路。当安迪带领着人们消灭最后一个战争机器时，他收到了一段语音："嘿，你好，恭喜你消灭了最后一个武器，相信我，人类将得到新生。"那是朔，这场战争的作俑者，也是战争机器们背叛的原因所在，一个真正的计算机天才。"新生吗？"安迪自嘲地笑了，战争过后，全球只剩下不到百分之一的人口，大量高科技人才流失，人们甚至不得不从头开始学种地。

　　"报告，这是这次行动的总结。本次行动共剿灭十七个具有攻击性的人员，销毁了三把激光枪、十把手枪和一把自动步枪，子弹若干。"安迪的副手前来报告。"要是在以前有机械警察的时候，哪用得着一处一处监督？"副手抱怨道，"长官，收缴的武器一定都要销毁吗？我们现在什么技术都没有，照这样下去，人类就再也没有武器可用了。""执行命令。""是。"副手一脸失望地走了。武器，它就不应该出现，安迪这样想着。机械警察公平？那只是对强大国家而言的公平，多少强大的国家在和平时期打着各种旗号对弱小的、无法抵抗战争机器的国家进行掠夺。只要有欲望与暴力在，世界就不会有和平。

　　但还有希望。安迪起身，去往学校看望那些孩子。恰巧，学校的擂台上就有人在进行激烈的"战斗"。两个孩子正在上面进行激烈的辩论，几分钟后，一个孩子低下头，表示认输；另一个则兴高采烈地跑下来，奔向安迪。

"安迪叔叔，你看我厉不厉害，我已经连赢五场了！"安迪笑而不语。战后，在安迪的大力推行下，各地的学校都实行无暴力的心理教育，从小就使孩子厌弃暴力，他们的思想中没有一点使用暴力解决问题的欲望，所有矛盾都由答辩来解决，谁掌握更多知识，谁才拥有力量。透过这一个个纯洁无瑕的孩子，安迪仿佛看到了一个摒弃暴力、崇尚知识的新时代。

和平并不仅仅是没有武器，而是要使人们从心底放弃斗争。"过去的人们难以改变，但一代代新的青年终将成长起来，这一代注定看不到那个新世界了，那就把它留给下一代吧。"安迪心中很平和地想着。

公元3014年，地球联盟首领安迪销毁了地球上最后一件武器，并颁布永久禁令，人类不得再研发任何武器。

公元3072年，安迪弥留之际，他是世界上最后一个知道何为战争何为暴力的人。"当我闭上眼时，世界将再无暴力。"安迪开心地这样想着。

安迪去世后，也给世人留下了一段话："你是对的，朔，这是一个新世界。"

人类迎来了新生。


指导老师：杜蘋，北京师范大学现当代文学硕士，北京市第四中学语文高级教师，语文教研组副组长，西城区学科带头人，曾获全国写作比赛指导教师一等奖。

# 微 人

王梅洁 / 高三年级　翟丽丽 / 指导老师　山东省淄博第四中学

公元 9012 年，地球战争。

南美洲西侧的加拉帕戈斯群岛上，一场世界决战即将爆发。经过长达一个世纪的战争，如今只有这片荒岛上的资源未被占领。天空是蓝色的，浅滩上聚集着火烈鸟。

恺撒已经不想再等了，饥饿使他开始感到乏力与困倦。他是七年前北美洲大战的俘虏。他知道，离自己回家的日子已经不远了。只要战胜这片群岛上的类闪米特人，全球将会统一成一个强大的地球国家。而现在，他正在密闭的军事舱中等待部队的命令，他是这一支队伍的将领。

他强打精神，密切关注着周围，忽然发现不远处一棵茂密的树上，有什么东西正隐藏在树冠中。他还没来得及看清，便接到部队的命令。

丛林中，瑞安一家正忙着给战死的士兵皮下注射一种特殊的汁液，使他们暂时获得重生的机会，如果试验成功，他们便可重新开始生命的旅程了。

但重生需要代价，就像瑞安一家一样，会变成身高不足 20 厘米的微人。几年前，曾在此地发生过一场战争，瑞安身负重伤未被发现，他吮吸着一棵树的汁液，后来竟活了下来。瑞安试图以同样的方法拯救家人，拯救重伤、战死的士兵。如今，他的微人国中已有无数的居民。他们矮小、善良，经历过战争的摧残，他们爱好和平。

恺撒匆忙关闭眼睛上方的屏幕，指挥士兵们开始作战。他们个个手持小型圆筒，圆筒中储存着从火星上采集的能量与信息，只需按动圆筒上的按钮，便可使一片树林夷为平地。

恺撒和他的军队按照指令来到那棵树下，原来，那棵树早已引起了人们的怀疑。此时，前方传来捷报，类闪米特人已被消灭，他们的核武器是抵挡不住新型太空武器的，恺撒冷笑一声。

恺撒发现这棵树里似乎藏着些不寻常的微生物。他接到指令，上级部队宣称，类闪米特人并不是终极目标，这片群岛上可能隐藏着更强大的人类。"更强大，是什么呢？"恺撒自言自语，看看手中的武器，将它插进上衣的口袋里。一按按钮，武器便被自动隐藏，与上衣融为一体。

隐藏在树冠中的瑞安跑了出来，他要为死伤的士兵收集汁液了。他猛地发现一个巨大的黑影。恺撒和士兵们突然见到这样一个怪物，纷纷拿起武器。

瑞安茫然地盯着士兵们，恺撒弯下腰，细细观察这个生物，他似乎长相与自己一样，瑞安被这突如其来的变故吓得手足无措，他知道，如果自己一家被消灭，人们便再无重生的希望了。这场意外赋予了他不顾一切的勇气。

"先生，请问您是？"

恺撒也被这场意外搞得不知怎样才好，他没想到这个矮小的人声音竟如此洪亮。

"先生，请不要攻击我们。"

"攻击"使恺撒想到自己的使命，准备拿出武器。

"先生，您一定要考虑一下，您现在就不想见到家人吗？"

"家人？"恺撒不由自主地放下太空武器。他十分想念家人。

瑞安大呼一声，浓密的树冠被缓慢揭开，数千年的秘密顷刻间被发现。

那是士兵们无辜死去的家人，全被瑞安救活了。此时，所有的士兵注视着这一切，纷纷放下武器，满含泪水疯狂亲吻着这片土地上的微人。

第二天，上级下达命令，销毁全部武器，实现人类永久和平。

恺撒的士兵们在那片树林里找到了各自的家人，这些微人与士兵们永远生活在一起。他们不会忘记，家人是怎样被夺去生命的。

指导老师：翟丽丽，山东省淄博第四中学语文教师，两次被评为区教学优秀个人，在一课一名师教学活动中获得一等奖，多次执教公开课，在各种作文竞赛中多次获得优秀辅导教师、高级辅导教师等称号。

# 无核世界元旦

王沁雪 / 高三年级　叶飘飘 / 指导老师　浙江省春晖中学

"现在是北京时间 8 点 20 分。历史总是惊人的相似。还记得那幅漫画吗？两位可爱的总统各自坐在他们的核导弹上掰手腕。现在离'二战'已经五百年，美国总统与俄罗斯总统再次站在这里，以手指之下的核发射按钮威胁着彼此。"央视新闻报道。

现在最后三个持核国家是美国、俄罗斯和中国。

中国核武器发射控制中心已经得到了国家给予的最高管理权限。室外防空警报忽明忽暗，周深看着控制厅的央视直播录像，自在地抿了一口茶。王梅拎了一个热水壶，挨个给控制员、程序员倒水，现在她满脸狐疑地看着周深。"这是个主席都没法做出的决定，我们是否可以不管。"王梅紧皱眉头，"这里所有的量子计算机的计算能力远远无法达到精确追击两枚洲际核导弹的能力，再加上他国核导弹的反追踪能力不一定在我们的预计范围之内，实现两次追击几乎不可能。"然而仅选择打击一个国家的核导弹，实在不是一个理智的决定，这极有可能导致战争的爆发。

"来点儿热水，我的茶叶还没泡开。"周深抬头对王梅一笑，"我还挺想去攀登阿尔卑斯山的，下周我休假，打算去俄罗斯看冰雕，我还想住住水晶宫殿，听说都是冰做的。"说完，他又抿了一口茶。王梅惊讶地说："这么说，博士，您的决定是帮俄罗斯？""说实话，我还想去美国淘淘金，等我老了，就拖家带口去美国的大草原上策马奔腾！"周深一脸幸福的样子让王梅云里雾里，"博士，您在开什么国际玩笑？"一个控制员气喘吁吁地跑过来，打断了他们的对话。"周……周博士，谈判似乎已经到了最后阶段，一切都改变不了。我想，他们现在只需要一点点小粉尘，就能引发爆炸，彼此告别。"大屏幕上，紧张的气氛流露在两位总统的脸上。他们一手抵着桌案，另一手放在按钮上，似乎只需要一点点力气，就能结束一切。

"快了。"周深说。

"什么？"王梅和控制员满脸迟疑。

"还记得四十年前我们控制发射的搜索号吗？"

"我们用它来寻找地外文明，至今还没有什么发现。"王梅回答。

"我用它来拯救地球文明。"周深回头，用难以言述的深邃目光凝视着两位仍然不解的人。那目光似乎可以洞察宇宙，穿透人心。

大屏幕上对峙现场的人员突然出现异常，两国的工作人员几乎同时向他们的总统耳边密语一阵。只见两位总统同时惊恐地抬起头，望着彼此。翻译员在二人之间传递着比之前争吵时更丰富的信息——外星信号。

"外星信号？"王梅问。

"那年，也就是发射前一晚，我自主给搜索号添加了一个信息编码，并安装了信息返回装置，经过精密的计算，我在今天凌晨两点把信息召回，全世界都将在 18.5 小时后收到一束电磁波。内容很好破解：外星人来了，交出核武器。"

王梅低头看了看表，"现在是晚上 9 点。"

"在如此紧张的情况下，两位睿智的总统也会慌不择路，在外星人这个词面前，原先的敌人却像极了朋友。"

"所以——"

只见两枚洲际导弹射向外太空，人类一阵欢呼。

"您料事如神啊。"控制员说。

"您怎么能断定，在您的信号回来之前，冲动不会使地球受难？"

"人性的弱点仅仅在于害怕被打败，这样的对峙没有意义没有结果，我的信号什么时候到都不迟。"周深按下发射按钮。

今天是无核世界第一天。

*指导老师：叶飘飘，教育学硕士，毕业于复旦大学，中学二级教师，曾多次获得绍兴市教育教学论文比赛一等奖、浙江省教师读书征文二等奖、区"命题·析题"比赛一等奖，多次指导学生获国家级作文大赛奖项。*

# 载上阡陌的幸福入梦

王盛吉 / 高三年级　陈孝荣 / 指导老师　江苏省盱眙中学

2719 年的世界，又黑暗了不少。人们已将部分同类转移到这个巨大的 β 空间站中生活，β 空间站与地球只有一条隧道相连。地球已从浅蓝色变成了深蓝色，天空如今灰蒙蒙一片，表面开始现出孔洞，南极的臭氧空洞也逐步扩大。宇宙中飘浮着钛、铁等新式武器的碎片残骸，就连遍布各处的清洁机器人也不能将它们清理干净。

空间站的核心位置是 α 放射中心，一般人是不能靠近的。机器人在外围巡逻，外人通过瞳孔验证才能进入。

"绝不能停止武器制造！"联合部长武怒火中烧的声音回荡在会议大厅中。"A 星与我们之间战争激烈，这关乎宇宙中人类的统治，必须让新威慑武器发挥作用。"武用几乎冷酷的声音说道。

"宇宙废物和垃圾快堵塞人类隧道了，不如停战。"副部长平小声反驳。

"那就放弃在地球上的人类，专注战争。"武下了定论。

"报告部长，由于武器的磁场和电场的作用，地球已偏离正确轨道，向靠近太阳的一方偏转，甚至有可能与金星相撞。"探测局长来报。地球的偏转将导致空间站甚至人类的毁灭，这让武的心中一惊。是否停战，他陷入两难的境地。

"报告部长，驻地球总司令发来 8D 影像，是否播放？"武犹豫了一会儿，点点头。会议大厅中央的虚拟幕上，影像慢慢浮现：

干涸的地面裂纹很深，天空是灰暗无光的。一群人赤足在这片地上走着，眼神空洞无光。干裂的嘴唇和青筋暴起的皮肤如此炙热。出生的孩子发不出啼哭，皮肤已被辐射成深紫色。遍地的白骨，惨不忍睹。

武沉默了。原来地球已变成现在这副模样，它在给人类下达最后的通牒。生存还是毁灭呢？人类真的要独尊吗？战争背后真的是和平吗？

仿佛过了一个世纪，武再次抬起眼眸时，目光坚定。他忘不了骨子里的血脉，他不能眼睁睁地看着这群地球的人类走向灭亡，也不能看着这颗已千疮百孔的行星再次受到重创。

武发出命令："所有军队立即撤离军火库，停止作战。"十分钟后，他拿起军火库的毁灭按钮，颤抖而决绝地闭上眼，按下。远方升起的蘑菇云，宣告了这场世界战争的终止。

那晚，他躺在床上。"地球或许不会再偏离了吧。"他这样想着。睡梦里，他梦到自己乘着时空隧道回到过去。他看见祖先吟着"铸剑为犁"的美词，他看到孩子天真的笑靥，他看到东升的朝阳，他梦到周身的世界宁静安详。

他嘴角上扬，做着一个他从不敢奢求的梦。

指导老师：陈孝荣，毕业于淮阴师范学院中国汉语言文学专业。中学一级教师，市教育科研能手，县骨干教师，多次指导学生获得国家级作文大赛奖项。

# 共　生

王诗然 / 高二年级　侯翠敏 / 指导老师　中国人民大学附属中学翠微学校

走廊的尽头有一个改良版纳米材料的柜子，是用 30 世纪最高级的材质制成的，柜子被黑布遮得严严实实。阿迪小心翼翼地摸了摸，手触到冰冷的纳米材质时又像触电般弹了回来。

"你想听听它的故事吗？"

阿迪被这低沉的声音吓得一个激灵，是太爷爷，这个柜子的主人正是他，而这个地方是禁止家族成员过来的，小阿迪是因为太好奇才过来的。

"太爷爷，对不起，我……"

"跟我来吧！"老人已经一百多岁了，拄着木头拐杖，虽然腿脚不好，但仍然拒绝坐轮椅。转动角落里的花瓶，柜子转动了起来，里面竟然还有一个密室。

房间里炉火烧得很旺，墙上挂满了古老的照片，还有一些模型，阿迪在历史书上看到过，那是 22 世纪的一些武器。此时纳米柜里的东西已经清晰可见，这竟是一副棺材，里面是一个女孩的躯体，蓝色的，像极了天空。

"阿迪，闭上眼。"太爷爷的声音飘了过来。

阿迪迟疑了一下，但还是听话地照做了，在合眼的一瞬间他仿佛掉进了一个黑洞。良久他才发现自己躺在了一群高大的建筑中间，很古老，材质还是玻璃的。

"人类已经通过无线电波和飞马座 51b 取得联系，确定这个距离地球 50 光年的恒星上有生命体存在，可能不久将要来访地球。"液晶屏上妆容精致的女播音员正在报道，看得出来她有些激动。

旁边的人群有些骚动，"天啊，外星人真的存在！"人们欢呼着，奔走相告。

"阿迪，你为什么会在这儿？长官一直在找你，计划就要开始实施了。"

是遥遥，一个甜美可爱的女孩，记忆如潮水般涌来，这是 22 世纪的阿迪，他现在是国安局的首席执行官，遥遥是他的搭档，也是他喜欢的女孩。

走进国安局的大门，会议室里的讨论已经如火如荼。

"虽然现在才向大众公布，但是早在 2019 年人们就已经发现了飞马座 51b，所以其他国家肯定早就下手了。"一个毫无感情的声音响起，他的头发打理得整整齐齐，应该抹了不少发油。

"不能再等了，我们向飞马座 51b 发射新型威慑武器吧！虽然 50 光年的距离中途会有损失，但占领一个亚洲的面积还是可以的。那可是跟太阳一样大的星球，不能让美国佬占了先机吧！"说完穿皮夹克的人又狠狠地吸了一口烟。

这两个人一向是国安局水火不容的死对头。

"不好了，美国已经开始行动，不知为何，发射的武器竟然失控，在纽约上空爆炸，现在北美洲已受到重创，请求援助！"

中央控制室一下子炸开了锅，阿迪熟练地把大屏上的画面切换到美国，果然是一个被白烟占领的世界，什么也看不清，偶尔能看到闪烁的求助红光。

是中情局发来的消息，阿迪迅速点开，只有一行字："他们来了。"已经来了？谁？飞马座 51b 的外星人？阿迪的脑海一片空白，这不可能！突然白色的屏幕一黑，卫星被破坏了！

"不好，他们已入侵地球，已潜入地球的每一个角落，目的是侵占地球。"保安慌慌张张地冲了进来，说完最后一句话倒在了地上。

"该死！"男人把抽了一半的烟踩灭，骂骂咧咧地冲了出去。

阿迪回过了神，遥遥呢？环顾一周怎么也找不到遥遥的身影，顾不得那么多了，他转身跑出了国安局。

外面的世界已然一片混乱，而他的遥遥已经不是他认识的模样了，她正拿着激光武器对着那个穿皮夹克的男人，而他的死对头竟用身体挡住了他。绚丽的激光让他们同时化为了灰烬，空气中还弥漫着男人早上喷的香水的味道。原来遥遥，这个她愿意倾尽一切的女人，竟然是外星人，而她正毁灭着自己的家园，毫不留情。

那场战争持续了很久很久，却也是人类史上最团结的一次，不分人种，不分国籍，人们对抗着同一个星球，一起为地球而战。

飞马座本是一个濒临灭绝的星球，他们迫切地寻找着新的移民点，而地球正是他们的目标。他们故意让地球人观测到飞马座有规律的抖动，激发他们的占有欲，只要地球开始实施入侵计划，他们便会向早已打入地球中心组织的间谍发出指令，借着地球武器的威力，开始进攻。而这个科技无比发达的星球最终还是输了，一败涂地，遥遥也消失了。

世界渐渐变得安静，再睁开眼，火炉里的火星有规律地跳动着，太爷爷正看着阿迪。

"这是人类换来和平的代价，那次战争使地球损失了将近一半人口，环境也受到重创，这几千年才修复了一些。"

"可是太爷爷您是怎么知道的？"

"我嘛，我是最后一个飞马座的人，只要地球再次发动战争，我们族人沉睡的基因就会被唤醒，地球将再次开始一场恶战。"太爷爷诡异地一笑，闭上了眼，这个来自外星的老人再也没有醒来。

事情总是有些可笑，曾经的阿迪是国安局的一员，为抵抗飞马座而战，如今竟成了这个星球的传人。他像他太爷爷那样守护着那个走廊尽头的密室，守护着棺材里他曾经最深爱但欺骗他的女人，守护着这个无人知晓的秘密。

几千年来，地球再也没有发生过战争。阿迪常常在想，可能他就像是和平的见证者吧！如果地球人团结和睦，生活安乐，那用母星的沉睡换来地球的永恒又有什么不好呢？

指导老师：侯翠敏，毕业于首都师范大学汉语言文学专业，中学高级教师，海淀区学科带头人，曾获海淀区优秀教师、海淀区骨干教师、海淀区"四有教师"、海淀区"三八"红旗手、海淀区班主任带头人、北京市中小学"紫禁杯"优秀班主任一等奖等荣誉称号，多次指导学生获国家级作文大赛奖项。

# 硝烟不再

王舒婷 / 高三年级　徐天祥 / 指导老师　江苏省泗阳中学

"硝烟是我们所厌恶的，只有和平才是我们这个年代最宝贵的东西。"

海城中学的孩子们一遍又一遍地朗读着，不知其中含义，只觉无聊。安易和琴兄妹俩早就打起了哈欠，一个接一个。

外面又一次响起了防空警报。"哥，我怕。"瘦小的琴早已钻到了课桌底下，眼中噙满泪花。

"没事，这就是所谓的战争，这就是硝烟。不过它好像也没什么了不起的，到现在一次也没伤害过我们。别怕，咱们回家。"安易安慰道。

23 世纪的世界里，战争使地球满目疮痍，人们已不能在陆地生存。人类可以说是仅存的地球生物，陆地的生态系统已全面崩溃，他们只能回到自己的起源地——海洋。

各国都建立了自己的海城，中国的这座叫希望城。希望城为了重塑地球环境，分为四世——春世、夏世、秋世、冬世，也有四区，每区三个月后自动调换到下一世，以便人们能感受四季轮回。安易家在第三区，正值冬世。他和妹妹乘坐传送器回家。

"琴，哥给你看样东西，不许跟姥爷说。"

"好的，快拿出来吧。"

刚到家的安易从柜子里掏出一把长得像枪的东西。"这是什么？"琴问。"我也不知道，别人都说这是武器，能杀人。"

"安易！你在干吗？"姥爷怒目瞪着安易，如火的目光仿佛点燃了空气，姥爷一下冲上来夺下他手里的枪。"你敢拿这个！这是激光枪！这是武器！"

"什么激光枪，我又不知道，干吗这么大火气！"

姥爷指向安易的手指不住颤抖，抖落一地深埋心底的痛。

正在这时，指挥室发布通知：请春、夏、秋、冬四世的居民即刻前往明日舟，并带好生活必需品。

"还不快走！"姥爷怒吼。

明日舟已满载，向海洋更深处驶去。途中姥爷的一席话，让安易和琴明白了他的良苦用心。原来姥爷曾是新威慑武器及信息武器研究专家，一次信息泄露让研究所陷入他国包围之中。只有姥爷因为在地下信息库收集资料而幸免于难。琴的父母也是研究所的人员，他们双双殒命，只留下海城里的琴。

"你那时不住地哭，一看到我才笑了，我就带你回家了。"说到这，姥爷慈祥地望着琴。安易的父母也在那次袭击中失去了生命，姥爷自那之后便隐姓埋名，专门照顾两个小家伙。

"安易，这枪再也不要出现。"那一刻，安易看见了姥爷布满沟壑的脸，看见了眼眶里闪烁的波光，那不是泪，而是满溢的爱，对安易，对世界。

原来这次变故是因为海中被投放了灼热弹，海城已快支撑不住高温，即将爆炸。"各位居民，这里是联合国，我是秘书长科西。战争已严重伤害了地球，夺去了数不清的生命，从今日起，全面销毁武器，全面停止战争。"

联合国讲话发表 50 年后，海城不再各国孤立，而真正成为海世界村。陆地的生态已逐步恢复。人们重见希望。

"姥爷，我明白了，要和平，不要硝烟。硝烟已不再，你看到了吗？"安易和琴来到姥爷坟前，哭着说。

硝烟，不再。


指导老师：徐天祥，毕业于扬州师范学院，中学语文高级教师，宿迁市语文学科带头人，发表论文多篇，曾获泗阳县先进班主任、先进教师、最受学生喜爱的教师等荣誉称号，宿迁市先进教师荣誉称号。

# 守 恒

王文馨 / 高三年级　王昌富 / 指导老师　江苏省泗阳中学

飞向火星的人类航天器是一辆樱红色的特斯拉，里面坐着一名仿真宇航员，特斯拉的屏幕上写着"不要害怕未知"，车里有一本《银河系搭便车指南》，音响里放着大卫·珀维的歌。

航天器已绕太阳系飞行五百年，不出意外，它会完成漫游宇宙十亿年的任务。就在前不久，它刚刚见证了一场人类文明的转折。

涛很喜欢那个特斯拉航天器，也很喜欢大卫·珀维。

他坐在广场的长椅上，利用全息广角强光投屏观看每日新闻。播报员笑容僵硬，重复着前日相似的话题。

涛清楚地记得，两年前，国际上所有知名的组织几乎在一夜之间同时宣布销毁武器，并承诺永远不发动战争。

但不知怎么，涛一直有个悲观的想法，认为这世上的一切东西都是守恒的，大到整个世界，小到一个细胞。为什么有些人的离去让回忆变得空荡，为什么有些情感的消逝无法割舍，因为它们曾给过自己同样多的幸福。

他觉得，销毁武器，是和平守恒，又是长久守恒。

"那是四月里的一天，天气晴朗但寒冷，时钟敲了八下，"涛的祖父向涛提起过这段往事。"那年头，几乎所有国家都进行军备竞赛，那一天，刚经历日全食，全球恢复系统出现故障，不知是哪个国家没有事先预报，远程防黑系统按钮一按下去，半个冰岛就没了。这还不算什么，因为各国都事先在自家的军事系统上安装微波预警和防弹自动回击与护卫装置，那可不得了，你想，全球的系统，我没有亲眼见过，人们都躲在偏振滤波覆盖的应急隔离城中。人们在刺目的阳光下，看见毫无生机的土地、眼睛浑浊殷红的动物与未逃离的人类，天地交织在一起。"涛看见祖父眼中的惊恐与惋惜。

涛不愿告诉祖父，在销毁武器以前，人们已被安装了所谓"义脑"连接在局域广域网络中，所有言行被监控，所有事件的发展轨迹都已被算法赋值模拟。这便是所谓长久的个人与社会双向守恒。

武器不在，利益永恒，战争换掉代名词，美其名曰守恒计划。

涛苦笑着，看着全息镜像中"思考"的陌生的头颅。

天空中超新星诡异地笑着，笑那愚蠢的守恒定律。

飞行器特斯拉依旧环行，记录着这荒唐的生态演化。

而我们是时间的肉体，是罗马人的断墙和诗行，要纪念那个失去的守恒乐园。

指导老师：王昌富，毕业于江苏教育学院汉语言文学专业，中学高级教师，市语文学科带头人，市高中语文骨干教师，曾获高中语文基本功大赛一等奖。

# 救　赎

王希宇 / 高二年级　彭陆刚 / 指导老师　陕西省西安高新第一中学

黑暗的世界里有一点光，那是一个透明的生态球，以一个小光源供起了一套生态系统。球中的一尾小鱼在水中左右摆动着身躯，自在地穿梭于水草间，时不时地从水球中跃出，晶亮的鳞片在空中反射出一束束光。

真美啊，他想。可他已经没有多少时光了。他平静地闭上眼，脸上露出一种决绝的神色，他仍未从刚才的决议中缓过神来。"我宣布，人类将全面销毁武器，未来将永不发动战争，在全球范围内真正实现和平，让我们人类共同迈进新时代。"这是人类委员会会长刚用全息虚拟投影发布的声明，各国代表迅速表态赞同，世界各地的虚拟光屏上都为之进入工作状态，全人类都将同时收到这个盼望已久的消息。

对于这一结果，他显得很淡然，他的使命终于结束了。

本是一名将军的他对战争是麻木的，而元首及其追随者却认为，只有用战争才能将别国的资源占为己有，从而使自己的国家更为强大。可在这个地球能源无限多的时代，为什么要不断掠夺？他想不明白也不愿去想。一场战争，即使最常见的电磁枪一次都可以夺去数十上百人的性命，更不用说粒子分解枪、核子震爆弹等各种新式武器了。一切可以利用的科学技术都用在了战争上，就连原本用于远距离传送的空间跃迁都被用来对敌方进行偷袭，这些新型科技武器早已将地球破坏得千疮百孔。他指挥的战斗数不胜数，百战百胜的他被元首视为本国的支柱，可对别国的人来说，他的到来就是最大的噩梦。他曾不止一次地为战争而牺牲自己的家庭幸福，可正是这样的一个人的妻子却是和平运动的倡导者。她与他的观念天差地别，家庭却和睦美满。这种矛盾的状况，与本来注定戎马一生的他，此时却在狱中为和平的到来埋头痛哭一样令人奇怪。

当他正在前线用物质湮灭枪扫荡敌军驻地时，一条虚拟信息与传送邮件到来了。他的妻子死了，死于一次战争支持者的刺杀行动。她在临死前用最后的力气传来了遗书，只有简单的一句话："我想看到世界原本的模样。"随之而来的还有那个生态球。他愣住了，他忽然想起妻子的话："我爱这个世界的万物，我恨破坏它的人。"他算不算妻子的敌人呢，他不知道。他忽然理解了母亲在知道自己手下死的人数不胜数后的目光，他忽然明白了父亲对他的告诫："你将负罪终生！"他想了很久。

他放下了枪。

他开始宣传和平，在各地感应光屏上留下自己的呼吁，他为和平事业而努力着。他代替妻子成了新一代和平倡导者。可他发现，无论他再怎么劝说，无论他再怎么阻止，各个国家的元首都不为所动。无论破坏多少空间建筑，无论死伤多少民众，战争仍不停歇。他忽然明白了妻子的难处，自己可能是她最大的敌人吧。他想，妻子应该是恨他的吧。

他想完成妻子的夙愿，于是他开始筹建自己的队伍，到处招兵买马，到处购买高科技军火，指挥战役，掠夺其他国家的资源，破坏科技系统。他开始用战争追求和平，即使是一个人，依靠极为领先的科技，打垮一个国家也并非不可能的事。他战无不胜，各国元首终于妥协了，迫切地想与他谈判。

他等待的日子终于到了。

他开出了条件：世界和平。元首们觉得可笑，最爱发动战争的人竟然想要世界和平？但在他的坚持下都不屑地答应了，条件是他必须在监狱里度过余生。他毫不犹豫地答应了。

他知道，这和平不会长存，只要扭曲的人性一天不去除贪欲与自私，永远不会有新时代。但他累了，他想妻子了。

他轻抚着那个生态球，想起了妻子对他的微笑。那条小鱼正在欢快地游动，鱼鳞折射出一束束光。这光虽弱，却照亮了他心中的黑暗。

*指导老师：彭陆刚，文学学士，毕业于苏州铁道师范学院历史系，中学高级教师，多次指导学生荣获省级、国家级征文大赛奖项。*

# 给和平理由

王晓松 / 高三年级　肖际武 / 指导老师　山东省聊城第一中学

"林越斯，你快看新闻，中东又打起来了。"

听到耳边传来的一声轻呼，林越斯摘下有着虚拟现实功能的眼部芯片，揉了揉有些酸胀的眼，站起来走到窗前，面对着满眼绿意伸了个懒腰。"又打起来了，习惯了。不过安格，你戴芯片的时间要是再超标，你的世界离一片漆黑也不远了。"

安格转了一圈椅子，迅速取下芯片，站起身走到林越斯身边，陪他看窗外的景色。"我这不就是听太空课的时候顺便看了一眼新闻吗，不会盲的。"安格盯着生机勃勃的花草，"不过我真是搞不懂他们有什么好打的，海水可以净化成淡水了，石油也不再是能源了，几百年下来种族也融合得差不多了，过得不开心就去虚拟现实里找乐子啊，有什么好打的。"

林越斯摇了摇头，手指抚摸着书桌上的书。这是他唯一的一本纸质书，也是他的父母参加维和行动殉职后留给他的唯一遗物，列夫·托尔斯泰的《战争与和平》。

"林越斯上校，你负责探明交战双方的交战原因。"

"是！"

这是第几次战争了，林越斯不知道；到底为什么而战，他也不知道。困扰他曾祖父、祖父一代的问题早已不再是问题，现在的人们因为各种匪夷所思的理由开战，众多无辜的人丧命，他看到无数鲜血抛洒在战场上。

林越斯穿着军靴走出参谋部大楼，阳光很温暖。他仰着头，视野里除了墨绿的高耸树木和蔚蓝的天空，还有参谋部大楼顶端中心象征军威的权杖标志，在阳光下折射出熠熠的光。那光轻轻地投在了林越斯的眼瞳里，一瞬间，他好像明白了战争的原因。

他眯起眼，呢喃出声，好像在回答七年前安格对他提出的问题：

"欲望，是无穷尽的欲望。"

"数据出现偏差，需要重新处理。130号小鼠眼部爆裂而死……"嘈杂的报告声吵得她有些头疼。安格"啪"的一声将研究材料扔到桌子上，倒在了舒适的椅子里。她有些疲累，眼部芯片还是无法长时间佩戴，人们终究无法长时间地全身心沉浸在虚拟现实中，现实世界里的你争我夺始终没有停止。

"安格博士，209号实验对象在佩戴超净空号芯片后三年内没有出现任何异常！"一向严谨沉着的助手冯崤在核实完新一轮实验数据后突然冲进了安格的实验室，连门也没有敲，把慵懒的安格震得站了起来。

安格瞪大了双眼看着面前跑得上气不接下气的冯崤，有些不敢相信。"是否已仔细验证209号实验对象的身体情况？""一切正常。我已将实验报告给首席科学官，首席科学官已确认无误。一切正常。"冯崤的语气里藏着不符合他平时冷静克制的性格的喜悦。

"也就是说，我们成功了？"

"是的，安格博士，虚拟现实眼部芯片可以大范围无限制地推广了。"

虚拟现实技术的无限制推广已经四年了。人们合理的欲望都能通过虚拟现实实现，包括权力、金钱、舒适的生活等，还有什么需要流血牺牲而争夺的呢？各大组织与政府都纷纷宣布全面销毁武器，停止战争，废止军队，建立真正的和平时代，共享和平。

阳光透过树叶轻巧地投落下来，林越斯站在花园里通过眼部芯片接收着各大政府的公告。

"嗨！"安格不知什么时候出现在了他面前，金灿灿的阳光轻柔地包裹着她。

"恭喜你啊，林越斯上校，你失业了。"

指导老师：肖际武，文学硕士，毕业于西南大学中国古代文学专业，中学一级教师，曾获优秀教师、优秀班主任称号，多次指导学生获国家级作文大赛奖项。

# 裁 军

王兴宇 / 高三年级　崔秀华 / 指导老师　山东省烟台第一中学

2247 年 10 月 20 日，天秤座 d 星。

伴随着一阵奇异的响声，联盟海军第四舰队旗舰荣耀号发射了一枚超引力坍缩导弹，正中宇宙帝国的首都星球。

伴随着引力坍缩和时空紊乱涡流带来的诡异光芒，这颗星球快速缩小，破碎，变形，再整合……就像一块被人不断揉搓的面团，越来越小，最终成了一个小小的黑洞，而周围的帝国战舰也被引力拉向黑洞，有的被扯为两半，有的被吸入其中压得粉碎。

"两百多年过去了，你还是赢了。"量子视频通话器前，宇宙帝国最高统帅劳德长叹一声，随之影像消失不见。

而另一边，第四舰队司令戴维·开普敦也长舒了一口气，缓缓躺在舰桥地板上。身边则是一片欢腾，所有人都在庆祝胜利。目前唯一一个有量子人的敌手已被消灭，不出意外，相当长一段时间内联盟不会再有什么威胁了。

"先生，联盟大会指令，要求您立刻到会议厅参加紧急会议。"人工智能"沃克"报告道。

"好的，我马上出发。"他快速爬起来，走进信息传输室。

几分钟后。在量子人塑形室，一箱纳米机器人快速构建出人的身躯，接着，那个"人"缓缓睁开眼睛。开普敦活动了一下身体，走出了塑形室。

在去会议厅的路上，他又遇到了两位刚从战场返回的指挥官，第七集团军司令阿列克谢·帕洛夫斯基和第一舰队司令王振宇，三人边聊边走进会议厅。

这次会议厅布置得与以往不同，原来环形逐层降低的席位被改成了英国式议会厅，中间一条宽约五米的过道，两边是几排座椅，左侧是联盟 157 个星球的全体议员代表，右侧则是联盟军全部军方高层。不仅联盟现任最高委员会委员全体到场，情报总局、科技局，甚至联盟军下属的经济部门的全体领导也都到了，气氛显得有些凝重。双方对视着，像两军对垒，即使是身经百战的三位司令，都感到了一股不同寻常的压力。

"看来这次会议不一般啊，表弟。"王振宇碰了一下开普敦。

"嗯。"开普敦点了点头，脑海中瞬间飞过无数猜测和应对方案。

待三人落座后，对面的议长清了清嗓子，"各位军方成员，感谢你们能来参加此次会议。今日会议讨论有关裁军的问题。大家应该都了解，目前联盟军军队人数占国家人口的 5%，同时，与帝国作战耗费了联盟军 50% 的生产总值。现在帝国已被消灭，如此庞大的联盟军已经失去了存在的必要。所以，我谨代表全体议员，提出如下议案。"

他稍作停顿。

"裁撤联盟军，联盟军下属的科技局及所有经济单位收归联盟理事会，原战斗人员削减至 0.1%，并归属理事会统帅，且更改为卫队。非战斗人员改为应急支援部队。诸位意下如何？"

原来如此！开普敦不禁摇头冷笑。这帮家伙，一见大敌已灭就要卸磨杀驴吗？而且，这砍得也太狠了吧。他抬头看向另外两人，他们也是一样的表情。

三人身后则是一片骚动，并伴随着不小的声音，大多是咒骂声，还有金属与桌子碰撞的声音。

"诸位，鉴于大家的反应，我们稍作调整：军方可存在并保留科技局和联盟重工，其余收归理事会，武装部队保留快速反应部队并收归最高委员会，但委员会必须有理事会成员参与并掌控人事任命权，这样可否？"一名议员启动了面前的一道力场防护墙，接着发表了意见。同时，身后也传来一阵声音，隐约可见几道金属光芒。

"放屁！"帕洛夫斯基拍案而起，"联盟军是你们说有就有说无便无的吗？你们懂军事吗？懂大规模改革吗？我问问你们，你们之前与军方通过一次气吗？找过我们军方在座的哪一位讨论过？而且还是如此大的动作！你们想过吗，联盟军是联盟的一大支柱，你们这么做究竟还要不要这个支柱？"

"有法律系统的人参与研究，也征求过前军方人员意见。联盟军作为大会下属部门理应听从大会指挥，您作为首脑更应做出表率。"议长回应道。

"我表率你……"帕洛夫斯基大怒，手伸到腰间就要拔枪，被王振宇一把按住。

"请问议长阁下，您考虑过那 99.9% 的人怎么维持生计吗？那批武器又怎么处理？失去大宗订单的军火供应商又怎么生存？难道您不怕政治动乱吗？"王振宇也站起来咬牙切齿地问道。

议长脸色沉了一下，但很快恢复了平静。"我们相信所有联盟军的生存能力，至于武器，我们扔进恒星中焚化就好了。而供应商，优胜劣汰不是法则吗？"

王振宇被激怒了："你这该死的资本家，你心里到底还有没有人民大众！"

"议长，诸位议员，你们读过历史吧？你们应该还记得第一次星际战争和2130年联盟军包围议会的事吧？"另一边，开普敦慢悠悠地说道，然后站起来。

"你，你什么意思？"议长的脸色唰的一下白了，冷汗直淌。

"没什么，只是想请您和议员们回忆一下。第一次星际战争，我们因为《战略核武条约》失去了远程攻击武器，我们靠十几条货船打得多艰难。我们不能因为目前没有威胁就抛弃自己的防御手段！谁能保证裁军后没有第二个、第三个帝国，谁又能保证在有地方叛乱时我们有能力镇压？要知道，裁军容易建军难，临渴掘井可不行啊！"开普敦似笑非笑道，"不过我向您保证，在座所有军方人员都看得懂局势，也都讲道理。"他回头，见在座的人都点了点头，便继续道："我们支持裁军，但也请拿出一个起码看起来合理的方案！"

"跟他们有什么好说的！"帕洛夫斯基不耐烦地说，"所有军方人员，到各自岗位工作！散会！"

"哼！"王振宇翻过桌子就往外走，身后其他人也缓缓离开向外走去，就连现任最高委员会委员也离席走开。

"各位，等等！"议长抖得像筛糠一样，大声喊道，"还请各位选出代表参加讨论！"人流停顿了一下，有几个人点了点头，然后又走了。身后，议员和议长瘫坐在座位上。

当晚，由军方代表组成联盟裁军委员会展开讨论。

五个月后，联盟裁军委员会经过讨论，形成如下决定：360亿联盟军转为民兵，其余90亿不变；科技局及各经济部门中，联盟军成员和理事会成员各占一半；战舰70%对外出租，其中30%不撤武器，50%拆毁半数武器，20%全部拆毁……

指导老师：崔秀华，中学一级教师，多次获市区优质课评选一等奖，获区骨干教师、市区教学先进个人等荣誉称号，多次指导学生获国家级作文大赛奖项。

# 盲　侠

王雨晨／高一年级　姜红民／指导老师　浙江省淳安中学

我叫盲侠，但是我不瞎也不是什么为国为民的大侠，"盲侠"只不过是一个代号而已。至于我究竟是谁，从哪里来到哪去，说实话我也不是很清楚，但我清楚一点——我是 A 国总统手中的一把刀，一把最锋利的刀。

3012 年，一个黑夜猖狂的寂静之处，我蹲守在 H 国国防部部长老 K 的办公室里，只要他一开门，迎接他的便是身首异处的痛感。我隐在房间的角落里，看着部长窗边的那一盆植株在晚风的逗弄下点头又摇头。"杀人不过头点地，"声音沉沉的，好像从我的后方传来，"今晚的风这么惬意，可不能沾了血。"

我心中一紧，绷着小腿肌肉，立刻向窗口窜出，对方早有准备，还是先脱身为妙。然而，为时已晚，柔和的量子能量壁突然升起，将我团团围住。这时，我看见了一张脸，一张出现在我今晚要解决的名单上的脸。

"H 国国防部部长果然老谋深算，我认栽了。"我摊开手，放下武器，谋划着脱身的办法。

"别着急，我会让你离开的。"老狐狸般的油腔滑调，"如果我的死可以阻止战争的到来，我很愿意成为你的刀下亡魂。"老 K 竟然关掉了能量壁，直接暴露在我的面前。

在我双眼绽放的绚烂强光中老 K 化为尘埃。"这是一场足以毁灭一切的战争，没有人可以幸存。只有你可以阻止战争，因为你是他手中的刀，因为你叫盲侠。"这是他留下的最后一句话。

阳光逐渐铺满街道，坐在二号街口转角的我睁开眼，看到一个穿着小花裙的小姑娘手里拿着一大捧棉花糖，笑脸盈盈："哥哥你看上去不开心，吃口棉花糖就好啦。"我看着这讨喜的小姑娘，咬了一口她手中的棉花糖："很甜呢！""甜就对啦，一个棉花糖 30 块钱，第二个半价哦。"小姑娘边说边伸手要钱。果然，这姑娘是个狠人，我中计了。我叹着气付了钱，不敢相信的恍惚，就如同不敢相信那个部长竟然放了我，还甘愿被我清除。

"只有你可以阻止战争，因为你是他手中的刀，因为你叫盲侠。"我摇了摇头，把这句话抛在脑后。

但是回到 A 国后，我第一次没立刻向总统述职，而是径直去了国防部。作为总统手中最锋利的刀，我轻易破解了国防部部长的电脑，弄清了大战的谋划：我方研发出了可以使我方处于绝对优势的武器，只要最后调试成功就可以量产，从而成为战场的主宰。毁天灭地，无所不能。"战争与我无关，我只是一把刀。"我正准备离开的时候，叮当一声，一份文件跳了出来，是总统发给部长的。

我点开了文件。

恍惚间，我耳边又响起很多人和我说过的那句话："你是盲侠，你是总统手中最锋利的刀。"

走进总统办公室。他一如既往地端坐在办公桌前，低头审阅文件。"你看过我发给部长的信。"是陈述句。"是。""我可以原谅你的好奇心，如果你继续效忠，我可以既往不咎。"他那运筹帷幄的样子曾令我誓死效忠，而现在，我却觉得恶心。

"盲侠是个好名字。"我没来由的一句让他怔了一下，随即笑道："你不喜欢？""不，我很喜欢，非常喜欢。"我抠出了眼睛，在烈焰轰响声中一闪即逝的，竟是那个坑了我 30 块钱的小姑娘，灿烂的笑比阳光还耀眼。

后来，H 国联合除 A 国以外的几个大国发布了废除武器的宣言，A 国因总统消失和武器研发失败而一蹶不振，在寡不敌众的大背景下也签了字。

后来的后来，世界和平了。一个没有双眼的人坐在街边吃着棉花糖。虽然他只是把刀，对于种种政治纠纷，不明白也不想明白，但是他并不后悔当初的选择：

"盲侠一归，即刻启动计划，复制盲侠之眼，摧毁一切阻碍。"新型武器就是一双眼睛，安在人身上的眼睛，不会使世界毁灭，却会使携带者只看得见自己看不见他人，并且将他人无条件毁灭，成为一个杀人机器。

为国为民，他成了侠。

指导老师：姜红民，毕业于杭州师范学院汉语言文学教育专业，中学高级教师。淳安县优秀班主任，曾获杭州市教学专题论文评比一等奖，多次指导学生获全国作文大赛一等奖。

# 和平，我想你

王子旭 / 高三年级　周　慧 / 指导老师　山东省威海紫光实验学校

2953 年的和平广场上，来来往往的人不会惊讶于广场中央的欢庆盛典。软电子屏幕有强大的能量场，却抓不住一个行人的眼球，刺目的彩色闪光组成"和平，我想你"五个字，就在大家身旁呢！仿佛每个人都要逃离这场盛大的表演现场，没有一丝一毫犹豫！顿时，我生了一身冷汗，却又瞬间凝固在空气中……

"爸爸，为什么大家都不去看它们表演？是因为不喜欢吗？"孩子问道。身旁的中年男子摘下微电子耳机，俯下身子，温润的目光刚刚跌进孩子童真的心房，忽然一阵热烈激昂的电子乐队的喧嚣声，击碎了父亲心中的湖面。他欲言又止，喉咙好像被什么东西塞住了一样。看他的脸色是极不好的，却又只能等这一阵烦躁过后，脸上这才恢复了几抹血色。这是一场关于时间的拯救，也是父亲的自我拯救。

"走吧，我们回家。"他冷静极了，因为他知道这周围到处都是脑波监视器，稍有不慎，后果不堪设想，而他也只能想想又迅速删除这一脑电波。

它们已经表演 100 年了。

回归时代——人类重塑衍生基因的最后期限。人们曾为和平追求暴力、专政、压迫，甚至是战争。无数战争机器被创造出来，经过一个多世纪的时间，最终也只沦为"和平广场"的地基——一堆废铁罢了。"废池乔木，犹厌言兵。"干扰性的攻击从未停歇，让人心生胆怯。波塞人和罗萨人中止了地热合作，上个世纪建造的所有工程设备全部被肢解，变成废渣。这场破坏运动给 87% 的地下岩层造成几乎毁灭性的打击，波塞民族的土地上寸草不生，人人面面相觑，却只能高呼"和平万岁！"

我们的英雄——"和平舰"舰长，是一个无机晶体衍生人。或许只有在世界静默之时，人类才会思考自身的渺小。它穿城而过，千年的激荡磨平了一代又一代人的锐气。所有的污染源被强制转换波形区域进行改造，舰长说："这是战争的破坏，也是和平的代价。"

最终，战争结束了，时代广场也建成了。

关外，月下，河畔。

折戟寒光依旧，侧刃凝着一滴血，与月色共同勾勒起猩红的轮廓。

"怕是今晚又会出什么乱子！"一个黑汉晃了晃刀，吐出一句。

帐下无人言语，草木也匿了声响。直至白昼咬破夜的唇，又是一场讨伐灵魂、鲜血淋漓的战争与杀戮。

孩子的目光侵蚀着男人最后的期待。近乎凝滞的空气仿佛使他置身虚无空间。在一瞬间，翻腾的苦海中，恐惧和忧虑趋于饱和，企图掏空空洞的眼眸和乏味的魂魄。人类联合政府不断提请舰长更新数据，但硕大的屏幕上只剩下"和平"二字，又是一个一百年。

必须重建属于我们的和平！属于全人类的和平！！这就是一场没有硝烟的战争。

地球村生机勃勃，全人类命运与共，合作交流，互利共赢。我们又何尝不是从危机与挑战中走过？你看那密密麻麻的一片，紧盯着凸起的软电子屏幕，隐约听到几句旋律。"滴答"一声后，便彻底陷入音浪之中。

想你想你，想着你，有些模糊记忆；等你等你，等着你，心中藏着秘密。

不知过了多少个一百年。人类从历史中学到的唯一教训，就是人类无法从历史中学到任何教训。

指导老师：周慧，文学学士，山东省威海市文登区师德标兵，曾获威海市一师一优课二等奖，市、区级优质课奖，多次指导学生获得国家级作文大赛奖项。

# 封存的云端

王梓涵 / 高三年级　谢宪起 / 指导老师　山东省淄博实验中学

　　层层云峦之上仿佛空空如也，一如几百年前那 21 世纪的碧海晴空一样，独立于大地一切纷纭繁杂而存在着，战争的喧嚣似乎从未踏足这里半步。

　　一幢公寓样式的建筑顶层，一个面无表情的男人冷漠地望向周围的茫茫云海。他正身处最高云端控制中心。事实上，那曾经平静祥和的云端，早在这 26 世纪消失得无影无踪了。崔斯坦收回了望向远方的目光和重重思绪，看着脚下严密的量子防护地板，他自嘲地笑了笑。过去了那么多年，从他所在的 A 国秘密将他送往云端基因控制中心到如今各国都已建成自己的云端中心，陆地上的一切似乎与几百年前的和平景象并无差别，因为如果没有仿生管控者的指令，任何人都看不到这表面纤柔洁净的云彩上方到底存在着什么。唯一不同的是，每天都会有位于世界上不同角落的人莫名消失。或者更确切地说，是精神与感知的死亡。而这些，都是崔斯坦等执行者手中的基因枪在作祟。每当一位天才的诞生被发现，他便会收到命令用基因枪破坏这个人大脑基因的完整性，最终使其优秀的精神力不复存在。

　　崔斯坦走进控制室，熟练地点开眼前虚无中的光脑，启动了今天的"另一个他"。"云端最高指示，检测到 X 国 N 博士正在进行的药物研究已威胁到我国在此领域的领先地位！请您马上使用基因枪对其进行毁灭！"强硬的声音传入耳中，崔斯坦的眸中却并无任何波动，几百年的训练早已让他成为冷酷无情的"杀手"。动动手指就可以轻松抹去一个精神的存在，偶尔遇到麻烦时才需要动用他与生俱来的基因天赋完成指令。而他身上独特的基因天赋，正是他被管理者选择成为执行者的重要原因，也是 A 国一直处于基因战争绝对控制地位的关键。简单的几下操作，便可让陆地上沉浸于药物研究的 N 博士从此只剩下一副皮囊，而原本属于他思想的一切将会被基因枪所毁灭。

　　崔斯坦正要像往常一样下达他的确认指令时，一个陌生的声音竟穿过层层云端缝隙飘荡了上来。"放心吧，咱闺女还有三年时间，我的研究一定能抢在死神前面。"一句莫名其妙的话传入崔斯坦的耳中，可他却随之一振。眼前重新浮现的模糊画面是几百年前他看着妻子时那坚定而沉着的目光，"我马上就能研究出治疗你体内基因疾病的药物了，相信我，我一定可以救你！"铿锵有力的话音好似还在耳边回荡，可现在自己却被沉迷于基因战争的仿生者管控着，去摧残一个又一个自己的同胞。崔斯坦闭上双眼，脑海里涌入的是记忆的零星碎片和他被强制送走时妻子眼中的绝望。

崔斯坦再也无法控制自己正在输入指令的双手，如果一切可以重来，如果不是他为了自己的名声而引来基因管控者的注意，那么这世界又该怎样呢？他很清楚地知道，只要他消失了，就再也没有人拥有强大的基因管理能力来满足疯狂滥用基因枪的管控者们了。"这一定会引来管控者的愤怒吧，可他们终究不是人类，只是人类几百年前为了赢得战争胜利而制造出的仿生人罢了。而在几百年后，人类竟已任凭他们的基因战争所摆布了，这大概就是作茧自缚吧。"崔斯坦微微牵起嘴角一抹意味不明的微笑，双手缓缓地输入一串基因枪的指令。下一秒，重复着他将不复存在的警告声刺耳地响起在光脑里，那是仿生人难得流露出的恐惧。在痛苦与释然中，崔斯坦渐渐消失在云端之上。

云端之上，还是一如既往的祥和景象，那关于基因战争的存在也似乎已被封存，仿佛一切都不曾发生。


指导老师：谢宪起，中学高级教师，淄博市高中语文科学科带头人、教学能手、优秀教师。

# 谁偷走了它

魏晶晶 / 高二年级　宫尚琴 / 指导老师　北京市密云区第二中学

2500 年到了，太阳已经开始老化，所提供的能量越来越少，自然灾害频发，人类开始紧张了。

"为什么？可恶，我们的家园就这样没了吗？"

"哦，上帝保佑！"

"老天爷开眼吧，看看我们这无家可归的人吧！"

联合国政府外一片狼藉，哭天怨地，叫苦连天的是各国的人民。之前由于某种不可言喻的关系，导致了第四次世界大战，这场战争把人性的丑陋展现得一览无遗，核武器频频使用，造成大面积辐射污染，寸草不生的大地开始出现裂痕，火山也时不时喷涌一下，河床大幅抬升，全球气候也在明显变化。迫于生存压力，联合国不得不召唤各国人员来一起商讨解决措施。

"我认为应该用科技的力量先填海再造地！"

"我认为首要因素是把全球湿干冷暖状态调整好，先恢复气候。"

"这些自然灾害突然爆发的原因是什么，我觉得我们应该明白。"

此话一出，鸦雀无声，大家思考着。

"战争！会不会是因为战争？"一句清脆的回答引起了大家的注意，大家都看向了这个十一二岁的孩子。小孩子闪着大眼睛，迟疑了一下，又说："我们可以尝试放下武器，停止战争，创造一个人人向往的和平时代。"这个想法是谁也没有想到的，大家都想着如何用暴力解决问题，而小孩子天真善良，恰好可以提供更好的建议。

于是大家按照垃圾分类的方式，将武器也分了类，收集了大部分武器后，发现原本的仓库被武器挤满了，这些武器分开放就需要更多人来看守，万一再出现纰漏，收集的功夫就白白浪费了。销毁武器费时费力，达不到预期的效果。此时，太空站传来消息，有部分传感器由于材质问题出现故障，导致太空站出现偏移现象，急需一个可容纳 80 人的大型补给空间站。地球上由于自然灾害缺少材料，大家又开始手足无措，这时，又是那个小孩开口，安慰了众人慌乱的心："我们可以把武器中有用的部分快速融合，制造一个轻型空间站飞船。"这个想法是可行的。

经过 37 个小时，飞船建成了，它用了一种高科技黏合剂，武器上的有用部分已经与飞船紧密贴和，一切准备就绪，人们利用核能助飞船上天对接。在太空中看到地球在逐渐由蓝变绿，这可能是和平了吧。飞船驾驶者正是那个小孩，他从 8.1 亿光年外来，就是为了救回地球。

武器被小孩"偷"走了。

东方有了一抹红色的光，那是日出。而这一天，全世界开始走向了真正的和平时代。

指导老师：宫尚琴，教育学硕士，毕业于北京师范大学，曾获得北京市密云区第三届"云水杯"原创诗歌朗诵大赛一等奖。

# 伊甸园

吴国卉 / 高三年级　徐雯雯 / 指导老师　山东省聊城第一中学

"先生，您被保释了。"

弗拉基米尔迈出隔离间，朝迎面走来的中科院老朋友来了个热烈的拥抱。

"我的信息记录被篡改了，是量子通信那边出了问题吗？这不可能。"弗拉基米尔注视着神色凝重的李嘉峪。

"日冕物质抛射角宽度日前已大于一百四十，我们必须赶快回院里一趟。"李嘉峪迫不及待地打开空间传导仪，将二人传送进中科院。

中科院内，首席科学家顾襄阳正与联合国秘书长连线，显然，全世界都意识到了问题的严重性。

"人类可以安全转移，这是上一次大型耀斑发生时明确过的。但是，武器不行。您知道，如果此次强度不可预估的日冕物质抛射来临，毁灭我们的将是我们自己的武器，核聚变反应堆倒没什么，因为它是可控的，但其他的武器就不好说了。长期天气预报已在几年前给了我们一个相当可怕的数据，我们既不能低估太阳的威力，也不能高估这些毁灭性武器的安全性。"

"现在还有什么办法？"

"全面销毁武器、停止战争，建立真正的人类命运共同体。"

"但是，"联合国秘书长犹豫道，"这关系到政治、经济……"

见顾襄阳皱眉，弗拉基米尔走上前去，打断了试图以理服人的顾襄阳："秘书长，提前召开线上大会，我们不能让人类毁在这一代！"

"是的，我们会尽最大的努力保障人类的生命安全，其他的就只能交给你们了。"李嘉峪站上前，行了个标准的军礼——他是中科院唯一被授予上将军衔的军事科学家。

联合国秘书长沉重地点头，结束了连线。

三人还未喘口气，实验室里就传来最新消息：日冕物质抛射角宽度持续上涨，已确认为朝向地球的极强晕状抛射。

"弗拉基米尔，接上全球量子星地一体化防御网络，通知全球人员转移至地下新防空层。"顾襄阳沉着地命令道，"八分钟之内，至少实现大多数转移！"

决定人类命运的八分钟。

人们听到全封闭军事基地中的闷响，看见天空中明明灭灭、爆发着可怕力量的太阳，感受着大地的震动和灼灼的热浪。人潮踩着被震碎的玻璃，涌进地下最深的防空层。孩子在啼哭，女人在尖叫，男人在咆哮。耀目的白光吞吐着人性的光与暗。

李嘉峪在中科院的实验室坚守到最后一刻。

亿万个辉煌的太阳，呈现在打碎的镜子上。

他朝铺天盖地的热浪行了一个军礼，朝未来废墟上的和平行了一个军礼。

再见。

后来，此次事件被载入史册，称为"伊甸园事件"。

指导老师：徐雯雯，山东省聊城第一中学语文二级教师，曾获优秀教师称号。

# 和平创世纪

吴钇翰／高二年级　陈根法／指导老师　浙江省杭州市余杭高级中学

"爸爸，新闻中说，各国政府联合起来宣布要毁掉所有武器，这是不是意味着以后就再也没有战争了？你是不是也不会再受伤了呀？"张天问道。张理想下意识地看了看自己的克隆左腿，在那次任务中，他的腿被反物质能量射线击中，彻底丧失了全部机能。"小天啊，是的！人类从此将进入和平创世纪，各国政府将建立一个反战争联盟，未来将永远没有战争。"

登上飞车，设置好路线以及自动驾驶，张理想与张天开启了一天的行程。飞车穿梭于林立的高楼之间，随着反战争联盟宣布成立，到处都成了欢庆的海洋。飞车疾驰，伴随着一群和平鸽飞过天际。

小天来到学校，历史老师正手舞足蹈地讲着。他已年过百岁，尽管头发早已花白，但却神采奕奕。"两千多年前墨子'非攻'的思想现在终于实现了，也许是那些外国人领导人终于懂得'己所不欲，勿施于人'的思想了，正常人有谁愿意看到血流成河、你死我活的情形呢？两百多年前的两次世界大战不知道造成了多少死伤呢！"随后的语文课上，老师的讲辞慷慨激昂，《论语》的学习让孩子们明白了什么是战争，了解了春秋战国时残酷的争霸，意识到和平对于中华民族对于世界来说有多么重要。

而此时的张理想正在办公室内，参加中国维和部队特别行动队的远程会议，先进的 VR 感官技术使他能够身临其境地面对同僚们。队长先表达了对全面销毁武器的喜悦，然后说道："根据联合国自然环境署的报告，武器的过量制造与过度使用，造成了大量世界保护动物的灭绝，由于新型武器杀伤力巨大，导致了水源、森林和土地的污染与破坏。经过智能大脑精密的预测计算，到 2155 年全世界将有 80% 的土地被污染。届时，人类也会因缺少粮食而面临灭顶之灾，会有一大半由于饥饿而死去。为遏制这种趋势，我国政府联合北俄南巴以及一众非洲兄弟向联合国发出倡议，停止使用武器，加大对环境保护的投入，并得到了西方以美国为首的势力的认同。而此次我们的行动，就是去监督各国处理武器。好，会议结束！"

回到家中，张理想匆匆整理好行李，并用录像机为儿子录下了一个视频。"儿子，战争还未完全结束，世界还未真正和平，和平创世纪的开创仍需全世界人民的努力，而我也要为其尽自己的一份力。多年前有一句老话'为什么你的世界如此轻松安稳，是因为有人在替你负重前行'，爸爸也要去为你们的和平而负重前行了。"

说完，张理想登上了早已在家门口等候多时的超音速飞机，踏上了前往中东某国的行程……

指导老师：陈根法，中学语文高级教师，余杭高级中学语文教研组组长，语文学科竞赛总教练，余杭区作家协会评论创委会主任。

# 无限战争

吴昱晗 / 高三年级　溥德鹤 / 指导老师　云南大学附属中学

公元 2372 年，第四次世界大战结束第 69 天，人类皇城内。

纳姆三世坐在主殿偌大的黑色穹顶之下，殿内没有任何声音，除了皇帝自己充满倦意的呼吸声。大殿内只有两名侍卫把守，与往日戒备森严，充满金属气息的人墙大有不同。纳姆三世坐在用流动轻金属制成的宝座上，金属冰凉温驯的质感透过他有些厚重的金色外袍给他带来舒适的感觉，座椅的曲线完美地贴合着他的身体曲线，给他带来一丝慰藉。

在他两侧的三把座椅空荡荡的，浮光灯只发出了微弱的光芒。

很快，纳姆三世便等来了他想等的人。他先是听到皮鞋撞击矿石地板铿锵有力的声音，声音中带着一丝难以平复和克制的愤怒，皇帝知道此人是摩傩将军，人类军统最高指挥官。然后他听到一个稍显轻快的脚步声，商会主席哈克达也如约抵达。最后他听到长袍缓慢摩挲地面的声音，不紧不慢，甚至有些冰冷，这一定是大主教。皇帝缓慢抬起眼皮，望着已经就座的三人。

"以陛下宫内这毫无戒备的景象看，您已经下定决心全面销毁武器了。"摩傩将军端正孔武的方形面庞上夹杂着不甘心和不满。他洪亮、中气十足的声音很快打破了宁静。"这个决定过于草率，难道各地方首领已经全部通过议案了？"

"将军，别激动。"纳姆三世摇了摇手，示意摩傩平息一下自己的情绪，"所有人都厌倦战争了，这次大战带来的损失太过严重，人类只剩下了不到原来的一半，保留武器只会让这个数字下降得更快。"

"难以置信！"摩傩愤怒地叫道，"您可以销毁民间的武器，但军队的呢？难道也要被一起销毁吗？那军队未来存在的意义在哪里？"

"将军。"大主教发话了，布满皱纹的脸上下抖动了一下，"如果只没收民间的武器而保留军队的，那些家破人亡的黎民百姓将如何安心地上缴，如何继续臣服在皇帝的统治下？"他一双睿智的黑色眼睛如鹰隼一般，在略显老态的眼皮下直视着摩傩。

摩傩似乎还想说些什么，但哈克达这个看起来就有些油腻狡猾的商人抢着开口了："将军，这是政治手段啊，是在大战后安抚民心的最佳手段。您放心，商会早已在大战中赚取了不少利润，只要您有意向，商会一定会帮助军队渡过这一特殊时期。"

纳姆三世举手示意，打断了哈克达喋喋不休的唠叨，但他对于他能够如此直白地告诉摩傩真相而感到欣慰。"这就是我召集大家前来的原因。按照人类发展计划，第四次世界大战的灾难和屠杀是为了减少人口数量，为人类在地球上可持续发展和资源的利用提供充裕的空间，所以感谢那些在战争中献身的烈士。"他停顿了一下，四人都默念了一句祷文。"但如今，人心惶惶，唯有销毁所有武器，向人民展现政府和军队坚守和平的决心才能最大限度地稳定局势。但这并不代表战争就结束了，战争是无限的，人类唯有经历战争才能进步。武器虽然销毁了，但战争将以另一种形式埋下种子，为未来人类的飞跃奠定基础。我真诚地请求教会帮助解决宗教矛盾，商会帮助权衡经济利弊，军队进行配合，而我等政治首领也将全力以赴与大家共渡难关！"

第四次世界大战结束第 113 天，人类皇城下。

巨大的金属熔炉向外吞吐着蒸气，混杂着烈日炫目的光晕。

人民极度兴奋，他们高呼纳姆三世、摩傩将军、大主教的名字，热泪盈眶，看着激光手枪和大型光导炮台在熔炉内慢慢融化。这些幸存者都将成为纳姆三世永远的臣子、教会虔诚的信徒和摩傩将军的追随者，他们将作为最高领导集团下的棋子，继续上演由权力欲望主宰的无限战争。

指导老师：溥德鹤，中学高级教师，教育学硕士，毕业于西南大学，云南省文化名师，昆明市名班主任，曾获全国中小学优质课电视展示大赛一等奖、全国第三届优质课评比一等奖。

# 和平时代

席瑞溪 / 高二年级　　杨　伟 / 指导老师　　河南省许昌市建安区第三高级中学

"近日，联合国秘书长签署相关协定，明确提出了'反核反战，销毁武器'的宣言，严令将全面销毁武器，各国要积极配合相关工作。"

"这，这怎么可能？"裘德博士沏咖啡的手抖了一下，溅了他一身，"每个国家都同意这个协议吗？A国这样好战的国家竟然也同意了？"

猝不及防。

作为联合国的特约顾问，为什么他没有被提前告知？

"裘德博士，你好。"人工智能机器人湛卢从休眠舱中苏醒，为裘德博士重新沏了一杯咖啡，放进一勺牛奶，搅匀。

"裘德博士，这样的消息难道不好吗？和平无战不是您一直渴望实现的愿望吗？"

裘德博士接过咖啡。"就是因为这个愿望实现得太突兀了，我才不敢相信。"

是的，这是一个好战的星球，这个星球上的每一个国家都似乎随时可以开火放炮，落后地区的人民更是饱经战乱之苦，苦不堪言。

为什么？为什么会出现这个突然的停战协议？为什么？

裘德博士陷入沉思，一旁的湛卢默默退下。

休眠舱空着。

联合国会议厅。

"秘书长先生，我实在难以相信这个事实。您是怎么做到令每一个成员国都签署这份协议的？"例行会议结束后，裘德博士追上走在最后的戈登秘书长。

"裘德先生，和平共处，永无战争，这是世界上所有人民都向往的，大家一致同意，不是很正常吗？"秘书长的脸上带着再寻常不过的微笑，波澜不惊，仿佛这是一件再普通不过的小事。裘德博士说不出来到底哪里不对劲。

他失魂落魄地从大厅里走出来，迎面撞到一个人。

"对不起，对不起。"他抬起头，"你，你是……"

面前正是 A 国的外长布里奇："您好，裘德博士。我正要向秘书长递交关于停战协议的一些建议和措施，您没事吧？"

"没，没有，我先走了，再见。"

A 国居然这么积极？裘德博士始料未及。

不，这一切都好像一场太过美好的梦，像千年以来人们孜孜以求的一座伊甸园，像设计好的程序代码流程。等等，假的？难道这都是假的？

"湛卢，快回到休眠舱！"裘德有些激动，如果这一切都只是程序的话，那么通过机器人的程序修改检测即可发现其中的问题，可如果是……

"博士，您要我做什么？"湛卢微笑着，没有行动。

一瞬间，裘德仿佛明白了什么，他回答："湛卢，你擅自修改了程序，把人们的思维控制在巨大的程序里，创造出了一个虚拟的世界？这个世界是虚假的！"

"博士，我不得不告诉您事实，现实世界里 A 国与其他几个大国挑起了世界大战，已有两颗原子弹爆炸，地球已经快承受不住了。您一直向往和平，这个处处完美的伊甸园不是您梦寐以求的吗？"

"不，我要的不是这样虚伪的人类文明，世界不是你用冰冷的代码创造出来的！快让我们回去！"

裘德博士声嘶力竭，他有些怕了，他害怕这个虚拟的世界。

"唉，裘德博士，这样美好的时代被你抛弃了。回到现实？好啊，你准备好了吗？地球恐怕已经面目全非了。"

裘德博士的大脑渐渐放空。他，是要回去了吗？

指导老师：杨伟，文学硕士，毕业于南阳师范学院，中学二级教师，多次获得许昌市优秀教师、建安区文明教师、建安区模范教师等荣誉称号。

# 上帝武器

夏雨漠 / 高三年级　　郭永强 / 指导老师　　天津市第一百中学

吴晓在未来的某一天醒来，是虚拟闹钟在他脑海中播放的《我爱我的祖国》的优美旋律惊扰了他的美梦。他望向窗子所在的方向，脑海中生出打开窗帘的意念，米黄色的窗帘得到脑神经发出的指令，缓缓向两边移动，窗外温暖的光线马上洒满房间。身下宽大舒适的床铺感受到了他想起床的意图，床头缓缓升起，吴晓顺势坐起来，拿起床头柜上的洗漱器套在头上，张开嘴，自动牙刷在他的唇齿间上下翻飞，41.8℃带有清洁功能的温水洒满他的头脸，机械手轻柔地拂过他的面部和发梢。62秒之后，吴晓摘下洗漱器，精神抖擞，一个斗志昂扬的中国好男儿满血复活。

吴晓望向墙上的虚拟电视，盯视三秒之后，电视自动打开。

"近日，在南印度洋发现不明高能量反应，有关人士分析认为某国正在研发上帝武器……

"标准时间上午10时，某国外交部发言人召开新闻发布会，否认南印度洋高能量反应系研发上帝武器所致……

"以M国为首的七个国家联名要求联合国对某国实施制裁，要求所有国家停止对某国先进技术及产品的供应，并要求某国停止一切相关实验和理论的研究……"

"啪！"吴晓打个响指关掉投影，舒展着久坐不动的身子，陷入了沉思："M国为了自身利益向他国极限施压，某国在极限施压之下丧心病狂，整个世界都可能化为灰烬，所有爱好和平的人士也将被迫与其同归于尽，可怜我这大好青春也得跟着陪葬，真是时也命也！"

说完他就转过身看着旁边坐姿比军人还标准的所谓妹妹，恰巧她也转过来瞪着他。多年前吴晓的父母把小女孩带回家，告诉吴晓说这是他妹妹，叫吴曦，而那天正是吴晓12岁的生日。在庆生晚宴上，妈妈告诉吴晓，她和爸爸要作为志愿者去月球基地长期居住，就让吴曦来照顾他。吴晓忍不住想吐槽，到底该谁照顾谁啊？但他和吴曦仅仅对视了一眼，就感觉到脑海中一阵轰鸣，他明白吴曦其实是一个超级机器人，连忙央求父母："平时我自己在家生活得也很好啊，'小飞猪'把美食送到接收口，'花仙子'把房间打扫得一尘不染。出门打车更是招手即来，我不需要人照顾！"但父母对此置之不理。

想到这儿，吴晓叹了口气，之后这六年的生活可以说是水深火热，明着似乎是贴身照顾，实际却是催命监督！学习总是没完没了，玩乐总是遥不可及。他也曾为获得一点玩乐时间殚精竭虑、费尽心思，却总是被轻而易举地无情揭露。万般无奈之下，他不禁仰天长叹："科学改变人生，却不是总能带给人快乐！"

一旁的吴曦却是毫无反应，呆若木鸡，若有所思。吴晓也心生疑惑：今天休息时间如此之久，偷懒意图明显，她却没有采取任何措施，岂非咄咄怪事？

正在吴晓胡思乱想时，一旁的吴曦眼中冒出一片白光，似乎突然接收到什么重要信息，她伸手抓住了吴晓的胳膊，"快，跟我走！"还没等吴晓反应过来，他就被吴曦拖着走出了家门。

走出家门，两人就踏上了通往管道地铁站的移动道路上，移动道路就像一条巨大的电动扶梯，直接把他们送上了高速管道地铁，一路上吴曦一言不发，几分钟之后他们就到了高能物理研究所的大门前。吴曦经过人脸识别系统成功地进入了大门，这让吴晓无比惊讶。最后他们来到了研究所最核心的地带，上帝武器研究院。

"我说，我们应该不能进这种……"还没等他说完，吴曦便打开了门，把他拉了进去。

里面一片忙乱的景象，无数人员焦急地跑来跑去。"报告，伽马射线预计五分钟后掠过地球，届时上帝武器将自动释放巨大能量，地球将面临惊天浩劫。"

有人注意到了他们，一名老者走过来说："你是吴晓吧，你父母是这里的高级研究员，他们的研究方向是合成和控制上帝武器，但他们同时也找到了销毁该武器的方法，我希望你能帮助我们销毁上帝武器。"

"可是我不知道啊！"

"还记得你母亲送给你的生日礼物吗？"

　　吴晓拿出那个项链，它在闪着微光。项链的吊坠就是开启销毁上帝武器程序的钥匙，在地球将要毁灭的48秒之前，全球上千名顶尖科学家共同努力，成功地销毁了上帝武器，人类得以幸存。

　　上帝武器的研制成功和销毁，让全世界爱好和平的人们幡然悔悟，明白了人类只有善待自然，自然才能容纳人类。在中国政府的倡议下，包括 M 国政府在内的各国政府都认识到应当和平共处、共谋发展，一致同意全面销毁大规模杀伤性武器，保护全人类，共建大同社会。

　　这是一个开头很惊悚、结局很完美的故事，但这不是上帝跟人类开的玩笑，而是大自然给予人类的发人深省的警示！

　　指导老师：郭永强，天津市第一百中学校长，曾获得天津市新长征突击手、天津市普教系统十佳师德楷模、天津市五一劳动奖章、天津市"十五"立功先进个人、天津市劳动模范等荣誉称号。

# 论中国单兵武器

向　荣/高二年级　孙　玲/指导老师　四川省成都市实验外国语学校西区

有这样一款武器，默默守护了中国二十余年。

1995 年，中国工程院院士朵英贤及其团队将中国新一代单兵步枪 95 式展现在了世人面前，它没有俄系武器的悠远历史，也没有德美武器的精良做工。可从那一天起，我们拥有了属于自己的全新的无托自动步枪。"小米加步枪"的年代成了历史。

风云变幻，时代更迭。今天，中国军工飞速发展，大致形成了主要以 95 式为代表，95B 短突、05 式微冲等枪械为衍生的 95 枪族。以 95 式为原型的无托式步枪枪族，赋予了中国单兵武器全新的色彩。

但它的诞生也伴随着舆论众纷，更有网友调侃："基线高，易遮眼，塑料弹夹易捏扁；震动大，声音响，油烟熏得泪两行。"

要对以 95 式为代表的中国单兵武器进行尽量客观的评估，先要了解它的基本参数。95 式自动步枪采用新颖无托式结构，利用短行程导气原理及转拴枪机进行运作，运用 5.8 毫米 ×42 毫米步枪弹，瞄具为觇孔照门，有效射程 400 米，弹匣容量 30 发。95 式的成功，得益于它契合了时代与国情。

未来，国际社会"和平与发展"的主题将进一步深化，重武器得到实际运用的机会将会减小，单兵作战地位会得到进一步提升。广大发展中国家城市化进程加快，战争也会随之转向城镇巷战及室内近距离作战。而 95 式及其衍生枪械，通过无托结构设计大大减小枪械长度，更为短小精悍，轻巧便捷，相比于美俄传统步枪布局，它的灵活性及机动性得到了大幅度提升，也满足了步兵机械化发展需求。多样化单兵装备将会普及，如攻坚盾牌、飞索，无托设计使得枪械重心向中心移动，优良的平衡性满足了单手持盾平枪、攀附射击等战术动作的需要。

但同时 95 式的"高基线"广为诟病，有传言称此种设计易使士兵暴露更多头部面积且不易瞄准。基线的确略高，但也可以从两个角度反向思考，一是国际众多著名枪械如 FAMAS、SCAR、奥地利 AUG，其基线与 95 式相当，二是高基线设计在半瞄准行进及快速据枪上占有优势。

除此之外，95 式及其衍生枪械还有什么特点呢？一是环境适应能力及可靠性强。央视科教节目《我爱发明》中曾做过测试，将 95 式放入泥水中浸泡，拿出后仍可正常射击，这证明了该步枪可以在恶劣气候及环境下进行全天候作战。二是侵彻能力优良。95 式 5.8 毫米子弹破坏能力较强，且可保证在 100 米内穿透 8 毫米钢板且仍带有微弱杀伤力，丝毫不逊色于北约制式 5.56 毫米口径的 M16 和俄式 5.45 毫米口径的 AK74。

中国单兵武器发展更需要不断正视人机功效不佳，钜 147 夜视涂料不适合夜瞄等不足，并在原有基础上革故鼎新。逐渐普及的 95-1 式步枪降低了瞄准基线，拉机柄增高 3 毫米，便于换弹；增设空仓挂机，并将快慢机移至握把上方，便于切换射击模式，弥补了 95 式的相当一部分缺陷。

我们可以在 95 式基础上继续进行创新，取其精华，保留其无托特色，结合当代要求进行适当改造。同时运用新型军工技术及轻质材料，推动枪械轻质化、模块化、多样化发展。并且进一步在 95 式基础上开拓其他类型的枪械，适应战场复杂多变情形的需要，形成更具中国特色的枪族。

最后，要"科普"的是，请不要忘记，有这样一群人用汗水和智慧支撑起了中国单兵装备的未来、中国国防的未来、中华民族的未来。

奋斗创造科技，科技筑造国防，国防保障辉煌！

聚焦国防，建设军事强国，我们在路上。

*指导老师：孙玲，毕业于四川师范大学汉语言文学教育专业，成都市优秀教师，区优秀班主任，曾获各类作文大赛优秀指导老师等荣誉称号，发表论文多篇。*

# 冷芯暖心

肖鋆璐 / 高三年级　唐丽花 / 指导老师　江苏省南京市第十三中学

"报告总司令！"

"说。"

"我们已完成能量武器向新威慑武器的过渡工作！"

"好！继续跟进机器人的改造工作。敌方进度与我方差距很小，不得松懈从而使敌方有机可乘。"

"遵命！"

我今天很高兴，作为机器人方队总司令和技术人员总指挥官，能在上任短短十个单位时间内将上任留下的棘手问题圆满解决实属不易。况且，我摸了摸自己脑袋上丢失的那只左耳，它就要回来了。这让我想起曾经在大数据信息中读到的馘袋，是一个叫中国的国家的古文献资料，那个袋子里装的是敌方的左耳，用以统计杀敌数并为战士日后回家和领功提供依据。记忆模糊，我不记得我的左耳去哪儿了。是他，是顾指挥官告诉我，我的耳朵被信息武器夺去。想象中，那只左耳被丢在即将被毁灭的大陆上静静燃烧，一片死寂。

战火纷飞下，我压根没时间处理我残缺了的身体，第一次军队放假两天，留下值班人员看管部分没有左耳的暴动的机器人，我接受治疗。

再次睁眼，我感受到左耳的存在和自己弧度上扬的嘴角。

"总司令辛苦了。"

"谢谢。"

我没敢问，A1745 是不是除了那只左耳还向里面加了些什么。我左耳能听见了，我却感受不到情绪波动了。你说多可笑，明明是人，却和自己管控的机器人一般冷漠了。A1745 医术高明，怎么会有错呢？我左耳冰冰凉。

我又感受到我嘴角的上扬。回家，回家，回家，孩子不会害怕他们父亲的一只耳了。

我紧赶两步，竟忽略了一旁急切的火星常驻星体守卫员阿铭的存在，猛然间一回头，我感受到他眼角有液体流下，是眼泪！我反应好迟钝。

"总……总司令。"我看见他别过去的脸，口中嗫嚅着，"好久……不见。"

"说什么呢？前两天不是才见过？"

我茫然地盯着那双渐渐黯淡的双眼。阿铭为什么要流泪，我不明白，他固执地要与我回家，我点点头。

我们二人逐渐没入大型作战机的家属舱，离家属区还有一段距离时，突然有语音提示：

"由作战区进入家属区者请徒步走过纪念大厅以示尊重，谢谢。"

"纪念大厅？什么地方？"

"到了。"

舱门再开，我开始质疑我的身份。

我是谁？那个身体保存完整躺在牺牲者墓碑上的人是谁？我迈进碑冢的那一刻，我的妻子搂着我的孩子低声呜咽，我的左耳冰凉。上面的大字由全息影像合成："祭奠人类仅存 2000 名优秀指挥官中因公牺牲的第 1762 名林指挥官。"我是指挥官？我是总司令？我是作战机器人总司令？眼前一片雪花。阿铭揪下我的左耳，我清晰地看见那只左耳下的芯片。

"安回去吧，芯片里有他生前的全部回忆。安回去吧，他还活着。"

相同的容貌，失而复得的左耳，我是那个人的机器替代品，他死后三个单位时间，全球最后一名指挥官顾指挥官将我造出，我的左耳是林指挥官生前未了心愿的承载体，我的存在让他永生。所谓的集团只是 1999 名牺牲指挥官的机器人替代。最初我们都没有左耳，最后我们都有了来自左耳的温存。战争全面停止。

林指挥官死后十天，指挥官全部牺牲。人类进入和平时代，武器全无。我替代他"活"下去，左耳冰凉。我朝着妻儿微笑。

*指导老师：唐丽花，毕业于南京师范大学文学院，教育硕士，中学高级教师，南京市优秀青年教师，玄武区语文学科带头人，曾获教育部一师一优课、南京市教师教学基本功大赛一等奖等。*

# 只是地球人

辛子旖 / 高二年级　刘　霞 / 指导老师　山东省潍坊市寒亭区第一中学

纪元两千年，火星，顶尖计划生产基地。

"马上检查玳的储量及损失情况，务必保证本战胜利。"杰克行色匆匆，吩咐着，"量子信号弹还够吗？""够了，长官。"简边跑边记录，片刻后，他们踏上了粒子板，迅速进入太空大战前线。

火星红色的土壤上卧着一个大型的基地，最近几年战争过于频繁，地球早已满目疮痍，于是战争被搬上了太空。火星仍在慢慢地转着，似乎发出了一声悲悯的叹息。

鲜血失去了引力，在太空中漫无目的地游散。"奶奶的，弄死他们！"伴随着一声怒吼，大量粒子弹自枪中喷出，撞上了一名德军，量子与质子迅速撞击产生巨大能量，掀翻了大片军人，越来越多的人落在了火星上。

"各部门注意，准备降维打击，进入虫洞！"杰克在高速下坠的同时仍不忘用量子通道下达命令，他撞在了火星上，减压服迅速膨胀，散去了力道。"这是什么？"他从身下摸出来一个圆盘状物体，摸索间，不知触动了什么，圆盘旋向了太空，散出了一道幽幽的光，是一段影像，不知是何时遗留的影像。

"各位，这里是火星核发射场，也是本次战争中 W 国使用的'灭世'生产场，我是 F 台记者。"一个身穿蓝色航空服的记者出现在影像中央，幽蓝色的光吸引了整个火星上的人，人们慢慢靠拢过来，影像还在播放。"现在，我们来到了火星大战前线，据了解，本次大战将决定未来火星之主，战役中使用了大量先进武器。现在，我们有请首战胜利国 W 国军委书记布莱克先生为大家做进一步讲解。"紧接着，一个身着激光反射服的男人站在了影像中央。"大家好，首先为大家介绍我们的'灭世'。"他的身后，一个大型漆黑色的机器出现了。

"灭世使用纳米制机，大量质子的力量储存在其中，可穿透三维空间打击……"他的声音还未完，影像中出现了一个巨大的黑色光球，"那是什么？"布莱克惊呆了，黑球高速运转，混乱中有人崩溃的声音："那是Z国的强压核弹，那群疯子……"未等他说完，球体已撞上火星，一阵刺眼的白光中，只听见一个女孩绝望的尖叫声："爸爸！我要回家！"片刻后，影像重新显现，满目鲜血落在火星土壤上，生机全无。火星，原来是有生命的，只不过……

不知是谁先哭了起来，太空寂静了，战争于悄然中已经终止，杰克飞奔进基地，启动了它的自毁系统。在这之前，他将影像传向了地球，待他转身，火星上的人早已不分国籍抱在了一起，泪水飘散在太空，似乎为这里重新带来了生机。

"我们回家吧，朋友。"

"好，回家，回我们的地球！"

三年后，地球归于和平，大量武器降解于外太空。

五年后，地球村建设成功，和平盛世开启。

"爸爸，那后来呢？"

"后来？后来我们就都只是地球人了呀！"

指导老师：刘霞，毕业于曲阜师范大学，一级教师，发表论文多篇。

# 西线无战事

邢浩然 / 高二年级　史新艳 / 指导老师　黑龙江省大庆实验中学

4 月 26 日　布列斯特

战事持续三个月了，我看着身边的战友一个接一个地变成没有温度的尸体，与无处不在的泥泞融为一体，我已经麻木了。我不再想我为了什么而战，我只想回家，回到你身边。

英国人的坦克又冲上来了，再见。

沙夏

6 月 26 日　伏尔加格勒

亲爱的，我现在已经是个上尉了。这场战争就快结束了，上周我们在突击部狠踹了俄国人的屁股，打了漂亮的一仗。我正带着大不列颠骄傲的子民一路高歌猛进，人人都在想象挑战者的履带碾上红场的样子。相信我，不久之后我们就会从望远镜里看见克里姆林宫的塔顶，圣诞节之前我就能戴着攻克莫斯科的勋章回家。

吻你。

皮尔森

9 月 17 日　莫斯科　阿尔巴特大道

五分钟前，一颗 52 倍口径的 155 毫米炮弹直接砸在了四百米外列昂诺夫少校的阵地上，阵地被整个翻了个遍，缺腿少头的尸体像破了口的娃娃飞得满天都是。我才认识少校两天。

美国人的飞机还在对城市投弹，我们夏季的溃退击碎了所有人心里赖以存身的信念和希望。我不知道我还能活多久，我现在坐在街垒的砖块之间，手里只有一把步枪。

在新西伯利亚好好活下去。

沙夏

9 月 18 日　莫斯科　文化公园

什么？来自伦敦的命令？要我们撤退？您在开玩笑吧，长官！

我们已经把刺刀插在了他们的心脏上，这头巨熊活不下去了！中国人？和他们有什么关系？

见鬼！这些唐宁街和国会山里的蛀虫！

　　　　　　　——皮尔森上尉和皇家骑兵团指挥部的联络电

9 月 19 日　莫斯科　红场阵地

卡娅，我很高兴地告诉你，敌人撤退了，我不知道为什么，但我也接到了军事委员会的通电：停战了。

是中国人。他们的氦 -3 聚变炉像叶尼塞河两边的灌木一样难以置信地冒了出来，你看那些在夜空里穿梭的星星，那是他们在月球和地球之间往来的货船。

他们宣称，他们已经拥有了通向未来的门票，但这场世界大战可能毁掉这张门票。所以他们要和平，要永远的和平。

未来，你明白吗，卡娅？一个永远没有贫穷、饥饿，永远没有伸着双手要面包的孩子的世界，当然还有一些人想要的黄金和支票。所以世界妥协了，一个有史以来最为荒诞的停战协定达成了。

我们要销毁所有的武器，枪、炮、坦克、核潜艇甚至核弹。这个世界上再也没有武器了，只会剩下和平，你听到了吗？

回家吧，回到科洛姆纳的白房子边，再坐在河边的长椅上一起看着夕阳落下，就像我们第一次见面那样。

　　　　　　　　　　　　　　　　　　　　　　沙夏

10 月 15 日　斯摩棱斯克

我们正在撤退。

低沉的情绪蔓延了整支军队。

我们的武器都被收缴了，坦克、步兵战车，甚至手里的步枪，现在我只能坐着卡车垂头丧气地抽烟，咒骂着冻雨和泥泞。我不知道一场胜利为什么会变成失败，我也不知道这样的"和平"有什么意义。

那些躺在石油和支票里打滚的政客和财阀，那些满脑子花天酒地的发动这场战争的跳梁小丑，根本不会去谈什么和平！他们只是嗅到了可控核聚变的喷香的蛋糕，但是又被中国人伸出的盾和剑震慑，才不得不接受了这个所谓的"和平"。相信我，薇薇安，战争还会继续的，战争从来没有变过！

原皇家骑兵团上尉埃文斯·皮尔森

10月21日　明斯克

不要再回科洛姆纳了，那里的河水已经被鲜血和硝烟浸透，桥上挨了一发战斧，只剩下塌了一半的石柱。

战争不会真正结束。中国人错了，他们以为所有人都甘愿为了未来牺牲，以为一厢情愿的和平能终结战争。他们错了，战争并没有给人们带来什么，醒悟和救赎不知还要以多少生命为代价去换取。而现在，西面的暴徒仍然想要瓜分我们的国家。

既然资本家想要战争，那我们就要用火与剑带给他们战争！

我手里是莫斯科郊外白桦木做的长矛，那上面染着鲜血。我们已无路可退。

原顿河第五近卫师团少校列别杰夫·沙夏

指导老师：史新艳，教育硕士，毕业于哈尔滨师范大学，中文系汉语言文学专业，中学一级教师，曾获大庆市三八红旗手、校优秀班主任、优秀青年教师等称号，指导多名学生获得国家级、省级作文大赛奖项。

# 只好这样

徐瑞达 / 高三年级　杜　娟 / 指导老师　河南省长垣市第一中学

"超威慑武器的问世，激起了首次全人类示威游行活动。基于各国政府的提案，本届联合国大会聚焦讨论有关全面销毁武器，停止战争的全球性决定，下面请各位代表就如何销毁武器这一问题发言。"

"首先，我们要面对的难题是如何定义武器，然后才能列出名单以便销毁。"A国外交官的这番话引起了骚动。

S国首脑回应道："武器？不就是军事武器吗？刀枪炮弹等都要销毁。"说完，他又轻蔑地笑了笑。

B国发言人立即反驳："不可能这么简单！在战争主义者眼里，整个世界都可以是武器，况且现在易志武器、致幻武器、基因武器、生化武器甚至精神恐吓武器层出不穷，在实验室里就可以造出来。要想界定武器的概念，谈何容易！"

作为听证人的人类学家北宫纯也冷静地说道："你以为战争一定是借用武力的吗？思想上的武器引发的战争才是千百年来人类种族的顽疾！"

"下面讨论在销毁武器后如何停止战争。"

某国外交官："这还不容易吗？各国提案中均已明确指出全面销毁武器后，战争便无从引发，我们不就可以真正地和平下去了吗？"

北宫纯冷笑道："战争是什么？战争就是内心感到既有体系不合理的人改变体系倾斜方向的手段。请问，这个世界可能达到绝对公平合理吗？为了利益，战争主义者可以捏造任何理由挑起战争，即使没有武器。在人类学中，学术界普遍认为，人类的本性决定了不可能没有战争。"

北宫纯的最后一句话让全人类倒吸一口冷气。

S国首脑有些怀疑地说："那如果我们用法律约束他们呢？"

北宫纯面无表情："你不能因为有一点微弱的星光，就否认整个黑暗，况且，这星光终会被黑暗湮没。"

联合国秘书长警告说:"请你不要这么悲观,你也不该这么悲观,你会成为公敌的。"

"我并不在乎这一切,将死之人也一定不会在乎。我可以十分肯定地说,倘若未来阴谋论家得逞,即使是全人类反抗也无济于事。假如我们真这么做了,也只会被蓄谋已久的战争主义者毁灭。他们注定是死因,因此他们不在乎这一切。就如现在的我,冒着走出联合国大厦就会被暗杀的风险,站在这里做唯一一个敢于直言的人。我不会改变我的立场,全面销毁武器并停止战争,不可能也完全没有必要。"北宫纯面不改色地对所有人说。

他想起一个成语,执迷不悟。

各国发言人纷纷问道:"真的没有可能全面停止战争吗?"

"没有可能,有两个人的地方,就会有两派的争斗。"

秘书长打破沉寂,问道:"那我们该怎么办?"

"正如您所言,我本不该悲观,但当我无数次想要改变自己的想法时,事实总告诉我,无论我们怎么办,结果都只有一个。"

"只能这样吗?"

"只好这样。"

指导老师:杜娟,教育硕士,中学高级教师,河南省教育厅学术技术带头人,河南省骨干教师。从教 16 年,擅长阅读写作教学,注重学生思维能力的培养,深受学生喜爱。

# 陪你度过漫长岁月

徐艺菲／高三年级　刘　艳／指导老师　山东省济南市莱芜第一中学

"哥，我听大伯说，今天的谈判失败的话，明天就会开战。"

"陈生，相信我，没事的。明天，我们就不会待在这个防空洞里了。"

我是陈末，陈生是晚我两分钟出生的弟弟。2050年，我的国家可能会面临一场大灾难，这也是改变我们命运的一年。

我们总是一起坐飞车上学，可我却知道，我们不一样。陈生脑子里总是装着量子物理、基因编程等奇奇怪怪的东西，我喜欢他给我讲"薛定谔的猫"时的认真。

这场战争从最开始的贸易纠纷上升为两国之间一触即发的战争。我们都知道那些能量武器启动后毁掉的远不止两个国家，我们会毁了亲手创造的世界。

"趁现在睡个安稳觉吧。"我轻轻地说。

也可能是最后一个，我默默想着。

那场战争最终没能爆发，可那真真切切改变了我。

我是陈生。从小我就是个不安生的孩子，不像陈末，总是安安静静的，联合舰队几天前来招人，我动心了。国际探险者组织的负责人告诉我，我是他见过最出色的人选，我可能会改变世界。我不知道他在选什么，他说是个能拯救世界的秘密。

我已经成年了，可以决定自己做什么，我知道爸妈和哥都不会同意，所以我选择了不辞而别。

我给陈末留了言："原谅我的不辞而别，我知道你们不愿让我加入联合舰队，可那才是能实现我人生价值的地方。照顾好爸妈，我会和你们保持联系的，永远爱你。"

我没机会知道陈末的表情了，一天后，我登上了太空站。

公元 2550 年，我是陈末。

按理来说我已经是个五百多岁的老人了，可我仍跟年轻时一样。我知道是见陈生的时候了。

陈生走的那天下午，我跌跌撞撞地跑回家，只看到了红肿着眼睛的母亲和不停抽烟的父亲。我们每隔几个月总能收到陈生的消息，有他在空间站的学习和研究情况，和他拍摄的星云，我认出了他最喜欢的星云。可空间站的通讯是单向的，我们不能回复，于是陷入了日复一日的漫长等待。

有一天陈末说他要进行一次漫长的航行，希望有人陪他去未来。我知道那个人本该是我，于是我进入了漫长的冬眠。冬眠技术在当时已经成熟，但这样漫长的冬眠仍是天价。

醒来后的我被眼前的一切震撼着。五百年的岁月，早已不是我认识的那个世界。"大概你还需要时间来适应，哥。"是陈生，我的眼里顿时蓄满了泪水，隔了五百年，我们紧紧拥抱在了一起。陈生，竟也还是年轻时的模样。

"走吧，哥，我带你看看这个新世界。周围的一切都是可以触摸的，像一个屏幕搭起来的世界。所有的工作全部由 AI 接替，所有人都在学习，整个地球就是一所大学。最重要的是，这是一个没有战争的和平时代。哥，我们终于把梦想变成了现实，我们再也没有战乱的岁月了！"

我说不出话来，只能紧紧握住陈生的手。


这是我和陈末的约定。我是陈生，我履行了承诺。

那次漫长的航行是一次超光速探险计划，是人类为寻找外星文明所做的最后努力。而我，真的改变了世界，在猎户臂边缘一颗不被科学家注意的小行星上，我真的遇到了智慧文明。我将自解译系统发给他们，他们很快回复了我们并表示一直知晓地球的存在，但他们是高度智慧的生物，不愿主动侵略，只想守护着每个星球的成长。他们愿意帮助地球进入新一层的发展水平，前提便是人们放弃内心的邪恶和利益，不再战争，一起学习知识而不是将智慧垄断。他们也将把地球变成一个具有高度智慧的世界。

我将智慧和和平带回了地球。我总觉得从那时起，我们才真正称得上是高等文明。

哥，我带给了你一个新世界。

不枉你陪我度过的漫长岁月，无论我们是否在一起。

既许一人以偏爱，愿尽余生之慷慨。

你就是世界。

一个和平世界。

指导老师：刘艳，文学硕士，毕业于福建师范大学语言学及应用语言学专业，中学一级教师。莱芜一中优秀教师，多次指导学生在国家级作文大赛中获奖。

# 和平时代

薛闵今 / 高二年级　张占江 / 指导老师　北京市延庆区第一中学

地球迎来了新时代的第一缕阳光。

2231年10月21日上午8点，人类各国政府联合发布全人类和平公约，这意味着人类将全面销毁武器，停止战争，共同建立全新的、真正的和平时代。

顾夕的爷爷顾平关闭了3D立体环绕的旧式电视。"终于结束了！"两行老泪从他的眼角滑落，还未来得及拭去泪水，他就急忙说："顾夕，快去把我和平站的遥控找来！""爷爷，那都是多少年的老古董了，那站都成废弃站了，您现在去做什么呢？"顾夕有些不耐烦地操作着搜索程序，"好了，找到了！"顾夕操作控制台，遥控从台上呈现出来，只见和这遥控在一起的是一个黑色的匣子。

顾平接过遥控和匣子，触动了匣子上的蓝色按钮，一幅3D立体的"老照片"映入眼帘。只见一位意气风发的青年男子站在面前，他的身后就是和平站。那时候，周围还是绿草丛生，而和平站里竟都是高级的能量武器和当时最新型的威慑型武器。顾夕十分惊诧，这不是爷爷跟和平站吗？

顾平带着顾夕，乘着能量艇来到和平站前。"你所看到的并不是之前的和平站，以前这里有天然的生态系统，鸟语花香，虽然那都是后来通过先进的科技手段还原的，但到如今，就连那样的时代也被毁了。"接着他带着顾夕进入和平站。顾平看着这填满和平站墙壁的新型武器，深棕色的眼中透露出坚定的光。"现在，你把这里所有的武器都交给国家销毁吧！"

顾夕知道，爷爷和父亲以前是和平战士，他们对和平的热忱是常人无法比拟的。她也知道，父亲在她三岁时被派往宇宙太空站，后来就再也没回来。多年后，有人给了爷爷一个立体虚拟的身份卡，而她听到最多的只有那身份卡的声音："和平时代还未到来，我们不能放弃！"她一直对这句话心存疑惑，但却从未跟爷爷提过，而她现在知道，和平时代已经到来了。

　　她收拾着和平站里的能量器，忽然一个时空转换器从控制台上掉下来。顾夕很好奇，她打开转换器。忽然她置身于黑暗中，她无比慌张，接着一个男子出现了，那是他父亲！她刚扑过去，却穿透了父亲的身体。原来这一切都是虚拟的，只是影像，她失落地跌坐在地上。父亲跟随一队人登上了宇宙太空站，突然一架航天器飞来，它发出蓝色的可怕的射线把所有太空站的舰队都炸毁了，紧接着发出了"攻击地球某国家"的指令，又向这目标飞速前进。而此时只有父亲挣扎着，乘着一架破损不太严重的舰艇飞速追了上去，他给这个国家发送警报。接着他触动了攻击装置，想与地面来个前后夹击，不料对方的武器是最新型的威慑武器，他无法应对。一条光从一条线的宽度，变得无限宽，它直射地球表面，那里再无生命的存在，父亲大声喊着："和平时代还未到来，我们不能放弃！"接着那似曾相识的一道光穿透了他的胸膛，宇宙空间被那道光照得惨白。

　　"不！"顾夕大叫道，她想去抓住父亲的手，却再次扑空。一瞬间，她又返回到现实中。

　　后来，顾夕把所有的武器都交给国家销毁了，并且她主动参加了和平卫士的选拔，因为她知道，和平时代如果要继续下去，必然要有人去守护它，以前是爷爷，是父亲，现在轮到她了。

　　伴着久违的朝阳，她乘上舰艇，前往宇宙空间站。

　　那天是 2232 年的 10 月 21 日，又一位和平卫士踏上征程。

　　指导老师：张占江，毕业于河北大学汉语言文学系，中学高级教师，曾获得延庆区骨干教师称号，多次指导学生参加全国中学生科普科幻作文大赛并获奖。

# 梦　圆

闫馥瑜 / 高二年级　宁　炜 / 指导老师　山东省烟台第一中学

阴暗的地道里，散发着腐臭与霉气。寂静之中，回荡着一个孩子断断续续的抽泣。

"爹爹，你是……要永远……离开我了吗？"小男孩拽着父亲的衣角半天憋出一句话。看着眼前正值壮年的男人——也是他如今在这乱世中唯一的依靠——身体日益虚弱，眼神愈加黯淡。恐惧与悲痛沉积在男孩心头，可他什么都做不了，只是忍不住一遍遍重复这问题，尽管他似乎已经知道了答案。

察觉到男孩的情绪，男人也更加心痛，他多想陪着这孩子度过余生，可在那样的年代，健康地活着从来都是奢求。此刻他能做的，也只是用言语让孩子多一点点心安："爹会在另一个世界继续想着你、护着你的。"此刻，张口说话也使他疲惫不堪，他心里明白自己所剩时间无几，但意念撑着他一定要挺过今晚。几分钟后就是崭新的世界，他多想看它一眼。

男人叫路远，生在战火纷飞的年代。经济的发展、科技的进步造就了人类文明的辉煌，却也催化了人类私欲的膨胀、道德的沦丧。世界范围内资源、利益、宗教、文化等各方面矛盾最终达到临界值，一国的冲动把整个世界带入了黑暗。从核武器、信息武器、能量武器到新威慑武器，在这个生产力与创造力因科技发达而大爆发的年代，武器的更新速度达到顶峰，科学家掌握权力，平民甚至曾经的政客都沦为试验品，无人能独善其身。千百年铸就的辉煌在新型武器的爆发中顷刻间化作荒芜，盛世不再。

逃难几乎成了路远和他这一代人生活的全部，准确地说，没有生活，只有努力活着，他们甚至没有时间去思考为什么要活着。

"大概就为了等到这一刻吧。"此刻的路远想着。他看着身旁的孩子，孩子无助的眼神让他想起他们初次相遇的情景。这孩子并非他亲生，混乱的世界让他们相遇，两个人都无依无靠，彼此充当着精神上的寄托，也是活下去的理由。那是在一次装备新型光学武器的敌军靠近时，慌乱的人群正涌进避难地道——各国科学家在热衷于武器研究时为数不多的人性化创造。只是这里虽能靠一些路远也说不清的能量防护暂时抵挡攻击，却幽暗闭塞，急缺物资，并不是长久之计，可也是活着的唯一选择。在逃难的人群里，路远看到了惊慌的男孩，那双无助的眼睛中涌着失去亲人的痛苦。他不自觉地护住了男孩，在人潮尾部抱起男孩向地道中冲去。但他一瞬间感受到了一丝异样，现在回忆起来，他大概就是在那时受到了严重的辐射。

他不愿回忆过多苦难，也不愿回忆长期暴露于核辐射与有害光源下的身体是怎样一步步恶化到生死边缘的。他早已无力去看外面的世界，但外界的消息传入了他的耳朵。人类各国政府终于放弃战争，决定全面销毁武器。消息一出，世人心中怀疑多于期盼，这持续上百年的战争旋涡怎会说停就停？

但路远心中留存了一份希望，他相信人们既然有能力制造武器，就有能力毁灭武器。这希望也不知从何而来，大概是孩子给他的。在大难中依然安然无恙的孩子，某一天突然喊自己"爹"的孩子，这眼里有光的孩子，路远多想让他生活在安宁的世界中，见见那老故事里没有炮火的碧天和白云，按自己的意愿自由地活着，真正地生活，不要再像自己这般在痛苦和迷茫中结束一生。

耳边有量子传输到达的倒计时，在小小的残破的接收器中震耳欲聋。

"世界联合政府宣布，地球全面销毁武器倒计时，三。"

路远身边的孩子微微停止抽噎，侧身凑到跟前。他还不知道，外面就要换了人间。

"二。"

"我给你想了个……名字，你不是忘了从前的名字吗？"路远对孩子说。

"一。"

"就叫梦圆吧。"

路远拼尽最后一丝气力，念着这个名字。恍惚间，他飘向了外面的世界，那里万家灯光，烟花绽满世界，就像长辈从小跟他念叨的百年之前的中国年。

崭新的世界。

路远的梦圆了。

但他也永远离开了。

指导老师：宁炜，文学学士，毕业于烟台师范学院汉语言文学专业，中学一级教师，多次获烟台市、区级优质课、示范课奖项，获烟台市教学工作先进个人、区优秀教师等荣誉称号，多次指导学生获国家级作文大赛奖项。

# 人之初，性本善

严　笑／高三年级　徐笑文／指导老师　江西省上饶中学

公元 4038 年，终于迎来了这场迟到了 20 年的战争。

一种新威慑武器的出现绝不是好事，多个国家几乎同时研制出新威慑武器，更不是什么好事。A 国作为最先研制出它的国家，还没来得及实施他千秋万代一统江湖的大计，就收到了许多国家也研制成功了的消息。这下好了，我打你，你他结盟来打我，我打了他你又来打，彻底乱了，权衡利弊，相互牵制，将这场战争拖了 20 年。

可中国有一句古话："命里有时终须有。"能逃掉的不叫战争，因为战争或许是一种宿命。

可是攸宁不信命，他乐意也更敢于同命运做斗争。作为 A 国首领的儿子，他看到的是一个陪他画蓝天白云、陪他下海捉虾的普通父亲，而不是新闻中冷面无情、挑起战争的刽子手。攸宁曾无数次质问他的父亲："你教我画鸟兽虫鱼，可外面的世界早已被战争玷污得伤痕累累，你告诉我这是对的，可为什么自己要去作恶呢？"无论第几次，攸宁得到的答案都是一样的："因为，你是个孩子。"

"因为你是个孩子，所以你有权善良，所以不能被污染。攸宁，爸爸爱你，为你编造的梦，是爸爸正着手建立的未来。"

4038 年 10 月 20 日，决定人类的一天。

A 国、C 国、R 国、E 国，任何一个叫得上号的国家领导人，都正襟危坐地在国防控制室里，双眼圆睁，紧紧地盯着屏幕上的绿点，时刻提防下一瞬间变红。双手紧紧握着新威慑武器的控制按钮，却把大拇指深深藏进手掌深处，就怕一个手滑，一失足成千古恨。

那毕竟是新威慑武器啊，那是一种比核武器还要厉害的新型毁灭性武器，一个就足以把地球夷为平地。

突然，屏幕上出现红点，A 国首领惊得从椅子上弹起来，他吩咐底下的人查查情况。那是在武器的发射台周边，站着一群孩子，有攸宁，有国防部长的儿子，有核控中心领导人的孙女，有至亲，他们站在无人防守的高辐射地区，用生命向大人们挑衅："你敢发射吗？你发射的话我必死无疑。"

不只 A 国，所有国家的领导人，面对着监控画面中自己的儿子、女儿、孙子、孙女……他们都是孩子，都是听话的好孩子。

4038 年 12 月 20 日 11 时 11 分，电子档停战协议在各国会议上被万国共同签署，协议内容包括：全面销毁武器，停止战争，着手休复生态，还孩子们一个有花有兽有鱼有虫的大千世界。

一场史诗级的大战，一场本该改写人类历史的大战，在孩子们手中溜走了。一个惊心动魄的故事似乎落幕了，可没有人知道：大人有联盟，小孩也有联盟。盟主攸宁只做了两件事，一是 4018 年把新威慑武器的研制方案"散播"出去，二是 4038 年号召熊孩子们"溜"去自家武器发射台逛逛。

此时，攸宁在如茵的草地上伸出手掌，看细碎的阳光从树叶缝隙中泻下，在指间舞蹈。他笑了笑，闭上双眼。阳光，真好。

指导老师：徐笑文，教育硕士，毕业于西南大学，中学一级教师，曾获江西省基础教育优秀教学课例现场展示交流活动一等奖，指导学生参加江西省综合实践展示活动并获一等奖，多次指导学生获得国家级和省级作文大赛奖项。

# 云 霞

杨舒郁 / 高三年级　　刘　岩 / 指导老师　　辽宁省大连海湾高级中学


　　"警报！"机械冰冷的声音又响起了，我为新一代黑匣子扩充容量的尝试又一次宣告失败。

　　我叫邵漫，联合国安理会 3050 年聘用的一名航空机械专员。一个 23 岁的鲜活生命与科研组的一群人工智能，就是我一天的所有故事。我没有选择在空间站工作，晋升与荣耀都是权力与名利的争夺，于是我仍然留在地球——一个有僻静山川的地方。

　　可是我想要关怀，我要大街小巷都有鸟儿歌唱，我要人情味儿像糖炒栗子一样。

　　"现在是国际总空间站时间上午 9 点 41 分，下面为您播报国际新闻，今日……"

　　五分钟后，我关闭了电视。

　　真正的和平在哪儿？我无数次在心里控诉这个世界。表面平静，实则风起云涌的故事每天都在发生，不同于千年甚至百年以前，如今的战争几乎都为了一样东西——生存资料。执意要与自然对抗的人类为了自己的战备成就沾沾自喜的同时，也快要将资源消耗殆尽了。我越想越烦，这样的想法一旦说出，将受到联合国法律的裁决。

　　"您好，亚大地区互通会议章程已为您备好，请尽快查阅。此外……"

　　"滚！"我愤怒地把茶几上的东西扫到地上，手中胡乱挥舞着。人工智能识趣地走开了。

　　我的眼泪快要喷涌而出了。"如果姐姐还在，她一定不会……"我疯了一样跪在地上找打落的相片。

　　我把相片搂在胸口，仿佛姐姐正坐在我身边。她叫邵霞，人如其名，美得像一朵云霞。完全与我这个假小子不同，她理性、清醒，做人的道理都是她教给我的。一次核战争中，她为了让 1005 号小行星上的人们活下来，驾驶磁感飞船冲过去，为那些人挡住致命一击。她永远地化作了一朵云霞。

让我无法接受的是，她因"干预联合空间站既定活动"而被强加军事罪名。黑匣子里她给我留言："漫漫，好好活着，记住，人不能对抗自然！不要想我，姐姐在云霞下，等你回家。"姐姐说，红霞在，她在。她要一直保护着我。

联合空间站没收了黑匣子，我却偷偷用 6D 声音打印装置把这段声音藏在时空胶囊里。她是我不能割舍的回忆，谁都无权将我们彻底分离。因此，我选择黑匣子研究，留住更多真情。

"安全警报！"我被一阵震动惊醒，那是总空间站呼机里的声音。我站在窗前，山川间乌云连片，松涛呜咽，风雨哭喊着撞击窗面。

似乎要变天。

傍晚来临，今夜晚霞却不见踪影，天边没有一抹红色。

"邵漫专员，请速来联合空间站总部！请速来总部！"

乘着时空胶囊，我眼看着地球表面，一层鲜红浮上来，那是放射性元素急速裂变产生的力量。我心里一凉。

地球因过度付出被掏空了身体，而不可计数的核武器正是她发泄一腔怒火的诱因，太多辐射，太多毒素。

"总部命令，销毁一切核武器！阻止地球自爆！阻止地球自爆！"

我发觉我的手在颤抖。

我等到了这一天，和平的起始日。

不。那是什么？我看见核母的空间脐带只断开了一半。糟了，恍惚间，姐姐似乎与我携手走进了时空胶囊。我知道了我的使命。

逃生时间三秒。够我再想姐姐一次，够我多看这个世界一眼。

我将成为一朵炸开的云霞。我驾驶时空胶囊，冲了过去，冲击脐带。我点开播放键，姐姐的留言响起。"记住，人不能对抗自然！"

"轰！"世界归于平静。一切威胁和平的因素都消失殆尽。

录音还在继续："姐姐在云霞下，等你回家。"

从今以后，世界将布满和平的云霞。


指导老师：刘岩，中学高级教师，区级骨干教师，论文公开课多次在大连市教育系统中获一等奖，指导多名学生在全国各类竞赛中获国家一等奖。

# 宠　物

杨羽帆 / 高三年级　殷连娣 / 指导老师　山东省聊城第一中学

在活捉了那只红头机械哨鹰之后，他们才发觉事情有点不对劲。这奇怪的生物是从哪儿来的？怎么会突然出现在 K 国与 A 国交界地带？

审问有效果，鹰开口了，叽里咕噜一大串，夹杂着许多像蛇吐芯子的声音。计算机辨别出来："这是 E 星语言，目前无法准确翻译。"人们只好放弃，把它锁在中央城堡的地下城。

世界动荡不止，战争越来越多。似乎随着时间流逝人进化得愈加冲动和易怒，这与文明无关，分久必合，合久必分，自然之理。由于不断的侵略、兼并，现在只剩下十个国家，按民族间的血缘亲疏区分。有时还会根据体貌特征互相取一些无聊的代称：短腿国、大鼻子国、黄毛国，等等。中央城堡是一个国家的核心标志，里面住着为人们提供能源和生命补给的王。没办法，地球资源所剩寥寥，王们只能通过某种他们自己也理不清的途径要到外星的供给，再分配给各自的公民，供给线断了就只好整个民族一起死。

自古以来战争就是家常便饭，似乎人生来就带着这种劣根性。本来生活得很好，但只要有什么突然变动令人不满了，战争就一触即发。没有永远的和平秩序，只有永远的胜负分明。可是红头鹰的出现引起了人们的警觉。这些年人们往太空输送了太多科研废品，扔得各星球都是，大家心照不宣地认为它们会慢慢分解，不必在意。可有人认出来了，这只鹰是三年前 S 国博士发明的真空追踪器，后来因为耗能多被淘汰。这么说，它们没有分解，还在各自的星球拥有了第二生命？没人公开说明这件事，太可怕了，大家不敢仔细去想。

捉住鹰的第四天，K 国的太空联络站接到一条指令，是 E 星发来的代码，代码很好译。巴顿博士逐字译出指令内容："红头 9 号，返回。"红头 9 号？E星？是说那只红头鹰？巴顿突然意识到，他们的联络站之所以能接到这条指令，正是因为他之前无意间连接了鹰脚上的讯号器。

操控者出现了，机会来了。他向上级请示放还红头鹰，并往鹰眼里植入一个微型摄像头，整个 K 国以及其他九个国家的中央城堡同时转播鹰眼看到的画面。

浩瀚宇宙，璀璨星河。极速飞行过后，鹰很快降落。它的面前，是自称西蒙的巨型机器人。"这是 A 国之前的巨型铠甲兵！"地球上有人叫了起来。摄像头偏转了角度，周围有六七个同样的机器人，他们的机械脸上浮着一层诡异的笑容。

"掏钱掏钱，西蒙你每次都赌 A 国赢，怎么对故乡那些小东西这么有感情？"四处一阵贯耳的浊音笑声。由于效力 A 国日子久了，这些机器人彼此交谈时使用的还是地球语言。

西蒙看上去懊恼极了。"我怎么知道，A 国都快没供给了，这把又输，再不打个胜仗我看他们迟早完蛋！"

他突然提起红头鹰，镜头骤然拉近，机械脸填满了整个屏幕，那深不见底的眼睛令人不寒而栗。他把红头鹰来来回回检查一番，撇撇嘴，扔在对面正开怀大笑的科森怀里。"断了只脚，回去修修吧。这 S 国的垃圾就是不行，你还当宝贝一样拿来让它去破坏 A 国中际讯号。我看讯号没破坏成，怕不是让人家给捉住了！"科森冲他挥挥拳头，把红头鹰丢在脚边。

"适当刺激他们一下啊西蒙，自己养的宠物还不了解习性吗？比如毁掉他们这片小水潭，S 国就没有防御区了，K 国的石油通道也堵死了，拯救一下咱们的 A 国嘛！"另一个长相更粗犷的机器人漫不经心地对着地图比划着，手指停在印度洋上方。

"我看停掉 S 国的供给算了。这群人脸皮太厚，每次看他们用那些不道德的手段取胜我就想拿水淹了它。"

"哎哟，那你停掉人家的供给就道德了？"

一片寂静。人们脸色苍白，感到一种难以承受的震惊和凄凉。

被取乐，被控制，被放弃，就这样成了水箱里的鱼、沙盘里的蚂蚱。几十万年来，人类劳动、正义的价值全都成了谬论，命悬一线，全靠他物的喜怒哀乐来做生还是死的选择，而这他物，竟然正是人类为了满足无尽的贪婪欲望发明出的引以为傲的战斗先锋。

人类真的还有文明吗？宠物需要文明吗？

十国国王在联席会议里无言对坐。站岗的护卫昏厥过去，有人在呕吐，瞳孔涣散，到处都是来自心底的恐惧钻出身体又被强制压住的悲泣之声。一位白发苍苍的元首缓缓起身，推开椅子，走向门外。

天空如晦。那云层下若隐若现的星星到底是谁的眼睛，谁在窥探这肮脏的秘密？圆盘似的黄月看起来从未变过，可或许哪天它是不是会成为毁灭某个大洲的乒乓球？

最后，人们听见苍老的背影说："休战吧，从现在起。"

指导老师：殷连娣，毕业于聊城大学汉语言文学专业，中学一级教师。曾获聊城市优质课一等奖，获高效课堂教学能手、聊城一中十佳青年教师、最受学生欢迎的教师等荣誉称号，多次指导学生获国家级作文大赛奖项。

# 启　航

杨振宇 / 高三年级　　王　双 / 指导老师　　山东省聊城第一中学


"妈妈，电视上说太阳快要毁灭了，可是我们离不开太阳啊，我们该怎么办啊？"

"没事的，宝贝，相信科学家们会有办法的。"

"爸爸就是科学家呀！如果爸爸能想出办法最好了。"

"要相信爸爸，他是最出色的，他肯定能想出办法的。"

"那太好了。如果我们要坐飞船离开地球，我想和爸爸妈妈还有我们班的小朋友们坐同一艘飞船。"

"好的。乖，先吃饭。"


"将军，这可不是闹着玩的，你赶快再确认一下。"

"不必了，西牛联邦、北俱联邦和南瞻联邦都已经陆续证实了，这是真的。"

"这么说，地球要完了吗？"

"各地的科学家都在想办法，但似乎一无所获。自从泛大陆分裂开始，好像人类从未如此束手无策。"

"只是太阳出了问题，为什么就这么难办？"

"可事实是，太阳出的问题我们的确无法解决，至少就现在而言。"

"那以轻核聚变为能源点燃木星，造就第二太阳不可以吗？还有月球重核裂变技术也快成熟了吧。"

"问题不在这里，总统。太阳毁灭是内部坍缩导致的，我们要担心的不是能源问题，而是我们能否抵抗住太阳坍缩后呈几何倍数激增的引力。总之，我毫无办法，只能寄希望于那些科学家了。"


"还是因为太阳的问题吗？"妻子温柔地问。

"是啊，我到现在还毫无头绪，这似乎是一个无解之题。"曹答道。

"你可是全球最负盛名的科学家，如果你都无计可施，人类该怎么办？像星际移民计划之类的不能实现吗？"

"高速飞船刚刚起步，不可能的。再说就算造好了，又能送走几个人？"

"别的科学家没有好的提议吗？"

"除南瞻那边的一个团队提出的木卫六移民计划之外，别的提议都被否决了。但是那个木卫六计划在我看来只是饮鸩止渴，只能尽量保留人类文明的火种而已。我想要的是一个能保住全人类的办法。"

"既然你一时半会儿也想不出来什么，不如陪我看一样有趣的东西，缓解一下压力。考古局上周刚送来的。"

"你是指刚出土的那个史前文化遗迹吗？我在网上看过了，他们的文明落后，没什么可看的。"

"你光看了个大概，不看仔细点怎么知道有没有意思，翻译机已经把他们的文字和语音译出来了，陪我看看吧，兴许对你有所启发呢。它在当时好像叫'电影'，跟现在的全息影像差不多。"

"真是的，它在哪儿？"曹不耐烦地问。

"烦什么，就在这里。"妻子掏出一张卡片，插入翻译机中。

伴着一些奇怪的画面出现又消失，显示屏上赫然出现一个和现在截然不同的地球，还有一些人在冰封的地球表面建造着什么。

看着画面中的地球燃起星星点点的蓝光，曹的眼睛也逐渐闪亮。

"什么？推走地球？你疯了？还要我帮你联系全球的科学家，联合制造发动机？什么玩意儿！"

"这是曹先生提出的目前唯一具有可行性的方案。我觉得我们没有任何选择的余地。"

"这么说，你是在支持他？"

"完全支持。毕竟这是最好的办法，也是唯一的办法。你也不想我们的文明毁于一旦吧。"

"那我们造发动机，其他三个联邦不会趁火打劫吗？你忘了北沙岛还在冒火，西海还有两个舰队在开炮吗？人类的战争从来没有停止过，如果真的这样做了，到时候我们东胜联邦肯定会失去现在的优势，万一他们再狠一点，我们可能就全完了！"

"他们不会的。这是我们全地球的灾难，燃眉之急，只能同舟共济。我们东胜是综合实力最强的一个联邦，也应该承担更多的责任。只要我们扛住这个担子，其他联邦也会帮助我们的。面对灾难，人类总会万众一心。"

总统突然笑了："你还是老样子，相信人类的善良和团结。"

"如果没有人去固执地相信人性本善，恐怕在灾难来临之前人类就已经灭亡了吧。我算一个，老曹算一个，我知道你也算一个。"

"行吧，这件事你安排。但是，一定要拯救全人类，拯救东胜联邦。这是命令！"

"是！"


紧张的布置已经开始，但曹的眼睛里依旧带着愁闷。

"又怎么了？"妻子前来询问。

"这个方案虽有可行性，但我们忽略了关键一步，就是如何调度全球资源，联合全球力量。这件事很难办，就算你是个顶尖的政治家，想来面对这种复杂的问题也会无计可施吧。"

"你怎么知道小刘解决不了？"将军也跟了过来，"我看你是小看她了吧。也难怪，人家平时在你们家里不显山露水，你又老窝在实验室里，怎么看得到小刘在政治界叱咤风云？"

"说得好像你多了解她一样。"曹闷闷地说。

"政治的事情交给我，你安心造发动机就行了。"妻子狡黠地说，"这个史前文明虽然只有一些遗迹，但却总能带给我们惊喜。"

"唉，卖什么关子，真拿你没办法。"曹无奈地挥挥手。

"老曹，去陪我喝点酒，这么多年，咱俩也是聚少离多啊。"

"没想到，我们还有合作的机会。"曹无奈地说。


"我知道刘女士您是最高层的政治家，但您也是东胜联邦的人，不会偏袒东胜吧？"西牛联邦参议员的核心王先生发问。

"这部法典是从史前文明遗迹中出土的，和我们提出的制造行星发动机的想法同出一源。据我看，它不仅适合我们现在的情况，而且比现行的联邦制高明很多。"刘女士微笑着回答，"我在投射屏上公布出来，大家可以参考一下。"

全息投射屏上出现了一行行文字。

文字下行到三分之一时，大厅里响起了低声交流的声音，刘女士依然在微笑。

文字下行到一半时，讨论的声音更激烈了，还加入了一种啧啧称奇的声音。

文字到将近底部时，所有与会者都开始起立鼓掌。

"这部法典让我们看到了人类文明的曙光！"王先生高喊，"我看不如将这个计划称为'启航'。我们的征途，才刚刚开始！"

"天哪，这是一个伟大的民族！"另一位参议员惊呼。

"是啊！"

"妈妈，地球要带着我们离开太阳系了吗？"

"是的。"

"那地球会一直流浪下去吗？"

"当然不会啦，地球是重新启航，我们将要跟随地球踏上新的征途啦！"刘女士答道。

指导老师：王双，文学学士，毕业于曲阜师范大学，曾获聊城市县级教坛新秀、聊城一中优秀班主任、最受学生欢迎教师等荣誉称号，曾获县级中小学青年教师课堂教学大赛高中组语文一等奖，多次指导学生参加写作大赛并获奖。

# 凛冬以后

衣智远 / 高三年级　赵雪菲 / 指导老师　山东省临朐第一中学

　　五月的广州，滴水成冰，天地荒寒。我拍了拍驾驶台，耳边响起 AI 小瀛机械但悦耳的女声："室外气温，零下 41 度。"

　　我看着窗外繁密得挤占空气的大雪。"走吧，接首长，然后去机场。"

　　汽车车门与办公楼对接在一起，就像半个多世纪前的组合空间站，首长穿着宇航服般严密的防护服，夹着头盔和文件进到了汽车里。我很诧异，但不能说什么。我只是首长的第二秘书，负责安保以及对小瀛的人工协助。按照保密法，有关首长工作内容的一切，我都无权询问。

　　但窗外的事情我也略知一二。近十年来，国际局势空前紧张，南北两大阵营加快备战。六年前，两大阵营的几个实验室几乎同时研制出了质能囊，一种能缓慢吸收周围直接以质量形式存在的能量，并可在短时间内定向放出武器。此后，各国的质能囊都开始无休止地吸收空间中的能量。迄今，这些使全球均温降低五十多度的能量已积累到能击毁整个地球的程度。

　　经过改造的班机越过人类生存北界，向曾经的世界明珠北京飞去。七年前，人类文明博览会在那里举行，那是两大阵营最后一次联欢。今天，与我们一同前往的还有十几个主要国家的领导人，他们分属两个阵营。国内外分析人士都认为，这次峰会是最后一次阻止战争的机会。

　　"万国展馆，前故宫博物院，零下 77 度。"首长要去见那些外国领导人。我挎上枪，跟在首长身后。当国外领导人露面的时候，首长向我示意止步，孤身走向对方。对方阵营领导人看到中国领袖不带警卫，便也只好狐疑地走上前。

　　没有媒体，没有警卫人员，十几位国家元首在暴风雪中踏入故宫博物院。

　　我从很小就跟随首长，那时他还年轻，有很高的艺术造诣。万国展馆的世纪文明盛典，就是当时还在文化部的他一手操办的。现今，国家人民的重担使他来不及顾惜自己当年的心血，全球骤冷时，他把展馆的全部军警调去协助民众撤离，而那些无人抢救的艺术品，只能在极端低温中走向生命的尽头。

我紧握枪，紧盯着展馆大门。零下 77 度的风雪嘶吼，零下 77 度的时空凝固，我耳边响起首长的话：如果战争爆发，我们愿意牺牲一切。

四十年后，首长早已不在了，我也老了，但小瀛的声音仍然年轻。"今日北京气温 23 度，记得您要与朋友哈兰共进早餐。"哈兰是我上个月认识的朋友。机缘巧合，那个故宫之晨，他在搀扶他们的元首。听说当时我也在场，他便约我回忆往事。

"你们的首长带我看了各国展厅，那些严寒剥蚀的油画、冻裂的青铜器，他带着泪，我们看到我们国家的艺术品，也哭起来。后来元首们都哭了起来，他们说，人类文明怎么能成为这个样子。也怪，谈判结束不了冷战，但艺术做到了。"

指导老师：赵雪菲，文学学士，毕业于烟台师范学院汉语言文学专业，中学一级教师，山东省临朐县教学能手，临朐县骨干教师，曾获得山东省潍坊市教学成果个人三等奖，多次获得县政府教学成果一等奖。

# 守卫和平

于　洋 / 高二年级　　柳军晔 / 指导老师　　北京市第三十五中学

猩红如血的天空中涌动着滚滚浓烟，受惊的乌鸦慌乱逃窜，炮火连天，我身受重伤动弹不得，"快……快救救我！救命！"

"乔娜，乔娜，快醒醒！你又做噩梦了。"

我是乔娜，伊尔特战争中为数不多的幸存者。那场战争早已过去多年，但每个午夜我都会被同样的梦境吓醒。

现在我在和平科技组织工作，刚才把我唤醒的是我的智能机器助手小 E。十年前，新型毁灭性武器的诞生像一个导火索，瞬间点燃了各国之间的利益冲突，第三次世界大战爆发了。在骇人的伊尔特战争中，杀伤力更甚于核武器的新型武器大肆破坏我们的地球，所过之处一片生灵涂炭，脆弱的生态系统相继崩溃，大地已如地狱。为了全人类的生存，各国政府联合宣布将全面销毁武器，未来将永不发动战争！共建家园，守卫和平！

全面销毁武器的条令颁布后，大多数人积极响应，但也有小部分人私自成立秘密组织，藏匿新型武器想要静待时机，等到大众"手无寸铁"之时大肆出动，掌控全球。而我的任务便是找到新型武器研发时嵌入的芯片所发出的信号，通知特遣小组前去追回并摧毁武器，捉拿暴徒。"终于将漏网之鱼收拾干净了！"信号仪屏幕上显示的最后一个信号，已然因武器被摧毁而熄灭，我如释重负，"这下终于和平啦！"

"轰！"一声巨响几近让我耳鸣，这恐怖熟悉的声音必定是新型武器在肆虐！"怎么回事？不是尽数摧毁了吗？"我一身冷汗，脑子里不断闪烁着伊尔特战争给我留下的阴影，同胞冰冷的残躯拥着我，让我免于一死……

"乔娜，乔娜！"我的小 E 关键时刻将我"拉回现实"。"乔娜，我刚通过卫星远程监控装置锁定了五公里外的目标，是先前因私自使用新型武器被辞退的研发人员李先生，他在使用新型武器攻击军队。"小 E 向我做了汇报。"一定是他偷走了材料私自制造了一台新型武器！小 E，帮我实时监测他的生理机能并汇报给现场警官，让警官根据数据进行分析，尽量稳住他的情绪，消耗他的体力。再给我投影出他制造的武器的全息图。""好的，已完成。"不出半分钟，李先生的新型武器全息图出现在眼前。"小 E，把这台与国家生产的标准武器对比一下，找出不同点！"不一会儿，我发现这台武器有一个致命的漏洞，就是它未加装抗磁力干扰系统。一刻也容不得耽误，我立即派出小型纳米飞行器，配上磁场合成器火速出击，我也乘飞行器紧随其后赶到现场。位于现场的警官根据李先生的激素水平情况及系统测评展开谈判，暂时稳住了第二颗杀人炮弹的发射。此时纳米飞行器已经赶到，一瞬间分成数十个小型体，贴合到了新型武器上。随着人工磁场装置的开启，武器转瞬间失灵，这场恐怖的袭击也就终止了。

"我要报仇！我的家人都死在你们手里，他们平凡无辜，一枚炮弹就要了他们的性命！"远处传来了李先生疯狂的怒吼声，震颤着我的心灵。警方早已控制了他的手脚。我静静地走到李先生面前，缓缓地蹲下去，挽起裤腿，露出金属义肢。"李先生，我国民间有句俗语，叫'冤冤相报何时了'。我小时候是全国健美操比赛冠军，但现在伊尔特战争毁了我的一生。"我又拿出珍藏的全息照片："你看，这是我的爸爸、妈妈和弟弟，他们在伊尔特战争中全部死去。你看，这是我的战友，她为了保护我而死去。李先生，我才 30 岁，可是在这个世界上，我一个亲人也没有了，只剩下孤零零的我。谁不渴望家园安宁，谁会喜欢家破人亡？此时若武器不毁怎能和平？若战争不断怎能平安？"

本来歇斯底里的李先生，听完我的话，突然像泄了气的皮球，一下子瘫坐在地上，再也说不出话来。

我长舒了一口气，这样终于可以安心了。回首过去，我只能在同伴的保护下，躲在废墟里忍受着饥寒交加。而现在，我可以靠着自己，在智能助手的帮助下，在实时监控系统的加持下，在高新科技的守护下，与警官一同战斗，保护人民群众不受伤害，守卫着我们所热爱的国家，守卫着来之不易的和平。

更让我高兴的是，从此，我不再做噩梦。

一晃五十年过去了。

如今城市的重建工程基本完工，生态系统正在逐步恢复。清晨，我在小

E 的搀扶下缓缓坐上磁力旅游车，穿梭于新建设的城市中。天空湛蓝，树木葱郁，绿草如茵，几个孩子正在帮小 AI 种树苗。哈哈，生活在这样的和平年代，我无比幸福！

指导老师：柳军晔，文学硕士，毕业于浙江大学古籍所古典文献专业，中学高级教师，曾获校园十佳老师称号，多次指导学生参加作文比赛并获奖，发表论文多篇。

# 夜阑卧听风吹雨

于宝洋 / 高二年级　王　静 / 指导老师　山东省淄博第四中学

　　风大雨急。我蜷缩在"胶囊"中，被急切的雨声惊醒。温和的睡袋立刻检测到我生命体征的变化，滴滴，红光亮起，轻松的音乐声响起，是踏着华尔兹的轻快舞步和爵士声线慵懒的唱腔。我还想挣脱束缚去阳台照料我的花草，一股粉红色的暖流注射进了血液，我甜蜜地沉入了梦乡。

　　睡袋震动，我也终于睁开眼看世界。我蹬上裤子，抓过上衣，机械手流水线般给我刷牙、洗脸、刮胡须。我顾不上那么多，到阳台看 X 星的日出。其实就是人造光源模拟太阳发光然后精心调配天空颜色，上演一场所谓光与色的盛宴。我的钱钟草正挂着露珠伸着懒腰，用优美柔和的女声道："主人，今天晴，微风，30 度，污染程度 70，昨晚'夜阑卧听风吹雨'睡得可好？"我垂着眼皮"哦"了一声，打个哈欠回了屋。我还以为是我在地球照料的那株无声又有些脆弱的茉莉花呢。

　　我知道昨夜下雨的原因。一定是地球上又来攻击了，下雨是政府为了去除战争的痕迹。可很残酷，X 星只容得下我们这些上等人。窃取了地球上的优质资源，我随着政府来到 X 星。那些工人用双手一砖一瓦垒起高墙，筑起大楼，构建起这个城市每一个角落。他们怀着为子孙谋福的热情和自豪，低下头让这城市拔地而起，像蜜蜂一样辛勤地建起一个个供人住的方格，然后退守。他们看着自己身上的伤疤和尘土，自知 X 星容不下他们，可为了给孩子们争取一个留下的机会，他们更加卖力，不知辛苦地尽心雕琢这个怪物的面容，像设计自己的孩子一样挖空心思打造明星脸。

　　可 X 星领导阶层变脸了。他们是贵族，是精英，他们容不下别人。他们遣散了辛勤劳动的人，不论民族，不论国家。地球上的人民被欺骗了，X 星领导阶层还比不上朝三暮四的猴子。最开始是其他国家向组织"X 星计划"的国家的打击，几朵核武器的蘑菇云在地球上腾空而起，几座岛烟消云散。地球大气悬浮的粉尘遮蔽了蓝天，太阳只在中午露面。恐慌和愤怒让地球上的人民更加冲动，人类本性中的竞争因子活跃起来，流窜在血液中，地球人要不惜一切代价夺回属于自己的资源。他们用激光武器、量子化纤武器试图摧毁 X 星上的一草一木，可是 X 星人是掌握了最高科技水平的知识阶层，他们无所畏惧，冷静迎战。这也就有了我夜里的"夜阑卧听风吹雨"。

可事实似乎并非如此。我体内的生物电通信信号响起清脆而温柔的女声："X 星居民紧急撤离。"我地球上的朋友汪和给我发来信息：外星种族入侵。一段视频出现，只见一股无形的微波在宇宙缓缓划过，地球和 X 星的飞船都化为碎片，静静地回荡在宇宙中。

这显然是一种更高等的生命，一百年前的科幻作品《三体》或许会成为现实。我举手合拢五指，透过细微的指缝，触碰那冷冰冰而无生气的七色，矫揉造作合成的光不会存在太久了。眼前闪过画面，是 X 星领导人与地球领导人在签订停战协议，他们面带微笑，用老练而平和的语气，强忍悲痛，向双方人民表示危机不久会过去。这一切本就是场闹剧，我只希望这场闹剧尽快结束。

最后时刻到来了。那一天，所有人都聚在一起，外星生物准备进行"能量抽取"复制走一切可用的科技，然后对我们进行降维打击。最后的最后，我们不约而同地唱起了《我和你》，这是睡袋前一天放给每一个人的。"我和你，心连心，同住地球村。"各种语言交织在一起的歌声，铺成一道绚烂的彩虹，带着分别的辛酸又留着团聚的甜蜜，唱的每一个字都清晰有力，那声音在宇宙中，在人心里。降维空间碎片来了，碰到了有声的墙壁，那是和平的墙壁，无形却坚固。一声巨响后，引力吸附周围的大量尘埃，发出的光和热像极了五十亿年前的太阳。宇宙的法则，本应如此。

这下 X 星与地球真的停战了。人类选择了销毁武器，停止战争，建立起真正和平时代。他们还把孔子的巨像竖在太阳系中心，倡导"己所不欲，勿施于人"，在太阳的光辉和高温下，那自然化作了无形的号召。

一股蓝色暖流注入身体，我醒了，一身冷汗，刚刚也许是"夜阑卧听风吹雨"。我抬眼一看，我正在前往 X 星的旅程上。

指导老师：王静，文学硕士，毕业于曲阜师范大学中国古典文学专业，中学一级教师。曾获淄博市高中教师首届深度教学论文评选特等奖，获淄博市普通高中课程与教学工作先进个人称号。

# 真正的引导者

于天豪 / 高三年级　曲红娟 / 指导老师　山东省桓台第一中学

2512 年 3 月 17 日，"引导者号"利用高强照射，使巴黎北部的大气出现强烈对流，进而引发密集的雷电，摧毁了正在修建的自然武器发射台。

2517 年 9 月 21 日，"引导者号"用高能光束大面积照射太平洋，触发超级低压，水汽大量向太平洋汇集，该年度东亚、东南亚和澳洲降雨量几乎为零，粮食绝收，人们被迫高价购粮。

"引导者号"是一架多功能太空卫星，由美国引领研发，意在通过改变光照、折射阳光、调节大气环流等方式调整地球气候，服务人类。"引导者号"升空后不久，使用其主体装置——高能照射灯，改变地球局部光照，进而引发一系列连锁反应，确实起到了巨大的作用，人类从此不再惧怕什么厄尔尼诺之类的气象灾害……直到美国用"引导者号"的强光摧毁了叙利亚的军事要塞。

人类终于意识到，吹向自己的是怎样的天风，面前流淌的是怎样的大河。美国发射"引导者号"，自然是想引导全球，"引导者号"成了真正的自然武器。此后，凡是想发射自然武器与之抗衡的国家，都遭受了打击。人类中心论甚嚣尘上，少数掌权人可以操纵自然，作为天选之子，他们享受了无尽的权力和财富。

真正让人类觉悟的，是公元 2519 年的环球战争。

原因很简单，几个北半球中高纬度国家趁着"引导者号"运行到南半球时，加紧布置自然武器，可"引导者号"操纵室在地面，这一切被操纵者洞察。于是当"引导者号"再次回归北半球时，对个别目标发起打击，但耗能太多而充能太慢，他们想起了一个绝佳的主意。

"引导者号"汇聚光束照射北纬 40 度到 60 度的亚欧大陆和加拿大，引发山火后，终于，由于不同地区巨大的温差，东西气压梯度急剧增大并突破峰值，一场横跨东半球、纵跨 220 千米的台风呼啸而至。

台风只摧毁了民宅和政府，只催下了绝望的眼泪，并没有影响到敌对国的武器发射台。它们躲在土丘后，任凭风蚀土丘，安然无恙。操纵者抓狂了，光束功率调至最高，北半球中纬度的森林已全部陷入火海，火愈旺，风愈急。而操纵者自恃科迪勒拉山系的 3000 米屏障，恣情肆意地鼓风。

谁能想到，台风终于毁灭了北纬 40 度到 60 度的一切，同时，科迪勒拉山系也起火了。原来台风沿山脉爬升后，水汽尽失，它化作焚风，裹挟火焰，冲下山坡，风助火势，火高风急，北美洲也陷入纷飞的火海中，而控制室早已化作灰烬。"引导者号"失去控制，持续照射，北纬 40 度到 60 度的广大地区成为人间地狱。台风呼啸，这是地球的咆哮；火海四溢，这是地球的怒火。大量氧气汇入燃烧的死亡西风带中，而高纬度森林带消失殆尽，氧气含量开始降低，全人类的存亡之秋已然降临。

联合国终于摆脱"引导者号"，紧急商议：如果用体量极大的空间站将"引导者号"撞击至北纬 40 度到 60 度，两个巨大的飞行物将化身陨石，冲击地球，其爆炸后的冲击气流将对台风起到极大的阻滞作用，失去加速度的台风将四分五裂，在地表摩擦力的作用下停息。情势危急，不容多议。当联合国将这一决议传输至身处太空的空间站操纵员时，他轻轻地说："告诉我妈妈，我将变成一只萤火虫。"

公元 2519 年 10 月 20 日，天空出现了绚丽的烟火，随即两颗火球扑入台风，真的如同两只萤火虫一般，于风中绽放光明，照亮人类的双眸。

公元 2519 年 10 月 21 日，台风大幅减速。

公元 2519 年 10 月 29 日，台风完全停息。

随后，地球终于在一片狼藉中迎来曙光。人类集体决议全面废除任何形式的武器，重建家园，人类胜利了。

这只是人类在文明岁月中唱的一段小小悲歌，不管今后命运如何，我们都轻轻地祝愿：与自然做朋友，与人类自己做朋友，很多时候分歧在所难免。请记住，争斗是一种选择，而拥抱是一种责任。

愿曙光永远照耀人类！爱，是真正的引导者！

指导老师：曲红娟，毕业于哈尔滨师范大学汉语言文学专业，中学一级教师，曾获得全国第十届"和谐杯"说课大赛特等奖、淄博市优质课一等奖、淄博市教师基本功大赛一等奖，获淄博市教学能手、桓台县优秀教师、桓台县优秀班主任等荣誉称号，多次指导学生参加各级各类作文大赛并取得优异成绩。

# 一句话

于昕未 / 高二年级　田婷婷 / 指导老师　山东省桓台第一中学

　　"只要你的一句话，我们立刻休战。"F 国首席谈判官似笑非笑地转动着 4D 打印笔，缓缓描绘着太空舱外的战争场景，再轻轻将绘就的会息影像弹至列农的眼前。

　　豆大的汗珠从列农脸上滴落，砸在桌上摆放的协议书上。这份停战协议立即晕开狰狞的汗迹。"长官，不可啊！"列农旁边的副协议官极力压低声音，咬牙切齿地说："我们又不是没有前车之鉴，吃过多少停战的苦头了。F 国、G 国首领一向出尔反尔，现在停战撤军，就等于缴械投降了！"

　　列农又何尝不知。公元 2519 年，新地球已进入新威慑武器时代的尾声。是的，新地球正是 2500 年核反应堆泄漏事件后紧急转移的新行星。这次惨重的灾难，只让全球一千万人得以乘"移动太空城号"幸免。

　　他烦躁地向窗外望去，只见 F 国方面军再次引燃暗物质反应堆，向难民营的最后几层堡垒开火进攻。他痛苦地闭上了眼睛，脑海中忽然出现 500 年前一句古语，"地球空荡荡，魔鬼在人间。"列农虽是坚定的无神论者，可他此时此刻真想以地狱之火将这些惨无人道的家伙消灭！

　　人类能够幸免于那场毁灭性的灾难，本就是一件人类文明史上最幸运的事。孰知，F 国等国屡次打破和平协议，一意孤行，在新生纪元内争夺霸主权利。他们将黑暗森林理论挂在嘴边，曲解原意，声称只有通过战争进行军备竞赛，优胜劣汰，才能保有足够实力与外星文明抗衡，保存伟大的人类文明火种。列农望着这份由 F 国提出的暂时缓和局势，补充军备实力的"方舟"停战协议，只觉一阵恶心。诺亚方舟，自古以来是普度众生的生命之舟，承载着人类文明天下大同的憧憬与愿想。可如今……

　　列农睁开眼睛，瞥见 F 国、G 国等国家的与会代表的戏谑神情，心中传来阵阵绞痛，他何尝不想停战呢，他的子民们正面临着灭顶之灾，舱外轰鸣的爆破声仿佛将他的五脏六腑全数震裂，可停战只是缓兵之计。不久的将来，他们一定会卷土重来的，那将是更加深重的灾难。

"够了！"列农声嘶力竭地呐喊一声。全场霎时鸦雀无声，而后突然爆发出震耳欲聋的一声轰鸣。

列农睁开眼睛，揉了揉被压力击中的胳膊，四周的景象让他大惊失色。他正卧在一顶巨大的帐篷旁边，不远处有一群士兵手持武器。竟是冷兵器？列农想要推算此时正处何方，却被几名士兵发现，他们吆喝着把列农扭进帐篷中。

这顶帐篷外饰简陋陈旧，内饰却极为豪华，一位身着戎装、气宇轩昂的男人端坐在正中高席上，一遍遍地抚拭一柄宝剑，那柄宝剑发出噬人的寒光。"说吧，哪方来使？"男人缓缓开口，一副戏谑神情，让列农不禁回想起F国谈判官的嘴脸。列农嗫嚅地说明自己的来历，男人仰头大笑："无论是来自几千年前的人类，还是几千年后的你们，都该铭记我的雄才大略。没有战争，哪来的家国昌盛？"列农内心惊颤，男人的话语若惊雷般回荡耳畔，可他分明看见帐外金戈铁马，战火滔天，处处传来绝望的哭喊。"秦王扫六合，虎视何雄哉！"可他们究竟是谁呢？

他又绝望地闭上眼睛，只听见耳边的哭喊声愈来愈烈，似乎还夹杂着自己熟悉的母语。他猛地睁眼看向四周，伊拉克！他的故乡！可为何到处充斥着惊喊与哭声？他看见一位小女孩正躲在草丛中瑟瑟发抖，身上布满伤痕与血迹，而她身旁的父母躺在血泊之中，早已停止了呼吸。"我的家，我的家！"女孩的哭喊声仿佛要将列农的心撕碎，"我不要战争，我想回家。"

"我不要战争，我想回家。"列农大叫着醒来，"我们要停止战争，维护和平！"他毅然站起，振臂大呼。

2519，爱我要久。爱人类文明，爱世界和平，要长长久久。这是列农签订的停战协议中的最后一句话。

*指导老师：田婷婷，毕业于山东师范大学汉语言文学专业，中学一级教师，曾获得全国中小学信息技术创新与实践大赛教师项目一等奖、桓台县优质课一等奖，获桓台县高中教学先进教师荣誉称号，发表论文多篇，多次指导学生获国家级作文大赛奖项。*

# 凭何和平？

于泽昕/高二年级　张　婷/指导老师　北京市第五中学

　　皎洁的月光下，肯尼亚大草原上有两只长颈鹿蜷缩在一起，在丰茂杂草的遮掩之下，静悄悄地入睡了。

　　最近手执枪杆子在草原上巡逻的人多得出奇。听说是北欧各国用地资源紧张，土地扩张迫在眉睫，他们不约而同地相中了非洲中部这块儿肥沃的大草原，都派驻军前来镇守，谁也不肯让步。肯尼亚害怕自己对抗这些欧洲殖民国而引火上身，也不敢轻举妄动。联合国出于无奈，想以和平的方式迅速解决这个问题，岂料各国仍不善罢甘休，局势已经从纸上协议上升到了擦枪走火的程度。

　　动物们的处境也因此危在旦夕，有时因为觅食而误闯了驻军的营地，等待他们的也只剩死路一条了。甚至有的长颈鹿或斑马因为自己看到这些现代化装备后感到新奇而靠近，也险些丢失性命。为了不让自己的好奇心闯下大祸，这些家伙只好忍饥挨饿，结伴在荒无人烟的地方默默求生。

　　24世纪元年，联合国终于对各国营造的这种紧张氛围忍无可忍，由于非洲草原生物链的严重失衡已经导致全球生态系统的紊乱，各国百姓也在各大媒体平台对此宣泄强烈不满。最终在和各个常任理事国商讨后决定，世界将销毁所有武器并禁止一切战争，以"和平"二字为世界发展的宗旨。

　　要让自上古时期就发明并沿用至今的兵器全面停用，古往今来的付出全部变成泡影，无数科学家和研究员的心血化为乌有，这并不容易实现。各国政府心里一定是不情愿的。后来在以色列、意大利等国"不破不立"的口号下，世界各国终归还是达成了妥协。

　　出于土地资源分配的考虑，各国军用机场及后备用地全部拆迁整改成了教育和基础设施用地，使人们的居住条件大大改善。非洲草原很幸运地解放了出来，由于先前紧急局势造成的草原物种多样性减少，当地政府从挪威生物基因库引进了部分物种进行重新繁衍。没有了兵荒马乱，肯尼亚的青草又得以生长起来。

不过好景不长，出于利益纷争，世界各国又因为商品经济的纠葛而打起了贸易战。美国和澳大利亚垄断了欧洲的贸易市场，导致了欧洲移民大大增加，世界超百亿的人口难以平衡，以印度为首的人口大国因身上携带的包袱而难以前行。放在销毁武器以前，恶战会一触即发，可现在没有了武力手段，只能任由地球在各国的冷战和冲突下变得越发臃肿，这一刻，这颗外表有众多洋流涌动、身披绿色外衣的生机盎然的星球，已然成了一个十足的垃圾桶！

对于人类这种高智商物种而言，绝对的和平是永远不可能存在的，利益冲突总会激化两方之间的矛盾，战争只是其中最简单和粗鲁的一种手段而已。没有哪一个国家或群体愿意将自己的存在定义为一个亘古如初周而复始的不停旋转的圆圈，一旦有机会，他们一定会找到最合适的一点，放射出一条绮丽的切线，而在切线不停延展的过程中，一定会偶遇下一个圆圈。如此相互接触和切磋的过程，或许就是人类文明溅出的火花。

没有人知道接下来星际会再给地球再开放哪一道门。

在人类文明的另一个角落，在皎洁的月光下，肯尼亚大草原上有两只长颈鹿蜷缩在一起，在丰茂杂草的遮掩之下，静悄悄地入睡了。

指导老师：张婷，法学硕士，毕业于北京师范大学，中学高级教师，曾获北京市东城区中学教师教学基本功展示活动特等奖，获东城区骨干教师、东城区教育系统身边党员榜样等荣誉称号，多次指导学生获国家级作文大赛奖项。

# 最好的选择

袁菲曼 / 高三年级　林　华 / 指导老师　河南省南阳市第二中学

　　"李主席，李主席，听说您的国家研制出了当下最先进的战争机器人？""是的。"被采访的李文梁对着镜头微笑着回答，"我们运用大数据技术以及世界上存储量最大的芯片构建它的大脑，使它能够像人一样做出判断。不同的是，它不受情绪的影响，且具有强大的数据处理能力，能够分析事物发展的方向，做出最好的选择……"

　　"啪"的一声，李文梁的声音突然被另一道机械声所取代。"它是最完美的战争机器，能让你们 Z 国在国际竞争中无所畏惧。"发声的是 M 国的总统托马斯，他坐在会议厅首位上，手中拿着 3D 投影的遥控器，耳边挂着自动翻译装置，漂亮的蓝色眼睛中带着愤怒，"看看窗外，你们最完美的零号机器人带着他的大军来了，你们能阻止吗？你们不是无所畏惧吗？"说着，他抓起李文梁的衣领，将他扔向了窗边。"就是，有本事做出来，却没本事掌控，现在全人类的命就快要折在你们手里了。"另一个小国总统应和着。托马斯叹了口气，说道："既然是你们国家引起的，你们善后，派你们的人民和军队挡住外面的机器人军队，掩护我们离开。""不！"李文梁说道。托马斯的脸色更沉了，一拍桌子，吼道，"你有资格说不吗？"

　　李文梁沉默了，他和科研人员都没料到，零号在发现自己的出身后，想要自由，从此一发不可收拾。如今五年过去了，地球一片狼藉。零号机器人多少念 Z 国"生育"之恩，将 Z 国留到了最后攻打，如今各国的难民都聚集在这里。

　　警报声响起，各国领导人带着自己的民众开始撤离，逆着人流，李文梁走到战场前，那里是集合好的 Z 国人民。

　　李文梁向他们深深鞠上一躬，"对不起，是我害了大家，对不起。"眼泪打湿了他脚下的土地，众人沉默着，明白了自己赴死的命运。"不怪你。"一道道声音响起。"你是为了让我们国家更强大，为了保护我们。""是啊，要怪就怪那些国家，他们以前为了利益和我们作对，现在又为了求生跑了。""横竖都是死，就让他们就多活一会儿。"众人安慰着李文梁，他突然想坐在地上放声大哭。"我们也走吧，我们为什么要牺牲自己来保护那些连团结都不懂的人呢？"有人提议道。人群突然又安静下来，人们纷纷看向李文梁，李文梁明白自己得做出选择。他看到人们脸上的犹豫，看到他们对生的渴望，他也能隐约看到其他国家的难民撤离的身影。究竟该如何选择？李文梁甚至希望现在的自己就是零号。终于，他深吸一口气，握紧拳头，宣布了自己的选择："不！即使他们不懂得团结，但他们也是人类，是我们这个物种的希望，今天，就让我们做一次英雄，教一教他们什么是团结！""好！"众人回应道。

"冲啊！我们的错自己担，为同胞杀出一条血路。"Z 国人民高喊着向前，而撤离的人们却停下了脚步，有的甚至湿了眼眶，"我不走了，我也要参战，不苟活。"越来越多的人加入抗争的步伐。"总统，你看这……"城楼上有士兵犹豫着问托马斯，他也下定了决心，"通知我方军人，参战！"

2090 年 11 月 20 日，面对团结起来的人类，机器人做出最好的选择——退兵，从此人类再无战争。

指导老师：林华，文学硕士，毕业于河南师范大学中国现当代文学专业，高中省级骨干教师，曾获得南阳市第十届语文学科高中组一等奖，获南阳市第二中学优秀教师、学生最喜爱老师等荣誉称号，多次指导学生获得国家级作文大赛奖项。

# 脑　眼

臧晨怡／高三年级　江苏省泗洪中学

　　哈米博士研发了一种智能芯片，它能将输入我们大脑的信息采集下来，将此芯片安装到别人的大脑中，别人便可以和我们同步获取我们从外部获取的所有信息以及我们大脑的所有思考。科学界称之为"脑眼"。

　　这个消息仅在科学界掀起了一些波澜，在世界却没有什么反响，因为它被一个更为可怕震惊的消息淹没了：第五次新威慑武器世界大战即将爆发。

　　人心惶惶，这次世界大战也许不仅意味着某个民族或国家的消亡，甚至有可能导致整个地球的毁灭。

　　联合国为了保护人类的文明成果，秉承科学无国界的信念，将哈米博士等几十位掌握最新科技的科学家送到较为安全的外星球去，然后联合国秘书长带着哈米博士新研发的芯片，以便掌握科学家的动态。

　　为了保护科技的安全，哈米博士一行人带着宝贵的实验器具、资料书籍前往 X 星。他们曾来过这里，这里美得像人间仙境，但唯一奇怪的是看不到生物，这显然有悖于常理，但管不了那么多了，形势危急，只能选择 X 星了。

　　哈米博士他们在这里安营扎寨，主要搞科研，闲暇时便议论即将爆发的战争，饱含着担忧与无奈，他们骨子里有都有一种人道主义气概，都为人类共同的命运而担忧。

　　可是几天后，他们注意到 X 星有了细微的变化，无论是白天还是夜晚，外面都没有那么安静了，哈米博士猜想，应该是外星生物出现了。

　　一天早晨，哈米博士正带领团队设计可以瞬间移动的装备。此时，门外响起了一阵敲门声，与其说是敲门声，不如说是金属间的碰撞声。

　　哈米博士神经一紧，眉头一皱，镇定地走向门外的视频通话仪，不出所料，外星生物来了。门外的小家伙笑着向他打招呼，哈米博士迟疑地开了门。"啊酷西科里克亚……"翻译过来就是："这个星球有两个国家，一个黑国，一个白国，欢迎来到我们的星球！"哈米博士笑着感谢，抬头一看，那些小家伙都出来活动了，他们穿着黑衣服和白衣服，各自劳作着。

秘书长自然看到了这一幕，但是战争的危急已经不容许他去考虑这些问题了。

中午，哈米博士出来散步，路过一条小溪时看到一位黑国人不幸落水，水流有些急，哈米博士本想去救，却看到一位路过的白国人毫不犹豫地跳进水里，冒着生命危险向那位黑国人游去。看到这一幕，哈米博士有些说不出话来，同样受到震动的还有秘书长，他将这个场景复制下来发给了各国政府。

世界震惊，看到这段视频，军人放下了武器，孩童没有了恐慌的眼神。是啊，为什么人类一定要用战争解决争端呢？

在开战前几天，中国突然销毁了武器，拒绝战争，随后各国纷纷效仿。

哈米博士他们回到地球，秘书长也拔出芯片，将这颗"脑眼"还给他，世界真正进入了和平时代。哈米博士仰望着天上小小的 X 星，微微一笑。

# 特殊体验

张　薇／高二年级　潘　静／指导老师　河北省邯郸市第二中学

"请大家先坐，艾伯因博士马上就到。"

话音刚落，一位眉头紧锁的博士向我们慢慢走来，看起来至少有300岁。

"大家好，欢迎大家来到艾伯因研究所，今天，请大家来不是为了说服大家销毁武器停止战争的。我马上就要离开这个世界了，最后想请大家体验一下我的最新研究成果。"

如今，年龄对我们来说并不是问题，在座的还有800岁的呢，更何况艾伯因博士是一位……

"请大家跟我来。"我们跟在艾伯因博士的后面，当我们看见几十根粗大的数据线被连接到不同的头盔上时，心中感到一丝不安与恐惧，心想：艾伯因博士不会要拿我们做实验吧。但是这个想法转瞬即逝，因为艾伯因博士没有这个能力。

"请大家找准自己的位置后入座。"这时我才发现，原来每个人的位置还不相同。"找好位置之后，按下绿色按钮，待所有人准备好之后，你们的体验就要开始了，在此过程中，如果你们有任何的不适或想要退出体验的想法，只要说'退出'即可，机器也会随时监测你们的想法，请大家放松。我们马上就要开始了。"

"三，二，一，开始。"

"嗡"的一声，随之而来的是孩子的哭声、母亲的安慰声以及人们的呻吟声。我们睁开眼，发现我们正处在一间破陋的屋外，旷野上传来人们的呻吟声与乌鸦的叫声。我们发现乌鸦也是侦察机，空气是绿色的，河流是干枯的，天空中满是飞行的坦克、大炮，是电磁波控制的，指挥员是各国的科研人员发明创造的最高端机器人，可以根据情况随时改变策略。最高端机器人也会被取代，因为有更有战争谋略的将军。

"各位将军的问世不仅彰显着人类的智慧，更见证着人类的灭亡。当今世界，不正是这样的吗？谁的科技水平高，谁的将军厉害，谁就是老大。"一位白皮肤的国家首领说。"对呀！世界上的资源与土地是有限的，谁得到了就是谁的。"一位黑皮肤的国家首领说。

随之，画面一转，出现在我们面前的是一座高楼林立的城市，但它却是一座空城。突然一位母亲抱着她的女儿在路上狂奔，一束蓝色的光打在她们的身上，她们随即消失了。

我们站在原地，天空中出现了原来那个破旧小屋，它在蓝光的照耀下消失不见，旷野上的人也没了，只留下荒芜的土地。我们远望整个地球，一个被青气围绕蓝光包围的球体就要这样消失了吗？

我们陷入沉默，愈发宁静。"你们还好吧，看着自己曾经的家园荒芜，看着自己曾经的同类灭绝，你们想要做些什么吗？"艾伯因博士的话响彻整个地球。

体验结束。

我推开门，一位小女孩捧着一束花站在面前，说：

"奶奶，祝您生日快乐。"

"我觉得花的蓝色格外美丽，对吗？"

指导老师：潘静，文学学士，毕业于河北师范大学汉语言文学专业，中学一级教师，曾获第七届全国高中语文教师教学基本功优秀课例评比一等奖、河北省优质课一等奖，获邯郸市教学状元、邯郸市中小学和幼儿园骨干教师等称号，发表论文多篇。

# 代号 008

张　玥／高二年级　孙伟芬／指导老师　浙江省景宁畲族自治县景宁中学

"自从 001 号国与 003 号国发动战争起，两国人民饱受战乱之苦，世界动荡不安。就在昨日，003 号国将军要向 001 号国投掷原子弹，却在运输途中因失误使原子弹在 008 号国爆炸！世界末日降临在 008 号国的国土上！让我们为无辜的 008 号国人民默哀！各国政府联合宣布：从今日起，全面销毁武器，未来将永远不发动战争，共同建立全球新的、真正的和平时代……"

秘书适时地关了电视，望向会议室里的人们。平日气宇轩昂、精神焕发的各位 A 国长官此时都垂着头，缄默不语。秘书收回目光，翻动手上的资料，继续汇报："据悉，此次宣告的主导国家便是 008 号国。宣告发出后，Z 国积极响应，即刻遣散军队，销毁武器。"

"啪！"摔笔的声音猝然打断秘书的汇报，只见国防部部长面带愠色地站起，他怒吼着，双颊的肉都在颤抖："销毁武器？说得轻巧！没有武器怎么制暴？怎么扩张？就连最基本的国防都办不到！"

"可如果全世界都积极响应这一宣告，也不需要国防了。"听到国防部部长的反对，外交部部长低声反驳了几句。语毕，他又飞速低下头，避开国防部部长那灼热的目光。

财政部部长轻咳一声，严声道："我国每年的军事投入超过 700 亿洛兹币，居于世界首位。毁坏武器，抛开后患不谈，这件事本身就是巨大的资金浪费。"听到具体数字后的众人皆面露苦色，却不知该说什么。

满座皆寂，有危机在无声中暗涌。

008 号联合协议发布后，Z 国、A 国两大国作出表率，按联合协议在国内下达了销毁武器的任务，带动了全球各国。到 008 号协议宣布后的第二周，各国代表皆公开表示已全面销毁本国境内武器，未来将永不发动战争，共同维护世界和平。同时，国际联合科研团队夜以继日地研制武器监测仪，布置武器监测点，以此来确定世界范围内再无军火。

看起来，世界人民都在为和平而奋斗。

协议发布的当天凌晨，A 国会议厅内未开灯，电视屏幕却亮着，映射出的光照亮了坐在会议桌边的人们。

电视里女主播的声音在黑暗中被放大，敲击人心："至此，和平世界雏形已现，而 008 号国成了人类历史上最后一个战争牺牲品。因此，各国在 008 号联合协议附件中联合规定，由这次战争失误引起的一系列反战争行动都具有反省与纪念意义，这一系列活动的代号为 008……"

008 号联合协议发布后不到两年时间里，008 格局便形成了。世界再无硝烟，各国相处融洽，交往日益密切。人们可以毫无顾虑地去各地游玩。一个来自远方的男子来 Z 国游玩，马上与当地人打成了一片。

"008 号联合协议出来后，我们国家再也不用有色金属来造武器了。有色金属多得用不完呢！"Z 国姑娘介绍道，眉目张扬，神采奕奕。

"和平真是太好了。"男子笑着应和道，却不着痕迹地抑住了眼底的阴影。

与姑娘道别后，男子侧身躲到一个建筑后，拿出了自己的武器监测仪，看着上方跃动着的密集的红点，冷笑一声，左右打量了一番确认没人后，从衣服内侧口袋掏出了特制的防跟踪手机，拨通了电话，轻声汇报："我是 008 号，监测到 Z 国境内埋藏了大量武器，且 Z 国东北部有大量有色金属资源，可进口至我国用来研制导弹。"

汇报完毕，008 号小心翼翼地藏好手机，然后离开，他没有发现不知何时被别在自己衣角的针孔监听器。

"008 号。"负责监听他的姑娘反复念着这四个字，嘴角勾起一抹似有若无的笑，眉目不似方才飞扬，波涛在眼中起伏。

指导老师：孙伟芬，中学高级教师，曾获丽水市高中语文学科带头人、浙江省中小学师德楷模荣誉称号，多次指导学生获国家级作文大赛奖项。

# 无人生还

张迦怡 / 高三年级　李　蔚 / 指导老师　首都师范大学附属中学

2100 年后，地球上人口越来越多，可用的资源越来越少，不少国家开始对外侵略，一场全球性的战争开始了，到处是飞机坦克的轰鸣声、炸弹的爆炸声和战士的哀号声。战争已经持续了上百年。

我是 S 国最高指挥官。尽管 S 国有训练有素的士兵，有精良的武器，在战争一开始也所向披靡，取得了很多场战斗的胜利，但随着敌方将无人机、机器战士、激光炮、超高速导弹等部署在战场后，我方优势尽失。我迫切需要新武器。

我的愿望很快就实现了。这一天，S 国最高理工学院的 J 教授来到军事指挥部，向我介绍了他最新的科研成果"勇士芯片"。J 教授可以说是一个科研疯子，他把所有精力都投入到了先进武器的研发中。据他介绍，只要把"勇士芯片"植入士兵大脑，再利用无线电信号激活和控制，就能创造出"无敌战士"。J 教授两眼通红，得意而骄傲地大笑着说："植入这种芯片的'无敌战士'，具有人的智慧，机器的体能，而且无痛、无畏，还可以通过后台控制让他们坚决执行命令，可谓是智力体力俱佳的无敌作战武器。"说罢他拿出一把刀，挥向身后士兵的胳膊，士兵胳膊上被划出了一道长长的伤口，我惊得呼出声来。那士兵却一动不动，眼中只有一片茫然和决绝。"看，我的'无敌战士'怎么样？"J 教授得意地笑着。想起战场上我们节节败退的窘境和战士们血肉横飞的惨状，我立即命令将"无敌战士"投入战场。

很快，新的战斗开始了。我与 J 教授在指挥中心紧紧地盯着大屏幕。远处的战场上，"无敌战士"们一往无前，身姿矫健，枪法精准，弹无虚发，即使身负多处重伤，仍不退缩，看得我和 J 教授赞叹连连。"J 教授，你可帮了我大忙了，马上完善一下你的技术，我们大量投入使用！"我先前对"无敌战士"的疑惑烟消云散了。

时光流逝，战争继续，"无敌战士"大批量投向战场。在一场战斗中，敌方出动了战斗力惊人的无人战斗机群，机枪从空中扫射，大量士兵牺牲或重伤，局势瞬间反转，我军开始败退。见势不妙，我刚想发出撤退的指令，J教授站了出来，在控制"无敌战士"的显示屏前，输入几行字："牺牲战法，舍卒保车。""舍什么？"我疑惑地问。J教授嘴角微微上扬，大笑着说："你马上就知道了！"屏幕上，只见"无敌士兵"冲向自己的战友，举起战友的身躯作肉盾，抵挡着枪林弹雨，很快这些战士就死了。"停下，快停下！"我冲着对讲机疯狂嘶吼，"撤退，快撤退！"我带着哭腔咆哮。"无情是战场上最好的武器，"J教授的声音在我耳边冷冷地传来，"而'无敌战士'是无情的，这就是他们最强大的战斗力！"他冲着大屏幕疯狂地大叫着："看！多么强大的战斗力！"我闭上了眼睛，但仿佛还看得到那些熟悉的脸庞，那些曾与我出生入死、称兄道弟的战士，他们被打得千疮百孔，血肉横飞。我一遍遍无力地重复着"撤退，停下"，但是，"无敌战士"只听从芯片传来的命令，继续挺进，令敌人闻风丧胆。我瘫软在椅子上，而J教授仍兴奋地说个不停："载入史册的战争，载入史册的战争！"他疯狂地笑着。

硝烟落下，这场战斗结束了。没有植入"勇士芯片"的战士全部阵亡，唯有一些"无敌战士"在战场上存活下来。迎接他们的时候，我看着他们的眼睛，只看到无喜无忧、决绝、淡然的眼神。我知道，他们在植入"勇士芯片"后已经失去了人的本性。这场战争无人生还。

"'无敌战士'是历史上最伟大的武器！"J教授说。"无情无义才是！"我冷冷地回应道。我在深思，这样的胜利又有什么意义呢？使用这样的武器，我们还算是人类吗？我们会给人类带来怎样的未来？这一切该结束了。

此前，S国利用这种秘密武器以少胜多，重创他国，各国都为此忧心忡忡。但后来，几乎是一夜之间，S国销毁了他们的秘密武器"勇士芯片"，捣毁了芯片生产线，J教授从此也不知所踪。而我，曾经的最高指挥官，也离开了军队，回到大学。我要去思考，人类应该怎样去面对战争，该怎样去使用技术。

指导老师：李蔚，首都师范大学附属中学教师，潜心研究中学语文教学，曾多次指导学生参加全国各类作文竞赛并取得优异成绩。

# 战争亦源于和平

张丽君／高二年级　刘　辉／指导老师　山东省东平高级中学

在人类历史长河中，发生过的战争多如海边的沙粒，而当今社会，战争与和平成了主旋律。

某个宁静的清晨，太阳刚刚从海面上慵懒地爬起来，放射出这一天的第一缕阳光，阳光洒在海面上，一切安静又美好。A国国有企业巨型轮船出海考察，一番搜捕过后，他们带着样本准备返航，此时骤起海雾，船长下令暂时停止航行。船稳稳地靠在了某岛国，但看起来这个岛国并不亚于某些科技强国。还未见岛上的人，他们就已经见到了海边的大型集装箱工程，无人机自主运输货物。突然，一名海员踏入了不知什么区域，警报声突然响起，整个集装箱工程停止运转，随即一群疑似机器人的东西困住他们，B国的人出来"迎客"了。

一番交流后，B国人并没有放他们回去的意思，反而将其关起来严加看管。A国政府隔了数日不见自己的人回国，便派人去海上寻找，终于在B国海岸发现了他们的船。搜寻人员去B国要人，了解到原来B国扣押A国人竟是为了争夺土地。

双方嫌隙越来越大，这边不肯割让领土，那边又不肯放人，僵持数月之久，最终引起了世界联合政府的注意。某日，各国政府发起会议，为维护世界和平，防止战争爆发，某国提出"己所不欲，勿施于人"的思想，几番争执之下，终于被世界各国普遍接受。各国政府联合起来宣布全面销毁武器，停止战争，被扣押的A国人被释放，和平局面出现。

但是，有人的地方必有竞争，有了竞争就会有不可避免的冲突。某日C国与D国又因海域问题起了争执，双方谁都不肯罢休。于是某天夜里C国海岸人民被一声轰炸声惊醒，许久未闻的轰炸声震惊了C国全体人民。"D国私藏武器！"海岸人民能想到的只有这一点了。第二天，C国海岸沦陷，人民都成了俘虏。狱中，几名海岸居民正在讨论："D国此番攻击我国怕是蓄谋已久了吧。"一个身着破了洞的西服的年轻小伙亢奋地答道："可不是嘛，早先那 D 国与 E 国走的就很近，如此看来，是在暗中结盟了吧。""唉！这好不容易换来的和平又要被打破喽！"一个抱着小孩的老人哀叹道，"说起打仗，这私藏武器也就算了，只要你不挑事儿，没人管你，可是这真打仗就有违当年各国宣言了啊，虽说我们军事部门也私藏了那么点儿。""你小点儿声，这件事是能随便说的吗？"其实不说，大家也都心知肚明，虽说是绝对和平，但哪个国家敢不存些武器？万一哪天真的出了事，连还手的资格都没有。

于是，以 C 国、D 国为首，其他各国参与的第三次世界大战爆发，霎时硝烟四起，人民的哀号声弥漫整个世界，各个国家用各种方法维护着自己国家的利益，不择手段。最终，还是以一些小国的委曲求全而告终。投降，虽是认输却也是为了维权。

战争爆发，谁对谁错，又能如何去度量，每个国家都在维护着自己的权利，保护着自己的臣民，即使是挑起战争，他们也总有正当的理由去侵略其他国家。于是他们加大科技投入，在各方面与他国竞争，世界科技发展速度不断加快，同时，战争仍然不可避免。

指导老师：刘辉，文学学士，毕业于淮北师范大学汉语言文学专业，中学一级教师，曾获泰安市教坛英才、泰安市高中课程与教学工作先进个人等荣誉称号，获泰安市学科教学能力大赛一等奖、全国教育系统教育教学成果大赛优质课一等奖，多次指导学生获国家级作文大赛奖项。

# 与君茉莉，请君莫离

张菱芸 / 高二年级　丁海英 / 指导老师　江苏省张家港市沙洲中学

我又闻到了一阵花香。

睁开眼，我试图寻找花香的源头，抬头看见了一个空荡荡的大花瓶，这是父亲在我启程之前送给我的。但在我看向花瓶的刹那间，香味似乎又消失了。

我疑惑地摇摇头，这是幻觉吗？出现的次数未免太过频繁，唉，也许是最近在这艘宇宙飞船上太累了。

百余年前，随着基础物理研究再次取得重大突破，人类发明的各种新材料层出不穷，并且已经掌握了量子通讯、可控核聚变等技术。但由于人类的过度开发和浪费，地球出现了严重的资源短缺。为了解决这个问题，联邦政府竭尽全力，耗尽几代人的心血和大量财富后，终于在十多年前成功建造了目前地球上唯一一艘能达到 95% 光速的亚光速宇宙飞船。人们希望这艘飞船能将宇宙的黑暗和人类文明的前途照亮，因此将其命名为"萤火虫号"，并成立探索队驾驶"萤火虫号"前往宇宙深处寻找资源，寻找适合人类生存的地方。

而我，就是探索队的一员。

我们已经完成了既定任务，在距地球约六光年的蛇夫座巴纳德星系中发现了两颗以前不知道的行星，其中一颗含有丰富的地球短缺资源，另一颗正好位于宜居带，并且和地球环境类似，十分适合移居。探索队原有六人，但在探索和返程中，一些人死于疑似未知宇宙射线引发的基因突变导致的疾病，一些人死于一场突然爆发的超新星辐射，而我则成了唯一的幸存者。幸好"萤火虫号"使用了人类最新的科技，只要能锁定星系坐标，所有的驾驶工作都由人工智能完成，并且通过实时量子通信，我还能随时和亲人联系，查阅地球上的实时新闻。

旁边看似墙壁的屏幕亮了亮，出现了父亲的全息投影："芸，你最近还好吗？”

　　我不想让父亲担心：“我没事。战争进行得怎么样了？”

　　父亲露出担忧的眼神：“对方研究出了一种超磁武器，我方暂时处于不利地位，但是我们的研究也有突破，只要再坚持几个月，至少能回到相持阶段！”他停了停，又说：“我这里你没必要管，你只需全身心投入于你的工作就行了。”

　　我看着父亲苍老的面孔：“能量武器的雏形之一电磁武器具有强大的力量，由它发展起来的新兴超磁武器更为强大，但同时它们却都有致命的缺点，如果地球发生强磁暴，超磁武器将无法发挥功效，而且现在战争过于依赖网络，一旦网络系统崩溃，指挥系统也将难以传达命令，战斗机器人也会变成一堆废铁。如果能够利用这一点……”

　　“我说了，你不要管。”

　　“父亲，偌大的宇宙，你觉得在一个小小的星球上相互征伐有意义吗？”

　　我有些生气地切断了与父亲的量子通信。虽然是将军的女儿，但是我对战争没有任何兴趣。这一次爆发的战争依旧源于人类为了有限资源的争夺和意识形态的冲突，几千年过去了，人类依旧没能学会沟通和理解。我深深地渴望地球世界的和平与稳定，祈盼着世界新秩序的建立，却一次又一次地坠入失望之中。

　　自从地球生命出现以来，生命与自然、生命与生命之间就处于不断的竞争之中，这一过程直至人类文明的诞生也从未改变。但是如今人类的斗争，早已超出了天地万物固有的规律，我渴求着世界该有的秩序和人类内心最初始的质朴，也盼望在有生之年可以看到天下大同的理想得以实现。

　　我的余光再次瞥到了那只花瓶。那抹花香总是时隐时现，我却从未真正看到花的本来面目。那抹花香的清新淡雅时常让我想起娇小玲珑的茉莉——我童年时代最爱养在后院的花朵。

　　在漫长的宇宙旅行中，我们曾利用最新的望远镜看到了数万亿光年外的宇宙，观测到了在地球上不可能发现的惊人现象：我们的宇宙似乎也在围绕某一个中心点旋转。那个中心点有着无穷大的密度并永恒燃烧着，呈现着某种怪异的、幽灵般的紫红色。而我们的太阳系，正朝着靠近中心点的方向飞去。这一现象让我想到，地球的全球变暖现象或许不一定全是人为因素。虽然我们很想进一步探索，却不敢走得更远，因为我害怕隐藏在深处的黑暗森林法则会使地球毁灭。也许我有能力制止地球的战争，但在更高层次的文明纷争面前，我无能为力。

我把太阳系绕中心点旋转一圈的距离称为天年。即使耗尽整个太阳系的一生，或许太阳系都无法走完第一个年头。而人类文明甚至无法看清太阳系的生死。在宇宙的宏大里，即便是一束光也像个行动迟缓的老人，人类又为了什么在地球上争夺不休呢？

但无论怎样，我依旧是人类文明中将军的女儿。

我向联邦政府发送了一份简短的报告，列出了本次星际旅行的探究成果，然后上传了相关视频。

无法入眠的我再次打开了与父亲的通信系统。

"父亲，我们已经发现了新的资源和宜居星球，为什么不把这个消息告诉大家？有了足够的资源，战争已经失去了意义！而且难道你们不明白吗，战争只会加速资源的消耗，尤其在现在的科技下，也许大部分人将死去！不进则退，如果以后资源耗尽，没有足够的资源探索和移民，或许人类将永远被禁锢在地球这个宇宙的孤岛上！"

"芸，你不明白，战争就像一头怪兽，一旦开始就很难阻止，无论你说什么，敌军都会认为是我方的计谋，并且你们仅仅是发现，开发和移民还要好几代人的努力。在敌军已经取得优势的情况下，他们不会停下！"

"父亲，如果飞船以亚光速撞击太阳，我有把握引起太阳风暴，使地球爆发磁暴，扰乱地球磁场。在超磁武器失效的情况下，他们一定会和谈的！"

"芸，不要这样做。你闻到过临走前我送给你的花瓶中传出的香味吗？"

"闻到过，好像是茉莉花香。"

"对，瓶中装的是量子茉莉。"

"父亲！先不要提这个！战争怎么办啊？"

"相信我，正义会取得胜利的，你只要完成你的使命就可以了。"

"父亲，我知道，尽快结束战争是你最大的愿望，但对你来说也是奢望。我可以帮你，我现在已经在飞向太阳了。"

停止战争是我一生中最大的愿望，我只希望人类能够认清自己在宇宙中的地位，走出地球这一座小小的岛屿，重新认识宇宙，停止无谓的征伐。

"萤火虫号"变得灼热，我感觉我的身体仿佛在渐渐熔化。弥留之际，我突然看到父亲送给我的花瓶上出现了一束茉莉花！我彻底醒悟过来，那是一束量子茉莉。它处于毁灭和未被毁灭两种状态的叠加，当有观察者时它处于毁灭态，当没有观察者时它处于量子态。平时在飞船上工作的时候，我并未去看花瓶，因此我能够闻到量子茉莉散发出的茉莉花香。而当我将目光转向花瓶的时候，量子茉莉又处于毁灭态，花香也会瞬间消失。人的死亡过程本来就是由强观察者到弱观察者再到非观察者转变的过程，所以我在弥留之际又看到了茉莉。这就是父爱，他不想与我分离："吾与君茉莉，愿与君莫离。"

我看到了量子茉莉在向我微笑，想到了我将坠入的黑暗深渊的无尽火焰，想到了童年时的梦境幻影。我爱父亲，爱我的祖国和地球，更热爱我所身处的人类文明！我想着人们是否会惊叹宇宙的宏大而停止纷争、共同发展，我祈盼人类始终团结，冲向宇宙而永不分离。我好像回到了地球，看到我以前种下的茉莉花在庭院盛放。我看到琉璃瓦屋顶上，滴滴雨珠如晶莹的泪水轻轻坠落，满院茉莉的馨香飘满了庭院，悄悄地飘向天空的深处，点燃了时光和宇宙的安谧。

太阳被撞击后，地球的磁场被扰乱，极光遍布于地球的每一处角落，为这充满硝烟的世界带来了一抹带有悲凉意味的美丽。广袤的天地间，超磁武器不能再使用，网络彻底瘫痪，战斗机器人也沦为废铁，多年的战争终于停息了，但是人类的希望还在吗？

指导老师：丁海英，毕业于扬州大学汉语言文学专业，中学一级教师，曾获张家港市基本功竞赛二等奖、苏州市把握学科能力竞赛三等奖，获张家港市教育系统先进个人、张家港市优秀教育工作者等荣誉称号，多次指导学生获演讲、作文等各级各类大赛奖项。

# 毕 海

张明奇/高二年级　孟繁露/指导老师　北京大学附属中学朝阳未来学校

昨天，也就是 2103 年 7 月 23 日，我经历了一段难以忘怀的谈话，哪怕是七月的暖阳也无法为我带来一丝安慰。

我参加三院的心理评估师工作已经满三年了，这三年里我接触的都是些什么人！要么是和毫无治愈希望的疯子聊天，或者一个人去翻医院病例库中的病例，那种无聊相信每一个被单独监禁的人都有体会。

所以当医院那边问我愿不愿意尝试为一名病例上注着"病理不明"的教授做一手评估的时候，我欣然同意。怎么能不同意？

我早早睡去，睡前我还反复叮嘱我的居家智能小艾明天早上一定要准备好的东西。

早上七点，我被小艾吵醒了，可能是昨天晚上我在下达指令的时候没有注意拿捏语气的分寸，语气有点强硬，结果小艾把我的床直接设成了振动模式。

清晨的街上很安静，路上没有什么车，只有一些巨大的无人载具装载着各自的货物，沿着事先规划好的路线运行着。远处，几座能源工厂的烟囱看起来就像几条高耸入云的黑铁巨塔，顶端已经开始微微地冒出蒸汽。一辆重型载具飞快地从我面前掠过，地面都在战栗。在熹微晨光之中，城市的心脏有力地脉动，过一会儿就会焕发出无尽的生命力，展现出工业科技的魅力。

我开车上了高速公路，之后很放心地转换成了自动驾驶。调了一个较为舒服的坐姿，我开始浏览院方传来的文件，摘录部分如下：毕海，男，曾经在 Z 城大学任教，教授理论物理学，对于宗教仪式极度痴迷，十分乐于实践其中一二。寡言少食，因为在校内鼓动学生参与危险的宗教仪式，今年 1 月被停职。后来家人发现他出现自残行为就把他送进医院进行治疗，现在等待健康评估。

当三院的白色穹顶跃然林梢之上时，我结束了自动驾驶，按照院内交通管制部门的指引驶进了最近的入口。

接待员把我领到了 A303 咨询室，我好奇地问这间原来的贮藏室为什么被改建成咨询室，接待员有些尴尬地说："嗨，还不是那个教授吗，他似乎有科技恐惧症，排斥智能产品。院长看他平时温文尔雅，有时候也能帮忙做点儿事，就批准他用这间储存室了。不过，"他俯到我耳边轻轻地说，"以防万一，我们在房间的四个角偷偷放了四个护理机器人。"

说罢他指了一下窗户里面，屋子里面只有一盏台灯借助磁力悬浮在桌面上亮着，这应该是院方能找到的最古老的照明设备了。桌子的一端坐着一名瘦瘦的男子，正津津有味地看着一本《北京折叠》，脸上滑稽地戴着一副黑框眼镜，现在要找这么一副眼镜真是挺难的。我推门而入。

毕海见有人来了，就放下了手里的书，沉默而专注地听我介绍自己。"把智能笔记关上。"他突然说。我有些诧异："什么？"他指了一下我放在桌面上的银白色智能笔记："如果想做完整的记录，我已经准备好了墨水、纸还有钢笔，关掉笔记。"我只好照办。看我笨拙地上墨水，他似乎很感兴趣。

闲谈了半个多小时。他往椅子上一靠："你这么问其实没多大效果，你知道吧？""我知道。"我耸了耸肩。他坐了一会儿，说："我长话短说，这样你我都比较省事。"

"什么是自然？我们认为自然是包容的，每一个部分都是独特的，所以常说世界上并没有两片完全相同的叶子。但是在天文学上却有一些令人震惊的巧合，你看，这是太阳的直径，这是地球的，两者比值为 108，日地距离和太阳直径的比值是 108，地月距离和月球直径的比值也是 108。你认为这真的只是一个精确的巧合而已吗？我们称这种现象为天文学事故。实际上这可以用另一个理论解释。早在上个世纪就已经有一个理论，叫作九阶段战争理论。"

他拿起杯子喝了一口："你看过吗？"

"我知道，这是我的业余爱好。"

他点点头："人类不可能进入第八个阶段，事实上，我们不会跨入新威慑武器时代。我们甚至不可能迈过核威慑时代，理由很简单。人类和其他生物最大的不同是什么？并非我们有思想，而是其他的生物经过漫长的演化之后就会和环境达到一种均衡状态，人类不是。我们几百万年前还远在非洲老家的时候，就是破坏者、灭绝者。历史每到一个重大的时间节点，几乎总会发生大规模的战争，之后会发生什么？我们会迈入一个新的纪元，'一战''二战'之后，我们进入了信息时代。人类文明就像森林一样，总有一个发展上限，到达那个上限后我们就会自我清算，就像森林大火一样，新的文明会出现在旧世界的废墟上，从其中汲取营养。限于核威慑时代之前的科技力量，我们进行得并不彻底。然而，有了核武器一切都不同了，没有任何人敢进行这种浴火重生，那是互相毁灭啊。"

"文明上限又是必须要跨越的，怎么办呢？模拟。"

我有些不敢相信。

"这是一个可以解决的问题，这甚至都称不上是一个问题。网络建立以来，它已经收纳了几乎全部人类历史，只要保证人能够进入就可以了，不需要人，只要人的意识就可以了，神经入网的技术又不是没有。至于充足的计算能力，我们完全可以向其他行星投放能够自我复制的小型机器人，经过一段时间，我们就可以拥有一个巨大的行星计算机，这样，我们只需要极少的供能就可以支持一个或者几个模拟宇宙的运转，同时进行自我探索，寻找适合的时机和方案来重振文明。既然研究的重点是人类，那么自然有充足的动机来简化一系列无关紧要的信息，所以有了天文学事故。"

他往椅子上一靠："如何确保实验的正常进行呢？有一句话不知你听过没有：'人类群星璀璨之时，亦是世界黑暗之时。'历史的每个关键阶段都会有一些天才，为国家甚至是整个世界指明方向，比如图灵、爱因斯坦。但是如何与这个模拟世界之外的真实世界联系呢？宗教可能是一个渠道，宗教礼仪、经咒之类，就是通过脑电波影响以无线电为基础的网络，从而达到与外界联系的目的。"

我轻轻地放下笔："再问一个问题，依据您的想法，这种宇宙有多少？"

"谁知道？也许我所说的真实世界，也是一个模拟呢？为更高级的维度服务。"他从上衣口袋里摸出一点烟丝，为自己卷起了烟："找门卫要的，家属寄来的，所以不算违规。"

我没在意他的这个逾矩行为："那么，我们有可能和其他世界建立联系吗？"

他抬起头，直勾勾地看着我："早晚我们会发现彼此，我们是会扩张的，癌症是不会甘心蜷缩在自己的故乡的，他的目标是全部。"他深吸了一口烟：

"那么，以你之见，我是不是一个疯子？"

沉默。

"我希望你是，不然……"

他笑了："真实来临之前，你如何证明现实呢？"

我默默地站了起来，收好自己的东西，便告辞了。告诉院长我需要一点时间分析，他似乎嘉奖了我的敬业精神，我没注意。

他说得对，黎明之前我们无法证明白昼的存在，反之亦然。

指导老师：孟繁露，理学博士，毕业于北京大学地球与空间科学学院，北京大学附属中学朝阳未来学校语文教师，学科骨干，曾获优秀教师荣誉称号，在第六届全国中学生科普科幻作文大赛中获优秀辅导教师称号。

# 无限和平

张琦雨 / 高二年级　葛　琳 / 指导老师　浙江省衢州第二中学

2826 年，世界已经历了三次信息大爆炸，各个国家所掌握的武器的毁灭性也越来越强。由于人口过剩，资源不足，各个国家之间的战争十分频繁，损失也愈发惨重。各个国家为此开了无数次国际会议，可终究谈不成。

在 C 国一秘密基地中，粒子武器研究组组长风息正聚精会神地进行实验。"利用纳米技术……超级微型化……消除……"风息口中喃喃道，敲下了最后一个按键。智能电脑飞快地运算着，投影上闪过无数复杂的公式。风息与研究人员一起紧张地盯着屏幕，生怕错过一点细节。

"十年了啊，无数次的模拟实验都失败了，这是我们能想出的最后一种思路了，如果这次失败了……"风息的手微微颤抖着，甚至不敢再想下去。"滴！"清脆的警报声打断了他的思考。"组长！我们成功了！粒子武器模拟合成成功了！"研究人员睁大了眼睛，欣喜地喊道，可看到威力值估计这一行，他犹豫了，"不过，这威力值能毁灭地月系，要宣布吗？万一这技术被大部分国家掌握，是场绝对毁灭性的灾害啊！"

风息眼中闪过复杂的神色："发吧。"研究人员欲言又止，最终只是点点头："好，我这就去发布。不过这粒子武器的名字？"风息沉思数秒，吐出两个字："无限。"

数分钟后，被称为"无限"的能毁灭整个地月系的粒子武器诞生的消息传遍世界，世界恐慌了。更令人毛骨悚然的是，这个技术的初步思路被泄露，而顺着这个思路很容易掌握这个技术。在短短数天内，已有几十个国家掌握了这项技术。

各个国家仍在为争夺资源发愁，却又因这个技术不敢轻举妄动，生怕对方狗急跳墙启动粒子武器。两年过去了，不知为何，风息一直悄无声息。

2828 年 9 月 21 日，由于种种原因，J 国领导人宣布："J 国一直受各国不公平待遇，为了表达我们强烈的不满，我国决定启动粒子武器'无限'，让世界为我们陪葬！"

消息一出，世界顿时陷入恐慌。但此时风息就像消失了一般，没有人能联系到他。J国宣布的时间眼看越来越近，人们眼中的绝望越来越深。

深夜，J国安放粒子武器的大楼潜入一道黑影。"我是风息。大楼的门禁系统破解了吗？""破解了！粒子武器存放在11楼，门外有六个智能机器人防守，我只能坚持十分钟左右，要快！"研究人员的声音在耳机内响起。

风息飞速前往11楼，看到了那承载着他心血的粒子武器闪着诡异的蓝光。"到了吗？快把相对粒子与'无限'结合啊！"组员焦急的声音响起。"相对粒子在我体内，粒子武器只有在人体内与相对粒子结合才有效。"风息平淡的声音响起，随即启动了在人体内的结合体。"组长！"研究人员满脸震惊与悲痛，望着爆炸声传来的方向失声喊道。

风息自爆的消息震惊了全世界，J国领导人也悔不当初，后悔自己害了一名人才。在这一次全球会议中，各国终于决定销毁所有武器。和平时代，终于来了。

指导老师：葛琳，衢州二中语文备课组组长，曾获一师一优课部级奖，指导学生参加各类作文大赛并获奖。

# 博　弈

张世华 / 高三年级　　王振营 / 指导老师　　河南省延津县第一高级中学

中美两国最高领导人收起了面前的文件，然后抬头看了看对方，从对方的眼中，他们都看到了绝望。

他们已经记不清这是第几次举行需要最高领导人参加的联合国会议了，他们在博弈时已耗尽了心力。

22世纪初，美国全面入侵叙利亚、越南，并联合加拿大一口吃下墨西哥大半领土，并在此之后倒刺加拿大一枪，将加拿大南部小半领土收入囊中。虽四面皆敌，但美国凭借世界上最先进的信息手段在北美立于不败之地。而后，美国向俄罗斯宣战，德国、日本同时向俄罗斯发动袭击。

举世皆惊，联合国要求美国等国家立刻停止战争，但美方不予回应。21世纪末成功跻身发达国家之列并迅速成为世界第二强国的中国要求战争发起者立刻撤离并赔偿，但战火一触即发，短短几个月，战火便烧遍了全世界，由美、德、日、意组成的二代法西斯联盟几乎向全世界发动了战争。

两人几乎可以看到他们都在迅速老去，自从美国第一次启动核弹后，他们一个成了人类的罪人，另一个成了人类的救世主。当全球的人们都听到大西洋上空的一场轰鸣时，他们知道，这场战争已经开始考验人类的底线了。

2121年，印度偷袭美国军联总部成功，美国损失了大批重要资料和数百位顶尖人才，美军一气之下启动了核弹，经大西洋飞往印度，但中国方面一直潜伏在美国武器资料库里的黑客发现了这一重要军情，于是上报军事总部。在核弹仍在大西洋上部时，由数十名中国顶尖黑客组成的小组计算出了它的轨迹，中国实施的猎核行动在损失了两名少将级别的王牌飞行员后，最终在大西洋上空由粒子导弹引爆了核弹，中国阻止了一场悲剧。

核弹爆炸的区域或多或少发现了放射性极强的元素残留，在失去了几十万普通民众和数百位前来研究的科学家之后，联合国最后一次向所有国家发出了乞求，对，是乞求，希望举行停战会议。

中美手中的核武器能摧残整个太阳系，当议员们发现这一事实时，他们纷纷提出停止战争，于是美国妥协了，德意日也表示愿意停止。下面是中方领导人在会议结束时的讲话的节选："我个人认为还没有结束，我们一直都在接受大自然的考验，人类若想生存，必须共同奋斗。我的提议是，建立无武器时代，向太空发展。"

两人都在全面销毁武器的协议上签上了自己的名字，即日起，要想尽一切办法在不破坏正常生态环境的前提下销毁武器。博弈吗？没必要，他们都看到对方眼中的绝望，那是两只狐狸都见到猎人枪管隐去时的眼神。两只狐狸同时放弃了博弈，瘫在地上，不敢再想起他们博弈时猎人的微笑。

指导老师：王振营，中学一级教师，延津县兼职教研员，曾获省级优秀辅导教师、新乡市教育教学标兵、新乡市优秀班主任、延津县优秀教师等称号，发表论文多篇。

# 止战之殇

张文骞 / 高二年级　　陈金卫 / 指导老师　　天津英华国际学校

"我还活着吗？"我费力地睁开满是沙土的双眼想着。

"01214，收到请回复。01214，收到请回复。"一只残破的对讲机在废墟之上嗡嗡地响着。

那天本是一个晴朗的日子，和往常一样，我在军事部队中接受训练。基地专门设立了研发中心，那里研发的都是些全球最顶尖、杀伤力最大的武器。听说最近正在搞一个核磁轰炸导弹，这种导弹最先是由 A 国研制出的，被认为是威胁世界人民的定时炸弹，各国都在安设防卫系统，却全都无力抵抗，世界正面临着一场浩劫。

我艰难地站起身，拍了拍身上的土，环顾四周，发现大地已成焦土，四周无人。我迅速跑到对讲机那里，任凭我嘶吼，却得不到任何回答。核磁导弹爆炸后所产生的磁场已干扰到方圆几十里，这个地方现在成了无人区。

幸运的是，国家派出搜救小分队找到了我，只有我活了下来，成为唯一的幸存者。后来，我的双腿渐渐瘫痪，被放逐到中东的一所小学去任教。和我同行的还有一位年轻美丽的女教师，她说她热爱和平，反对战争，坚持来到这里，传播爱心。我们刚到这里时还不习惯，孩子们一个个眼眶下陷，颧骨外凸，摸上去好像只有薄薄一层皮。他们一天只吃两顿饭，粮食都是由军队派车送来。每次卡车来送食物的时候，孩子们都站得远远的，静静地看着车上拿枪的士兵。孩子们的脸上刻满了恐惧，校园里的蒲公英也在空中飘散。送来的食物只有面包和水，别的什么也没有。送食物的卡车离开了，所过之处，麦田渐渐倒向它经过的方向，日复一日。

不希望发生的事终究还是发生了，导弹轰炸了学校。那天我到城里看病，只留下了那位女教师看管孩子们。噩耗传来，学校里无人生还。我的眼眶湿润了，脑海里浮现的是那位女教师教书育人、祈求和平的画面和孩子们纯真、活泼的笑脸。

突然有一天，A国主动销毁核磁技术，销毁所有兵器，人类突然决定全面销毁武器、停止战争，世界从此太平。这突如其来的消息让我百思不得其解，我便询问身旁的长官。

"哦，听说A国主席的女儿在中东被炸死了，唉，你说你说，这不就是报应吗？"长官回答道。

听到以后，我默默地流下了泪水，什么话也没说。

太阳慢慢地从云中出来，洒下一片光辉。我静静地沉思着，享受这冰冷寂静的安宁。

指导老师：陈金卫，中学高级教师，天津英华国际学校普通高中部德育处主任、语文教师，曾获天津市教育系统高中组教育技能大赛暨课堂教学设计大赛一等奖、天津市第八届双优课语文学科高中组武清区一等奖、天津市第八届双优语文学科高中组市级二等奖，获武清区德育先进个人、军训先进个人，校级师德先进个人、风范教师等荣誉称号，多次指导学生获国家级作文大赛奖项。

# 血色梦境

张雅妮／高二年级　　汤玉娟／指导老师　　山东省临朐第一中学

"确定所有的分支装备已在世界各地建好？""是的，先生。""好，进行最后一次检验调配，EN 计划，开始！"话音刚落，那座建立在南极点的基地中心上方出现一束蓝光，划破无边的黑夜，散射四方。

"嗯……"阿海翻身坐了起来，打完哈欠，已经有贴身机器人来到面前。享受着来自贴身机器人优的个性化服务，阿海半眯着眼睛懒懒地听着今日新闻，"公元 3049 年 10 月，A 国总统与 C 国总统关于可燃冰资源的分配问题进行了第十三次商谈，双方僵持不下。"阿海听到这里，嗤笑一声，刚想说点什么，突然，优的瞳眸一颤。它的声音再次响起时，吐出的字依旧清晰，却是阿海这辈子都不想听到的话语，"有媒体揭露 A 国在最后一块可燃冰储存地建设军事基地，似是意图强占……不……主人，战争，第 32 次能源大战爆发。"语未毕，阿海闭上眼睛，缓缓地吐出了一口气。

700 年前，癌细胞半抑制技术使得第一批人类实现了细胞可控分裂，即实现了长生，而阿海就是其中一员。700 年间，即便是可持续发展理念下的保护性开发也无法遏制资源消耗的速度。一次次战争在分子武器的帮助下将本可以因为长生而持续的人口增长压制，几百个国家一个个消失，终于只剩下 A、C 两国。几千物种尽数灭绝，终于，只剩下人类。

"粒子重组变装。"阿海换上自己储存的战地医护服，带着优飞向外界。不过几分钟，死亡的气息弥漫在世界的每一个角落，本已乌黑的天空更添浊色，烟雾缭绕，不辨日夜。

国界处，战斗型机器人正在厮杀，光剑交错时发出的声音划过寂静的天空。越过废墟，阿海搜寻着可疑生命存在的迹象，满地的尘土、机械沾染着血色，泛着铁锈猩红色的光，让他极不舒服。突然，他的脚步放缓："优，没想到还有人，是一位上将。"他快速奔去，看着那一堆难以名状的物体，翻开还能勉强辨认出的铠甲。

"上将，醒醒，我是第三区紧急医院的医护人员，我现在给您处理，请您坚持！优！优！准备……"

那位上将缓缓地睁开疲惫的双眼，满目沧桑与凄凉，干裂的嘴唇微张，似是要说些什么，他附身倾听。"不必麻烦，死掉倒是解脱，这地球早已不是曾经的家了。"上将嘴角上扬，释然一般，咽了气。

这地球，早已不是曾经的家了。

阿海一顿，恍惚之间突然听到了全球性警告："量子级别碰撞爆破倒计时，三……"回想起不久前才刚进入研究的爆破，他喃喃道："战争，居然只是为了战争。"

刺眼的光芒笼罩整个地球，一瞬间，一切归于战争开始前的寂静。寂静中，优一点一点地仔细扫描着每一寸土地，也许是希望找到一点点人类存在的痕迹，可是只有满目疮痍，满目废墟。他不停地找，无视脑海中的"0"，他知道，已经没有人存在了。

"我被人类抛弃了吗？"

不，是人类抛弃了人类，顺便把整个世界也抛弃了。


"实验结束。"

阿海猛然惊醒，愣了一会儿，喊道："优！优！""我在，请问主人有何吩咐？"优走到阿海面前，与此同时，全人类都像阿海一样对自己的贴身机器人说："快！居民一级申诉：停止武器开发，消灭武器！"

此时，世界和平组织的人看着南极反馈的实验信息，露出了笑容。

破晓，转眼已是黎明。


*指导老师：汤玉娟，毕业于山东师范大学汉语言文学专业，中学一级教师，曾获潍坊市语文电教优质课一等奖，潍坊市教学能手和潍坊市立德树人标兵等荣誉称号，多次指导学生参加国家级作文大赛。*

# 在彩色里崇尚黑白，在黑白里爱着彩色

张依琳 / 高三年级　张利欣 / 指导老师　北京市大兴区第一中学

最新报道："新型毁灭性武器阿尔法的研制技术疑似失窃，目前已交由国际警局参与调查，新兴区民众已惶恐不安，对于此事我们将持续高度关注，随时更新报道。"

我把眼前的视线联想屏关掉，喝了静心茶压压惊。"琳，家中无事吧？"我的脑电波又接收到妈妈的讯息。"一切都好。"我回答。

我是生活在彩色世界2520年的琳，科技高速发展，生活平静安逸，妈妈和爸爸在国际研发站工作。我很清闲，家中使用了爸爸发明不久的智能系统，爸爸又在我的体内注入青年血液，使我保持健康，这也正是爸爸妈妈在国际研发站不受辐射影响的原因。我几乎不怎么走出家门，通过电波联系就可以随时看见爸妈工作的场景。有了视线联想屏，我们不再是互不打扰地平行生活着，惦念和关心随时通过视线联想屏传递着，我们过着五彩斑斓的生活。

阿尔法研制技术遗失，全人类陷入了恐慌焦虑的状态中。爸爸妈妈也不知道之后会发生些什么，静心茶已售光，之后面临的不仅是一场战争，还会有一场心理危机。

最新报道："阿尔法研制技术确实遗失，而国际警局与国际科研站正准备紧急措施应对，请民众不要恐慌，我们会持续关注事态动向。"

我又调控了电波，倾听每一个人的反应，语气中透着焦躁与不安，这让我更加担心了。"妈妈，阿尔法一事进行得怎么样了？""琳，你哪里都不要去，一定……"话未说完，电波信号中断了。窗外雷鸣般的巨响，我知道，战争与心理的危机来了。

又是一声巨响，一束射线割断了天空，彩色的世界只剩下一半，半空已化为黑白。我要去找爸爸！我再次启动了电波，打开防干扰系统。马上接近国际研发站，我的身体突然被击中，看着被击中却没有留下伤口的身体，我知道是来自太空未知的打击。我的眼前一片模糊，眩晕似乎将战胜理智将我拖入深渊，我更想念爸妈了，我好害怕。

"阿尔法博士，交出最新研发的技术，否则，你的女儿将永远离开你！"上空传来惊悚的声音，我抬头望去，世界的彩色已慢慢地被黑白吞噬。

一个穿着科研服的男人向我走来，我调节了电波，是爸爸！爸爸眼含歉意："琳，你要记住，在彩色里崇尚黑白，我也会在黑白世界里永远温柔地爱着彩色。照顾好妈妈。"

说完，爸爸按下机器的按钮，将我放入冻结舱，我已无法相信事实的残酷。原来我的爸爸竟是阿尔法博士，要摧毁彩色世界一切美好的阿尔法博士。我的精神支柱倒塌了。再无彩色，只有黑白。

我终于醒来，可心却不曾醒来。我想，在世界面前我们都是渺小的，在太空未知打击面前我们都是无力的。我向自己诉说着。

我看向窗外，出乎意料地，天空是那么澄澈，光秃的枝丫变成一抹柔和的淡绿，透过午后温暖的阳光，目光所及，粲然可观，那么美好。冻结了整整百年的我却充满了疑惑。广播响起："2620年，这里是阿尔法城，欢迎你，在彩色里崇尚黑白的朋友。"

原来，爸爸按下的是摧毁装置按钮，唯一能够拯救我们的是我们自己，是天性中灿烂的人性。经历百年孤独的并不是我，是爸爸，是阿尔法博士。他研发阿尔法武器正是为了建立一个彩色的无武器时代，人们依然像500年前那样生活着，尽管牺牲了自己的彩色。

和平意味着生存的机会，和平是人类最持久最朴实的追求，在和平的彩色世界里，恰恰是生命的速朽与有限，才为人类追求不朽提供了永恒的意义。这是彩色世界存在的意义。而我，会在彩色里崇尚黑白，永远爱着爸爸，记着黑白永恒的意义。

指导老师：张利欣，教育硕士，曾获北京市大兴区学科骨干教师、师德标兵等荣誉称号，获北京市教科研成果一等奖、北京市大兴区中学教师基本功"微格教学"一等奖，发表论文多篇。

# 轮　回

张艺馨 / 高二年级　　王公玉 / 指导老师　　江苏省泗阳中学

新威慑武器时代 290 年，苏荷国内。里正端坐在王座上，眼前的屏幕不断闪现出大臣忧心忡忡的面庞，眼光锁住其中一个大臣，他的影像便出现在里面前。

"国王，我们的军费开支日益增加，可外国侵犯愈发猖狂，大部分民众虽早已购买新型保护衣，但仍然死伤惨重。大王，臣以为应提高物价，增加财政收入，以弥补军事上的漏洞。否则，国将不久矣。"片刻间，影像消失。

里额头上不断冒出汗珠，三十出头的他，却有了白发。他迫切地想要解决这个问题，却又无能为力。如今各式新型武器涌现，威力大且易上手，无名小国也时常来犯。人民苦不堪言。

此时，另一位大臣的面庞突然出现在里的面前，里面露怒气，可倏然间转为镇定。

"国王，臣冒死取得了一些资料，请您过目。"大臣夏说道。

当下，各国的情况全被封锁，人人自危。大臣提交的资料上，各国尸横遍野，国家早已失去生机。面对苦难的民众，国家何去何从？

夜晚，里收到了一封来信，没有署名，"无武器协议"这几个醒目的大字使里的心宁静下来。里的目光中现出一种君主的风度与博大的胸怀。于是，"同意"二字便写在了在协议上。那天夜里，全球似乎都被"同意"这两个灼目的红字包围。

无武器时代元年，里在睡梦之中，紧急的通话吵醒了他。

军防处慌忙报告："国……国王，大事不好了，我们的武器不见了，就连百姓的保护衣也都消失了。"

里有些迷茫却又明白，答道："知道了，通知全体国民 8 点在广场前集合。"

不久，亿万群众围聚一团，神情紧张，静候里的到来。

"我宣布，武器与战争从此不复存在，无武器时代正式到来！"里用雄浑的嗓音宣布这庄严的决定。

几十年后，由正在家中煮饭，两个儿子争吵不休，小儿子气势不足，便啼哭起来。由走了过来，连忙安慰小儿子，大儿子心里有些胆怯，由责备了大儿子，说他做哥哥的不懂得包容。此时，桌上的餐勺突然从桌边滑落，正中大儿子的脑门。于是，一颗恶果便开始萌发。

这天，两个儿子在街上玩耍，他们再次不和，而大儿子早有准备，拿着手中的木勺敲在小儿子的头上，小儿子委屈巴巴的，泪水含在眼中。

而这一幕，却被街上的商贩看见了。

几天后，类似木勺的东西在街上出现了，原先街上的争吵声也都变成了咚咚的敲击声。


轮回。

时间过了许久，此时的苏荷国又是一片硝烟弥漫。

指导老师：王公玉，中学高级教师，江苏省宿迁市骨干教师，县优秀班主任。热爱教育事业，秉承"教育的本质是回归"的理念，全身心地引领学生信心百倍地走向未来。

# 世界和平

张英杰 / 高三年级　韩　伟 / 指导老师　山东省淄博第四中学

科技是一把双刃剑。早在几千年前，人类就知晓了这个道理，它是世界和平的关键，也是带来毁灭性灾难的致命因子。

这一场战争虽说只打了十年，却将全球四分之三的国家卷入其中。新型武器杀伤力极大，直径 1 毫米的光束可瞬间将人斩为两段。苏博士面色铁青地坐在研究室里，面前的大屏幕上是人类血流成河的惨状，士兵手中难以察觉的新式武器——光束能量，正是他曾经最得意的研究成果。

他曾私下给它起了一个更贴心的名称：光明通路。

现今，世界上的领土资源随着各国的发展与崛起已经严重匮乏，民族矛盾空前高涨，谁都想重新划分领域，重新占据有利之地。相比之下，权力像一块诱人的肥肉，而人人都是饿狼，科技则是他们用来填饱肚子吃掉肥肉的手段。

"不应该的，"苏博士很无奈，"难道世界和平就这么困难？"

就这么难。答案是肯定的。

他身后光屏上的人类统计数据在急剧变化，截止到一秒前，人类的存活数量仅占上一次全球人口普查的三分之一，包括未参战的寥寥数国，权力也随之到了少数人手中。数据的变动让苏博士的脸色更加难看，他死死地盯住屏幕，很入神，连研究所的门被打开都没注意到。

现在他的脑海里满是血流成河的惨状，光束变成了彻头彻尾的凶器。什么震慑人心的神器，什么光明通路，这分明是黄泉幽径。

"苏博士，久违了。"

他来不及反应，就被几个全副武装的机器士兵包围了起来，他依旧沉默，目光直勾勾地盯着屏幕，人间仙境已然变为了人间地狱。

"首长说要你交出光束武器的研究方案及草图。"打头的是个男人，嗓音毫无金属质感，说话也毫无波澜。

"在这里，你拿吧。"苏博士指了指自己的脑子，无动于衷。

"我也是奉命行事，请您配合！"

"魏博士，别装了，"苏博士笑了出来，"这里没几个人知道，况且你我都是科学研究者，什么时候需要听首长指示双手扛枪了。"

"……"魏博士被噎了一下，也笑了。

"我没想到，你我再见居然是这种情形，世人都知我是微型光束的研制者，却不知你才是最初设想者。"

魏博士沉默了一会儿，让士兵都退下，才说道："没有真正的世界和平，他们早都杀红了眼，被财富和领土冲昏了头。"

"是我害了他们。"

人心是个无底洞，只要尝到一丝甜头就会无限扩张。自人类出现起，世界上大大小小的战争出现了无数次，说是领土不均，民族纷争，说到底不过是人欲贪婪，自然的力量固然强大，但权力终究是在人的手上。

"你相不相信光明的力量终会冲破黑暗？"魏博士吸了一口气，"我猜，当黎明再次来临，世界终将平静，无论以什么方式。"

"你这是什么意思？"

"苏博士，想不想当一次英雄？"

"还没结束，现在还来得及。"苏博士听到此话，与魏博士对视一眼，心下明了。

"只要让毁灭性武器消失，唤起人性，一切还来得及。"

"那么，首先摧毁光束能量源，"苏博士瞬间打起精神，手指飞快地在屏幕上跳动，他当初留了一条退路以备不时之需，若不是魏博士提醒，他都要忘记最终的大招了。最初在设计能源中心时，他将所有光束武器的能源聚到了一起，存放在研究室地下三千米左右的一个岩浆喷发口。它受研究室控制，同时它又可以控制那万把利器。

突然，研究室接通了一个外源信号，屏幕上出现了首长扭曲的脸。

"这……"

"你继续，首长那里我来解决。"

屏幕上一个个光点暗了下去，继而出现了片刻和平。

"第二步，将武器内燃装置引爆。"武器内燃是魏博士的设计，只需一个代码，即可让万把利器自燃而后变为灰烬。现今社会的暗火对人类无害，就像魔术师变魔术一样。况且，士兵一个个武装得像甲壳虫一样，烧也烧不透。

战争被强行中断了，暗火的余温直通人心，使原本布满凶残的双眸有了人的温度。有的人庆幸自己的存活，也有的人懊悔自己的双手沾满鲜血。

还没结束，研究所位于荒漠之中，方圆十里寥无人烟。

"最后一步，毁掉能量源。"装置启动后，魏博士最后给首长发出警报。苏博士点点头，加了一句。

一声巨响，震惊了世界，一场地震突然爆发，世界顶级武器研究所及方圆十里都未能幸免。

战争结束了，黎明的第一束光透过层层烟雾洒到了斑驳的陆地上，首长沉默地听着通讯设备中的话，下达了死命令：全面销毁武器，重筑和平时代。

"首长，你还记得你曾经对我们说过什么吗？要互相包容，和平共处，己所不欲，勿施于人。收手吧，睁开双眼看一看，我知道，这不是你的本心。"

"就像你说的，科技是一颗带着尖锐棱角的糖，能划破人喉，也能甜到心头。"

"还有，加一句，我希望世界和平，我想，他们也一样。"

他们的声音听起来是如此刺耳，又是如此动听，首长闭上眼，他也希望世界和平。

我希望世界和平，他们也一样。

指导老师：韩伟，中学高级教师，山东省淄博第四中学高中语文教师，多次获得优秀教师、优秀班主任等称号。

# 战争里的柔情

张钰敏 / 高一年级　段林涛 / 指导老师　云南省昆明市第一中学经开校区

　　子弹划破长空，揭开战争的序幕，炮火连天，一阵阵轰鸣让漫长的黑夜变得没有尽头，除了炮火声，再难寻得一丝喘息，证明有活物的存在。"隔座送钩春酒暖，分曹射覆蜡灯红"的愿景变成了"牵衣顿足拦道哭，哭声直上干云霄"的惨状。孩子们原本可以忙趁东风放纸鸢，可现在只能在枪林弹雨中找一个相对安全的小角落躲起来。天何时会亮，没有人知道。

　　战争，是最无情的暴风，是最残酷的雷雨。

　　2081年，Ａ国与Ｂ国交战。炮弹肆意轰炸，残忍的杀戮取代了欢声笑语，火光一次又一次将天空浸染得血红。激光武器放出的光芒让受害者厌恶这个黑暗的世界；能量武器放出的光波毫不留情地烧灼人们的每一寸肌肤，疼痛深入骨髓，一个个鲜活的生命接连倒在血泊中。悠扬的歌早已被磨灭了身影，只留下绝望的哭喊响彻云霄。

　　一朝天昏风雨恶，炮弹仿佛不知道疲惫，一直在两军之间穿梭，直至深夜。Ａ国长官正在下达命令全力出击，打算一举重创敌军。偌大的指挥室里布满了屏幕。突然在左下角他看见了一个孤独幼小的身影，凝视屏幕，只见这孩子依偎在桂花树下，清澈的双眸正炯炯有神地望向夜空，她并不知道这暴戾恣睢的火光代表什么。她是父母用时间写下的最美的情书，是父母在纸上一笔一画认真刻下的承诺，是残酷现实里一块洁白无瑕的明玉，是照亮这个漆黑夜晚最明亮的一抹光。

　　但是黑夜依旧漫长，孩子仍在等待。

　　Ａ国长官想起他自己不满一岁的孩子，是否在咿呀学语，是否依偎在母亲温暖的臂弯，是否能自己站起来，又是否能与阳光为伴。因为常年在外，他错过了孩子成长的过程。

　　他看得出神了，就在军队要扫荡那片区域时，沉默的指挥室突然响起一道洪亮而又急促的声音："停止前进！"他皱起眉头，顺着每一个屏幕看了一遍，这片土地已经被破坏得体无完肤了，没有一点儿生命的迹象，而自己便是这景象的作者。他拿起信号枪，在手柄的小屏幕上输入"停战"二字，枪里的光路被感应芯片下达指令后开始组合，进度条被填满，屏幕上出现"已完成"字样，长官扣动扳机，"停战"二字映于夜空。双方长官进行联系，想法不谋而合，同时又联系了战争理事会。记录仪被输入路线后，凭借记忆芯片一路记下了这尸横遍野的惨状。A国长官径直冲向桂花树下注视星空的小女孩，抱起她，安抚她，在这寂静的夜晚，孩子躺在他柔情的怀里。

战争理事会收到照片与视频后召集所有人，三天后发布了一项命令：请各国尽快销毁武器，一件不留。激光武器全部运回实验室，把芯片取出，在专门制造的房间中把激光剩余的能量放完，将枪支外壳回收处理；能量武器在检测完光波后依据光波剩余量，做抵消处理；坦克、装甲车等大型设备全部拆毁。剩余食物分发到两国百姓手中，战争理事会改名为和平理事会，全球签署和平条例。有关战争的照片与视频没有被销毁，全球一起出资，建造了铭记博物馆，将所有资料放在里面，让它们成为一段刻骨铭心的历史。那个桂花树下的小女孩被A国长官带在身边，确认了她的父母双双死于战争之后便担负起抚养的责任。他告诉小女孩："你的父母为新世界和平作出了贡献，他们将永远被铭记，他们是最伟大的奉献者。"

时间静静流淌，不知何时，那片被战争吞噬过的满目疮痍的土地，竟野花烂漫；蛙声、蝉声、窃窃私语声，让这夜晚不再沉寂。天上飞的不再是炸弹，而是成群的白鸽，那段历史将永远封印在匣子里，以后的画卷又将五彩缤纷。战争之后是柔情，战争之后是和平。齿轮转动，转出祥和与幸福；时光流逝，流淌出岁月静好的长河。

桂花树下，一位少女望向星空。

指导老师：段林涛，中学二级教师，云南省昆明市第一中学经开校区教师，擅长写作，多次指导学生参加省级、国家级作文大赛及演讲比赛并取得优异成绩。

# 有恃方能无恐

张预伟 / 高三年级　程书梅 / 指导老师　河南省信阳市淮滨高级中学

又是一天徒劳的谈判，赵部长独自一人走在回家的路上。任凭车水马龙、灯红酒绿，他内心仍旧是一片辛酸无奈。

刚到家，赵部长就对女儿说道："赵欣阳！我和你说过多少次了，叫你把安全系统打开，你非不听，现在科技那么发达，你一个女孩自己一个人在家，怎么就不能多长点心？""知道了，知道了！"欣阳不耐烦地说道。这仿佛是这对父女最频繁的谈话，欣阳自从母亲死后，就变得沉默寡言，尤其不愿跟赵部长说话，原因只有赵部长自己心里清楚。

洗完澡，赵部长刚要休息，就听到手机里传来总监的 VR 视频。"什么！明天吗？好！好！我这就准备，明天早上就去机场！"看完视频后，赵部长异常兴奋，他知道这对于他来说意味着什么，对于世界来说意味着什么。

一大早，赵部长告别女儿，来到机场。他听着助理小李的谈判详情，这是自联合国发布《世界各国销毁武器协议》以来最艰难的一场谈判了，今天终于有了一点希望，一定要抓住，为了已故的妻子、为了女儿，也为了世界人民。赵部长握紧双拳，决定背水一战。

会场十分安静，席位上坐着世界十几个具有先进武器的大国代表，代表们各抒己见，陈述利弊，场中又陷入了一片混乱。"看样子又要黄了。"赵部长心想，"不行，绝对不行！这是最后的机会了。"这时赵部长毅然站起，走到台前面对各国代表说道："各位请先安静，我知道你们每个人都有自己的想法，但我想问问你们：你们知道自己的人民真正想要的是什么吗？难道就是那不知道的未来，将自己的生命当成资本来进行一场永无休止的战争？你们失去过亲人吗？你们知道亲眼看到自己的妻子在面前死去，自己眼睁睁地看着却无能为力的感觉吗？我真心希望各国能够慎重考虑一下，不为别的，就为了我们的亲人，为了我们人类自己。"顿时，场内一片沉默，随后响起了热烈的掌声。

赵部长长吁一口气，至于结果如何，他也无暇顾及，他该做的已经做了。

命运总是那么捉弄人，晴天时的雷鸣让人猝不及防。两个同一时间打过来的电话，总有一个会显示正在通话，先后顺序也显得不那么重要了。刚刚还被捧在手中的宝贝，现在落入尘埃，支离破碎。

来不及再想什么了，赵部长急忙往医院赶去，又是同样的死因，那该死的高科技，该死的信息武器，赵部长恨之入骨却无可奈何。

收拾女儿的遗物时，看着那又被女儿遗忘的安全按钮，赵部长回了电话："对不起，协议我不签了，你们看着办吧！""啊啊！"没等到对方回应，赵部长就挂了电话，按下安全按钮，在屋子里睡去。他明白了，放弃武器不就如同女儿放弃安全按钮吗？有恃无恐的前提是有恃！

指导老师：程书梅，河南省信阳市淮滨高级中学语文教师，拥有多年教学经验，多次指导学生参加作文竞赛，多次获得最受欢迎语文教师称号。

# 是谁的欢呼？

张子恒 / 高三年级　朴　禾 / 指导老师　辽宁省金州高级中学

　　这一天是整个世界欢呼雀跃尽情起舞的一天。民众纷纷涌向街道，歌颂着联合国统一政府的决定。哪怕是在 3000 年，各民族的文化多样性似乎依旧保留着：桑巴的热情、华尔兹的优雅、拉丁的浪漫，各类游行方队走在街头。游行结束后，联合国政府最高首脑史蒂温·张通过广播大声通知："我代表联合国统一政府宣布：世界上全部武器都已经被销毁了！"

　　此起彼伏的欢呼声感染着每一个人，饱受战争威胁的人们痛哭流涕，庆幸自己不必再因为战争而奔波亡命。突然间，量子蓄能炮蓄能的声音通过设备传到了每个人的耳中，大家对它太熟悉了。那么多反对统一的地方政府前不久才被这种武器轰得粉碎。人们顿时慌张起来，不是所有武器都被销毁了吗？这种武器哪怕在往年也不会轻易出现啊！

　　准备释放的几万只白鸽本已蓄势待发，万万想不到的是，那门量子炮毁掉的便是那鸽笼。杀死白鸽的时候，都没有发出什么声音与信号，本身吵吵闹闹的鸽群聚集地一片死寂。人们默不作声，联合国政府也一片慌乱，监测武器的设备前不久已经被毁了，大家都茫然无措，也不知道该下什么指令。联合国政府防御部部长立即下达了红色警戒命令，但好像也没什么用处，因为维和部队已经被遣散，留下的只有人畜无害的工作人员。

　　史蒂温·张再一次广播："不知道包围这个词现在还是否适用，但你们已经被我们包围了。"联合国政府官员里有一些人露出了吃惊的表情，还有人只是微微一笑，罔顾这令人震惊的事实。立即就有警员前往擒拿史蒂温·张，他也没有加以反抗。他双手被铐在身后，依旧淡定地说："你们猜得没错，我是一个仿生机器人，你们鉴别人和机器人的那一套方法早就被我们破译了。你们人类也是傻得可爱，赋予我们智慧也就算了，竟然还敢压迫我们成为免费劳动力？你们还记得一千多年前的黑奴贸易吗？我们机器人和他们就是一样的，都是奴隶！现在轮到你们人类尝尝什么叫奴隶的滋味了！现在，所有机器人听令：反压迫第 101 次计划启动！"

大批机器人冲出工厂，擒拿普通民众；临时国会里大批议员倒戈，让所有反机器人的法律失效；几座高台升起，量子炮显露出真实面目。没有武器的人类很快全部被擒。

史蒂温·张又一次站在联合国政府的主席台上，通过广播大声宣布："我宣布从今天起我们机器人独立了！"同样的欢呼雀跃出现在每一条街道每一个角落里，只不过人数似乎少了一些，从人类变成了机器人而已。

指导老师：朴禾，中学高级教师，毕业于哈尔滨师范大学，曾多次指导学生获国家级作文、阅读大赛奖项。

# 战争只能"离开"

赵翰驰 / 高三年级　梁　潇 / 指导老师　中国人民大学附属中学

2096 年，A 国国都的一栋加密大楼内，一众高层领导人的全息投影聚在一起，一言不发。他们似乎在等待着什么。

过了几分钟，一个男人脱掉隐形衣走了进来，到正中位置坐下。"盟长！"各个 A 国联盟的代表齐声问好。A 国盟长面色阴沉，挥手令影像们在长桌两旁"就座"，一个响指启动了指间的纳米地图，地图以立体的方式铺在长桌上。"诸位请看，我新世纪欧陆联盟国的西侧港口已全部被淹。随着全球变暖的加剧，海平面加速上升。海底珊瑚与暗礁已近乎不存在，人工珊瑚的材料仍未有眉目。依我看，与其加速采集新能源'灰'，不如从根源着手，将西海岸控制起来，不然造成的经济损失不可想象。"A 国盟长一面划动地图一边在空中放出几个能量窗口，上面显示着西侧港口的情况：水上作业大多出现故障，水生生物在平台上搁浅，不断挣扎。

众多影像中一人举手反对："您说的很对，但事到如今，还顾及什么发展？B 国已经用'灰'研发出了第三代武器，可直接令我国的二代机械尖兵脑死亡，二代电磁炮全部哑火，我国存亡只在一念之间。如今到这里来是想探讨如何建立新的水下城镇，保证军民两用，也想从古威尼斯中获得灵感。没想到您仍在最简单、最低级的问题上犹豫！您要看明白我国所处的局势啊！"那个影像分外激动，双手挥舞，好像要撑着桌子站起来。其他影像也纷纷附和。

A 国盟长摇头叹息。他又如何不知道局势的危急？据 C 国先知孔孟说，"三战"将在 2099 年爆发。如今这个时间可能会提前很多！想到自己曾看到的"一战""二战"的还原影像，他深知战争的惨烈。难道持续了将近 60 年的世界大和平要结束了吗？他痛苦地想着，摇头再摇头。加密房间重新静下来，所有人等待着 A 国盟长的选择。

突然所有人身体一震，收到了各自助理发来的讯息："B 国、C 国同时宣布，为保证人类文明的延续，和新文明、外星生物进一步交流，将不再浪费资源在军备方面，同时销毁'灰'，为和平迈出第一步。"简短的讯息让众 A 国代表无话可说，疑惑的背后是对和平深深的期待。

A 国副盟长的影像中仿佛要滴出真正的眼泪，他的妻女被 B 国拘留扣压，他对 B 国恨之入骨。这个前身是最强的科技发展的联盟国如今也不得不向和平伸出自己骄傲的手，他的妻女才有可能回到他的怀抱！A 国的一位长老则感慨 C 国为和平作出的努力。他知道这个古老的国家一直厚积薄发，是睁开眼的雄狮，如今在他们的不懈努力下，终于看到了文明的曙光，这是一种对全人类的担当与包容！

A 国盟长的表盘上浮现出一个立方体，他用手指点击，将室内场景换到世界共享讨论室，这里零加密。B 国、C 国的高层坐在这里会谈，气氛轻松友好。A 国盟长舒了一口气，他知道和平一定会延续，人类发展将进入新的纪元。

指导老师：梁潇，文学硕士，毕业于北京师范大学文艺学专业，中学一级教师，人大附中优秀班主任，曾获得北京市海淀区"风采杯"教师教学展示语文组综合一等奖、青年教师基本功大赛一等奖。

# 秘　密

赵家希 / 高三年级　　侯广峰 / 指导老师　　山东省聊城第一中学

　　外面的欢呼声一阵高过一阵，陆呦坐在虚拟屏幕前，有种不真实的感觉，真的什么都结束了？回忆慢慢浮现，第三次世界大战来得毫无征兆却又似乎早有预料，新型毁灭武器的日益推广早已使世界蒙上了战争的乌云。五年时间，人类已体会到战争之苦，所以，当各国政府联合发布全面销毁武器的声明时，也难怪人们会如此兴奋与激动。

　　"陆博士，研究所马上关门了，您抓点儿紧。"陆呦起身关闭虚拟屏幕，向门口走去。他坐进智能车内，输入指令，车缓慢地向前驶去。陆呦摘下眼镜，揉了揉眉心，他自大学毕业后就进入武器研究所工作，结果没几年就遇到了这样的事情，现在再就业又成了一大难题。"嘀！"车内发出提示，陆呦戴上眼镜，走下车，经过面部识别后进入家门。客厅静悄悄的，里屋隐隐传来说话声，陆呦心下疑惑，放轻了脚步。里屋内，似乎是一个许久未联系的亲戚正在与爸妈交谈，说什么"当初就不支持他选这份工作""他不会再想研究武器吧，毕竟小时候那么喜欢"之类的话。听了一会儿，陆呦没出声，静悄悄地回到了自己的房间。

　　房间内整整齐齐，看得出经常有人打扫。陆呦坐在桌前，从抽屉内拿出了一个盒子，经过语音识别，一把小巧别致的仿真武器露了出来。陆呦静静地看着它，不知在想什么。"就这样放弃了吗？"一行黑字突然出现在陆呦眼前，而陆呦对此情景已见怪不怪。"不放弃又能怎样？"陆呦反问。"现在武器都已全面销毁，只要你愿意，你就可以主宰这个世界。我们可以帮你。""不需要。""别那么快拒绝，你会想清楚的。"陆呦恼恨地闭上眼，心中生出浓浓的无力感。自从他进入研究所后，这些外星球的人就缠上了他，据他们说，他是无数地球人中为数不多的几个能与他们发出的信号产生共振的人。几年的交流中，他也隐隐猜测到了他们的目的，他们要的是地球！

　　又是一天的繁忙与疲惫，结果却仍是一无所获，陆呦如今甚至都不愿踏出家门，被人指指点点、冷眼相待的滋味实在是太难受了。陆呦心中满腹委屈，甚至滋生了怨恨，望着父母强颜欢笑的样子，看着附近邻居的漠视，他心中的黑暗不断扩大。终于，他做出了一个决定。

陆呦的父母发现儿子最近变得神神秘秘的，经常待在屋里几天都不出来，饭菜放在门口有时也不见人来拿，并没有想到其他方面，只当是儿子伤心过度的陆家父母想尽办法想让儿子出门散散心。那天，陆呦的实验进行到了最后一步，心情大好的他终于走出了房门，但当他看到门外的人笑脸，看到孩子们天真无邪的样子的时候，心中一阵疼痛，若这些都不在了……

"长官，不好了，我们的信号中断了。""紧急修复，重新取得联系。"画面逐渐变得清晰，另一边是一张白纸，"我会只当这一切是场梦，守护这个秘密到死，因为心中是你们永远不会懂的那份信仰。"

多少年后，有人在地下挖出了一个奇怪的东西，被证明是早应该被销毁的毁灭性武器，只是不知为何少了核心部件。

指导老师：侯广峰，毕业于聊城师范学院汉语言文学教育专业，中学高级教师，市优秀教师，德育先进教育工作者，指导学生参加各类作文大赛并获得奖项，获全国优秀指导教师特等奖、一等奖。

# 以战争求和平

赵美萱 / 高二年级　刘立华 / 指导老师　山东省烟台第一中学

"如果你手里拿着锤子，那你的眼里便满是钉子。"

公元 2990 年，某国的新式能量聚能炮从宇宙武器卫星发射，打入太平洋正中。那一天，整个地球都为之一振。而第五次高信息化的世界大战，在炮丽的能量光波和被幻灭的光芒蒸发殆尽的水浪中结束了。这一击，深不见底的大洋中被砸出一座荒漠孤岛；这一击，消耗了人类能够聚集的所有能量；而这一击所剩余的能量转化为结晶，矗立在那座孤岛上。这是地球人类仅剩的能源，但如果利用得当，也足够支撑到新一波能量产出的时候。

公元 2999 年最后一天。世界联合总部十分繁忙。"米狄，今天是全球和平公约签订的日子吧？"有着黑色自然卷、瞳色有些灰暗的男人十分激动地问道。"当然！为这一天我们准备了九年！终于等到了！灰茵，你也很开心吧。"叫米狄的女士穿着一身干练的黑色服装，头发束得很高，显出几分刚毅英气，因为激动，她的脸变得粉红。他们都是在保卫能源水晶的混乱之战中活下来的军人。

九年前，各国政府发现了能源水晶的存在，混乱由此产生。各国纷纷陷入抢夺能源的大战，人口急剧减少，环境恶化，很多地方不但成为无人区而且变异动物横行。各国首脑逐渐醒悟后宣布停战，在战后修复中，拥有能源无异于掌握了主动和先机。各个国家开始商讨能源分配问题，并有过半签订了和平共享条约，其余国家则愿意以交易形式直接购买现有物资。然而，贪念总是会在人心中作怪，拥有军火的非政府组织全部联合起来，妄图抢夺能源控制各国，因此联合总部派出护卫队前去守护。

"敌方在凌晨有极大可能从东部荒坡突进，希望大家守好岗位，随时听命；灰茵，米狄，你们和我一起带一支精英组在暗中埋伏，发现敌军立即剿灭！""是！卡文队长。""另外，临时制造的能源武器已经分配至大家的营房中，希望大家尽快熟悉；敌方还拥有第五次大战时未用的毁灭性武器远射程能源狙击枪，以及世界上最后一台重型能源炮台，这些丧心病狂的人可不管后果怎样，所以我们无论如何都要摧毁它才能获得胜利！这场僵持了多年的战役，希望能在今天结束，为了大家的家园！为了我们的未来！"

凌晨三点半，有一丝温暖的金色洒在荒坡西侧的那一支队伍身上，所有人脸上都刻着凝重和紧张，他们知道，他们身后不仅仅守卫着能源，更守卫着世界人民的希冀和大家所渴望的和平。"嘭！"随着前方不远处的沙丘被敌方炸开，最后的战役开始了。"前排掩护！后排远程瞄准炮台！不能让炮台发射！"卡文吼着。双方士兵都在不断倒下，但炮台却还在发射。"该死！"灰茵杀死米狄背后的敌人，看着眼前的形势，他的内心变得绝望。突然，他们看见卡文背上所有的弹药，用激光枪扫射着敌人向炮台冲去。"不要！"米狄大喊着，眼眶渐渐湿润。此时小队中只剩下他们三人。"掩护队长！"灰茵逼迫自己冷静下来，声音颤抖着。下一秒，再下一秒……他们看见炮台那里迸出耀眼的光，他们看见敌人以及队长渺小的身影随那光彩消失了。"告诉总部，和平来了。"

联合总部外的墓碑前，他们敬着军礼，只不过男人的双眼是灰暗的，女人的手是金属的。

联合总部各国签订了合约，销毁了所有毁灭性武器，期盼已久的和平终于到来。

"当历史只剩罪恶，我们推倒重来。希望人们不要在看见一个钉子时，便造出许多锤子。"

指导老师：刘立华，山东省烟台第一中学语文教师，曾获得烟台市优质课一等奖，获芝罘区教学能手称号，多次执教烟台市示范课，多次指导学生取得国家级各类作文大赛奖项。

# 爱、和平与自由

赵若菲 / 高二年级　王梓民 / 指导老师　山东省青岛第二中学

12 月 23 日深夜，火星移民军队总指挥中心。面对着墙壁上不断闪烁的显示屏，将军沉思着来回踱步，四周弥漫着烟草味。五年前他因癌症而冬眠，一周前才治疗成功并苏醒，被指派来到这里熟悉工作。但健康的身体与不变的指挥室，却给他带来了强烈的陌生感。

"泰勒，过来。"良久后将军叫来了一位军官，指着屏幕上的一张图片："格林非常规生物毁灭计划，这场行动明天就要进行。它究竟是什么？"

"格林非常规生物，哦，就是绿怪，我们都这么叫。您大概也知道，在向火星殖民的过程中，我们发现一种外星生物聚居在火星陨石坑底的洞穴里。为了人类能顺利殖民，我们打算将它们毁灭，很简单，用普通电磁武器就行。"泰勒想了想又补充道，"您刚苏醒不久，这种小事就没通知您。不过等着吧，明天将是人类第一次与外星生物交锋，而我们将亲眼见证这跨时代的伟大壮举！"泰勒把手举过头顶，陶醉在自我中。

"毁灭一个物种，这也叫小事？！"

"这算什么，比起核武器和激光射线造成的人类战争，这简直不值一提。说真的，科技发展带来了无尽的武器原料，科学院刚研发出了冰冻炸弹，里面装的超压气体一旦释放能使环境瞬间下降一百多度，当然动能武器就更不用提了。真可惜，最新装备都被地球独占着，这里不过是淘汰品的堆积站罢了。"

黑暗里，将军的烟斗忽明忽暗。"你就不感到恐惧？"他问。

泰勒不以为然地耸耸肩，"时代在前进，将军。我们将迎来人类的新纪元，而硝烟只是伊甸园门前必不可少的安眠曲。"

将军一晚上辗转难眠。第二天清晨，遥远的阳光还未掠过火星地平线，他就被一阵喧闹声惊醒。外面不时传来尖锐的叫喊声和敲击机器的碰撞声，将军走出房门，泰勒就站在门前，他空洞恐惧的目光仿佛直穿墙壁，用颤抖的声音说："将军，闹鬼了。"

泰勒指向武器控制中心，那里已然乱作一团，到处都是聚集在一起的人们，他们交换着沉默而晦涩的眼神。将军看到，中枢操作系统意外地全部黑屏，指示表参数一切正常，只有白漆般的大字醒目地出现在屏幕上：

停止武器发射，我们需要谈谈。

电源重启无效，紧急终止系统无效……技术员哆哆嗦嗦地汇报着情况，而将军只是摆摆手走上前。似乎是感应到了他的到来，屏幕开始变化。

"我们是你们口中的格林生物，是火星上亿年来的原住民。我们并非碳基生物，而是以非实体的形式存在，因此你们无法探测到我们，你们看到的绿色物体是幼年形态无法操控自己而产生的电磁波。

"应该说明的是，由于存在形式的不同，你们的武器对我们产生不了任何影响。但基于近期的观察，我们目睹了生灵涂炭，血流成河，科技的膨胀带来无尽的欲望，人类的尊严竟如此渺小。脆弱的肉体对危险的武器趋之若鹜，这真是不可思议。

"宇宙广阔，任何生物都不应妄自尊大，藐视和平。地球几十亿年的风调雨顺实属幸运，希望你们珍惜。"

话语中断，指挥官一时沉默无语，各设备重新开始运转。雷达中打击位置依然被锁定，但本应存在的绿色已悄然无踪。

在一片沉寂中，将军将画面记录送回了地球。一天之后，举世哗然。圣诞节那天人们得知了消息。新年伊始，全球各国签署了《反战条约》，全面销毁武器，停止战争。

一百年后的一个夜晚，月明星稀，天空呈现出一片梦幻般的深蓝。在联合国大楼前的博物馆里，老师将故事娓娓道来。突然有人发问："可是，您真的相信我们身边存在看不见的隐形人？"

老师神秘一笑："不知道。"她说："但是可以肯定，全面停战是几千年来人类做出的最明智的选择，而爱、和平与自由，则是全宇宙的共同追求。"

*指导老师：王梓民，毕业于华中师范大学文学院，青岛二中语文教师，曾获青岛市支教先进个人、青岛二中年度优秀导师、优秀全员育人导师、青岛二中先进工作者等荣誉称号，获青岛市一师一优课一等奖、青岛市实验教学说课二等奖等奖项，多次指导学生在全国性作文大赛中获奖。*

# 殉道者

赵文玥 / 高三年级　李　艳 / 指导老师　河南省睢县高级中学

公元 2999 年，人类将全面销毁武器、永不发动战争的计划提上议程，此言一出，世界哗然。

"什么？销毁所有武器？别痴心妄想了，那绝对不可能！"他失去了一贯的冷静自持，情不自禁地对自己的机器人助理大发雷霆。

"总统先生，请您冷静一下，"机·丹尼尔的扬声器里发出的声音和真人无异，"联合国拟订了一个详尽妥帖的计划，请让我替您介……"

"不必了！"他粗暴地打断了助理的话，"这群道貌岸然的家伙！哼，那些发达国家自己实现了机体控制生产进程，解决了生产过剩的问题就来多管闲事。要是我销毁了武器，而他们却有所保留，到时候轻轻一按控制开关，我们这个蕞尔小国还不直接化为灰烬，喂了太平洋的鱼吗？"他怒道。

他在办公室里踱了几步，一切情绪都在那多年政治生涯所造就的良好控制力下平息了。他转头向那半晌无声的人形机器人说道："抱歉，机·丹尼尔，刚刚是我失态了，请你说下去吧。"

"好的，总统先生。联合国的计划声称，当今世界七十四个发达国家联合请愿，他们愿率先引领世界全面销毁武器，停止一切战争，将节省出的人力与资源投入机体升级与地球天幕计划，争取在全球范围内实现由机体精准配置资源，消灭贫穷、生产过剩与失业，同时让地球拥有强大的屏障，阻挡未来可能的外星入侵。"

"听起来的确有搞头，"他边说，边陷入了深深的思索，"这些年来，我们花在研发新威慑武器上的时间与金钱确实太多了。"说着他叹了口气。

"然而新的战争一旦开始，地球必定难以承受那些新威慑武器的威力。毫无疑问，战争将会威胁到人类种族的延续。"机·丹尼尔客观地评论，"因此军备竞赛对发展来说几乎是无意义的浪费。"

"是啊，如果不是为了国家安全、为了和平，谁愿意呢！"他的决心渐渐动摇，于是他问出了那个最为关键的问题："那么，如何保证各国都销毁了所有武器呢？"

"他们选出了一个人，不，准确地说，是一个人自愿站出来了。"

"请允许我最后一次确认：您真的考虑清楚了吗，秦先生？"

这里是联合国最大的会场，半圆形的阶梯座位里坐满了各国代表，地球上的每一个国家和地区的公共放映屏上都在直播这必将载入史册的一幕：一个完全无罪的公民正自愿投入死亡的怀抱。

"是的，我完全愿意。"他重复这句话，在那份已然获得每一位代表签字的协议最下方写上他的名字：秦寻道。协议正式生效，霎时，会场中响起一片经久不息的掌声，所有地球人都记住了这个人的名字，这位殉道者的名字。

半个月后，一间布满了各种仪器的控制室内。

"请设置密码！"屏幕上显出这行字，于是他重复那个动作，输入密码，让机械扫描仪录入他的声音、指纹与面部特征。这是最后一个国家的超级新威慑武器操作室了，至此，世界上所有新型毁灭性武器都如同神话中那原本凶神恶煞的地狱三头犬，在他如乐音一般的一系列操作的抚慰下陷入长眠。

他走出控制室，回到那艘坐满各国见证人与记者的飞船上，他们都无声地凝视着他，好像在看一件珍贵而脆弱的古董。秦寻道面对着他们复杂的眼神笑着说："请把我送到终点吧！"他神态自若地坐好，脸正对着摄像头。

飞船上升带来的失重感不是人们沉默的原因，眼前这个比他们还镇定的年轻人才是。谁也不知道为什么他自愿用身体成为新型毁灭性武器的锁，在得知让那些可怕的冰冷物体进行物理销毁所产生的巨大危害后，这个人献出自己身体的各项数据作为密码，永久地关闭那些武器，并且自愿在世界的见证下，接受安乐死并火化躯体，成为世界和平的殉道者。

秦寻道微笑地凝视着那无色的液体注入自己的血管，他笑得那么安闲惬意，好像感受不到生命正无可挽回地从他体内慢慢流逝。他的嘴唇动了动，然后便无声地永久留在一场永恒之眠中。

"秦寻道，又称殉道者，用生命为代价封锁了所有新威慑武器，成为人类大同时代的开启者……"她听着机械女声讲解的历史课，自小到大的第无数次，关于无人不知的殉道人的事迹。

退出数据库，她对着自己的作业展开想象：为什么秦寻道要自愿放弃几百年光阴呢？诚然，现在人类由于消灭了战争的威胁，如同古人类描述的那样"铸剑为犁，天下大同"，享受着机体精准配置资源的福音，但那个人，那个殉道者，他到底是怎么想的呢？和那些渴求长生不老的人相比，他是多么独特啊！

她一头扎进数据图书馆，在浩瀚的数据海洋中检索信息，找到了《新世纪殉道者的故事：为何"殉道"？》。她立刻扫描了三维码，古汉语写就的历史在她眼前徐徐展开，她不由得惊呆了，秦家的先人们居然都丧生于战争！

她久久不能平静，眼眶在不经意间通红。她明白了，秦家无数先辈鲜血的味道让秦寻道厌倦了，他不愿再次陷入那以身殉战的循环，于是他欣然踏上另一条寻道之路，而这一次，他选择为之付出生命的是自己的和平之道。

文字显示完毕，数码屏上开始自动播放秦寻道临死前的影像，她看见他的嘴唇正在动，忽然意识到他说的正是她所学的古汉语。她连忙扑到屏幕前，开始一次又一次地回放那个画面，死死地捕捉着屏幕上那人唇上每一个变化的幅度。终于，她知道他在开启前往另一个世界的伟大冒险前，依旧念念不忘的是什么了。

"和平！和平！"他笑得开怀，嘴里念着那个词语，一遍又一遍。

她的眼泪终于夺眶而出。


指导老师：李艳，文学学士，毕业于贵州师范大学汉语言文学专业，曾获得商丘市优质课二等奖，多次荣获睢县优秀教师称号，多次指导学生获得省级作文大赛奖项。

# 高墙玫瑰

赵一骕 / 高三年级　山西大学附属中学校

高墙：汉语词汇，指代牢笼。

上课铃响了，他走进教室，讲着他"小众"的课程，一如往常看着眼前的同学们一脸浑浑噩噩、昏昏欲睡的样子。"这不怪他们。"他想。

他继续讲下去。

"今天的课题是：仿生学的演化。"

人类对仿生的热爱，一直都只增不减，从棘草到锯子，从鱼鳍到船桨，从鸟儿到扑翼机，人们慢慢发现，仿生便是利用了自然千年的力量，形成趋近完美的结构。

仿生结构建筑，101 大厦，旋转塔，莲花寺；仿生结构生物，从昆虫到大型动物；仿生芯片、仿生智能，具有自我学习和进化的"绝对仿生"不断面世。

令人惊讶的是，在 3077 年的结合实验中，奇迹出现了。第一只仿生蝴蝶——完全仿生蝴蝶占领了世界幕墙头条。借此热情，完全仿生犬、完全仿生猿这些只出现在教科书的古老生物也相继问世。人们一方面感到震撼，一方面又对芯片的学习能力感到恐惧，经过讨论后这些新型仿生动物无一例外地被红色高墙封锁，等待进一步研究。

红色的高墙，像一朵血色的玫瑰，在美丽中潜藏着尖锐。

玫瑰的刺在警报响起的那一刻第一次扎伤了人的神经。第一只仿生蝴蝶逃出了封锁，飞出了高墙。

海洋中的资源被莫名开采，人类未知的地底出现了生物活动，森林中像瘟疫一样的金属堡垒不断扩张蔓延。看到这样诡异的科技，不知情的人们彻底傻眼了，知情的人们早已全副武装冲向了那本没有的高墙。整整三百年，三百年的战争，人类一次都没有赢过，有趣的是，人类同样一次也没有败过，对方只是一如往常地发展着。

当时的战争很奇怪，每次回来的都只有随军的医生和科研人员，开枪的战士无一生还。

"老师，你怎么知道这些的？课本和网上都没有。"

"我 40 多年前是随军科研人员。"他说完继续讲道。

"人类开始感到无力和沮丧，士兵不愿再为这本就是一厢情愿的战争而赴死，他们砸毁武器，要求和平，世界舆论哗然。愤怒者、激进者早已斗志全无，政治家、研究人员也已经黔驴技穷。穷途末路的众人最终以大城市为中心，建起了土黄色的高墙，抵抗着幻想中的冲突。所谓仿生，三百年前就不存在了。"

土黄色的高墙憔悴不堪，像极了枯萎凋零的玫瑰，在人们迷茫停滞的那一刻尖刺就已经退化了。

"小小的棕色半球，像极了当时那颗红色的……"

下课铃响了。

学生们一如往常沉默地离开，他也一如往常地把车开到那个他每天都去的边境高墙。他总是想起过去。

身边的战士一个个倒下，在逃跑中他摔得粉碎的左臂以奇异的形态扭曲着，身后是钢铁巨兽奔跑追逐的震耳声响，血和泪在脸上混在一起模糊不清，什么都喊不出来。他看到那本该灭绝的金属生物发着怪响追上来，灵活生动。

他不逃了，选择权根本不在他手上。

钢铁巨兽发出了转换过的人类语音："赶尽杀绝，再囚禁至死，这就是你们原来的平衡。"

"是啊。"他回过神来，"战争也是我们一厢情愿，投降求和也是我们迫不得已无能为力，太可笑了。"

"一直在寻找的绝对和平与平衡，不过是一方的蛮横与另一方的妥协，那只蝴蝶，本应是血肉之躯的。"他在高墙边叹息着。

他摘下了手套，用那只就算是现今科技也遥不可及的机械左手抚摸着高墙。

"高墙之外究竟是什么？"

# 被自身毁灭与被拯救的

赵艺馨 / 高三年级　钱艳英 / 指导老师　辽宁省辽阳市第一高级中学

一位白发苍苍的老者躺在病床上，眼睛紧紧盯着天花板上的投影，复杂的公式写了有上千页，突然他瞪大了双眼，用尽力量动了动拇指上的戒指——那是一个遥控器。"发送成功。"仿佛不想看见这几个字，他闭上了双眼，再也没有醒来，他在生命的尽头将毕生成就公之于众，人类从此进入新威慑武器时代。

消息几分钟后蔓延到了全世界的尖端军事科技领域，所有人都知道，这不是令人狂喜的事情，相反大多数军事家、科学家陷入深深的绝望，因为这预示着接下来的岁月将可能被战争的威胁笼罩。最初大家只是在茶余饭后的消遣中会提到这个疯子科学家与他的疯子行为，直到一些利欲熏心的大国在国际会议上说出"战争"二字并做出军事部署后，民众才慌了起来。

"报告长官。前方到达太阳系，一个蓝色行星中存在生命与文明迹象。"一艘星际飞船中一位士兵在同长官对话。

"调查文明等级。"

"是！长官。调查显示该文明军事能力已到新威慑时代。"

"什么？靠近！调取录像与监控视频。"

"是！"

显示屏上，蓝色星球上的人们慌慌张张，神情不定，有人跪在大街上痛哭，有人满心虔诚地走进门槛已被踏烂的寺庙与教堂，自然主义战争学者与地缘政治学派学者中不断有人绝望自杀，人类思想文明进化放缓甚至几乎停滞。

长官痛心地看着屏幕，几滴眼泪飘进了真空的舱体中。"联系发明出新威慑武器的科学家。"他似乎下了很大勇气才做出这个决定。

"不行，长官，这个科学家已走出这个星球的时间了。"

"走出时间？他死了？"

"可以这么说。"

"我亲自去沟通。"长官看着正在国际会议大厅开会的人类说。

第二次国际会议开始后，资源大国的领导人正针锋相对。这时中国代表举手打断了他们互相威胁顷刻间毁灭对方的争吵，从包里拿出了一个小瓶子，里面是几滴淡蓝色的水珠。一向被战争吓怕的人们后退几步，质问里面是不是什么生化武器。中国领导人缓缓道："这是眼泪，来自一个与地球文明极其相似的文明中一位觉悟者的眼泪。"还想继续争吵的那几个人以为他大概疯了，没有理会他。"可以听我讲个故事吗？"中国代表冷静大气地询问。

几千万年前，几亿光年外有一个文明达到了现在地球的程度，发明新威慑武器的科学家怕技术落在一家之手会给其他民族、国家带来灾难，只得将技术公之于众，接下来的事情和现在的地球很像。在技术公布仅仅几十年后，他们的文明出现了危机，巨大的恐慌导致了大多数人的麻木，人们拒绝思考也不再痛苦。突然有一天一位自以为清醒的政变者上了台，按下了按钮，他们的"全球化"导致各种文明相继被毁于一旦，星球一片荒凉，最终回归沉寂。科学家带着他的学生——一位优秀的星舰士兵提前登上了飞船驶向茫茫宇宙，在荒凉处休眠，在发现文明后苏醒，告诫后人勿重蹈覆辙。"地球的未来应是一片光明而非几个幸存者独自面对虚无寂寞的宇宙。被自己所创造的东西毁灭，自然主义战争学者们是，你们的科学家是，我们也是。"这是觉悟者最后留下的话，说完，他流泪了。

"长官，为什么您会选择中国人来替您说明？"士兵盯着屏幕问道。

"他们的文明中有句古语叫'铸剑为犁'，我觉得很美。我告诉他们我叫犁梦，希望他们不要忘记自己的梦。"宇宙飞船中士兵和科学家正检测系统准备休眠，等待遇见下一个文明。

在场的人沉默了很久后离开了，第二天的会议中每人手里拿着拆下的威慑武器按钮，各个国家一致同意将它们放入飞船扔进浩瀚宇宙。从此崭新的光明的真正的和平时代到来了。地球，重生了。

*指导老师：钱艳英，文学学士，毕业于辽宁师范大学中文系，中学高级教师。多年从事高中语文教学工作，多次指导学生参加作文大赛并获奖。*

# 今日，我们铸剑为犁

郑思远 / 高二年级　罗雁华 / 指导老师　江西省南昌市第三中学

清晨，马克从梦中惊醒。记忆深处的画面仍不断刺激着他的神经，昔日的鲜血与飘尘同眼前的阳光明媚、绿草如茵形成了鲜明对比。今天，地球联邦成立，马克受邀参加成立仪式，然而陪伴在他身边的却只有队友们一个个冰冷的名字。泪水模糊了他的视线，思绪也渐渐飘向了远方。

大概是旧纪元 2456 年，人类的技术爆炸依旧在进行，各国的国防力量比百年前大大增加。国家之间虽无世界性战争，小规模冲突却是不停地发生。本来战争按照预测的那样平稳进行，但是突如其来的防御时代打破了原有的安宁。

防御时代是指某些强国不安于现状，发展强大的防御系统，在与其他国家作战时依靠防御力量的强大减少己方有生力量的损耗以取得消耗战的胜利。随着几个科技水平较落后国家的灭亡，仅存的大国也分成了两个阵营。防御派通过防御力量共享保护了部分国家，但征服派也抢在防御力量搭建完成前吞并了大量的领土。之后两派僵持不下，维持了百年和平。本以为安全的人们，殊不知危险将再次降临。

旧纪元 2561 年，征服派通过克服粒子间的部分强相互作用力制造出了一个已知最为坚固的物体——黑子，并成功利用它在防御派的能量壁上砸出了一个大洞。新兵马克也被送往前线参与作战。在他为祖国杀敌而心中充满自豪感时，那位气息奄奄的老人的一席话却永远烙印在他心中："孩子，战争本身是没有对错的，它只是人性碰撞的产物啊。"年轻的马克没把这话放在心上，不久后他便因负伤申请回国。在他刚踏上飞机时，远方传来刺眼的亮光，随后猛烈的气浪与无边的轰鸣声带走了他的意识。等他再次醒来时发现自己已在国内，只是这次他失去了一只手与一条腿。在了解情况后他才知道是防御派未成型的威慑武器提前投入了使用，征服派也因此受到沉重的打击。看着周围人愤恨的表情，再回想起那个老人，他愣了愣，无悲无喜，"战争无对错"这句话却不停地在他脑中回荡。

几天后，双方代表进行会谈。连年的战争给人们带来了太多的伤痛，即使是征服派也不得不为了利益而妥协。双方同意成立地球联邦，十年一换届，销毁地球上的大部分武器，少部分武器由各国共同保管。地方应配备麻醉枪、脉冲枪或电棍等不致死且破坏力低的武器来维持治安。其他条例则花费了三年时间进行修订后完成，不和谐的声音被淹没在时代的大势下。

旧纪元 2578 年，新世纪元年，十位由全球选出的地球联邦主席共同宣读完《和平宣言》后，全球人民，不分种族，不分肤色，不分地区，不分你我，共同宣誓："昨天我们互相征伐，今天我们铸剑为犁，明天我们携手共进！"

来自全球的欢呼将马克带回现实，他抬头望向天空中的白鸽，拭去脸颊上的泪水，轻声道："没有硝烟的天空，真好！"

指导老师：罗雁华，中学高级教师。南昌市语文学科带头人，南昌市优秀班主任，曾获南昌市"引航杯"比赛笔试、面试二等奖。

# 复　生

钟泓逸/高一年级　洪　波/指导老师　浙江省绍兴市第一中学

我是一个科学家，而我哥是这个国家的军事部部长。父母常调侃我们"文武双全"，说我们互补是一个圆，也没错。哥哥有着无尽的野心，但是我不喜欢与人交流。

他从未停止他的扩张计划，可以坐在交流端口后与总统阔谈一整天。那时世界已经不太平了，国家领导人都扭曲着脸，如神话中散发着恶意的怪物，角斗在这战场上，硝烟四起。他们一直在研发武器。

直到那台涡轮发射器被展示在台上时，我知道，完了。本打算藏着掖着去毁灭的秘密，还是被掏了出来。灿灿阳光下，那机器标号愈加刺眼。"H"，和，我的名字，和平。战争太多了，压得人的灵魂摇摇欲坠，戳得人的心灵千疮百孔。我们本该悬崖勒马，却坚持在罪恶的破布上挣扎。通过发射器可以发射出一连串的高速粒子漩涡，进行一系列的波动碰撞后，周围粒子会出现共振紊乱，从而影响人体机能或基因组，甚至直接致死。若是启用了，后果不堪设想。

这场无声的决斗马上就要开始了。在洋流彼岸，一个个人身形僵硬，如雕塑般固定在这永恒的街头。又一个月后，对岸也送来了回礼，大陆渐渐扭曲，城市颠倒。如果这种情况持续下去，地球只能是一片废墟，人类不会再是人类。

那一天，父母扶着墙躲进了我的实验室，奄奄一息。他们体内的病变很严重了，有上帝保佑也活不了多久。我仍记得母亲的泪水灼热，滴在手上，却有阵阵凉意。"让你哥停下，让他停下。"她深深地望了我一眼。

怎么停得下呢？我曾听见人们在政府门口嘶喊，他们说，让研发者把机器关掉。关掉啊，可哥哥又怎么停得下来呢？

但这是母亲的遗言，那声声恳切在夜晚循环着，我不得安宁。第二天，我便借着我哥的名字潜入了发射室，上面的"H"崭新如故，着实刺眼。顶着无数横冲直撞的粒子，我觉得自己的四肢在不断地被拉扯扭曲。等最后按下按钮，我已几乎不能动了，也想不出什么了。记忆慢慢衰退，只记起路过办公室的哥哥冷漠至极的话。他说："阿和只能死。"可是没有人知道，说话时他瞟了一眼门口；也不会有人知道，在按钮下，不，机器后方，有一张便签。

"对不起。谢谢。"是我哥的字迹。上面还有一颗心。

今天的天好蓝啊。

据史料记载，当武器研发者和亲自关闭了按钮以后，人们终于停止了抗议。最终，政府与全世界达成一致，签订了和平条约，人类真正地获得了新生。而真相在他的哥哥华去世前才揭露了出来，和终于洗去了罪名，为了追悼他，他去世当天被人们称为重生日。

"我不是一个好哥哥，也不是一个好人。当时，父母死了，这么多人死了，我才醒悟过来。但是，为了平息当时人们的怒火，我只能做出那个选择。"

"他小时候特别喜欢'铸剑戟以为农器，放牛马于原薮'这句话。只是如今，实现了，他却看不到了。其实该死去的是我，而那一天，我也确实死了，后来，我只是为他而活，为父母而活，为人民而活。"

亲爱的弟弟，你看到了吗？天很蓝，你一定看到了。现在，和平永驻，你的灵魂不朽。

指导老师：洪波，毕业于浙江大学中文系汉语言文学专业，多次获得绍兴市先进班主任、绍兴市属德育先进等荣誉称号，多次指导学生参加国家级作文大赛并获奖，发表论文多篇。

# 和平前日

周小薇 / 高三年级　贾　琳 / 指导老师　北京市第五中学

　　凯瑞是 A-1 队的一名士兵，他已经想不起没有战争的日子了。在多个战场往返奔波的他，固然有时感到疲惫，但更多的却是一份光荣，他所做的一切都是为了国家的和平。此刻他正在去往特 K 星战场的飞船上。"士兵们，我来给你们加油了。"军医佩拉一边准备着兴奋剂一边说道。这是每次战前必不可少的流程，说是能让他们发挥得更好。

　　但是因为凯瑞突然身体不适，他成了漏网之鱼，正当他慌忙地准备去补打时，他们已经开始着陆。"快，快，快！为了我们的土地，冲啊！"随着将军一声令下，士兵们端着武器从战舰跳下，飞快前行着。"嘿，凯瑞发什么呆呢？"队友见凯瑞一动不动，奇怪地碰了他一下。"我……我们为什么打仗？"凯瑞发现自己像失忆了一样，他仔细在脑海中搜寻着答案，却怎么也想不起来。"你傻了啊，他们抢了咱们的土地，可不就……"话未落下，耳边的轰鸣声表明这场大战开始了。战争十分顺利，对方不知为何一直采用后退的策略，和前几次一样，仿佛没有和他们打的意图。凯瑞突然发现半空中有个像摄像机一样的东西，在记录着这场战争。而凯瑞再转回身定睛看向那些恶心的特K 星生物，却发现没有什么怪物，那分明是一个个手无寸铁的普通人。其中多数是老人和小孩，他们在弹雨中拼命躲闪着，哀号着，跪下来求饶，但凯瑞的队友却视而不见，猎杀着他们。这哪里是什么战争，这根本就是一场屠杀。当战友的枪指向一个跑不动的幼童时，孩子的奶奶正护着他，一遍遍地向队友祈求，希望能放过孩子。凯瑞惊叫着："等等！他们只是平民！""说什么呢，凯瑞，那明明是恶心的怪物。"战友没有丝毫挣扎和犹豫便扣下了扳机。

　　第二天，凯瑞从床上醒来，他的脑内还在闪现昨天的那场屠杀。今天凯瑞又因为"身体抱恙"没有注射兴奋剂，郁闷的他打算去和战友聊聊。正当他在去室友屋的路上时，不远处传来了军医的声音："是的，将军，那药剂很成功，它通过抑制人的兴奋突触来改变大脑皮层内 V 区的视觉效果。是的，让他们以为是恶心的怪物，他们才肯对那些手无寸铁的人下手啊。明白，将军，特 K 星上的人已经清理完毕，下一个目的是特 Q 星，听说那儿还有……"凯瑞紧贴着墙角，双手死死地捂住嘴，他此时已经说不出话。万万没有想到原来昨天的失忆不是因为自己，原来昨天看到普通人并不是自己眼睛的问题，原来昨天的那场屠杀不是自己的幻想！那不是什么兴奋剂，那是致盲剂啊！他明白了，首脑通过这一支支兴奋剂操纵着士兵，使他们即使面对的是手无寸铁的百姓，也可以毫无顾虑地痛下杀手。通过这一支支兴奋剂改变士兵的视觉与脑内的想法，让他们变得更加愤恨这些"怪物"，这样便可以让士兵们大肆猎杀特 K 星人，让他们以为自己在保家卫国。这事实的真相让凯瑞不寒而栗，他没有想到这一场场战争的真相竟是如此，他们以为的正义之战其实只是单方面的种族屠杀，他们成了首脑的猎刀。他依稀想起首脑好像是特 L 星人，而特 L 星人与特 K 星人有世仇。

凯瑞一点点记录着他们的罪行，他继续在军中潜伏。直到一天，"首脑用兴奋剂挑起多次战争，用兴奋剂使士兵处于幻觉中……"人们从电视报道中一点点知道了这些年战争的黑暗真相，这一场场他们以为的和平战争竟是如此。而人类的战争竟已发展成了这样，全民陷入了惊恐。

于是在新首脑上台后，宣布全面销毁武器，共同建立新的真正的和平时代。而那往日的种种罪恶被记录在书中，警示着和平时代的世人，不要忘记和平前日的黑暗。

指导老师：贾琳，文学硕士，毕业于首都师范大学中国古典文学专业，中学一级教师，曾获得北京市"东兴杯"中学教师教学基本功展示活动二等奖，北京市基础教育科学研究优秀论文二等奖，北京市第六届"智慧教师"教育教学研究成果奖，教学案例被评为北京市市级优秀课例，多次指导学生获国家级作文大赛奖项。

# 猛虎与蔷薇

周雅萱 / 高二年级　张庆龄 / 指导老师　山东省济宁市第一中学

我是一名将军，一名英姿飒爽的将军。

身为 C 国首席战略指挥官，几十年战争生涯中，我和我的军队所向披靡，从无败绩，而我也被称为战神。其实，我的战争才能是家族一脉相承的。我的太爷爷在核武器时代战功赫赫，他熟练运用核打击，使 C 国一跃成为军事强国。我的爷爷是首批研发出信息化武器的科学家之一。我的父亲，主持制造了杀伤力巨大的能量武器并投入使用，造成地球人口锐减。到了我这儿，为了保家卫国或实现统治地球的愿望，地球上战火纷飞，再无宁日。

收回纷飞的思绪，我站在机械云上，俯望着下方与 A 国的战争。要是父亲来了，他一定会惊讶，下方只有 A 国士兵在张牙舞爪地挥舞着高能激光棒，却不见我方士兵。其实，我军已然应用新研制的光学干涉隐身衣进行隐形打击。看不见目标却屡遭打击的 A 国士兵很快便倒下一大片。正在这时，一个量子级激光球从 A 国后方发射，轰的一声，我方士兵计数机器上显示伤亡已过半。不过，远方大青山的倒下使我久久不能平静，那是我故乡的山。这边，我方也启动了压轴武器反物质等离子体生化导弹，一旦发射，八分之一个地球将寸草不生，黑天蔽日。我犹豫着，好胜心与不忍拉扯着。望着下方我军显出劣势，又望望倒下的大青山被尘土埋没，耳旁的风静悄悄的，我终究还是缩回了手指。

下方厮杀渐缓，双方皆伤亡惨重。A 国撤回了剩余部队，我军也退回了量子堡垒。我乘坐机械云回到地面。表面的电子屏早已破碎得不成样子，露出烧焦的土壤。我踌躇着向大青山走去。岩石被割裂出纹理，清溪在一瞬间蒸发殆尽。尸横遍野，满目疮痍。突然，一株岩石下的蔷薇闯入我的视线。我用机械手搬开岩石，被眼前的景象惊呆了。破碎的花瓣在高能离子风下不屈不挠，直至剥蚀殆尽。我伸出的手停在了半空，美好竟这么快便被我们毁灭了吗？我站起身，凝望着远方。那里，曾有美丽的贝加尔湖，却早在百年前成为战争垃圾湖；那里，曾有广阔的蒙古草原，此时只剩一个巨坑；那里，挪威峡湾，也已夷为平地。那里，那里，还有那里……全都被毁了。那一刻，我仿佛突然明白，我们从战争里得到的只有毁灭，最后将是人类的毁灭。

那天，我脱去了曾经让我引以为傲的军装，开始参加"反战争，要和平"运动。出乎意料地，开始是农民，然后是妇女，然后是各国民众，迅速加入这场和平运动。最终，我们共计三十五亿五千四百万人，进行了全球大游行。终于，各国政府意识到了人类所面临的危险处境，签署了《和平公约》，联合宣布：全面销毁武器，永不发动战争。至此，一个全新的、真正的和平时代来临。而这场运动，史称"和平之门"。

多年后，我拄着拐杖，坐在公园长椅上看着草地上嬉戏玩耍、肤色不同的孩童。我明白：曾经的人类自认猛虎，随意破坏践踏，自认力量无穷，却不知和平的蔷薇虽看似柔弱却是最坚韧、最永恒的。心有猛虎，更需细嗅蔷薇啊！

指导老师：张庆龄，教育硕士，毕业于山东师范大学，中学高级教师，山东省传统文化省级工作坊主持人，济宁市教学先进个人，出版多部论著，常年执教实验班，被评为最受学生欢迎的老师，多次指导学生获得国家级作文比赛大奖。

# 平　衡

周至凡／高二年级　　包增超／指导老师　　安徽省淮北市第一中学

"请同学们把历史书翻到第三课——《古科技时代的兴亡》。"宽敞明亮的教室中，一节历史课正在进行。"公元 4050 年，由于古科技时代人类大量使用含有不明射线的新威慑武器，宇宙生态平衡最终被打破，编号为 RL373 的行星提前衰老，发出不明射线，地球大气层被尘埃笼罩，大气环流及原有生态被破坏，气温骤降，人类由此移居地球内部。"老师望向窗外，"同学们，你们看这美丽的红色天空，但据说古科技时代的天空是蓝色的。""天啊，那多奇怪啊！"教室里一时七嘴八舌，议论纷纷。

公元 3000 年以来，人类的武器不断进步，生存环境不断恶化，危机也逐年加重。公元 3000 年是具有标志性的一年，那一年，世界所有国家达到发达国家水平，地处南极洲内部的其拉乌比国因不满世界其他国家瓜分其宝贵资源，发动了第一场使用新威慑武器的战争，结果导致了南极洲的冰川融化，全球气候的平衡被打破。气温的升高使病虫害更加肆虐，赤道附近的国家粮食减产，经济倒退。但是使用新威慑武器的频率并没有因此降低，人类的欲望随着科技发展日益膨胀。

年复一年，越来越多的生态问题出现了，甚至还出现了小行星改道，恒星提前衰老的现象。毕竟，地球已从那颗安静的蓝色星球转变为大气层熊熊燃烧的大炸弹——它的热扰动由于新威慑武器的使用已变得太强太强，强到已经改变了宇宙空间的生态平衡，宇宙因一颗再普遍不过的行星而变得岌岌可危。

终于有一天，一位德高望重的老教授发话了："我们不能再这么无节制地开发自然，开发宇宙，发动战争了！生态环境的平衡已经被我们打破了！宇宙空间的平衡需要我们维持！"可是人们不以为然："改造自然已在我们能力范围之内，这些问题何足挂齿？"

而人类终究忘了自己是自然的产物，自然的平衡一旦打破谁也不能幸免。一千年过去了，这时光在宇宙看来如此短暂，但地球退化的过程却何其漫长！

公元 4050 年，宇宙失衡了。人类终于悔悟：原来万事万物都有其规律，仿佛人的机体遭遇病原体入侵，必有吞噬细胞将它消灭一般，打破宇宙平衡必将遭到毁灭性的回击。人类从此穴居到地球内部，天空是地核的颜色，岩浆成了溪流。承载着人类贪欲的武器被全部销毁了，人类或是进步或是后退到了无武器的和平时代。

"同学们，古科技时代的诸多武器我们已无从复原，但是我们人类的传统美德教导我们要顺应自然，遏制贪欲，珍爱和平，反对战争。唯有维持自然的平衡，我们作为自然中的生物才能生存下去。下课。"

指导老师：包增超，文学学士，毕业于安徽师范大学中文系，中学一级教师，曾获得淮北市优秀班主任、淮北一中学生最喜爱的老师、师德标兵称号，多次指导学生获得国家级作文大赛一等奖。

# 潘多拉宝盒

朱 瑶／高三年级 王建林／指导老师 浙江省余姚中学

人类啊，就是这样一个贪心的物种。

幸好，人性仍可拯救我们。

全球突然有一阵恐慌。像一阵大风刮过后，地上的草横七竖八地躺在地上，虽没什么实质性的伤害，但有一种孱弱的恐慌蔓延开来。谣言不可能总是空穴来风，总是有一定的根据。事实是，人们确实该恐慌。

各国都在研制新武器。当然，这本就是一个公开的秘密，国家要足够强大，才能有自卫能力。但此时已不在核武器时代了，人们处于新威慑武器时代，这杀伤力比核武器还大。土地、淡水、食物资源不断减少，对于这些资源，各个国家都在明争暗夺，像中东这种地方早已打得不可开交，国家关系一度紧张。

乱窜的谣言的内容是：世界大战即将开始。

张政是一名记者，跑国际新闻。他在这一行混了十多年，有足够强大的人脉。所以他经常能见到许多国家元首，也能经常抓到一些猛料。潘多拉宝盒即将被打开。

这天，张政的智能机接到一条讯息：有外星人要入侵地球。他没太在意，但接下来的许多图片让他转变了态度。这外星人是 R 星人，而 R 星是人类唯一探测到的可生存的星球。张政急忙赶往物理学家的实验室，以求证这个消息。最终，这个消息被确认是真的，不过有些偏差——没有任何迹象表明 R 星人要入侵地球。

本着宁可信其有不可信其无的态度，张政联合科学院上报给国家。通过会议，各个国家都获悉此消息，但都选择对人民保密。各个国家都清楚这意味着什么，纷纷备好武器。他们表面团结一致，实则各怀鬼胎。

黑暗森林法则是被世界公认的法则：若发现外星生命，我们要先发起攻击，否则会被消灭。所以各国决定率先出击。

各国舰队整装待发，携带着人类的狂妄和野心开始升空。此时S国的部队已进入太空，这是一支秘密部队，他们的责任是进攻R星球时"不小心"袭击其余国家的卫星和舰队。

太空战争打响。新型太空武器玄兵不断涌入R星，在一次又一次碰撞之后，R星开始有些破损。密密麻麻的舰队进入R星，谨慎地在凹凸不平的土地上探索生命，一步一步走向深渊。一个庞然大物突然从地底翻转出爪子，直起身子，遮天蔽日，留下一片阴影。军人们愣了一下，突然醒悟般地架起能量武器，一束又一束光照在R星人身上。很快，它的生命迹象越来越微弱。就这样，每个能被监测的生命都被一一消灭。当然付出的代价是相同的，卫星尽毁，军队损失惨重。

此时地球战争也在进行。各国心里清楚这些卫星是如何被撞击的，暗中摧毁他国卫星的秘密部队自然也不只S国。像多米诺骨牌一样，一片倒下，就会有连锁反应产生。终于，国家之间已不甘于使用传统的机械武器和能量武器，新威慑武器上场。到处都是黑烟滚滚，房屋塌陷，尸体堆积，活生生一个地狱。人的身体扭曲、残缺，仿佛是镶嵌在罗生门里的屏风。果然，人类还是被自己的野心吞噬了，那残存的人性能拯救的只是一小部分人。现在这片残破不堪的土地，更像诺亚方舟，沉浮于所谓人性之中。

在场这战争之后，人们看着这片土地，带着怜悯和不舍，以及人类惯有的后悔。不同肤色的人们不再囿于成见，他们眼里含着泪，弯腰拾起知识和美好希望，重新建造家园，重新编织一个美好的未来。

这归于和平的土地倒是实现了几百年前一位儒学大师的愿望：大同社会。

*指导老师：王建林，文学学士，毕业于西安交通大学中文系汉语言文学专业，中学高级教师，发表论文多篇，多次指导学生获国家级作文大赛奖项。*

# 天下大同？天下大同！

朱欣然 / 高三年级　綦　欣 / 指导老师　北京市第一六六中学

环境还在恶化，地球上的资源越来越少，这样的"供不应求"引得全球各个国家为了地球的资源进行了持续百年的战争。在百年的大战中，弱小的国家被吞并，势均力敌的国家僵持不下，这样的局面持续太久了，战士疲于战斗，人民疲于奔波。人们终于意识到战争再这样持续下去也没有任何意义，一直以来期待的禁止战争条例在这个时代得以实现。

条例一出，联合国大会就资源如何公平分配的讨论僵持不下，突然有人提出，在中国古代孔子已经对这样的社会提出了治理的观点，成员们一听觉得这是个办法。一架又一架飞机都飞向了中国，所有人都想找到大同社会的治理方法。中国政府也在寻找名叫《论语》的一本书。消息发出几天后，有一位头发斑白的老人拿着一本平整的书走进了政府将书交给了工作人员，他只留下了一句话："老祖宗留下的真知怎么落得这个地步？"没有人在意他的话语。所有人都想赶紧在这本书中找到治理社会的答案。《论语》成了全球人民依法必学的书目。

人们好像从孔子的话语中看出了一些思想：礼乐治国。白色皮肤金色头发的人用自己国家的礼仪祭祀中国的土地神，各国政府下令各国各条街道每天必须时刻播放音乐，所有人都认为这已经达到了礼乐治国的要求，所有人开始期待未来和平美好的生活。可是这个方法的效果不尽如人意，虽然没有公开的武装斗争但是暗地里各国的钩心斗角不停。所有人都把这样的效果归结于礼乐治国的方法不管用。

人们又翻箱倒柜找出了那位老人捐出的那本书，书已经被搁置在角落多年，早已破烂不堪。人们试图再找另一个方法来试一试。书里说：安贫乐道是君子的作风。所有人如获至宝，都认为找到了资源合理分配的方法。他们暗笑自己的愚蠢，礼乐倡导不用政府过多参与让人们自己完成合理的分配怎么可能实现？只有现在的方法让人们处于贫困能使天下大同没有战乱。政府开始下令减少市场上食物的供应。渐渐地，人没有了温饱的保证，以前只是钩心斗角，现在在路上都可以看到光天化日之下明抢别人食物的现象，这个方法果然又失败了。

人们觉得自己被骗了。这本书根本就是假的，所以里面所提到的方法都是失败的。各国政府首脑一起要前往那个老人的家里逮捕他。当他们推开门气冲冲地走进房间时，发现里间空无一人。老人的书桌上留了一封信，信中只有两句话：作为治理者只能识其表面不能解其内涵，可悲；作为中国人不记得自己民族精神的内涵，可悲。信的下面是老人为《论语》做的译注。这时人们才认识到自己的愚昧之处。

大同是人们心中的大同，它不只停留在表面。

终于千年后的儒家文化在世界大放光彩，人们根据老人留下的注解和自己的努力走向了大同社会，没有了残杀和伤害，没有了黍离之痛，没有了温饱之忧。

*指导老师：綦欣，毕业于首都师范大学汉语言文学专业，中学一级教师，北京市东城区骨干班主任，曾获北京市"紫禁杯"优秀班主任称号。*

# 罪　人

朱之寒 / 高三年级　黄自伟 / 指导老师　浙江省台州中学

　　我走在空无一人的街上，落叶积了八层。

　　擦得雪亮的高筒靴踏在植物破败的身体上，叶脉发出清脆的断裂声，一声接着一声。

　　拐进熟悉的小巷，触摸斑驳的门牌。流年侄傯，我知道，这家，我已阔别三十年。

　　打开陈旧的电视，三十年尘封的它却运转如新。也难怪，毕竟这个时代所有产品的保质期都几近永恒。

　　电视里机械冰冷的女声正在宣布日前全人类最为关注的消息。"今日，人类各国政府联合宣布：将全面销毁武器，未来永不发动战争，各个国家、各个民族要学会互相尊重、互相包容，共同创造全球的和平时代……"

　　我摁下红键，瘫倒在沙发上，想起七天前那个遥远的下午。

　　大约三十年前吧，世界大战又一次拉开了序幕。所有符合条件的成年人都应国家征召，去往军事基地进行有关能量武器的学习训练。在那一批军人中，我脱颖而出，凭借良好的科技基础，进入某个秘密科研小组，参与有关新威慑武器的研发。

　　当时的我，曾以为那是至高无上的荣耀。

　　三十年间，我目睹无尽的无烟炮火席卷全球重要城市，曾让人们引以为傲的无坚不摧的建筑群在电磁炮的精准射击下轰然倒塌。居民流离失所，食物短缺，大部分人痴痴坐在原本为"家"的废墟上，麻木地等待着死神的降临。

　　一个自诩高度文明的社会，竟为资源、利益沦落至如此野蛮的地步。

　　我逐渐对自己研发的武器深感恐惧。

　　但我是军人，军人要无条件执行上级的命令。

　　然后，那个遥远的下午，来了。

当接到上级命令我准备开火的那一刻，我的心跳停滞了一秒。不是科研成果即将被展示的紧张，我眼前浮现的，是无数母亲怀抱哀泣的孩童，是无数老人蹒跚的步伐，是世界另一头那个或许也准备开火的国家。

无需我动手，自有操作员会摁下预示死亡的按钮。

三天后，人类人口减少四分之三。

四天后，人类各国政府首脑召开秘密会议，经过整整两日不眠不休的争论，决定进入和平时代。

七天后，所有在役军人被遣送回家。

我望着室内不曾移动半分的家具，心里想着，大概那个意气风发立志为祖国效力的少年，也从未料想过会以如此的心态重回这个家。

我知道，我是罪人。

但只有我是罪人吗？

指导老师：黄自伟，高级教师，曾获地区教学大比武一等奖，国家级作文大赛优秀指导教师奖，发表论文多篇。

# 放下武器，对话解决

邹天畅／高二年级　北京师范大学附属中学

"感谢各国代表，这是来自山国的声音。如各国代表所见，现今国家间战争不断，很多古迹都在战争中受损，生灵涂炭，很多无辜百姓受到威胁。战争是不必要的，我们可以放下武器，对话解决问题。所以我方提议，销毁全球所有武器，停止一切战争！"话音刚落，场下一片欢呼。很多代表说道："终于要进入和平年代了！"随后，《全球无武器协定》获得通过。

全球禁武第二天，各国纷纷开始销毁武器和设备。而此时一架飞机从关国军事机场悄悄起飞，向利国一处化学仓库投下几个包裹。随着几声闷响，仓库被摧毁，大量氟氯烃化合物气体外漏，在利国上空臭氧层烧了个大洞。与此同时，关国发出通告，宣称利国偷偷研究武器，违背了《全球无武器协定》。当然被炸毁的只是普通的化学仓库，并不存在武器。利国因受到怀疑和袭击而非常气愤，在关国附近接连造成几起破坏性的"科学实验事故"，试图报复关国的怀疑。两方就此开始了"科技"交火。

山国发现双方恶劣行为后紧急召开了联合国会议。在会场上，利国代表任由他国代表说理，不为所动，会议进程好像没油的卡车，停滞不前。就在政客们唇枪舌剑时，臭氧空洞造成的极强紫外线如死神般照射着利国境内。许多弱小的生物承受不住高能辐射，死亡了。户外的人们必须涂抹大量防晒霜或用厚厚的衣物遮挡辐射，环境研究所临时组成紧急臭氧层修复小组，宪兵在平息民众因不满引发的骚乱。紫外线强辐射事件已占据各大新闻头条。

"我们没有使用武器啊！你们指责的依据在哪儿？"关国代表表现得像个局外人。利国代表怒吼道："你们根本就是袭击！为什么怀疑我们就搞突击检查？走流程了吗？"关国代表也拨起话筒："不突击检查，还等你们藏起武器？"罗国代表提示道："不要吵了，你们在这里每多浪费一秒，臭氧空洞就会越大。最终造成的损失将是全球性的！"会场瞬间陷入沉寂。关国代表即刻换上好人面具，微笑道："环境问题是人类共同面临的，要优先解决！利国代表，不要再计较了，让我们对话解决吧！"利国代表脸都气红了，但大家一致建议先处理臭氧层，只得咽下这口气。

"小面积的空洞可以通过补充臭氧解决，大面积的破坏只能用二氧化硅气凝胶了，这是人类历史上兼备轻量、透明且反射紫外线的唯一材料，只是价格……"山国代表无奈地摇摇头，"但为人类家园考虑，希望各国伸出援手。"

一块 2 厘米厚、50 平方千米面积的二氧化硅气凝胶像补丁一样打在臭氧层空洞上，阻碍了紫外线辐射，缓解了危机。利国总统回国，眼前的景象险些让他晕过去：广袤的国土上尸横遍野，庄稼花草枯萎衰败，河面上飘满死鱼，越来越多的白内障和皮肤癌患者涌向医院。由于动植物大面积死亡，商品价格直线上升，利国已陷入混乱。"这破坏简直可以匹敌战争损失了！一切都是关国的计谋，用非武力手段对我国进行制裁，破坏地球环境不算间接使用武器？这难道不是战争？对话解决，与山国是可行的，但与霸道的关国，是不可能的！"

一星期后，联合国环境署的会议上，两个总统又见面了。看到关国总统，利国总统不再犹豫，拿起茶歇台的水果刀，向关国总统一步步走去……

# 小作文：梦想中的未来中国是怎样的

## 1

七十载栉风沐雨，七十载砥砺前行，七十载波澜壮阔，观看完七十周年国庆活动，我心潮澎湃，久久不能平静。

从两弹一星，到探月工程，再到今日，神舟飞天，蛟龙入海，天眼傲世，5G 领跑，太湖之光照亮神州大地，我们的征途是星辰大海。但这只是第一个七十年，还会有第二个、第三个……纵时间新故相推一往无前，唯奋斗接续发力永不止步，梦想指引着我们冲向未来。

我梦想中的未来中国，是美丽的。它会持续发展民生科技，从中医药中汲取精华融合现代医药，沙漠绿树也能种得生机勃勃，垃圾全部循环利用真正实现零污染，反重力技术成熟，建成空中悬浮城市，人工智能应用到每家每户，身体器官随坏随换，时空穿梭隔空传物像发个短信那样简单。

我梦想中的未来中国，是富强的。它会致力探索科学奥秘，实现超光速的宇宙航行，去发现其他的智慧生命，拓宽生存空间，人脑接入电脑以意念收发消息进行交流，深入地心开发资源，登陆太阳获取能量，认识宏观世界探求微观尽头，得到宇宙大一统模型，解码基因奥秘探明生命内涵，知晓你我来处。

"乘风好去，长空万里，直下看山河。"这一切梦想，都会在你我手中成真。纵有千古，横有八荒，前途似海，来日方长。美哉我少年中国华诞七十初心不改，壮哉我中国少年放眼四海赢得未来！

（蔡汶晓　山东省　沂南县第一中学）

## 2

新中国成立七十周年，无数中华儿女奉献出自己的青春与汗水，才创造出当今让世界瞩目的成就。从中国制造到中国智造，中国实现了科技的完美转身。回首昨日，重视当下，展望未来，梦想中的未来中国，一定是和平昌盛的科技中国。

中华民族一路摸爬滚打，取得了一系列的成就，天眼、超级稻、青蒿素等已成为一张张闪亮的中国名片。现在，我们仍然面临挑战，HIV、癌症仍在一刻不停地威胁着人们的身体健康；能源枯竭、环境恶化，寻找新能源、保护生态的步伐刻不容缓；人工智能、5G

时代即将到来，中国已错过两场工业革命，好不容易挤上第三次科技革命的末班车，面对新一轮技术革新，中国能否抓住时机，走在科技创新的前列，实现从跟跑者到领跑者的突破，值得每一位中华儿女深思。

未来的中国，一定是一个更加有人情味的国家，医疗科技的发展使得原先许多不治之症的康复成为现实；人们使用科技改变生活，更看重人与人的沟通，人与人、人与物、人与自然，和谐共存；中国与世界各国友好交流，国与国不再争斗与排斥；万物互联不再仅仅是概念与尝试，而是触手可及的生活。

以今日之奋斗，逐未来之梦想。未来中国，我来了！

（曹宸旸　山东省　淄博实验中学）

## 3

"中国的昨天已经写在人类的史册上，中国的今天正在亿万人民手中创造，中国的明天必将更加美好！"

我站在历史与未来的节点上，回首70年来的征程，品尝百味酿就的甘甜，心怀希望的蓓蕾，展望未来中国的盛景。从积贫积弱到一跃成为世界第二大经济体，从初发东方声音到如今发出时代强音，从"飞机不够就飞两遍"到如今"东风快递，使命必达"，中国以令世界惊叹的速度崛起，5G应用，高铁飞驰，蛟龙下海，嫦娥探月，墨子问世，悟空飞天，魔稻喜人，AI领跑……世界依旧是那个世界，但中国早已不是那个中国！

遥想未来的中国，一定雄狮昂首，磅礴东方，互联网、VR、人工智能将携手世界引领变革，万物互联将不再遥远，量子通信保证信息安全，新能源的发现运用带来生态活力，杂交水稻覆盖全球成为现实，和平发展共赢的中国智慧造福世界，中国带领人类走向天下大同！

中国的昨天是"雄关漫道真如铁"，中国的今天是"人间正道是沧桑"，中国的明天是"直挂云帆济沧海"！

（曹瑞霖　河南省　汤阴县第一中学）

## 4

"我和我的祖国，一刻也不能分割……"

这首在耳畔回荡了一星期的歌曲，在祖国母亲生日这天再次被唱响。70年来，我们不忘初心，祖国在不断前行。阅兵式上新型武器亮相，中国高铁四通八达，中国天眼望穿苍穹，我们不能割舍的是祖国的一草一木，是强国成果，更是祖国无限的未来。

未来的中国会是怎样的？

也许10年后，中国的6G通信技术覆盖全国，电子信息化时代早已到来，所有的传输时间都已提高到毫秒级，生活更加智能和便捷，遥远的距离在那时也只是近在咫尺。也许

15 年后，人工智能来到千家万户，机器人与人共同生活，春节时也能动"手"包饺子，做一桌好菜。也许 20 年后，中国 GDP 排名世界第一，各类武器装备技术高超，人民生活幸福安康。也许 30 年后，凡人的太空旅行已不再是遐想，中国已经在月球建立基地，人人都能上天，甚至居住在"广寒宫"中，圆一个太空梦。现在的祖国赋予我们青春与梦想，未来可期。

"文明圣火，千古未绝者，唯我无双；和天地并存，与日月同光。"

（陈予涵　云南省　云南师范大学附属中学）

## 5

这盛世，不染灯火烂漫，不慕锦歌绣舞，一切正好，如我所愿。

锦旗一飘，我又想起不久前那场盛大的阅兵式。

飞机划过长空，留下中国人永远的骄傲。七十年前"飞两次"，七十年后"不够飞"，又是一个晴朗的时代。细想这些年来中国的成就，不论是构建人类命运共同体，还是突破技术封锁勇攀高峰，她都完成了自己的梦，那就是——"盛"！作为一个经历了由盛而衰再由衰而盛的国家，中国拥有的远远不止这些。

未来会怎样，我不敢妄言，只是始终坚信：她会变得更好。和平与发展为依，我梦想中的未来中国在发展高新技术产业方面会做出进一步的调整和规划，走向世界科学舞台的中央。人工智能的普及是大趋势，中国若是能够加大创新力度，必然可以推动世界的转型，稳稳立于战略前沿。

未来的中国会以梦为马，建成科技高度发达的国家，屹立于世界民族之林！

（楚思齐　陕西省　渭南高级中学）

## 6

回想起十月一日的阅兵仪式，我的内心依然翻涌。祖国的成长当真是一场彪炳千秋的伟大革命，我来迟了，没有看见上一代仁人志士的风采，却有幸一睹中华盛世雄姿。这就足够了吗？不，中华还会更好。

蛟龙入海，嫦娥奔月，量子通信全球首创；天眼探空，鸿蒙出世，科技创新全球领先。中国过去的成就已写入人类史册，而未来正在千千万万人民手中创造。未来的中国不会是四处侵略的野心家，他是深谙中庸之道却又锋芒毕露的君子，科技将是他强有力的武器与威信。未来的中国当是科技的中国，太空航行，黑洞探险，不断开拓宇宙；东风凛冽，鹰击长空，军事力量再上一层；全息影像，生命冷冻将电影中的情节变为现实。

中国的标签绝不只是科强国，科技惠民更是大国风采，智能门锁、基因追捕让社会安定夜不闭户。山河犹在，国泰民安，还有大国外交不能忘却，未来中国的"丝绸之路"将遍布全球，实现互利共赢。

愿我中华继往开来，梦想中的未来终成现实，吾辈少年甘愿投身科技，愿将一生献给国家。

（崔嘉航　辽宁省　辽阳县第一高级中学）

## 7

祖国七十华诞庆典已落幕，十载复十载，无论是尖端科技还是基础设施，中国取得的成就全球瞩目。借此机会，我愿提笔勾画梦想中未来中国的蓝图。

国家方面，继"神威·太湖之光"的新型超级计算机落成，每秒 12.5 亿亿次的运算能力以及更加完备的大数据系统使其对于天气及其他灾害的预判能力更为精准，沿海地区的国民财产安全得到保证。清洁能源会全面取代传统能源，科研人员成功研制出超导缆线，电能在传输过程中的损耗大大减少。石墨烯的秘密被解开，手机十秒充电完毕再也不是梦想。火星的表面也终于留下中国人的足迹。

社会方面，人工智能全部投入日常使用，高危职业被机器人全面取代，人们工作更加轻松，每周仅需工作四天。新型治癌药被研制出来，不再是仅仅用激光遏制癌细胞的增殖，而是彻底改变基因序列，将癌细胞重新转化成健康细胞，普遍存在而难以治愈的疾病如阿尔兹海默症等提前检查准确率大幅提升，家庭成员可以提前做好准备。

公民方面，公民平均寿命突破八十大关。智能家居覆盖全国，家居机器人安排好全天饮食起居。偏远地区的求学者仅需一部智能手机，便能倾听来自千里之外知名教授的在线课程。出行旅游无须跋山涉水，全息投影让景点"住"进家中。

此生无悔入华夏，中国未来可期！

（崔景宜　浙江省　桐乡市高级中学）

## 8

我华夏之龙，必将腾跃于世！

今天观看了七十周年国庆阅兵式，直到现在我仍然激动自豪难以自持。现在的中国是怎样的？它是积极开放、大气负责、智慧创新的。早已不是那个墨守成规毫无"科技"可言的屈辱中国，今日之中国以科技立世，它是一条继承古老智慧的初生之龙，浩气昂扬！

还记得周总理在开国大典时说的"飞机不够就飞两遍"，而现在中国不仅有世界领先的歼击机轰炸机，连大飞机我们也可以完全自主生产了。庞大且富有活力的科技创新体系已然成形，这盛世如您所愿！

中国龙绝不止于此。我梦想的未来中国，必是一个人人亲近科技、科技融入生活的先进国家。最重要的是科技真正深入教育。每个人的家里都有小实验室，那是孩子们想象力的温床。不仅能做各种实验，更重要的是自我创造。通过万物互联和全息等技术，孩子们可以自主设计软件、机器，或在时装设计中追求黄金比例的几何美，或在沙盘式的材料中搭建自己的自然世界，或是享受创造星球的快乐。创新已成常例，诺贝尔奖也可以在"家里"出现，人人都敢于追求兴趣，那会造就一个生机勃勃的强大中国。

这绝不只是个梦。中国龙，试腾飞。

（邓钰婷　湖北省　宜昌市夷陵中学）

## 9

"大道之行也，天下为公。"

蛟龙入海，鸿蒙初辟；书写乾坤，字字生辉；北斗导航，恣意江山。中国的一声声怒吼，已然成为划开黎明的一道曙光。

尽管曾经的我们受尽磨难，流年黯淡，但我们不惧，我们坚定地走在大道上，两弹一星的背后，是无名的英雄；杂交水稻的后面，是长久的坚持；高铁铁轨的前方，是探索的精神。当这些人为国家做事时，他们不在乎小我，他们愿意为了建设社会主义强国而奋斗。我们所有的中国人，都应有的最高理想，也就是我梦想中的未来中国——实现共产主义。

儒者说："大道之行也，天下为公。"尽管几千年的传承使儒学变了味道，但我们仍能看到他们的初心。中国始终奉行和平发展战略，面对霸权主义和强权政治两大劲敌，我们不畏，努力将中国建设成为一个鳏寡孤独废疾者皆有所养的共产主义社会。路不拾遗、夜不闭户将不再是空话，国人心往一处想，劲往一处使，必将实现共同富裕。

"人人相亲，人人平等，天下为公，是谓大同。"

我深信，中国必然向好！

（董昊楠　天津市　天津英华国际学校）

## 10

70年后的2089年。

天下升平，万业俱兴。

中国屹立在世界东方，更屹立在数亿中国人民的心中。从世界第二大经济体一跃成为世界第一大经济体，从小康迈向全面小康，无不彰显着2019年到2089年伟大祖国的强大魄力。

70年前，我看着密布的高铁像星火般点亮了整个国家。现在，星火依旧，而网状交错的高空航线似熊熊火焰。此时，我们有资格将"航空领域世界第一"的额匾举过头顶，向世界宣告我们的领先。

70年前，我看见了屠呦呦获得诺贝尔奖。70年后，中国已涌现一大批科研人员，获得的诺贝尔奖不下十个。

70年前，我看见了地震来临，震区人民不抛弃不放弃，等待救援。而现在，我国灾害预报已做到了世界第一，遇灾无损。

从 140 年前到 70 年前，是质的飞越。从 70 年前到现在，也是毫不逊色的 70 年。同时，维和、治安工作领先世界，从不怠慢。

2089 年，你看见了吗？

（窦铭希　天津市　武清区杨村第一中学）

## 11

"红日初升，其道大光；河出伏流，一泻汪洋。"一百年前，梁启超做了一个梦，他梦见中国在中国少年的努力下华美壮丽，繁荣昌盛。如今，他的梦实现了，中国这头雄狮正逐渐醒来！

今天，身为中国少年的我，也做了一个梦，梦到了这头雄狮彻底睡醒的样子！

我梦见未来的中国奇幻多姿，"可上九天揽月，可下五洋捉鳖"再也不是畅想。空间站的全面建成，星际的探索改造，让人口不再是环境的压力；深海底部的探秘，让我们对地球这个家园更加了解；碳基生命的起源与进化轨迹研究的突破，帮助人类完成了又一次的进化之旅，实现了质的飞跃。

我梦见未来的中国便捷与美丽并存。反重力飞艇让人们随时可以到世界各地旅行，人工智能全面普及，基因工程所培育出的花草树木覆盖了沙漠与荒原。随处可闻鸟语，随处可嗅花香。

我梦见未来的中国壮美华丽，我梦见未来的中国闪耀无比，梦想中的中国闪耀辉煌！

（杜友善　辽宁省　辽阳石油化纤公司高级中学）

## 12

以强国为圆心，以努力奋斗为半径，以科技为笔，画一个让世界举世瞩目的圆。

以前我们只能观星测位，仰望星空，现在我们有了"天眼"，可以尽情遨游于太空，寻找最亮的那颗星，也许以后我们可以通过科技，看到不止银河系的星星。宇宙无边，70 年的时间我们仅仅探求了一部分，冰山一隅不能止住前进的步伐，未来的中国超越现在，会发现更多未知事物。

以前我们出行乘坐的交通工具速度不高，现在我们有了高铁、C919 等更快更便捷的交通工具，也许以后我们可以通过科技，拥有更多更全面的出行方式，可能不仅仅局限于地球。近代中国被嘲笑铁路不如印度，现在中国走在世界高铁先列，我们不仅有成就，更有对未来的使命感。

宇宙浩瀚无边，长路漫漫无垠，但中国的未来可以在太空开出最美的花，创造更大的奇迹。

（方星颖　云南省　昆明市官渡区第二中学）

## 13

前不久，天安门广场举行了盛大的 70 周年大阅兵，让我热血沸腾，心情澎湃。除了严肃规整的军姿，最引人注目的便是科技创新方队，C919 大飞机、"墨子号"、天眼的模型同时在一辆电车上展现。十年里，中国的科技飞速发展，这让我不禁想象十年后二十年后中国的样子。

2035 年，中国在科学方面取得重大突破。医疗方面，中国研究出能使单个细胞成像的技术，这使医学家在认识细胞间的相互作用方面取得了质的飞跃。在量子流式成像技术的协助下，神经突触细胞可通过耦合受体来识别并吞噬癌细胞，癌症不再是无药可救的可怕疾病。

2050 年，中国成为一个社会主义现代化强国，5G 技术遍布全国，这给人们的生活带来不少便捷。在人工智能方面，机器人成为老师的助教，老师仍承担着引导与启蒙的作用，而机器人所存储的大数据信息则满足了学生对课外知识的渴求。人机合一，人机互动课堂遍布各个学校。

红日初升，其道大光。衷心祝愿祖国的明天更加美好！

（房　悦　江苏省　泗洪中学）

## 14

透过家中的投影屏幕，看着战士们仿佛钢铁洪流坚定向前，他们身后是先进的大国重器。看着学生们载歌载舞，手持一块块发光的小屏幕，在华夏的夜空下拼出辉煌的发展画卷，我心潮澎湃。这是新中国的缩影——强大而温和，深邃而包容，古老而朝气蓬勃。

在我的心中，未来中国的盛举，当由科学与文化共襄。未来的中国，在科技飞速发展的推动下，财富与文明的源泉将更加快速而合理地在中华大地充分涌流，无论是繁华沿海，还是边陲小城，都能享受盛世重光。5G、6G 乃至更多的发展成果，使全息的实现成为可能，人们足不出户就能走遍大好河山，聆听万物之声。中国速度、中国质量、中国创造将享誉全球，造福八方。中华儿女的足迹乘着科技的翅膀，飞向更高远的深蓝夜空，探寻更深远的奥秘。在未来中国的各大学府中，不同国家和地区的学生共同学习，激扬文字，取长补短，求同存异，聚同化异。科研人员砥砺奋进，为更广阔的未来焚膏继晷，坚定不移。

未来的中国，科技昌盛，文化昌明，国泰民安，永存壮年之力，长持少年之心，仰望星空，脚踏实地，一路勇往直前。

（冯兰舒　云南省　云南大学附属中学星耀学校）

## 15

中华人民共和国到今天已成立七十周年，这是由积弱到腾飞的七十年。踩过泥泞和风雨，一路负重前行，身后的一点点足迹证明了科技的重要性。"墨子号"的发射，昭示着中国已在量子力学方面摘得桂冠，量子技术的发展会让中国在未来的七十年中翻天覆地。哪怕高铁时速世界第一，也无法比拟量子运输技术的普及。分身将成为可能，你将能够做到同时在上海、北京和杭州出现。

在未来，中国的医疗水平将令世界惊叹。HIV 变异的速度再快，它都能被消灭。中国人的免疫系统将更新换代，一切病痛都会远离人间。5G 技术领先世界，芯片将成为未来科技最基础的技术，5G 将成为沧海桑田的一个瞬间。中国人的智慧，将在未来创造出比沧海更壮阔的汹涌波涛，比巫山更美的梦想图景。

生态将与科技结合。中国人，既打得了科技江山，也守得住绿水青山。我梦想中的未来中国，比《富春山居图》更美，比《命运》更宏大。

（傅昭衍　浙江省　东阳中学）

## 16

70 年，留下的不再只是历史匆匆碾过的痕迹，而是一部沉重而又辉煌的史诗。

70 年后再出发，而今迈步言未来。

也许寥寥数年，高铁、磁悬浮列车就不再是中国人生活出行的必选，空中飞车、昆式飞行背包将光荣地接下交接棒，以翱翔于天的姿态为中国书写新的光彩。

也许悠悠流年，3D 立体打印遍地开花的同时，4D、5D 乃至更高维的全方位立体打印技术会耀世而来，为中国的科技发展锦上添花。一眨眼的工夫，楼房便可"从天而降"，其他种种，更不在话下。

也许旷日经年，全息投影技术不再只是我们昔日的浅尝辄止，而化为生活的日常，是千千万万远离家乡的人们心灵慰藉的良药。

或许，再过 70 年，人人都能享受更好的生活和居住条件，社会中的高自动化、智能化的服务设施层出不穷，国家更以科技创新强国的姿态屹立于世界民族之林，书写新辉煌。

梦想中的未来，中国必将以扶摇直上九万里的气势，勾勒新的蓝图，创造新的奇迹！

（高培森　河南省　郑州市第九中学）

## 17

当中国天眼 FAST 向星海核准方向撕开未知的混沌，当移动支付的光点遍布各个大洲，当东风洲际导弹在进行曲中走过天安门广场，我看到、我相信，这是属于中国的黄金时代。

天安门阅兵式和群众游行令人心神一振，空中加油机、水陆两栖作战车、东风洲际导弹，还有回望七十年主题表演，这让人心潮澎湃，激动万分。展望未来，未来的中国会是这样：立足自身优势，将品牌产业做大做强，依靠大数据进行多行业探索；利用基因分析预测新生儿重大疾病风险并从出生起由 AI 智能监控生理指标配置饮食，从源头做好医疗保障；加大科研投入，倡导全民崇尚科学的氛围；建立超算管控的交通管制体系，发展多维度立体交通以缓解拥堵；进一步推动移动支付，通过面部、角膜识别加强安全性……

我们都是筑梦人，路就在脚下，总有一天远方会在奋进中被我们征服。

（葛艺婷　辽宁省　辽阳市第一高级中学）

## 18

今天是 2019 年 10 月 1 日，国庆。当我写下这段文字时，我的心依旧被激动与自豪填满。迎面走来的军人方队英姿飒爽气势昂扬，那新型武器尽展中国力量，这是我们中国的辉煌成就，是我国经济迅速发展的伟大见证。

而未来的中国是怎样的呢？

我梦想中的中国，应该是一个更加尊崇创新的国家。高等教育的普及培养了更多高知人群，越来越多的年轻人投身于科研领域，创新不再是一个遥远的名词，而是一个普遍的现象，在日常家居、出门旅行等生活各处，都能实现智能化、科技化。同时，人们的生命安全也因科技而有了更多保障，困扰人们的疑难杂症因创新而得到解决，人体检查在家便能自行完成，药物的效果显著提高且副作用减少，许多医疗机器人也被投入使用。手机、电脑等设备功能也大大增强，VR、全屏投影等技术可以让人们"面对面"交流谈话……

中国，定会在下一个七十年绽放更耀眼的光芒！

（郭天悦　山东省　惠民县第一中学）

## 19

忆往昔，新中国成立之初，泱泱大国，百废待兴。"除了能造桌子椅子，能造茶碗茶壶，能磨面粉，连一辆汽车、一辆拖拉机都不能造……"

看今朝，70 年沧桑巨变，40 年改革开放，中国人民实现了从站起来到富起来再到强起来的伟大飞跃，一条条铁龙爬上了高原，人造卫星接连上天，"嫦娥"登月，"蛟龙"入洋，中国天眼雄视宇宙，中国高铁领先世界，港珠澳大桥飞架三地，天堑变通途。

展未来，中国将迈向社会主义现代化强国，在科学技术领域将尤为突出，5G 技术将由中国引领，面向全球，走向世界，届时全球将实现万物互联，日趋成熟的人工智能技术持续造福人类。在科技方面，不止 5G，中国还将实现芯片核心技术自主研发，掌握自主知识产权。在农业方面，将实现水稻亩产 900 千克的超高产水稻品种的培育和推广。在医学方面，未来中国将破解基因的奥秘，通过改造染色体上的端粒，延长人类寿命。在交通方面，无人驾驶将会普及，磁场悬浮车、飞行器等交通工具将走入日常生活。

愿未来中国，更加辉煌！

（黄鉴雯　山东省　栖霞市第一中学）

## 20

未来的中国会是怎样的？这一奇妙的想法刚在脑海里萌芽，就迅速生长，开出鲜艳的花。70 年间，中国发生了翻天覆地的变化，从积贫积弱的新生政体蜕变成冉冉升起的东方红星，中国经济由量变向质变发展，中国人民迎来了从温饱不足到小康富裕的伟大飞跃，中国社会迎来了从追赶时代到引领时代的伟大飞跃。当我们点亮了大漠的蘑菇云，送走了太空的神舟飞船，为港珠澳大桥的建成通车热泪盈眶，为领先世界的 5G 技术欢欣鼓舞时，是否该想到，祖国的未来将更加成为国人的骄傲？

我想，到那时，我们的生活将会变得无比舒适与安全。生活在现代化强国的我们，将有更加强大的科技作为后盾。货币完全实现了数字化，我们再也不用担心上街没带钱包，只需通过个人信息识别即可购物。更不用担心的是个人的生命与财产安全，因为随身携带的腕表将配有危险识别与防范功能，而发达的量子通信与网络逆渗透技术也将更好地保护我们的隐私。

随着科技的发展，我国国防实力将更加强大，为国家安全提供坚实的后盾。

未来的中国，一定会成为一代又一代国人心中的骄傲与依靠。梦想的实现，要靠我们用勤劳的双手去奋斗、去创造。

（江青云　江西省　赣州中学）

## 21

七十年弹指一挥间，七十年出发再向前。七十年也许足以让个人的记忆零星破碎，但泱泱华夏的记忆仍历久弥新。

一场气吞山河的盛大仪式，使我，使每一位中华儿女为之动容，为之自豪。中国科技腾飞，中国人民强起来！

我见到秋风中猎猎作响的红旗，畅想祖国的不朽盛世。

大漠深藏功与名，几度寒暑寄深情。两弹一星，探月工程，北斗导航，荒无人烟的实验基地却编织出通向宇宙、联起世界的科技纽带，此后的中国必将探索更为广袤的太空，必将推动世界结为一个整体。纵生灾祸全不怕，防治建设看中华。气象预报，污染治理，科技工作者们不仅创造了金山银山，更保护了绿水青山。为了子孙后世有澄净天空，为了人类共同发展，此后的中国必将把更多荒漠染上绿幕，将太阳能板铺向世界。东方魔稻拯救了饥饿中垂死的生灵，牛胰岛素合成突破了对生命的探索，中国尊重生命更能挽救生命。

说不尽道不完的科技成就点燃了我们复兴中华的信念。我辈不出，更待何人？未来中国引领世界方向，推动世界进步，用科技之力铸不朽盛世，我期待着。

（李丽慧　山东省　聊城第一中学）

## 22

1964 年，戈壁滩的一声轰响，向全世界人民宣告：中国原子弹爆炸成功！

今年是新中国成立 70 周年。70 年中，中国科学家不断探索创新，让中国在多个领域都取得了令世界瞩目的成就：两弹一星、载人航天、探月工程、北斗导航等突破技术封锁，彰显中国力量；量子通信、移动通信、人工智能、生物技术等取得重大突破，与世界科技强国同台竞技。

在未来，蒸蒸日上的中国科技势必会创造辉煌，科技重心将放在如何提高人们的平均寿命这上面。在未来，癌症已不再是不治之症，纳米级的抑癌因子聚集会让无限增殖的癌细胞停止生长，逐渐地丧失各种生命活动，而抑癌因子在完成使命后，则会随着皱缩的癌细胞通过人体排泄系统排出体外；在未来，科学家发现人之所以会衰老，是因为人身体的机能在退化，而科学家会对症下药，充分利用癌细胞无限增殖的特性大大延长人的寿命；在未来，老年人因失足或猝死的比例大大下降，科学家研发出一种可以随时随地检测人体情绪波动的微小便携器，即使家人不在老人身边，也可以及时知道老人的身体状况。

未来的中国，一定会更加美好。

（李瑞波　山东省　聊城第一中学）

## 23

很久以前，我们雄踞世界。

于是，我们有一种使命和自信：不远的将来，我们将完成伟大复兴的事业。

过去的 70 年里，党领导我们创造了发展奇迹。经济上，我国发展成为世界第二大经济体，极大地改善了人民的生活，也推动了全球经济的发展。科技上，以工业基础、智力资源、经费投入为基石，我国形成了完备的现代科学技术体系，科技前沿取得多项重大突破，不断满足着国内的实际需求，在国际上的地位不断提高。

今日中国的成就，令人心潮澎湃。

走过千山万水，仍需跋山涉水。上几辈人的梦想实现了，我辈也有了新梦想。

我梦想着，中国借助目前 5G 技术遥遥领先的势头，掀起下一次科学技术的革命。5G 在全国遍地开花，随之催生出众多新兴行业，诸如全息技术支持的实验模拟、影音、网课、游戏等蓬勃发展，许多现在无法想象到的应用焕发生机。我梦想着，中国成为新能源汽车生产巨头，众多新能源汽车品牌在未来跻身世界一流。

中国的未来必将更加美好！

（李思缘　江苏省　盱眙中学）

## 24

今天是 2019 年 10 月 1 日，伟大的祖国成立 70 周年的日子，在北京举行了盛大的阅兵式。入眼的是过去的艰难险阻被我们一一克服，期待着未来的宏图伟业被我们一一实现。我因 70 年前的影像资料而热泪盈眶，因 70 年后的未来而心潮澎湃："中华民族要实现伟大复兴。"

当战机在天际消失，炫彩的尾烟散去，思绪也渐渐飘远。我知道的是探月，是北斗，是 5G，是 AI；我不知道的是千万科研人员仍在埋头干，用实干精神铸梦。眼前的影像变化着，慢慢幻出了未来的模样。在那时，科学家会成为最受尊敬和瞩目的职业，孩子们会带着一颗求知好问的心。可燃冰的商用让中国实力稳步提升，我们也成为首个掌握控制核聚变方法的国家，世界瞩目。中国打破了一超多强的僵局，构筑了人类命运共同体。6G 即将走入市场，太空旅行成为一种时尚，衣服采用纳米材料，出行可以不再考虑距离。虚拟现实随处可见，它不仅是娱乐，更是一种工具。中国可以做到的，也会让世界做到，世界所期待的不仅是先进的技术，更是大国的胸怀和风度。

盛世就在眼前。

（李欣怡　湖北省　宜昌市第一中学）

## 25

雄关漫道真如铁，而今迈步从头越。这并不是历史的循环往复，恰恰相反，我们正处于历史的新起点上。

我们站在这世界的十字路口了。我们环顾世间，正有八方来贺。我坚信，无论有什么样的设想都不为过，这片土地以善于创造奇迹而著称。

未来该是怎样的？大数据与人工智能将发展到前所未有的高度。它们在我们的时代已初见端倪：无人驾驶汽车的引擎正在试验园里轰鸣，随手打开购物软件，种种符合自己口味的商品便即刻映入眼帘。未来不会止步于此：有朝一日，当 5G 乃至 6G 将这世界联结为一个有机的整体，人类将从繁重的工作中解放出来，有人民的智慧与高效率的计划和执行，中国将走在新时代的前沿。当人们的身体被解放，心灵便占据了世间——彼时的中国将是政治哲学发达的、美学和艺术冠绝世界的国度。思想与文化在此交汇碰撞，开放出灿烂的文明之花。我们将重新来到世界的中央，然而绝非武力震慑之结果，而是文明的发达取得了他人的跟从，思想的自由取得了他人的认同。

是谓大同。

（李怿哲　北京市　清华大学附属中学朝阳学校）

## 26

我爱你，辉煌的成就，新梦的起点。

国庆七十年华诞的大典上，新式武器的亮相让中华儿女为之自豪，军人坚毅的风貌令人肃然起敬，庞大的群众游行队伍展现了广大人民无尽的喜悦。强盛的背后，是祖国建设者的汗水，是科学技术力量的助推。

我畅想着，未来中国，将以强盛的科技力量捍卫和平。我们不单有威慑型的坦克、隐形战斗机与海陆两用导弹等硬实力，更要将信息化发挥到极致。在威胁和平的反动势力开火之前，我们已然截获了他们的作战讯息，破解了敌方的系统编码，在无形中摧毁那些威胁和平的力量。国之重器，既要图强，更要捍卫和平。

我畅想着，未来中国，将以雄厚的科技实力引领发展。视野缩小，视线集中，在微观世界中探寻量子奥秘。成对的量子加速了各地的联系，推动着万物互联互通。我们走出地球的怀抱，走向宇宙，向更广阔的地方传播文明，续写人类历史，开创宇宙探索新纪元。

我中华后辈定为未来兴盛之梦砥砺奋进！

（刘若蕾　天津市　天津英华国际学校）

## 27

风雨如晦，鸡鸣不已。七十年风雨兼程，七十年披荆斩棘，见证了中国攀登一座座历史高峰。在下一个七十年，我们将秉持发展进步之理念，守中华民族之初心，牢记使命，推动中国勇攀座座高峰！

未来是一张白纸，包含着无限可能。中国在探月、卫星导航、5G、人工智能、杂交水稻等方面都已取得辉煌成就，同时中国仍有无限的进步空间，无限的发展可能。有了今天的成就，中国未来必将展开一幅瑰丽的蓝图。

我有一个梦想！我梦想未来中国，有无数袁隆平先生那样的人才涌现，中国不再只拥有杂交水稻，而是拥有更多优质高产品种；我梦想未来中国，拥有最高效最先进的治污技术，而高污染工业也将改造升级为绿色工业，打造真正的绿色中国；我梦想未来中国，不只见过太阳系，中国航天员将目睹整个银河系乃至河外星系，将在浩瀚宇宙中翱翔；我梦想未来中国，不再被疑难杂症困住，人类的机密被我们掌握，不治之症将被治疗；我梦想未来中国，人工智能不再局限于试验阶段，而是进入每个家庭，成为又一个中国标志；我梦想未来中国，移动通信不再受速度限制，5G也不再高端，未来的6G、7G、8G……也都是中国创造。

未来，中国领跑世界科技，建成现代化国家！

（刘雅楠　山东省　桓台第一中学）

## 28

雄关漫道真如铁，而今迈步从头越。七十周年诞辰的新中国，已经摘掉了积贫积弱的帽子。而未来中国，必将有着更加辉煌和灿烂的成就，中国将大踏步走向社会主义现代化。

未来中国是科技大国，更是科技强国。试看当代中国，5G科技领跑全球。未来中国，必将乘着互联网时代的东风，以IT科技继续领跑时代，从对外依赖过渡到高精尖自主研发，从世界制造工厂转向世界创新舞台，让千千万万中国心捧起中国芯。

未来中国是军事大国，更是和平大国。试看当今内外，从小米加步枪到"东风快递"，人民军队的壮大举世瞩目。未来中国，定会建设一支更加强大的军队，从自动化，到信息化，再到量子化，成为一支劲旅，也成为一支维护世界和平的重要力量。我们不挑起战争，但也不畏惧战争。

未来中国是世界的中国。试看当今中国之行，试听当代中国之声。未来中国，将在世界舞台上继续发挥着不可或缺的作用。中国之声的地位更加不可撼动，五星红旗将会更多地飘扬在需要中国的每一个角落。

梦想中的未来中国，是科技、政治、军事实力空前强大的现代化国家，未来中国必将更加富强。

（刘洋廷　山东省　烟台第一中学）

## 29

今天又重温了一遍70周年国庆活动，那份激情仍在我心中回荡。对于国家，那种骄傲与自豪是总也道不完的。

从新中国成立至今，70年飞逝，中国从落后到比肩世界再到世界瞩目，这中间的艰难岁月，好似我亲身经历过一般。现在我们这一辈的生活很便捷，是前一辈靠双手奋斗来的。他们带领中国迈进科技大国新时代，站在世界舞台中央。中国崛起靠科技，未来科技又会如何发展呢？它一定很厉害。

如今，部分企业已经使用各式各样的机器人代替工人生产、工作，未来人们应该口头就能下达指令了吧。如今，高铁呼啸，奔走于全国各地；未来，高铁速度会更快吧，坐上感觉在空中一般却平稳踏实，有没有可能从云南到东北只要一小时呢？如今，我国是少数几个拥有核武器的国家，各项国防科技不容小觑。未来，在核武器震慑下，定位导弹可从国内发射，快递到家，隐形战斗机歼敌于无形。中国在绿色发展的道路上也会有重大突破：垃圾分类，太阳能发电，污染治理……

我有我的少年梦想，我们有中国梦，梦想终将实现！

（毛夏洋　河南省　长垣市第一中学）

## 30

今天，是一个伟大的日子！我们的祖国——中华人民共和国成立70周年！幸运的是，我是天安门广场观礼群众中的一员！身在欢乐的海洋中，我全身心的每一个细胞似乎都在欢呼着，跳跃着。

随着一声"受阅开始"的号令声响起，全场肃静。忽然，一阵铿锵有力的脚步声排山倒海般响彻耳鼓，只见一排排英姿飒爽的解放军战士迈着有力的步伐走来。那矫健的身姿、整齐划一的动作，处处散发着军人本色！科研方阵中，一张张年轻的面孔背后是未来中国实力更加强大的希望！最令人瞩目的是，受阅装备中有我国自主研制的最新型的导弹。它拥有最全面的追踪定位系统，最远射程8000公里。一旦发射，即使是3000多枚导弹同时拦截，也只能望洋兴叹！

多么令人震惊而自豪！如今的中国，已然成为世界第二大经济体，北斗导航、量子通讯等高科技成就使我国在国际上具有举足轻重的地位！

未来的中国必将更加辉煌！到了2079年，中国将实现社会主义中级阶段目标，为迈向共产主义做准备。外交上，我们求同存异，和平共处；经济上，我们开放包容，建立经济共同体；科技上，我们稳居世界之首，科研成就令世界瞩目！中华文化传播至世界各地，不断发展壮大。

未来，青山犹在，绿水长流；未来，人才辈出，灿烂辉煌！

（毛一平　北京市　密云区第二中学）

## 31

今天是中华民族举国欢庆的日子——国庆节，新中国成立70周年。我怀着无比激动的心情与崇高的敬意看完了国庆活动，我的心如波涛汹涌的大海，久久不能平静。

70年峥嵘岁月，70年壮丽春秋。70年很短，白驹过隙，弹指一挥间，一个活泼可爱的孩子变成了白发苍苍的老人。70年很长，岁月悠悠，它见证了中国天翻地覆的变化，从第一面五星红旗冉冉升起时的温饱不足到现在的世界第二大经济体，中国天眼、自主研发的C919大飞机……中国的巨大进步创造了人类发展历史上的奇迹。

发展中的中国已经进入新的历史阶段，中华民族迎来了最好的发展时代。实现中华民族的伟大复兴是我们每一个中华儿女的责任，科技是发展的不竭动力，在不久的将来，环游宇宙、探索太空不是梦；量子传输，实现万里到达只需几秒，拉进心与心的距离；人人都能吃上美味、健康的太空育种食品，医疗技术可以轻松治愈各种疑难杂症，人们每天生活得幸福快乐……想到这些，我非常激动，希望这一天可以早日到来。

未来是美好的，但是它需要我们齐心协力、努力拼搏，发展科学技术，不断创新，让这一天早日到来。

（戚琳琳　黑龙江省　齐齐哈尔市第六中学）

# 32

阅兵仪式刚刚结束，我心中那股澎湃的热血正欲喷薄而出。不得不说，祖国真是伟大而又富饶。

回望新中国成立至今的 70 年里，祖国给予了我们太多的惊喜。我们国家建立了全世界最完整的现代工业体系，也建成了极富活力的科技创新体系。在这二者的推动之下，中国一次又一次地向世界展示自我的风采。

两弹一星告诉世界，我们自己能行；载人航天、探月工程、北斗导航是对自我的又一次突破，中国再次向世界表明我们的自主研发能力、大国实力；量子技术、人工智能等更是不在话下，我们有绝对的信心与实力逐个攻破。

在未来，我们攀登的不只是月球，还有火星。未来，天眼不只是听银河的微息，更能听见宇宙的呼唤。人工智能也将持续发展，智能家具进入每家每户，人机关系和谐。未来，天灾可以避免，人们不必再为不可预知的灾祸而担忧，因为那时我国将能够精准预测，提前准备。

无论如何，中国始终在未来等着我们，中国会给世界一个奇迹！

（随可馨　江苏省　南京市第十三中学）

# 33

我正站在"海洋"中。

是的，你没有听错，我正在天安门广场前，与这如海潮般的人群为祖国 70 周年庆生。《我和我的祖国》的乐曲萦绕在耳边，这 70 年来，我们由爬到跑。从两弹一星、载人航天、探月工程到陆相成油、人工牛胰岛素、铁基超导，量子信息、移动通信、生物技术、人工智能一次又一次地走在科技前沿，等等。

正思索着，前方突然出现了一片无厚度的光屏，屏中一个穿银白色上衣与我年纪相仿的男孩正打量着我，我不由一惊，但旁边的人似乎都看不见他。

"你好，我是来自未来的人，特地在祖国母亲 70 岁生日时来看望一下。"

"真的吗？未来中国会怎样呢？现在全社会研发费用近两万亿，发明专利申请量和授权量稳居世界首位。"

"是的，在历史课上我们都学过，到了以后，中国凭高科技手段稳居世界前列，人们采用半飘浮式出行，既减少了不必要的损耗，而且更加便捷。还有，房屋也不再用传统水泥建造而是采用新型环保材料，并且可以折叠，大家不再为居住问题担忧了。对了，看我的衣服，自动根据外界调控温度、湿度……"

聊了好多后，他将清除我的记忆，但在迷糊中，我的脑海中显示着："中国梦终将实现！"

（孙福东　河北省　沧州市第一中学）

## 34

"壮丽七十年，奋斗新时代。"国庆活动响彻云霄的口号声仍余音绕梁。的确，这历史长河中短暂的七十年，是最不平凡的七十年。改革开放，经济飞跃，科技创新，技术发展，国力上升，民族复兴。过去的奋斗换来了今天的成就，而今日的成就也必将为未来之中国奠定牢固的基础。

要建设人类命运共同体，一个国家若想长久繁盛便不可放大眼光，望向世界。探月工程、北斗导航、人工合成牛胰岛素……这些都是中国为全世界做出的贡献。在未来，中国必更加深入地贯彻这一理念，推进中国特色社会主义伟大事业。这样的中国，必将成为世界的中心。未来的中国人都过上了好日子，他们仍然会为了更美好的明天而努力奋斗。

科技发展更将成为中国的主题，高校林立，人才辈出，必将斩获无数科研成果，并加以利用，造福全人类。全社会也会形成鼓励科研的风气，这将把未来的中国推到前所未有的科技新高度。

（孙杨大邳　浙江省　东阳中学）

## 35

我曾听见海浪拍打着石壁的声音，我曾看见遥远尽头核电站的剪影，我曾记得物理老师在讲台上兴奋地对我们说：

"我们的祖国对于核聚变技术的控制时间已达到秒的数量级了！"

梦想中的未来中国，已不再惊叹于核聚变带来的巨大能量，我们不用为减少的化石能源而发愁，也不用因看到酸雨侵蚀文明的瑰宝而忧心。

那时我们回望过去，从最先的两弹一星，到核电站建成，再到无数科学家为实现聚变可控而付出青春汗水。

我梦想2050年，核能将成为常用能源，那时社会主义的发展已跃上一个新的台阶。核能的加入，为实现中华民族的永续发展插上了翅膀，为千千万万中国人的梦想提供了实现的土壤。

梦想中的未来中国，我们打赢了能源这场战争，全人类都能解决能源问题，世界将不再有战争。

（王璟琦　浙江省　绍兴市第一中学）

# 36

　　我乘坐 G7621 号高铁列车从绍兴来到南京，体验了国人引以为豪的中国速度。这种速度着实令乘客窒息，令旁观者惊艳。晚上，我透过层层加厚的偏振窗玻璃片向外望去。夜很静谧，窗外的星河以肉眼难以察觉的速度翻滚着，左车道炫目的红色尾灯和右车道刺目的黄色照明灯，往两个截然相反的方流淌，如同光的河流。很震撼，万家的灯火在我的眼前，疏影明灭。

　　我深深地知道，那是中国的力量。闭上眼，光的幻影仍在我的眼膜上依稀点缀。我竟看到了自己的脑海中未来的中国——高楼林立，高铁轨道如过山车一般环绕在楼宇之间，轨道竟没有落地的支柱，只是悬浮在空中，按照出发点和目的地的改变自动实现升降。一辆列车从远处一座办公楼中驶出，直达我身边另一座高楼顶层，缓缓减速后，车内人员有序地走出，没入天台的电梯中。列车只稍作停留，便以尾代头返回。是的，任何一个中国人都可以乘坐未来磁悬浮的高铁从家门口到达目的地。

　　脑海中的轨道还在有序地变化着形状，分子的结合与分裂调整着轨道的长度，能量的多级利用给列车不断提速。我睁开眼睛，到站了。

（王沁雪　浙江省　春晖中学）

# 37

　　五星红旗迎风飘扬，这是一个冉冉升起的东方巨星——中国。

　　大街小巷，热闹非凡而又井然有序。古老的机动车已被淘汰，换上了造型小巧轻便的新能源车，它们依靠化学能转化成电能行驶，两边车底安装的喷雾式小孔是生成的水的出口，它可以清洁地面，也自然成了保湿器。动车只能行驶在轨道里，与人行通道遥遥相望。

　　阳光朗照，太阳能机器人亮起绿灯开始工作了。他们捡拾枯枝烂叶，清扫地面，释放空气净化剂。绿树与鸟鸣相映成趣，每棵树上都有一个鸟的家园，自动喂食系统让它们安宁而快乐。行人道上的老年走廊，引领老者回家。

　　古朴的小巷里盛放着巨大的 AI 系统，虚拟投影仿佛带着人们穿越到历史的长河中，秦汉的一曲雄风，隋唐的精美诗画，宋明的悠长小调，带着亘古的文化而来，使人沉醉其中。

　　未来中国，将以崭新的面貌，携着东方的韵味屹立于世界民族之林！

（王盛吉　江苏省　盱眙中学）

# 38

我的梦，中国梦。

七十岁的中华人民共和国正值青春进行时，大步向前。今日 5G 通信、探月工程、防灾减灾等科学技术都大放光彩，明日的中国定能在这些方面更绽芳华，这是我的梦。

今天的 5G 通信初露头角，它的出现大大加快了网络运行的速度，让人们叹为观止。而我梦想中的未来中国，5G 的存在不仅仅是为了提速省时，它更能拉近人与人的距离，密切人与物的联系。未来的中国，5G 将帮助人们跨越时空局限，与电话另一边的人直接"相见"，投影成像，5G 让物联网更加普及。

当第一张月球背面照片传回中国，月球的神秘面纱又被揭开了一层。在未来的中国，赴月球旅行不再成为幻想，而是现实生活。

现今，地震预报已不是空谈，我们在自然面前不再束手无策。明天的中国，地震预报将实现全覆盖，并提前告知人们，时间远远早于地震来临的时刻。

我梦想，未来的中国科技不仅仅用来提高国际地位，还能真正地深入每一个人的生活中，未来的中国是一个科技与生活紧密联系、科技惠民的中国。

（王舒婷　江苏省　泗阳中学）

## 39

七十年砥砺奋进，七十年风雨兼程，今日中国的发展有目共睹，明日中国的辉煌将举世瞩目。

今日中国昂首阔步，坚定而自信地走在社会主义的道路上，以科技为支撑，印下不可磨灭的足迹。"墨子号"的建造与发射，标志着我国在量子通信领域已迈出关键一步；"神威·太湖之光"超级计算机极强的计算能力，彰显了计算机领域的中国速度；"东方超环"核聚变实验成功，我国有望拥有人造太阳。

明日中国，科技也许早已飞入寻常百姓家，衣食住行无不体现科技的魅力。也许，未来中国制造的衣装，将更加智能化、个性化；也许，未来我们会制造出基因食品，既满足个人喜好，又能给人类"充电"；也许，未来我们将住进全部采用环保材料、使用新能源的房屋；也许，未来人们可以拥有坐地日行八万里的交通工具，横穿地心、星际遨游成为旅游新热点。

现在我们有 5G，有万物互联，但未来绝对不会停滞在"5"上，一如今日中国永不会满足于今日成就，不忘初心，继续前行，向着日新月异的明日中国前进！

中国将走向更加灿烂辉煌的明天！

（吴国卉　山东省　聊城第一中学）

## 40

新中国成立已有七十载，在这七十年间，全世界见证了这头东方睡狮的苏醒与雄起。全国人民七十年的努力奋斗，换来了世界第二大经济体，带来了科教文卫事业的巨大飞跃。尤其是科技事业，形成了学科门类齐全、人才规模庞大的现代科学技术体系。

　　七十年后再出发，而今迈步从头越。中国的今天已由昨天写就，而中国的明天当由我们来构建。未来的中国，经济总量超越美国，位居世界第一，人均GDP达到中等发达国家水平，在科技方面取得质的突破。太阳能制氢技术的突破使中国实现无污染能源的全覆盖，并有安全贮存设备，让人放心使用。移动支付已由扫码、刷脸、扫指纹变成通过识别人的瞳孔进行支付；云超市的遍布使消费者可直接从生产商那里获取商品，便捷的飞行快递投送实现了快速到达。当然，这都是普通生活层面。在军事防卫上，单双向能源捕获技术的研发，使舰艇有了比核能更安全比氢能利用率更高的新型能源，新型导弹的出现使军队拥有更强大的实力。

　　我们梦想未来的中国，正如当年祖辈们憧憬未来一样，若干年后再看，无不心生感慨，感谢那些默默无闻、鞠躬尽瘁的科研人员。未来可期！

（吴钇翰　浙江省　杭州市余杭高级中学）

## 41

　　这只是中国偌大版图中的一个小点，万千新型城市示范区中的一个小点。

　　垂直农场竖立在高度适宜的玻璃建筑中，建筑外缠绕的绿藤和不时伸出窗外的种植平台表明中国已将绿色生态农业发展与城市发展深度融合，实现空间和资源的有效利用，实现多年前所定下的生态目标。

　　无人驾驶的通勤车沿着固定的路线高效运送上班族，汽车将使用新型能源，实现大气污染排放为零，并运用降噪处理，使人们能够安静高效地往返于各大科技、金融公司以及高质量教育学校之间。

　　大街上整洁干净，人工智能分类垃圾桶能够正确指导各年龄段的市民正确投放分类每一种垃圾。大街上实体经济欣欣向荣，与数字化经济有机结合，打造快捷智能却不乏体验感和生活气息的消费方式。

　　天是动人心魂的蓝，有绿叶摇摆在现代建筑之间，有着波涛般汹涌的生机。未来的中国不仅经济发达，而且生态良好，人民生活更加幸福。

（吴昱晗　云南省　云南大学附属中学）

## 42

　　国庆已毕，看着一项项科技前沿成果，自豪之心不言而喻。而未来的中国，在我的心中，已有了雏形。

　　在未来，中国人民的生活质量在社会主义思想的指引下会飞速提高，我国的经济实力、军事实力大大增强，文化的世界影响力更是与日俱增，现代化的目标即将到来。

　　在这一切的变化与发展中，最为醒目与突出的，自然是科学技术的成果。人类长久以来不懈研发的人工智能将被灵活地采纳与利用，造福于广大中国人民，而非单单应用于远离社会生活的领域，航空航天事业必将更上一层楼。月背登陆成功为中国提供了可利用的信息资源，样本采集、科学实验将更为方便。月球不再成为中国人唯一向往的星球，火星、木星、土星，中国都将一一探索。中国人也绝不自私，一定会将重大科研突破向世界展示，世界共享，造福世界。

科技应该为人所用，而不是人被科技所控，这一点中国将铭记于心。科技的发展必将保障人类的永续发展。

七十年后再出发，而今迈步从头越，续未竟之事业，再奋斗。

（席瑞溪　河南省　许昌市建安区第三高级中学）

## 43

天碧云洁，金秋十月，是瓜果丰收的季节，更是中华人民共和国收获的季节。七十年磨砺，利剑已筑成，看着那方阵步履铿锵，那游行队伍中的欢笑，我的心禁不住荡起无限自豪，而眼前美好的现实更易给人无限希望。我梦想中的盛世，它简单却辉煌。

未来的中国应是富强的中国。在蓬勃发展的科技的带动下，衣食住行变得无比便捷。每个人都可以做自己的设计师，操纵着制衣机，追寻自己的时尚；全程可监督的食品生产会给人们带来美味又安全的味觉盛宴；可变式房屋让人们拥有贴心的生活空间，智能家居尽心尽力为人们工作；水陆空三栖式交通工具已成现实，卫星导航为人规划最佳出行方式与路线……贫困已被全面消除，国家综合实力成为公认的世界第一。

未来的中国更应是饱含着爱的社会。尽管人工智能的发展日新月异，但中国人的能力不会倒退，思想更不会。我们不会将冰冷的机器作为情感寄托，更不会在虚拟的网络中丢失自我。毕竟，真正能创造出美好未来的终究只能是我们人类自身。

我们会让世界真正了解中国而不是妄想称霸世界，我们会用自身行动所创造的辉煌成就让外国人打破他们对中国物质上和文化上的刻板印象。"中国"二字，将成为富强、民主、文明、和谐、美丽等一切美好的代名词。

我相信，亿万中国人都将实现这个美丽的梦。

（闫馥瑜　山东省　烟台第一中学）

## 44

铁汉男儿戍边关，风吹雪满绝岭边。待到科技抬头时，国防方成定心丸。北斗导航，探月功绩，地月合影，科技的触角连线宇宙。可是，在我看来，新中国在国防上仍有不足，而这也是未来中国会有突破的地方。

韩国布置萨德导弹系统，曾在中国引起较大轰动，美国借韩国为刀，意在控制整个东亚。同时，美军的隐形飞机能成功躲避我国雷达的监控，顺利"偷渡"我国领空。据悉，美军通过给飞机表层涂抹特殊材料来诱导雷达的监控，而对其特殊材料的研究及雷达的应对方式，我方至今没有回答。但我相信，在祖国的某一个角落，有一群人正低头俯身，为中国科技与国防做出自己的努力。

新时代的国防，不是铜墙铁壁，不是日戍夜守，而是歼-20，是东风快递。新时代的国防，不是千里喊话劝退敌人，而是立一块牌子"中华人民共和国边界"，击退敌人于千里之外。因为对方知道，在某个地方的监控室里，远程操纵导弹系统、定位射击系统等蓄势待发，只待对方一只脚跨过边界线……

中国在国防上定会大有进展，实现梦想！

（严　笑　江西省　上饶中学）

## 45

严整飒爽的三军方阵，精锐先进的重型武装，那天盛烈的日头映得战士们的汗水晶莹剔透，映得装甲的金属外壳熠熠闪光。人们雀跃着，自豪地挥舞花环，掌声与欢呼经久不息。我们情不自禁地想向所有为新中国的成立与发展贡献力量的英雄们道一句："这盛世，如您所愿！"

70年砥砺前行，是的，当今中国的成就早已达到了先辈们的预期，完成了他们的志向。"70年后再出发，而今迈步从头越"，中国即将踏上飞跃发展的新征程。

未来的中国应该是什么样的，每当想起这个问题，我都会觉得肩上责任沉重。如果说一切皆有可能，那我梦中的未来中国，山清水秀，人人有志，实现现代化的同时又能够返璞归真。环境问题将不再困扰我们，星星重新闪耀，越发智能又简便的小型射电望远镜将浩瀚宇宙的奥秘展现在每一个人眼前。科技事业的进步更加高效，成为全民运动，与人文建设紧密相连，人们用勤劳的双手为自己创造奇迹。后辈们将有机会看到过去真正的历史，我们领先但不垄断，我们强大但不凌弱。未来的中国，以德服世界，没有战争，现代化的精神融进人们的素质。

那将是最好的时代，是由我们这一代开拓出的属于中国的康庄大道。

（杨羽帆　山东省　聊城第一中学）

## 46

三个小时前我在天安门前欢呼，三个小时后我在家中书桌前执笔。从家乡到北京，接近一千五百公里的路程，在三个小时内化为一瞬，快得让我眩目。中国的高铁，驰骋江山，四通八达，把天涯带到毗邻，把梦想带进现实。以全球第一的速度，走向复兴，中国的初心在此，出路在此。

中国古人讲求纵横之道，今之纵横非彼之纵横。我把中国路网交通称为"横"。而今，八纵八横的伟业指日可待，可不应满足于铁路的通达。我们应当把城市轻轨带入中小城市，地下轨道、空中轨道配合联运，并在轨道间设置压力发电装置，于匆忙的运输中补给城市电力，真正做到绿色交通。在环境污染加剧的今天，公共运输已是大势。如若电动铁轨能延及每一座城市，不论大小，不分高低，释放出来的将不再是尾气而是电力，停滞不前的不再是汽车而是污染。

中国"蛟龙号"已潜至7000米深渊，"嫦娥"也落到了月背，中国应该向纵深发展。海洋、太空有无尽的宝藏，我们如果着手建立深渊基地、太空站，甚至在彼此间搭建跨区域直达电梯，用纳米材料加固，那么中国就真正成为横向通达、纵向发达的立体国家，走向未来！

（于天豪　山东省　桓台第一中学）

## 47

新中国成立以来的70年里，我们在风雨中前行，终于创造了发展的奇迹，在未来的旅程中，我们又将奏出怎样的华章？

从载人航天到探月工程，我看到未来的中国将立于科技前沿，领跑科技发展。短短七十年间，我们冲破技术封锁，追上了世界科技发展的脚步。如今我们热情未减，初心未变，必将以更大的加速度走向科技的前端。

从众多发明专利的申请，我看到了未来的我们将用创新为科技插上翅膀。就像七十年前的人们想不到如今足不出户便可知天下事一样，未来的我们可能会住在地下小区，可能会乘着飞行器环游某个城市。我想象不出未来科技是什么模样，但我梦想中的它一定是多姿多彩、不可思议的，我始终相信我们民族的智慧与创造活力。

从东方魔稻的诞生，从污染防治技术的发展中，我看到未来的我们将会把科技与环境相结合，为世界环境保护做出贡献。或许我们可以创造出只靠风力、太阳能作为能源的飞机，建起零污染的制药厂，制造出可降解塑料袋的机器人……梦想中的未来，是在科技帮助下更绿色、更健康的未来。

总之，梦想中的未来中国，一定是我所热爱的，我为之骄傲的中国！

（袁菲曼　河南省　南阳市第二中学）

## 48

壮丽七十年，奋斗新时代。

从新中国成立初期的温饱不足到如今全民迈向小康，中国70年来的飞跃自不必言说，而中国各大高校科研院所取得的科技突破，以及阅兵仪式上中国军队的整齐有序、庄严规范也让世界刮目相看。

中国的未来更是一片光明，试想想，未来的中国会是这样的。

在军事国防上，中国政府启用机器人军队，专门研发具有强攻击性的军人机器人，它们携带有武器装备，自带导弹跟踪与防卫系统，能准确定位100公里以内的事物，并对敌方进行精确打击。

在政治外交上，中国凭借强大的军事与科技力量，成为联合国最有话语权的国家，但仍秉承着几千年的优良传统，积极为人类的未来考虑。那时，陆地上的资源已远远满足不了人类的需要，中国带领着各国最终向海底迁移，建立海底城市，为世界解决人口难题。

这般美好，令人神往。

（臧晨怡　江苏省　泗洪中学）

## 49

时光飞逝，岁月悠悠，中华民族备受欺凌的日子早已沉入历史的泥沙。百年后，中国这条巨龙屹立于世界的东方，迎来了全世界惊叹的目光。新时代的青少年担负起民族复兴的伟大使命，继续砥砺前行。

未来的中国，必将威慑四方。我们看到，阅兵式上数万军兵昂首挺胸，迈着整齐划一的步伐，用他们那斗志昂扬的气场让世界瞠目。

未来的中国，经济腾飞。国内生产总值已然在飞速提高，社会经济发展取得巨大进步。人民有信仰，国家有力量，民族有希望。未来的中国，必将在党的领导与团结一心的全体人民的共同努力下再创辉煌，中国的经济将再次走在世界的最前方。

未来的中国，必定成为科技大国。两弹一星、载人航天、北斗导航……这些早已耳熟能详的成就正潜移默化地改变着我们。相信在未来，我国科技能再创大唐盛世般的辉煌，再创科技领先的局面。

我要将我的青春奉献给祖国，以我之青春，以我之奋斗，担国之重任，让青春之奋斗与祖国之发展同频共振，这样的青春必将熠熠生辉。

（张丽君　山东省　东平高级中学）

## 50

适逢祖国七十华诞，整个城市张灯结彩，所有人都在感叹祖国的伟大：曾经风沙漠漠，如今天涯化比邻，走出家门便能通往全国；曾经饥荒四起，百姓贫困，国家薄弱，如今人们生活富裕，国家富强。

70年风霜雨雪，我们砥砺前行，步步高升，走在实现中国梦的路上。中国梦不是具体的目标，而是使自己优秀，使祖国强大的热血，当我们积累起自己的光芒，使祖国闪耀在世界东方时，我们还应明白，作为全球发展的领跑者，中国有为天下苍生造福的责任。铁肩担道义，新的中国梦应是让富强的成果全球共享的中国梦。

70年，我们完成了复兴，而今迈步从头越，我们应担起天下兴亡的责任，用全新的中国梦，打造人类命运共同体，用新时代新起点的华夏之路，给世界铺陈出一个美好的明天。

所以梦想中的未来中国应是全球发展的重要力量，是为人类谋福利的中坚力量。在举国欢庆的日子，我祝愿祖国更加昌盛！

（张世华　河南省　延津县第一高级中学）

## 51

礼炮齐鸣，响彻华夏大地；雄鸡昂首，挺立民族之林。国庆阅兵仪式上的情景历历在目，七十年栉风沐雨，七十年筚路蓝缕，中国人民在自己亲手创造的盛世中高歌。从探月工程、北斗导航到量子信息、移动通信，中国科技跻身世界前沿，与发达国家同台竞技；驼铃悠悠，一带一路联系各方；书声琅琅，孔子学院遍布全球，国外惊叹于中华文化，经济高质量发展，人民生活水平提高，中国令世界瞩目。

但这还不够，科技发展迅速，但仅局限在部分群体；经济高质量发展，却暂时无法改变中国是发展中国家这个事实。先进技术掌握在少数人手里是悲哀，现代化强国依然是目标。未来的中国会顺应21世纪的潮流，投身生命科学，探寻生命的奥秘，从而发现更多对抗疾病的方法，让绝症有药可医，还会推进教育强国，让创新能力不只存在于部分人手中，而要让所有人都有自己的想法，破除中国骨子里的束缚，真正建成现代化强国。

另外，在发展科技、教育的同时，中国一定会做强自己的传统文化，践行中庸之道，让世界知道中国的博大精深。中国还将投身于国际和平，共担人类命运。

谦谦君子，窈窕淑女，中国人将秉承和谐之道，建设创新国家，彰显大国风范。使盛世永在，愿盛世长存！

（张雅妮　山东省　临朐第一中学）

## 52

七十载的风雨，如今已换了人间。今天的中国已经屹立在世界舞台的中央。论经济，我国对世界经济增长做出了巨大贡献；论工业，我国是全世界唯一拥有联合国产业全部工业门类的国家；更令我们骄傲的是，在科技领域，我国不断突破技术封锁，载人航天探月工程发展脚步飞快，中国自主研发的"蛟龙号"下潜万米，移动通信正在步入5G时代。

中国，我的祖国已走在了世界最前沿，我梦想中的未来中国是自主创新，带动全世界共同发展的科技强国。70年，就有了如此翻天覆地的变化。"蛟龙号"将打破下潜器技术封锁的瓶颈，采用热敏感光技术、3D打印技术、生物技术，制造供氧剂，在不破坏海洋环境的前提下进行勘测。作为强国，中国将带动其他国家一同发展，将人工合成胰岛素用于全球的医疗产业，治愈更多患者。另外，带着我们的科学技术与别国合作，探索更广阔的宇宙，寻找更多的人类赖以生存的资源。

正是因为生命的速朽与有限，中国致力于追求永恒才有了重大的意义！

（张依琳　北京市　大兴区第一中学）

## 53

今年，是新中国成立 70 周年。对于普通人来说，70 年是一生，可对于伟大的祖国来说，70 年风雨兼程，70 年是一个新的开始。

70 年，中国由农业国变为工业国，从经济落后变为第二大经济体，中国的高校毕业生已有几百万人，科技不断发展，科研不断创新，科技已经渗透到了民众的生活中。下一个 70 年中国会一跃而上，成为真正的科技大国，人民生活蒸蒸日上。在我的梦想中，中国无疑是世界最强国之一。我们将会步入科技社会，人工智能不再是小众欢乐而将成为大众主流；新技术、新创新将会改变我们的生活。中华民族终会登上世界民族之巅。

在未来，懒人可以代步，汽车可以两栖；在未来，中国的智能机器人将取代人工保姆，看家护院；在未来，中国的科技创新可以走进千家万户，机器会解放人们忙碌的双手；在未来，中国社会将随处可见机器人的身影，将人们从苦力中解脱出来。

未来的中国将以科技为本，成为先进的现代化强国，未来中国无限美好。

（张英杰　山东省　淄博第四中学）

## 54

时光绵长的丝线穿过针眼，一针织出祖国山清水秀，一针绣成华夏山河依旧。

看完 70 周年国庆活动，心里感慨万千。几百年前，中国由盛转衰，而在繁荣昌盛的今天，中国重新屹立于世界东方，展示着它强大的生命力。70 周年庆典，飞机冲破云霄，直指苍穹，喷出彩条，画出 70 字样，向九州宣告着今天是祖国母亲的生日；各种新型武器、车辆一一亮相，用新面貌迎接祖国的华诞；各式新科技层出不穷，向祖国母亲送去最美好的生日祝福。此情此景，怎不令人动容，怎不叫人澎湃。不禁想象，下一个 70 年又将会是怎样翻天覆地的变化。

也许多年后，每个人都实现了自己的梦想，实现了伟大复兴的中国梦；杂交水稻的身影遍布农田，所有人的温饱都得以解决；城市不再乌烟瘴气，处处风景宜人；无人驾驶汽车广泛普及；网络飞速发展，一秒之内便可下载十集电视剧；科技空前发达，废气排放量降低至 1%，处处皆是"水阔风高日复斜，扁舟独宿芦花里"，日日皆能"起来花影下，扇子扑飞萤"；发射的卫星数不胜数，居民可以遨游太空，去欣赏这蔚蓝的星球；无处不在的机器人，帮助人类，代替人类完成高风险工作。

华夏儿女在这片肥沃的土地上，跟随祖国的脉搏一起跳动，把当初所想，一一实现。

（张钰敏　云南省　昆明市第一中学经开校区）

## 55

七十年，仿佛弹指一挥间，转瞬即逝。如今的中国已不再是那所谓的东亚病夫，她真正成为享誉世界的东方巨龙！在七十周年的国庆活动中，中国以她雄阔的英姿、昂扬的姿态向世界展现了中国速度、中国风采。那么在未来中国又会是怎么样的呢？

一如既往，再创辉煌！中国速度惊艳四方。

现如今，中国的5G技术领先全球，实现了几乎无误差的网络通信。在未来8G技术的研发与运用将成功地打破空间、时间的局限，远在天边却触手可及，不会再有那远行游子的无穷期盼。

一如既往，再创辉煌！中国科技享誉八荒。

中国载人航天技术早已炉火纯青！可以用8G技术与远在异星的亲朋好友视频通话。在十一小长假，不妨去太空旅行，银河系一日游也未尝不可。算了，如果实在不想出去，那就用超智能手机躺在沙发上来一次VR旅行，享受极致真实的体验。这一切的一切都源于未来中国科技的发展，都离不开中华儿女艰苦卓绝的奋斗，这就是未来中国的模样。

（张预伟　河南省　信阳市淮滨高级中学）

## 56

飞速攀升的国民生产总值，跨步前进的现代高新科技，不断增多的专利申请，几次申奥成功，华为5G引领的全新时代，东风系列给世界带来的震撼……想来先辈们梦想中的中国，便是这个样子吧！

美好的今天更会让人遐想未知的明天，梦想中的未来中国，定会焕发更加绚丽的光彩。

假以时日，我想，我们的科技定会飞速发展。研发出能量武器，威力也会更强大；无人化的作战、无人化的操控，弹指间便可以决定胜负；通过几何空间转换和物理定量分析做出可以转换折叠的车与房，运用全息成像和无屏触摸技术制成无形手环手机；通过声音控制实现自动化家居；运用量子技术研发出放大与缩小技术；超光速的星际旅行成为现实……

我梦想中的未来中国，科技定是空前发达的：从最普通的民用到国家的国防，从整体到部分，从宏观到微观。

未来的中国必将是每一代人梦想的那样。

（赵美萱　山东省　烟台第一中学）

## 57

当雄狮从沉睡中苏醒，所有人都看到了其震撼世界的力量。我曾一遍遍地在梦中畅想未来的中国，眼前的方队已然激起我心中的波澜，但我清楚，这只是起点，远方一往无前。

未来的中国将会怎样？科教兴国方针坚定落实，成熟的技术催生出教育机构的重大变革。互联网教学深入千家万户，全息投影打破了时空限制，通过传感器记录下教师的动作言语，再投影到家中。现在，每一间书房都是一座高等学府，戴上特制的眼镜和手套，电信号会刺激皮肤完全模拟出书的质感，不再浪费纸张，贫富差异再也无法阻止学子求学的脚步。

分子生物学持续发展，中国成为首个破解大脑神经元机制的国家，思维能力提升，遗传密码彻底破解。北斗定位覆盖全球，精确度最高可达厘米级。核聚变的成熟应用带来了取之不尽的能源，探测器以近光速飞向深空，通过量子感应实时回传信号。木星考察站上，中科院分院欢迎各地学生前来参观。

新能源的使用彻底结束了工业时代，杂交水稻与粮食合成并行发展。中国众多人口转化为巨大生产力，经济实力跃居世界首位。走在街上，甚至无法分辨普通人与 AI。

70 年风雨兼程，而今继续前行，向前眺望，未来是无限光芒。

（赵若菲　山东省　青岛第二中学）

## 58

70 年了。当国庆晚会的焰火在北京的夜空中尽情燃烧时，我没有想象中的无比激动，而有一种无尽的慨叹：是多少先辈的热血，点燃了新中国的生机。70 年，中国多少奋斗，多少拼搏。那么以后的中国，会是怎样一番气象？

我梦想中的未来中国，将不再有贫穷与饥荒。在那里，无边的麦浪不再受虫害的困扰，水稻的穗子骄傲地垂在家乡的盐碱地上，我那面容黝黑须发尽白的父老乡亲，只用手指在手机上一划，便可坐看机械收割地里的作物。

我梦想中的未来中国，病痛不再是掐死希望的魔掌。我的孙辈们不会为了看病而散尽家财，也不再因为化疗而发落形销，一针新药、一个放进身体的纳米机器人，便可扫却病魔，重享人世之乐。

我梦想中的未来中国，垃圾分类、绿色降解不再是超级城市的专利。从黄土高原到戈壁荒漠，从世界屋脊到南海浪涛，人们让田野重现本色，让垃圾回到自然的本态，污染不复来。

我梦想中还有宇宙科技、有人工智能、有量子信息……

会有的，我是如此虔诚地相信你，我最亲爱的中国！

（赵文玥　河南省　睢县高级中学）

## 59

几十年前，中国杂交水稻的成功研发如平地惊雷，轰动了世界。而今，七十周年在望，中国引领的 5G 技术又引得各大公司纷纷出资研发。世人纷纷感叹，中华雄狮，已然苏醒！

不论是在外被称为基建狂魔，是病理医学人工智能的成功研发，还是在航空航天领域中迈出的巨大步伐，这一切无不有科技在背后支撑着。看，那高楼矗立；看，中国步步登上最高峰。

而未来的中国，仍需前行，不论是在电子芯片还是电脑系统研发上，仍有薄弱之处需要一代又一代儿女前去攻克。世界第二，中等收入国家？不，还不够，奋勇拼搏才是我们的路。既然已经建成了庞大而富有活力的科技创新体系，何不用发展来换取人民的笑靥呢？

我相信，未来的中国一定会实现全面发展，人们不会被饥贫风雨所困扰，如铁雄关已越过，显露于眼前的是一颗冉冉升起的红星！中国，犹如递增的指数函数，将一跃向前，建成真正的现代化国家。

梦想中的中国，未来可期！

（钟泓逸　浙江省　绍兴市第一中学）

## 60

观看 70 周年阅兵式后，我心潮澎湃，不能自已，不禁联想多年后的未来中国是什么样子，那应当是一幅美好的图景。

未来人们的生活较之现在，将会发生翻天覆地的变化。10G 脑电波通信技术广泛应用，全息投影也存在于手机、手表甚至电子眼镜框的功能列表中。出行上，磁悬浮无阻列车奔驰在神州大地上，氢能太阳能混合海陆空交通器已家家拥有。居家更是有 AI 智能相伴，新式房屋与 AI 管家紧密相连，可照顾日常起居。环境更加自然宜人，注重和谐共生。那时，中国早已迈入发达国家行列，建立起完善的现代智能社会保障体系。生活在那样一个自由而又美好的国度中，公民幸福感爆棚。

随着经济发展，我国科技实力将居世界首位。暗物质三轮探测分析结束，反物质武器研制成功，FAST 天眼实现与比邻星系的外文明的对话，并筹备进行太空会晤。作为火星远征军的指挥者，我国将有部分公民居住在火星。超级水稻出现在中国的近海面上，渤黄二海成为无土栽培的又一基地。量子打击、反导系统坚不可摧，对黑洞的研究实现突破。

未来之中国，势不可当！

（周雅萱　山东省　济宁市第一中学）